भारतीय सामंतवाद

भारतीय सामंतवाद

रामशरण शर्मा

राजकमल प्रकाशन

ISBN : 978-81-7178-282-6

मूल्य : ₹995

पहला संस्करण : 1973
ग्यारहवाँ संस्करण : 2024

प्रकाशक : राजकमल प्रकाशन प्रा.लि.
1-बी, नेताजी सुभाष मार्ग, दरियागंज
नई दिल्ली-110 002
शाखाएँ : अशोक राजपथ, साइंस कॉलेज के सामने, पटना-800 006
पहली मंजिल, दरबारी बिल्डिंग, महात्मा गांधी मार्ग, प्रयागराज-211 001
1, अनमोल सोराबजी संतुक लेन, धोबी तलाव, मरीन लाइंस, मुम्बई-400 002
वेबसाइट : www.rajkamalprakashan.com
ई-मेल : info@rajkamalprakashan.com

मुद्रक : बी.के. ऑफसेट
नवीन शाहदरा दिल्ली-110 032

BHARATIYA SAMANTVAD
by Prof. R. S. Sharma

प्रकाशकीय

समाज, संस्कृति, इतिहास, दर्शन और राजनीतिशास्त्र के प्रख्यात विद्वानों की कलम से लिखी गई पुस्तकों से हिंदी जगत को समृद्ध करने और एक ऐतिहासिक आवश्यकता की पूर्ति करने के लिए **राजकमल** ने जो विस्तृत योजना बनाई है, यह पुस्तक उसी की एक महत्वपूर्ण कड़ी है।

यह एक तथ्य है कि हिंदी में सामाजिक विज्ञान विषयक स्तरीय पाठ्य-पुस्तकों तथा संदर्भग्रंथों का अभाव है। यों इस अभाव को दूर करने के प्रयास भी हुए हैं, पर बहुत आगे वे नहीं बढ़ पाए। लेकिन अब, जबकि प्राय: सभी हिंदीभाषी राज्यों में हिंदी को उच्च शिक्षा का माध्यम स्वीकार कर लिया गया है, यह और जरूरी है कि हिंदी में ऐसी पुस्तकें उपलब्ध कराई जाएँ। इससे हिंदी की उपयोगी भूमिका में तो व्यापकता आएगी ही, उच्चाध्ययन और शोध के क्षेत्र में आनेवाली व्यावहारिक कठिनाइयाँ भी दूर होंगी।

उल्लेखनीय है कि इस योजना के अंतर्गत प्रकाशित की जा रही प्राय: सभी पुस्तकें अनूदित हैं, लेकिन ये अनुवाद मूल कृति के विषय और संबंधित भाषाओं पर गहरी पकड़ रखनेवाले विद्वान लेखकों द्वारा ही किए गए हैं। इसलिए विषयगत गंभीरता के बावजूद प्रत्येक अनुवाद सहज ग्राह्य है और प्रेरक भी, क्योंकि स्तरीय पुस्तकों के अच्छे अनुवाद संबद्ध विषय में अक्सर ही मूल लेखन की जमीन तैयार करते हैं।

राजकमल की यह प्रकाशन-योजना भारतीय इतिहास के विविध कालखंडों और पक्षों से जुड़ी पुस्तकों से आरंभ हुई है। योजना के पहले चरण में प्रो. राधाकुमुद मुखर्जी, प्रो. दामोदर धर्मानंद कोसंबी, प्रो. रोमिला थापर, प्रो. रामशरण शर्मा सरीखे इतिहासकारों के इतिहास-ग्रंथ और प्रो. इरफान हबीब द्वारा संपादित वार्षिकी *मध्यकालीन भारत* के तीन अंक एक साथ प्रकाशित किए जा रहे हैं। इनमें कुछ ग्रंथ एकदम नए हैं, और जो नए नहीं हैं उन्हें भी पूर्णतया संशोधित-परिवर्धित किया गया है।

भारतीय इतिहास में सामंती ढाँचे के स्वरूप इतिहासकारों के बीच आज भी मतभेद बरकरार हैं, अब भी पत्र-पत्रिकाओं में इस विषय पर बहस चलती रहती है। प्रस्तुत पुस्तक में प्रो. रामशरण शर्मा ने पहली बार भारतीय सामंतवाद के संपूर्ण पक्षों को लेकर उन पर सांगोपांग विवेचन प्रस्तुत किया था। तब से लेकर आज तक न केवल इस पुस्तक के अंग्रेजी में एक से अधिक संस्करण प्रकाशित हो चुके हैं, बल्कि भारतीय सामंतवाद के सर्वांगीण अध्ययन के लिए दूसरी कोई पुस्तक आज तक सामने नहीं आई है।

प्रस्तावना

प्रस्तुत पुस्तक 1964 में प्राचीन भारतीय इतिहास एवं संस्कृति के उच्च अध्ययन केंद्र (सेंटर ऑफ एडवांस्ड स्टडी इन एंशिएंट इंडियन हिस्ट्री ऐंड कल्चर) के तत्वावधान में कलकत्ता विश्वविद्यालय में दिए मेरे छः व्याख्यानों की शृंखला पर आधारित है। व्याख्यान देने के लिए मुझे केंद्र के निदेशक प्रोफेसर निहारंजन रे ने आमंत्रित किया, इसके लिए मैं उनका आभारी हूँ। मैं केंद्र के वर्तमान निदेशक प्रोफेसर डी. सी. सरकार का भी कृतज्ञ हूँ, जिन्होंने इस व्याख्यान-माला और उसके बाद होनेवाली परिचर्या का संयोजन किया। पुस्तक के प्रणयन में मुझे प्रोफेसर ए. एल. बैशम से जो मूल्यवान सहायता मिली है, उसके लिए मैं उनका विशेष ऋणी हूँ। उन्होंने पुस्तक की पांडुलिपि का अवलोकन करके उसकी भूलें बताने की कृपा की—खासकर भारतीय जहाजरानी के संबंध में, जिसका विवेचन छठे परिच्छेद में किया गया है। पूरी रचना का पारायण करके कुछ महत्त्वपूर्ण संदर्भ सुझाने के लिए मैं डॉ. बी. पी. मजूमदार का भी आभारी हूँ।

पाठक देखेंगे कि परिशिष्ट 1 में मुख्य पाठ की कुछ बातों की पुनरावृत्ति हुई है; तथापि यह परिशिष्ट इसलिए शामिल किया गया है कि एक अर्ध-जनजातीय क्षेत्र की भूमि-व्यवस्था की विशेषताओं को उजागर किया जा सके।

भारत के संदर्भ में सामंतवाद के अध्ययन की कठिनाइयों का मुझे बोध है। लेकिन यह ऐसी चुनौती है जिसे किसी-न-किसी को स्वीकार करना ही है और इस दिशा में पहला कदम उठाना ही है। यहाँ मैंने भारतीय सामंतवाद के प्रायः नौ सौ वर्षों के इतिहास का विवेचन कालांतर से किया है; बल्कि यों कहिए कि उसकी एक ऐसी मोटी रूप-रेखा प्रस्तुत की है जिसके दायरे में यहाँ उठाई गई समस्याओं का विशद विवेचन कालांतर से किया जा सकता है। क्षेत्र की दृष्टि से मेरा यह अध्ययन मुख्यतः उत्तर भारत तक सीमित है और इसमें सामंतवाद के राजनीतिक तथा आर्थिक पहलुओं का तो विचार किया गया है, किंतु सामाजिक तथा सांस्कृतिक जीवन पर उसके प्रभाव का विश्लेषण नहीं किया गया है। इन मर्यादाओं के रहते हुए भी यदि यह कृति भारतीय इतिहास के सुधी अध्येताओं में इस विषय के प्रति रुचि उत्पन्न कर पाई तो मैं अपना प्रयास सफल मानूंगा।

'इतिहास विभाग'

पटना विश्वविद्यालय,

15 अगस्त, 1965

रामशरण शर्मा

अनुक्रम

परिच्छेद 1

उद्‌भव और प्रथम चरण

(लगभग 300-650 ईस्वी)

सामंतवाद की ठीक-ठीक परिभाषा कर पाना बहुत कठिन है । जिस प्रकार जितने समाजवादी हैं, समाजवाद की उतनी ही परिभाषाएँ मिलती हैं, उसी प्रकार सामंतवाद पर शोध करनेवाले जितने विद्वान हैं, उतनी ही तरह की इसकी व्याख्याएँ की गई हैं । इस शब्द का प्रयोग ऐतिहासिक विकास की भिन्न-भिन्न अवस्थाओं के संदर्भ में किया जाता है, और ये अवस्थाएँ देश-काल की दृष्टि से एक-दूसरी से काफी दूर पड़ती हैं । जहाँ एक ओर मिस्र के पुरातन राज्य (ओल्ड किंगडम) के बाद वाले राज्यहीन काल (अर्थात् 2475-2160 ई. पू.) को सामंतवादी कहा जाता है, वहाँ दूसरी ओर चाऊ-कालीन (1122-250 ई. पू. के) चीन को भी यह संज्ञा दी जाती है । लेकिन, आमतौर पर पाँचवीं शताब्दी से लेकर पंद्रहवीं शताब्दी तक के यूरोपीय समाज को ही सामंतवादी कहा जाता है । यहाँ भी कभी प्रभु और सामंत के अनुबंधात्मक संबंधों में निहित कानूनी पक्ष पर जोर दिया जाता है तो कभी आर्थिक पक्ष, अर्थात् कम्मी प्रथा के प्रचलन पर। यूरोपीय सामंतवाद के स्वरूप को देखते हुए हमें तो यही लगता है कि उसका राजनीतिक और प्रशासनिक ढाँचा भूमि-अनुदानों के आधार पर गठित था और असली आर्थिक ढाँचा कृषि-दासत्व (सफर्डम) प्रथा के आधार पर । इस प्रथा के अधीन किसान भूमि से बँधे होते थे, और भूमि के मालिक वे जमींदार होते थे जो असली काश्तकारों और राजा के बीच की कड़ी का काम करते थे । किसान जमीन जोतने के बदले सामंतों को उपज और बेठ-बेगार के रूप में लगान अदा करते थे । इस प्रणाली का आधार आत्मनिर्भर अर्थव्यवस्था थी, जिसमें चीजों का उत्पादन बाजार में बेचने के लिए नहीं, बल्कि मुख्यतः स्थानीय किसानों और उनके मालिकों के उपयोग के लिए होता था । तो इसी अर्थ में सामंतवाद की कुछ मोटी-मोटी विशेषताओं को ध्यान में रखकर हम भारत में उसके उद्‌भव और विकास पर विचार करेंगे ।

कुछ राजनीतिक एवं प्रशासनिक प्रवृत्तियों के कारण मौर्योत्तर-काल और

विशेषकर गुप्त-काल से राज्य-व्यवस्था सामंतवादी ढाँचे में ढलने लगी। इनमें सबसे महत्त्वपूर्ण प्रवृत्ति ब्राह्मणों को भूमिदान देने की थी। धर्मशास्त्रों, महाकाव्यों के उपदेशात्मक अंशों और पुराणों में दिए गए धर्मादेशों ने इस प्रवृत्ति को पुण्य-कार्य के रूप में प्रतिष्ठित कर दिया। 'महाभारत' के "अनुशासन पर्व" में इसकी महिमा का गुण-गान पूरे एक अध्याय (भूमि-दान-प्रशंसा) में किया गया है। प्राड्-मौर्य-काल के पालि साहित्य में कोसल और मगध के राजाओं द्वारा ब्राह्मणों को दान दिए गए गाँवों का उल्लेख मिलता है। लेकिन इन राजाओं ने इन गाँवों के प्रशासन के अधिकार भी ग्रहीता ब्राह्मणों को दिए हों, ऐसा कोई उल्लेख इन ग्रंथों में नहीं मिलता। भूमि-दान का सबसे प्राचीन पुरालेखीय प्रमाण ईस्वी पूर्व की पहली शताब्दी के एक सातवाहन अभिलेख में मिलता है, जिसमें अश्वमेध यज्ञ में एक गाँव दान करने की चर्चा है।[1] किंतु, यहाँ भी प्रशासनिक अधिकारों की कोई चर्चा नहीं है। मगर विचित्र बात यह है कि अभिलेखों में उस प्रकार का शायद पहला प्रमाण दूसरी शताब्दी में बौद्ध भिक्षुओं को दान किए गए गाँवों के सिलसिले में मिलता है। यह दान सातवाहन राजा गौतमीपुत्र शातकर्णि ने दिया था। उन भिक्षुओं को दान की गई भूमि में राज-सेना का प्रवेश वर्जित था, राज्याधिकारी वहाँ के जीवन-क्रम में कोई विघ्न-बाधा नहीं डाल सकते थे और न ज़िला पुलिस के लोग ही उस क्षेत्र में कोई हस्तक्षेप कर सकते थे।[2] पाँचवीं शताब्दी में ऐसे अनुदानों की प्रवृत्ति खूब बढ़ी। इनकी दो महत्त्वपूर्ण विशेषताएँ थीं—एक तो राजस्व के समस्त साधनों का ग्रहीता के नाम हस्तांतरण, और दूसरी, दान लेनेवाले पर आंतरिक सुरक्षा और प्रशासनिक दायित्वों का बोझ डाल देना। दूसरी शताब्दी के अनुदानों में राजस्व के सिर्फ एक साधन, अर्थात् नमक पर राजा के अधिकार के हस्तांतरण का उल्लेख मिलता है। इसका मतलब यह हुआ कि राजस्व के कुछ दूसरे साधनों पर राजा अपना अधिकार कायम रखता था। लेकिन दक्षिण भारत में दिए गए चौथी शताब्दी के पल्लव अनुदानों में यह स्थिति नहीं रह जाती। वाकाटक राजा द्वितीय प्रवरसेन के समय (पाँचवीं शताब्दी) से हम देखते हैं कि राजा चरागाह, धर्म, काष्ठांगार, नमक की खान और सभी भूगर्भ संपदा तथा विष्टि आदि राजस्व के प्रायः समस्त साधनों का परिहार कर देता था।[3] 'रघुवंश' के अनुसार पृथ्वी की रक्षा करने के लिए राजा के वेतन का एक साधन खान भी है।[4] चौथी और पाँचवीं शताब्दियों के कुछ दानपत्रों से ज्ञात होता है कि ब्राह्मणों को दान किए गए गाँवों की भूगर्भ संपदा के उपभोग का अधिकार भी उन्हें दे दिया जाता था।[5] इसका तात्पर्य यह हुआ कि खानों का राजकीय स्वामित्व भी ग्रहीता को दे दिया जाता था, और यह ध्यान देने की बात है कि खानों का स्वामित्व राजा की प्रभुसत्ता का एक महत्त्वपूर्ण प्रतीक था।

यह बात भी उतना ही महत्त्व रखती है कि दाता राजस्व के परिहार के साथ-साथ दान किए गए गाँवों के निवासियों पर शासन करने का अधिकार भी

ग्रहीता को दे देता था। गुप्त-काल में मध्य भारत के बड़े-बड़े सामंत राजाओं द्वारा ब्राह्मणों को दान-स्वरूप बसे-बसाए गाँव देने के ऐसे कम से कम आधे दर्जन उदाहरण तो मिलते ही हैं। इन अनुदानों में सामंत राजाओं ने संबंधित गाँवों के निवासियों को, जिनमें किसान और कारीगर दोनों शामिल थे, स्पष्ट निर्देश दिया है कि वे ग्रहीताओं को केवल प्रचलित कर ही नहीं दें, बल्कि उनके आदेशों का भी पालन करें। गुप्तोत्तर-काल के दो अन्य भूमि-अनुदानों में सर्वाध्यक्ष के पद पर काम करनेवाले सरकारी अमलों तथा वेतनभोगी नियमित सैनिकों और छत्रधरों को इस आशय के राज्यादेश दिए गए हैं कि वे ब्राह्मणों के जीवन-क्रम में किसी प्रकार का हस्तक्षेप न करें।[6] ये तमाम उदाहरण राज्य द्वारा अपने प्रशासनिक अधिकारों के त्याग के स्पष्ट प्रमाण प्रस्तुत करते हैं।

पाँचवीं शताब्दी के अभिलेखों से ज्ञात होता है कि राजा चोरों को दंडित करने का अपना अधिकार आमतौर पर नहीं छोड़ता था; यह अधिकार राज्यसत्ता का एक मुख्य आधार था। लेकिन, आगे चलकर राजा केवल चोरों को दंडित करने का अधिकार ही नहीं, बल्कि परिवार, संपत्ति और व्यक्ति के प्रति अपराध करनेवालों को दंड देने का अधिकार भी ब्राह्मणों को देने लगा; और इस प्रकार विकेंद्रीकरण की प्रक्रिया अपनी स्वाभाविक परिणति पर पहुँच गई। मध्य भारत और पश्चिमी भारत में कुछ उदार शासकों ने दान किए गए गाँवों में मुकदमों की सुनवाई का अधिकार भी ग्रहीताओं को सौंप दिया। उनके दानपत्रों में अभ्यंतर-सिद्धि[7] शब्द का प्रयोग हुआ है। अलग-अलग विद्वानों ने इसके अलग-अलग अर्थ लगाए हैं।[8] किंतु अगर हम इसका अर्थ गाँव के आंतरिक विवादों का निबटारा लगाएँ तो असंगत न होगा;[9] और ग्रहीता को यह अधिकार मिलने के बाद संबंधित गाँव स्वभावतः सर्वथा आत्म-निर्भर राजनीतिक इकाई बन जाता था। स्पष्ट ही अभ्यंतर-सिद्धि का प्रयोग यहाँ उसी प्रयोजन से किया गया है, जिस प्रयोजन से उत्तर भारत के दानपत्रों में 'सदंडदशापराधः' शब्द का प्रयोग किया गया है। किंतु, जहाँ 'सदंडदशापराधः' ग्रहीता के न्यायाधिकार को आपराधिक, अर्थात् फौजदारी मामलों तक ही सीमित रखता है,[10] वहाँ अभ्यंतर-सिद्धि शब्द उसे सभी आंतरिक विवादों, अर्थात् दीवानी मामलों पर भी न्यायाधिकार प्रदान करता है। स्पष्ट है कि इस अधिकार के बल पर ग्रहीता दान में प्राप्त क्षेत्र को आसानी से निजी शासन-क्षेत्र बना ले सकता था।

प्राचीन साहित्य और पुरालेखों में राज्य की शक्ति के जिन सात अंगों का उल्लेख मिलता है, उनमें सबसे महत्त्वपूर्ण स्थान कर वसूल करने और दंड देने के अधिकार को दिया गया है। और यह ठीक भी है, क्योंकि इन दोनों अधिकारों का त्याग करते ही स्वभावतः राज्य की शक्ति छिन्न-भिन्न हो जाती है। लेकिन, ब्राह्मणों को दिए गए दानों से जो स्थिति उत्पन्न हुई, वह बिल्कुल यही थी। दान-क्षेत्र आमतौर पर सूर्य-चंद्र के अस्तित्व-पर्यंत के लिए दिए जाते थे। इसका

अर्थ यह था कि राज्य की अखंडता हमेशा के लिए टूट जाती थी। पुरोहितों को भूमि-दान देने की प्रथा का प्रारंभ प्राङ्-मौर्य-काल और मौर्य-काल में ही देखा जा सकता है। कौटिल्य कहता है कि नई बस्तियों में ब्रह्मदेय्य भू-स्वामित्व के अनुसार भूमिदान करना चाहिए, और ब्रह्मदेय्य भू-स्वामित्व की शर्तों में कर और दंड से मुक्ति भी शामिल है।[11] लेकिन, गुप्त-काल में स्थिति बदल जाती है। प्रारंभिक पालि साहित्य में उल्लिखित ब्रह्मदेय्य शब्द की टीका करते हुए पाँचवीं शताब्दी में बुद्धघोष कहते हैं कि ब्रह्मदेय्य अनुदान में न्यायिक और प्रशासनिक अधिकार भी शामिल हैं।[12] समकालीन पुरालेखीय प्रमाणों से भी इस बात की पुष्टि होती है। किंतु ब्रह्मदेय्य शब्द की इस व्याख्या से प्राङ्-मौर्य-कालीन स्थिति का बोध नहीं होता। इससे दरअसल टीकाकर के समय की ही स्थिति प्रकट होती है। इस प्रकार गुप्त-काल में भूमि-दान के व्यापक प्रचलन ने ऐसे ब्राह्मण सामंतों के आविर्भाव का मार्ग प्रशस्त कर दिया, जो राजकीय अधिकारियों की सत्ता से लगभग स्वतंत्र रहकर अनुदत्त क्षेत्रों का प्रशासन चलाते थे। प्रारंभिक अनुदानों में जो बात एक अस्पष्ट तथ्य के रूप में विद्यमान थी, लगभग 1000 ईस्वी से वही बात स्पष्ट रूप से प्रचलित हो गई, और तुर्कों की शासन-प्रणाली में तो उसे विधिवत स्वीकार कर लिया गया। इन दाताओं का मंशा चाहे जो रहा हो, किंतु ऐसे अनुदानों का परिणाम यही हुआ कि देश में प्रचुर आर्थिक एवं राजनीतिक शक्ति से संपन्न एक जबरदस्त मध्यवर्ती वर्ग खड़ा हो गया। जैसे-जैसे भूमिधर ब्राह्मणों की संख्या बढ़ती गई, उनमें से कुछ लोग धीरे-धीरे पुरोहिताई का काम छोड़कर अपना ध्यान मुख्यतः अपनी भूसंपत्ति की व्यवस्था पर केंद्रित करने लगे। ऐसे ब्राह्मणों के लिए सांसारिक काम-काज धार्मिक कर्त्तव्यों से अधिक महत्त्वपूर्ण हो गए। लेकिन, ब्राह्मणों को भूमिदान देने का सबसे बड़ा नतीजा यह निकला कि शासन-तंत्र पर से केंद्र का वह सक्षम और व्यापक नियंत्रण, जिसके लिए मौर्यों का राज्य प्रसिद्ध था, मौर्योत्तर-काल और गुप्त-काल में लुप्त होने लगा, और उसका स्थान सत्ता का विकेंद्रीकरण लेने लगा। अब तक शांति-सुव्यवस्था कायम रखने और प्रतिरक्षा का प्रबंध करने के साथ-साथ कर उगाहने, राज्य के लिए बेठ-बेगार की व्यवस्था करने, खानों और कृषि का नियमन करने की सारी जिम्मेदारी राज्याधिकारियों पर थी, किंतु अब इन कर्त्तव्यों के निर्वाह का दायित्व धीरे-धीरे पहले तो पुरोहितों के हाथों में और बाद में योद्धा-वर्ग के हाथों में खिसकता गया।

बंगाल और मध्य भारत के गुप्त-कालीन दान-पत्रों में ग्रहीता को भूमि के लगान के उपभोग का स्थायी अधिकार तो दिया गया है, लेकिन भूमि का स्वामित्व अथवा लगान का अधिकार दूसरों के नाम हस्तांतरित करने अथवा दूसरों को दान-स्वरूप देने का हक उन्हें हासिल नहीं है। ग्रहीता को यह हक देने का शायद सबसे प्राचीन प्रमाण हमें मध्य भारत में मिलता है। वहाँ इंदौर में प्राप्त 397 ई. के एक अभिलेख में महाराज स्वामिदास नामक किसी व्यक्ति ने, जो शायद गुप्त

सम्राट का सामंत था, किसी सौदागर को अपना एक खेत दान करने की अनुमति दी है।[13] मतलब यह कि स्वामिदास को अपने अधिकार-क्षेत्र के भीतर किसी भी व्यक्ति को धार्मिक अनुदान देने की मंजूरी दे सकता था; इससे भासित होता है कि सामंत की हैसियत से स्वयं स्वामिदास को भी राजकीय अनुमति के बिना धार्मिक अनुदान देने का अधिकार प्राप्त था। गुप्तों के अन्य सामंतों द्वारा भी धार्मिक अनुदान देने के प्रमाण मिलते हैं। उदाहरण के लिए, परिव्राजक और उच्छकल्प ने कई गाँव दान किए थे। लेकिन न तो स्वामिदास वाले उदाहरण में और न अन्य उदाहरणों में ऐसा कोई उल्लेख है जिससे यह समझा जा सके कि इन सामंतों को जमीन राजा की ओर से मिली हुई थी। इस प्रकार के अनुदान असली उपसामंतीकरण के उदाहरण नहीं हैं। लेकिन, इंदौर अनुदान में ग्रहीता को यह अधिकार दिया गया है कि वह जब तक ब्रह्मदेय्य अनुदान की शर्तों का पालन करता रहेगा तब तक वह उस भूमि का उपभोग कर सकता है, उसमें स्वयं खेती कर सकता है और दूसरों से भी करवा सकता है।[4] इस शर्त में इस बात के लिए साफ गुंजाइश है कि भोक्ता अगर चाहे तो अनुदान में प्राप्त भूमि पट्टे पर दूसरों को दे सकता है। यह भूमि के उपसामंतीकरण का शायद सबसे प्राचीन पुरालेखीय प्रमाण है। यद्यपि इस काल में देश के दूसरे हिस्सों में ऐसे उदाहरण नहीं मिलते, किंतु यहाँ उपसामंतीकरण की प्रक्रिया का सूत्रपात तो हो ही जाता है। यह प्रक्रिया मध्य भारत के पश्चिमी हिस्से में पाँचवीं शताब्दी में जारी रही और छठी तथा सातवीं शताब्दियों में वलभी नरेशों के अनुदानों में यह चीज निरपवाद रूप से देखने को मिलनी है।

यह बात ध्यान देने योग्य है कि गुप्त साम्राज्य के केंद्रीय हिस्सों मे, अर्थात् आधुनिक बंगाल, बिहार और उत्तर प्रदेश में किसी भी सामंत सरदार द्वारा सम्राट् की अनुमति के बिना भूमि-दान अथवा ग्राम-दान करने का कोई उदाहरण नहीं मिलता। इस प्रकार के जो भी उदाहरण मिलते हैं, सभी इस परिधि के बाहर सुदूरवर्ती क्षेत्रों में ही मिलते हैं, जहाँ के सरदार नाम-मात्र को ही गुप्त सम्राट् के अधीन थे। साम्राज्य के केंद्रीय प्रदेशों में यह प्रवृत्ति, जब गुप्त सम्राटों का शासन समाप्ति पर था, तब से शुरू हुई। कुमारामात्य महाराज नंदन ने छठी शताब्दी के मध्य में आधुनिक गया जिले में एक गाँव दान किया था,[15] यद्यपि पहले ऐसे अनुदान देना गुप्त सम्राटों का विशेषाधिकार था।

दानपत्रों को देखने से ज्ञात होता है कि भूमि-अनुदानों के बदले पुरोहितों को दाताओं या उनके पूर्वजों के आध्यात्मिक कल्याण के लिए पूजा-प्रार्थना करनी पड़ती थी। इनके सांसारिक कर्त्तव्यों का निर्देश कदाचित् ही कहीं किया गया हो। इसका एक मात्र उदाहरण वाकाटक राजा द्वितीय प्रवरसेन का चम्मक ताम्र-पत्र है। इसमें एक सहस्र ब्राह्मणों को एक गाँव दान किया गया है और उनके लिए कुछ कर्त्तव्य भी निर्धारित किए गए हैं।[16] उन्हें हिदायत दी गई है कि वे राजा और राज्य

के विरुद्ध द्रोह नहीं करेंगे, चोरी और व्यभिचार नहीं करेंगे, ब्रह्म-हत्या नहीं करेंगे, और राजा को अपथ्य अर्थात् विष नहीं देंगे; इसके अतिरिक्त वे दूसरे गाँवों से लड़ाई भी नहीं करेंगे और न उनका कोई अनिष्ट करेंगे।[17] ये सभी दायित्व निषेधात्मक हैं, जिसका मतलब यह हुआ कि पुरोहित लोग इस शर्त पर भूमि का उपभोग करते थे कि वे प्रचलित सामाजिक एवं राजनीतिक व्यवस्था के विरुद्ध कोई काम नहीं करेंगे। दूसरे दानपत्रों में भोक्ता पुरोहितों ने इन निषेधों को शायद एक सर्वमान्य तथ्य के रूप में यों ही स्वीकार कर लिया, जिससे इनके उल्लेख की जरूरत नहीं समझी गई। लेकिन, ऐसा मानना स्वाभाविक ही होगा कि ब्राह्मणों ने अपने उदार दाताओं से जितना पाया, बदले में उन्हें उससे अधिक ही दिया। उन्होंने अपने-अपने अधीनस्थ क्षेत्रों में शांति-सुव्यवस्था कायम रखी, प्रजा को वर्ण-धर्म के निर्वाह का पवित्र कर्त्तव्य समझाया तथा उसके मन में राजा के प्रति, जो गुप्त-काल से विभिन्न देवताओं के गुणों से विभूषित बताया जाने लगा था, यह भाव जगाया कि उसकी आज्ञा का पालन करना भी पुनीत कार्य है। अतएव, दाताओं का मंशा चाहे जो रहा हो, ऐसा मानना गलत होगा कि इन अनुदानों से सिर्फ धार्मिक उद्देश्यों की ही सिद्धि होती थी। यह ठीक है कि पुरोहित लोग दाताओं तथा उनके पूर्वजों के आध्यात्मिक कल्याण के लिए पूजा-प्रार्थना करते थे और इंग्लैंड के पादरियों की तरह उनके लिए सेना नहीं जुटाते थे, लेकिन अगर जनता को ठीक आचरण करने और प्रचलित व्यवस्था को स्वीकार करके चलने के लिए समझाया जा सकता था तो फिर सैनिक सेवा की जरूरत ही क्या थी?

गुप्त-काल में अधिकारियों को सैनिक और प्रशासनिक सेवाओं के लिए भूमि-अनुदान देने का कोई प्रत्यक्ष पुरालेखीय प्रमाण नहीं मिलता, यद्यपि हो सकता है कि ऐसा प्रचलन रहा हो। धर्मशास्त्रों को देखने से प्रतीत होगा कि दशमिक प्रणाली पर आधारित राजस्विक एवं प्रशासनिक एकांशों के प्रधान अधिकारियों को भूमि-अनुदान के रूप में ही वेतन दिया जाता था। क्षेत्रीय संगठन की दशमिक प्रणाली की रूपरेखा सबसे पहले कौटिल्य ने प्रस्तुत की। उसने 800, 400, 200 और 10 गाँवों[18], बल्कि 5 गाँवों के भी एकांशों की व्यवस्था की है, और उनके अधिकारियों के पद-नाम बताए हैं। वे हैं—पंचग्रामी, दशग्रामी, गोप, स्थानिक तथा समाहर्ता।[19] समाहर्ता को नकद वेतन देने की व्यवस्था की गई है,[20] यद्यपि नई बस्तियों में गोप और स्थानिक को भूमि-अनुदान भी दिया जा सकता है, जिसे वह न बेच सकता है और न अन्य किसी प्रकार से किसी दूसरे को दे सकता है।[21] स्पष्ट है कि यह भूमि-अनुदान नियमित रूप से मिलनेवाले नकद वेतन के ऊपर से दिया जाता था। अतः कौटिल्य की प्रणाली में सामंतवाद का यह लक्षण बहुत क्षीण दिखाई देता है। लेकिन, जैसाकि मनुस्मृति में देखा जा सकता है, ईस्वी सन् के प्रारंभ में यह लक्षण काफी पुष्ट हो जाता है। मनु ने दशमिक प्रणाली को कायम रखते हुए 10, 20, 100 और 1000 गाँवों के एकांशों की व्यवस्था की है।[22]

साथ ही इन एकांशों के अधिकारियों को भूमि-अनुदानों के रूप में वेतन देने का विधान करके[23] उसने वेतनर्वाधि में काफी परिवर्तन किया है। प्रायः सभी स्तरों के अधिकारियों को नकद वेतन देने की कौटिल्यवाली व्यवस्था से यह नियम बहुत भिन्न है। 'मनुस्मृति' में 'राजप्रदेयानि' एकत्र करने और शांति-सुव्यवस्था कायम रखने के लिए गठित एक, दस, बीस, सौ या हजार गाँवों के एकांशों के प्रधान अधिकारियों को वेतन-स्वरूप भूमि-अनुदान देने की सिफारिश की गई है।[24] इस नियम को बृहस्पति की स्मृति में भी उद्धृत किया गया है,[25] जिससे ऐसा निष्कर्ष निकाला जा सकता है कि यह नियम गुप्त-काल में भी मान्य था। यद्यपि गुप्त-कालीन अभिलेखों में इस प्रथा का कोई उल्लेख नहीं मिलता, किंतु पाल-अभिलेखों में ग्रामपति और दाशग्रामिक-जैसे अधिकारियों की चर्चा मिलती है। इस दाशग्रामिक शब्द को यहाँ भी उसी अर्थ में लिया जा सकता है, जिस अर्थ में यह 'मनुस्मृति' में मिलता है।[26] इससे पूर्ववर्ती काल में भूमि का लगान, जो राजस्व का मुख्य साधन था, सीधे राज्य के अमले या ग्रामभोजक अथवा गोप लोग वसूल करते थे। इस उद्देश्य को ध्यान में रखकर कौटिल्य ने यह व्यवस्था की थी कि सभी परिवारों की गणना करके उनके सदस्यों के नाम और उनकी संपत्ति दर्ज कर ली जाए,[27] ताकि सरकार कर लगाने लायक संपत्ति का निश्चय कर सके और वह कितना बेगार ले सकती है, इसका अनुमान लगा सके। ऐसा प्रतीत होता है कि गुप्त-काल से सरकारी कर वसूल करने का दायित्व कम से कम अंशतः तो सामंतों को सौंप ही दिया जाता था। इसलिए सरकार के लिए अब परिवारों की गणना करके उनका लेखा-जोखा रखना जरूरी नहीं रह गया था। चीनी यात्रियों के विवरणों से ऐसा निष्कर्ष निकाला जा सकता है। पाँचवीं शताब्दी के प्रारंभ में गुप्त-साम्राज्य के केंद्रस्थ क्षेत्र मध्यदेश की अवस्था के संबंध में लिखते हुए फाहियान कहता है : ''उन्हें अपने घर-बार का पंजीयन नहीं कराना पड़ता, न किसी मजिस्ट्रेट के सामने पेश होना पड़ता है।''[28] इससे इस बात का संकेत मिलता है कि कर-व्यवस्था और दंड-प्रशासन के संबंध में गुप्त-साम्राज्य की केंद्रीय सत्ता ढीली पड़ने लगी थी। सातवीं शताब्दी के पूर्वार्द्ध में प्रशासनिक अवस्था के संबंध में ह्वेंत्सांग से भी हमें ऐसी ही जानकारी मिलती है। ह्वेंत्सांग के ही शब्दों में, ''चूँकि सरकार की नीति उदार है, इसलिए बहुत कम अधिकारियों की जरूरत होती है। परिवारों का पंजीयन नहीं होता…।''[29] इस प्रकार दोनों चीनी यात्रियों के कथनानुसार परिवारों का पंजीयन नहीं होता था। इसका कारण क्या था? हम ऐसा मान सकते हैं कि अब राज्य किसानों से सीधे कर वसूल करने की फिक्र नहीं करता था, और यह काम अब शायद जमीन को जोतने वाले किसानों और सरकार के मध्य स्थित तीसरे वर्ग के हाथ में चला गया था। इसे राज्य-यंत्र के सामंतीकरण का एक और लक्षण माना जा सकता है।

ऐसा प्रतीत होता है कि गुप्तोत्तर-काल में राज्याधिकारियों को वेतन देने की

विधि में बड़ा महत्त्वपूर्ण परिवर्तन हुआ। अगर हम 'अर्थशास्त्र' के प्रमाण को मानकर चलें तो नई बस्तियों (जनपद-निवेश) से संबंधित कुछ अधिकारियों को छोड़कर राज्य के समस्त अधिकारियों को नकद वेतन दिया जाता था। अधिकतम वेतन, शायद प्रतिमास, 48,000 पण था और न्यूनतम 60 पण।[30] कहीं-कहीं 60 पण से कम वेतन का भी उल्लेख मिलता है। यह सब 'भृत्य-भरणीयम्' प्रकरण में मिलता है, जिसमें राज्य के छोटे-बड़े सभी तरह के अधिकारियों के लिए वेतन निर्धारित किए गए हैं। बहुत-से अधिकारियों के पद-नाम भी बताए गए हैं और कई मामलों में ऐसा कहा गया है कि एक तरह के अधिकारियों को एक-सा वेतन देना चाहिए।[31] किंतु, ऋत्विक्, आचार्य तथा पुरोहित-जैसे कुछ बड़े-बड़े धर्माधिकारियों को, जिन्हें वेतन-स्वरूप 48,000 पण देने की सिफारिश की गई है, नई बस्तियों में ब्रह्मदेय्य भूमि का भी पात्र माना गया है।[32] फिर, नई बस्तियों में हस्ति-प्रशिक्षकों, भिषजों तथा अश्व-प्रशिक्षकों-जैसे मध्यम स्तर के कुछ अधिकारियों को, जिन्हें वेतन-स्वरूप 2000 (पण ?) दिया जाता था, भूमि-अनुदान देने की भी सिफारिश की गई है; किंतु उन्हें इस भूमि को बेचने अथवा किसी को देने का अधिकार नहीं था।[33] इस प्रकार हम देखते हैं कि कौटिल्य की कल्पना के राज्य में जिन थोड़े-से अधिकारियों को नियमित नकद वेतन के ऊपर से नई बस्तियों में भूमि-अनुदान देने की व्यवस्था की गई है, उनके अतिरिक्त शेष सभी को सिर्फ नकद वेनन ही दिया जाता है। ईस्वी सन् की प्रारंभिक शताब्दियों में यह स्थिति बदल गई प्रतीत होती है। 'मनुस्मृति' में, जो शायद दूसरी शताब्दी में संकलित की गई, राजस्व-अधिकारियों को भूमि-दान के रूप में वेतन देने की व्यवस्था की गई है,[34] और गुप्त-काल के स्मृतिकार इस व्यवस्था को कायम रखते हैं। पाँचवीं शताब्दी में बृहस्पति 'प्रसाद-लिखित' शब्द की परिभाषा करते हुए बतलाता है कि जब राजा किसी की सेवा, शौर्य आदि से प्रसन्न होकर उसे अनुदान-स्वरूप कोई जिला या ऐसा ही कोई क्षेत्र प्रदान करता है, तो उसे प्रसाद-लिखित अनुदान कहते हैं।[35] गुप्त-साम्राज्य में अधिकारियों को वेतन देने की विधि का हमें ठीक-ठीक ज्ञान नहीं है, क्योंकि इस विषय में चीनी यात्रियों का प्रमाण काफी स्पष्ट नहीं है। फाहियान के विवरण के एक वाक्य का लेगी द्वारा किए गए अंग्रेजी अनुवाद से हमें ज्ञात होता है कि ''राजा के अंगरक्षकों और परिचरों, सभी को नियमित वेतन दिया जाता है।''[36] लेकिन बील का अनुवाद इससे भिन्न है। उनके अनुसार, ''राजा के सभी प्रमुख अधिकारियों के वेतन के लिए राजस्व निर्धारित हैं।''[37] और हाल में एक चीनी विद्वान ने इस महत्त्वपूर्ण अंश का अनुवाद इस प्रकार दिया है : ''राजा के परिचरों, अंगरक्षकों और अनुचरों, सबको परिलब्धियाँ (इमोल्युमेंट्स) और पेंशनें मिलती हैं।''[38] अगर हम इस अंतिम अनुवाद को सही मानकर चलें तो देखेंगे कि चूँकि परिलब्धियाँ शब्द का अर्थ बहुत व्यापक है, इसलिए हो सकता है, इसमें भूमि-अनुदान भी शामिल रहे हों। जो भी हो, इतना तो स्पष्ट है कि हर्षवर्धन के

समय में राज्य की सेवा के बदले नकद वेतन नहीं दिया जाता था; क्योंकि एक चौथाई राजस्व बड़े-बड़े अधिकारियों की वृत्ति के लिए सुरक्षित था ।[39] एक स्थल पर ह्वेंत्सांग ने स्पष्ट कहा है कि निजी खर्च चलाने के लिए प्रत्येक गवर्नर, मंत्री, मजिस्ट्रेट और अधिकारी को जमीन मिली हुई थी ।[40] हर्ष के अभिलेखों के अनुसार इन बड़े अधिकारियों में हम दौस्साधसाधनिकों, प्रमातारों, राजस्थानियों, उपरिकों तथा विषयतियों को शामिल कर सकते हैं ।[41] इस प्रकार हर्ष के शासन-काल में अनुदान के रूप में राजस्व न केवल पुरोहितों और पंडितों को,[42] बल्कि राज्याधिकारियों को भी दिया जाता था । इस प्रथा की पुष्टि इस बात से होती है कि हमें उस काल की मुद्राएँ बहुत कम मिली हैं ।

गुप्त-काल के कुछ अभिलेखों से ज्ञात होता है कि धर्म-कर्म में लगे पुरोहितों और पंडितों के अतिरिक्त गृहस्थों को भी अनुदान-स्वरूप गाँव दिए जाते थे; किंतु ये लोग उन गाँवों से होनेवाली आय का उपयोग धार्मिक प्रयोजनों के लिए करते थे ।[43] सातवाहनों और कुषाणों के अधीन शिल्पियों के संघों को धर्म-कार्यों में लगाने के लिए राज्य की ओर से नकद राशियाँ दी जातीं थीं, लेकिन गुप्तों के शासन-काल में इसी उद्देश्य से अधिकारियों तथा अन्य लोगों को भूमि-अनुदान दिए जाते थे । इसका एक उदाहरण बहुत प्रारंभ में ही, अर्थात् 496-97 में, मध्य भारत में उच्छकल्प महाराज जयनाथ द्वारा दिए गए एक ग्राम-अनुदान में देखने को मिलता है ।[44] उस गाँव के निवासियों को निर्देश दिया गया है कि वे नियमपूर्वक भाग, भोग, कर, हिरण्य आदि भोक्ताओं को दें तथा उनके आदेशों का पालन करें; किंतु दाता ने चोरों को सजा देने का अधिकार अपने ही हाथों में रखा है ।[45] अब, ऐसा अनुमान लगाना असंगत न होगा कि इन गृहस्थ न्यासियों (ट्रस्टीज) ने इस अनुदान का उपयोग सदैव धार्मिक कार्यों के लिए ही नहीं किया होगा; और चूँकि वे न्यासी अपने अत्याचार और शोषण के लिए प्रसिद्ध दिविर (कायस्थ) लोग थे, इसलिए ऐसी शंका का और भी बड़ा कारण है । इस अनुदान की आय से दिविर को वेतन मिलता हो, यह कहना कठिन है । किंतु, व्यवहारतः तो वह उससे अपनी जेब भरने से शायद नहीं ही चूका होगा ।

उसी क्षेत्र में इस प्रकार के कई अनुदान जयनाथ के पुत्र शर्वनाथ ने भी दिए । 512-13 में उसने एक गाँव चार हिस्सों में दान किया । इनमें से दो हिस्से विष्णुनंदिन के थे, एक व्यापारी शक्तिनाग का और एक-एक कुमारनाग तथा स्कंदनाग का ।[46] यह गाँव उद्रंग तथा उपरिकर के अधिकार के साथ-साथ दान किया गया था और इसमें सरकार के अनियमित अथवा नियमित सैनिकों का प्रवेश वर्जित था ।[47] इस महत्त्वपूर्ण प्रशासनिक छूट का कोई उल्लेख उपर्युक्त अनुदान में नहीं मिलता । स्पष्ट है कि यहाँ प्रत्यक्ष भोक्ता वे गृहस्थ लोग थे, जिनको यह दान दिया गया था; और उनके वंशजों को भी सदा के लिए इस दान का उपभोग करने का अधिकार प्राप्त था ।[48] किंतु अनुदान की धाराओं के अनुसार इसके भोक्ता दो

देवता थे, जिनकी पूजा और मंदिरों की मरम्मत के लिए दाता और ग्रहीता के बीच हुए इकरारनामे के मुताबिक यह दान दिया गया था।[49] जो भी हो, इतना स्पष्ट है कि राजस्व तथा प्रशासन-संबंधी सत्ता का प्रयोग करने का अधिकार इन गृहस्थ भोक्ताओं के ही हाथों में था, और सिर्फ आय का उपयोग मंदिरों के लिए निर्धारित था। इसी राजा ने चोडुगोमिक नामक व्यक्ति को ऐसी ही शर्तों पर आधा गाँव दान किया। यह व्यक्ति भी गृहस्थ ही था, और इसने दाता के साथ अनुबंध किया कि अनुदान का उपयोग पिष्टपुरिका देवी की पूजा और उनके मंदिर के जीर्णोद्धार के लिए किया जाएगा।[50] इन सभी दानपत्रों से यही आभास मिलता है कि अनुदान प्राप्त करनेवाले गृहस्थ लोग दान में दिए गाँवों के व्यवस्थापक बन जाते थे, और उन पर मंदिरों को चलाने की जिम्मेदारी होती थी।

लेकिन इसी राजा द्वारा 533-34 में जारी किए गए एक दानपत्र को देखने से इस विषय में कोई शंका नहीं रह जाती कि गृहस्थ लोगों को धर्मेतर उद्देश्यों से भी भूमि-अनुदान दिए जाते थे। इस दानपत्र के अनुसार पुलिंदभट नामक किसी व्यक्ति को राजकृपा-स्वरूप दो गाँव सदा के लिए दे दिए गए और उनके राजस्व तथा प्रशासन-संबंधी उपर्युक्त अधिकार भी उसे सौंप दिए गए।[51] ऐसा लगता है कि पुलिंदभट कोई आदिवासी सरदार था। उसने पिष्टपुरिका देवी की पूजा और उसके मंदिर के जीर्णोद्धार के लिए ये दोनों गाँव कुमारस्वामिन को स्थायी अनुदान के रूप में दे दिए।[52] इस प्रकार यह निश्चित है कि उससे पहले वह जिस दानपत्र के बल पर उनका स्वामी था, वह विशुद्ध रूप से धर्मेतर दानपत्र था। हो सकता है कि गुप्त-काल में इस प्रकार के और भी धर्मेतर दानपत्र जारी किए गए हों, किंतु चूँकि उनका संबंध धार्मिक अनुदानों से नहीं था, इसलिए वे पत्थर और ताँबे-जैसे टिकाऊ धातुओं पर दर्ज नहीं किए गए।

गुप्तोत्तर-काल के अभिलेखों में अनुदान पानेवाले धर्मेतर व्यक्तियों का उल्लेख मिलता है। पूर्व बंगाल-स्थित अशरफपुर नामक स्थान से प्राप्त ताम्रपत्रों में जिन दो अनुदानों के विवरण मिले हैं, उनमें ऐसे कई नामों का उल्लेख हुआ है। ये दोनों दानपत्र सातवीं से लेकर आठवीं सदी तक कभी जारी किए गए थे।[53] उनसे भासित होता है कि बौद्ध मठ के प्रधान के नाम से दान किए गए जमीन के टुकड़े कई लोगों से, जो उनका उपभोग कर रहे थे, छीन लिए गए। यह बात अभिलेखों में प्रयुक्त 'भोज्यमान'[54] या 'भोज्यमानक'[55] शब्द के प्रयोग से प्रकट होती है। कुछ मामलों में तो एक ही टुकड़े का उपयोग एक के बाद एक दो व्यक्तियों ने किया और उसके बाद वह फिर बौद्ध आचार्य संघमित्र के मठ को लौटा दिया गया।[56] ऐसे सभी लोगों के नाम दिए गए हैं, लेकिन वे कौन थे और क्या थे, इसका निश्चय करना कठिन है। किंतु, भूमि-दान के कई धर्मेतर उदाहरण भी मिलते हैं। एक ताम्रपत्र के अनुसार कुछ जमीन रानी को दी गई[57]—कदाचित् उसके निजी खर्चे के लिए। फिर वह जमीन राजा की सेवा करने के पुरस्कार-स्वरूप किसी स्त्री को दे दी गई;[58]

और फिर वही जमीन अपने स्वामी की सेवा करने के बदले किसी सामंत को दे दी गई।[59] स्पष्ट है कि उन लोगों को और दूसरों को जमीन के ये टुकड़े किसी-न-किसी प्रकार की सेवा के बदले ही मिले हुए थे, और अवधि के समाप्त होने पर या अन्य कारणों से दाता इन्हें फिर लौटा लेते थे। अगर ये टुकड़े ऐसी शर्तों पर न मिले हुए होते तो इन्हें इतनी आसानी से लौटाया नहीं जा सकता। जाहिर है कि अपनी जागीरों से वंचित किए जानेवाले लोगों को कोई मुआवजा नहीं दिया जाता था। इस सबसे प्रकट होता है कि सातवीं या आठवीं शताब्दी में पूर्व बंगाल में कुछ अधि-सेवाओं के लिए लोगों को भूमि-अनुदानों के रूप में वेतन मिलता था और ये अनुदान एक सीमित अवधि के लिए दिए जाते थे।

धार्मिक सेवाओं के लिए भूमि-अनुदान दिए जाते होंगे और धर्मेतर सेवाओं के लिए नकद वेतन, यह बात तत्कालीन अर्थ-व्यवस्था को देखते हुए संभव नहीं जान पड़ती; क्योंकि जैसा हम आगे चलकर देखेंगे, गुप्तोत्तर-काल की अर्थ-व्यवस्था की विशेषता मुद्रा का अभाव था। जब तक कुषाणों और सातवाहनों के काल में मुद्रा का काफी चलन था तब तक तो धार्मिक आवश्यकताओं की पूर्ति भी नकद वेतन देकर ही कराई जाती थी, और किसी सीमा तक गुप्त-काल में भी ऐसा चलता रहा। लेकिन, जब मुद्रा का चलन अपेक्षाकृत कम हो गया, तो धार्मिक तथा धर्मेतर दोनों प्रकार की अधि-सेवाओं का प्रतिदान भूमि-अनुदानों के रूप में ही देना था। धार्मिक सेवाओं के लिए भूमि-अनुदान देने की प्रथा का संकेत तो अभिलेखों में साफ-साफ मिलता है। और जब पुरोहितों और मंदिरों के निर्वाह के लिए भूमि-अनुदान दिए जाते थे, तब फिर अधिकारियों के निर्वाह के लिए किसी दूसरे रूप में पारिश्रमिक क्यों कर दिया जा सकता था?

अधिकारियों को राजस्व-अनुदान के द्वारा वेतन देने के प्रश्न पर हम गुप्त-काल के अधिकारियों के पद-नामों और उस समय के प्रशासनिक एकांशों की संज्ञाओं के अनुसार भी विचार कर सकते हैं। भोगिक और भोगपतिक, इन दो पद-नामों से भासित होता है कि इन अधिकारियों को ये पद मुख्यतः राजस्व का उपभोग करने के लिए ही दिए गए थे और प्रजा पर राज-भत्ता का प्रयोग करना तथा उसके कल्याण के लिए कार्य करना इनका गौण दायित्व था। कभी-कभी भोगिक अमात्य भी हुआ करता था।[60] क्या पता कि उस अवस्था में उसे भोगिक का पद उसको अपने दूसरे पद से संबंधित कार्यों के लिए वेतन देने के उद्देश्य से ही न दिया जाता हो! इसके अतिरिक्त भोगिक का पद सामान्यतया वंशानुगत हुआ करता था; क्योंकि भोगिकों की कम से कम तीन पीढ़ियों का उल्लेख तो कई स्थानों पर मिला है।[61] इन तमाम बातों के परिणामस्वरूप भोगिक स्वभावतः शक्तिशाली सामंत-स्वामी हो गया होगा, जिस पर केंद्रीय सत्ता का अंकुश अपेक्षाकृत बहुत कम रह गया होगा। भोगपतिक का उल्लेख वर्तमान भुक्ति में नियुक्त लगभग दर्जन-भर अधिकारियों के साथ-साथ हुआ है। यह बात लगभग

500 ईस्वी की है, जब महाराजाधिराज श्री गोपचंद्र का एक सामंत महाराज विजयसेन वहाँ शासन करता था।[62] इसके बारे में ठीक ही अनुमान लगाया गया है कि यह अधिकारी शायद कोई जागीरदार था।[63] कुछ भोगपति ग्रामवासियों पर अत्याचार करते थे। 'हर्षचरित' में ऐसा उल्लेख है कि हर्ष के सैनिक कच के दौरान ग्रामवासियों ने भोगपतियों के खिलाफ झूठी शिकायतें कीं।[64] परंतु अपने संरक्षक के प्रशासन को दोष-रहित चित्रित करने की फिक्र में बाण ने इन शिकायतों को विश्वसनीय नहीं माना है। हर्ष के काल में दूसरा सामंत अधिकारी महाभोगी था। इसका उल्लेख उत्तर भारत के समकालीन अभिलेखों में नहीं हुआ है, लेकिन उड़ीसा के कतिपय पुरालेखों में हुआ है।[65] 'कादंबरी' में राजा तारपीड के प्रासाद के अंतःपुर का वर्णन करते हुए बाण ने लिखा है कि द्वारप्रकोष्ठ पर सैकड़ों महाभोगी उपस्थित थे।[66] अग्रवाल के अनुसार ये राज्य के दया-दाक्षिण्य पर पलनेवाले लोग थे।[67] शायद इनकी तुलना मध्य-कालीन यूरोप के बड़े-बड़े सामंतों या राजाओं के प्रासादों में रहनेवाले घरेलू अनुचरों या योद्धाओं से की जा सकती है। राजा की दानशीलता ने व्यवहारतः शायद यही रूप ले लिया कि राज्य की ओर से महाभोगियों के उपभोग के लिए ग्रामीण क्षेत्रों में कुछ राजस्व निर्धारित कर दिए जाते थे और ये महाभोगी अपने भूमिदाता प्रभु के प्रति अपना सम्मान व्यक्त करने के लिए यदा-कदा सामूहिक रूप से राज-प्रासाद में उपस्थित होते थे। प्रारंभिक कलचुरि अभिलेखों में भोगिकपालक[68] नामक अधिकारी का उल्लेख मिलता है। वह शायद भोगिकों के अधीक्षक का काम करता रहा हो।[69] छठी शताब्दी के अंतिम चरण के एक अभिलेख में भोगिकपालक महापीलुपति (हस्ति-सेना के प्रधान) के रूप में भी सामने आता है।[70] उसे यह पद भोगिकपालक के रूप में उसकी सेवाओं के परिणामस्वरूप दिया गया था अथवा भोगिकपालक का पद ही महापीलुपति की हैसियत से उसकी अधिसेवाओं के कारण दिया गया था, यह बात स्पष्ट नहीं है। किंतु, जो भी हो, भोगिक, भोगपतिक और भोगिकपालक-जैसे शब्दों से सामंतवादी संबंधों की गंध तो आती ही है।

यह सामंतवादी विचारधारा कि भूमि या भूखंड उसके उपभोग के लिए है जो उसका स्वामी अथवा शासक हो, हमारे सामने स्पष्ट रूप से गुप्त-काल में आती है। उत्तर वैदिक साहित्य में कहा गया है कि वैश्य लोग शासकों को खिलाने-पिलाने के लिए हैं और वैदिकोत्तर-काल में धर्मसूत्रों में बताया गया है कि शूद्र लोग ऊपर के तीन वर्णों की सेवा करने के लिए हैं। यह विचार कि भूमि राज्याधिकारियों के उपभोग के लिए है, पहले-पहल अशोक के अभिलेखों में मिलता है। अशोक के शासन-काल में जनपद आहारों में विभक्त कर दिया गया प्रतीत होता है।[71] शब्दार्थ की दृष्टि से यही माना जाएगा कि ये आहार आहाराधिपतियों के आहार-रूप, अर्थात् भोजन-रूप थे और ये आधुनिक जिलों या तहसीलों के बराबर थे। यह प्रशासनिक एकांश सातवाहन-युग में कायम रहा,

और जैसा कि गुप्त-काल और गुप्तोत्तर-काल के प्रारंभिक कलचुरि अभिलेखों से ज्ञात होता है, गुजरात और महाराष्ट्र में यह उसके बाद भी बना रहा।[72] किंतु, तब तक प्रादेशिक विभाजनों के लिए ऐसे और भी बहुत-से उपभोगसूचक शब्द सामान्य रूप से प्रयोग में आ गए।

ऐसा भी कहा गया है कि भोगिक शब्द शायद भुक्ति शब्द से भी संबद्ध है,[73] किंतु बंगाल के अभिलेखों में भुक्ति के शासक को उपरिक कहा गया है। भुक्ति शब्द के प्रयोग पर कुछ विचार कर लेना आवश्यक है। गुप्तों के अभिलेखों में यह एक प्रादेशिक एकांश के अर्थ में प्रयुक्त हुआ है। यह शब्द सबसे पहले समुद्रगुप्त के प्रयाग प्रस्तर स्तंभ अभिलेख में सामने आता है। उसमें कहा गया है कि कुषाण राजाओं तथा सिंहल (लंका) और अन्य द्वीपों के राजाओं को अधीनता स्वीकार करने और विवाह में अपनी बेटियाँ देने की शर्त पर यह अनुमति दी गई कि वे अपने-अपने विषयों और भुक्तियों पर अपना अधिकार रखें।[74] इसके बाद के अभिलेखों में एक बड़े प्रशासनिक एकांश के अर्थ में भुक्ति शब्द का प्रयोग बार-बार हुआ है। शब्दार्थ की दृष्टि से भुक्ति का मतलब है कोई भोग्य वस्तु, क्योंकि शासकों द्वारा धरती के भोग का विचार इस काल में काफी प्रचलित था।[75] अतएव यह संभव है कि प्रशासनिक एकांश के रूप में भुक्ति संबंधित शासक के भोग के लिए रही हो।

भुक्ति शब्द की तुलना भोग से की जा सकती है। मध्य भारत (के पूर्वी हिस्से) में प्राप्त 508-9 के एक अभिलेख में प्रयुक्त 'महाराज-शर्वनाथ-भोगे'[76] शब्द-पद का अर्थ स्पष्ट रूप से 'महाराज शर्वनाथ द्वारा भोग्य प्रदेश' है। इस संदर्भ में भोग शब्द से इस बात का बोध होता है कि शायद गुप्त सम्राट् की नाम मात्र की सत्ता के अधीन उसका सामंत शर्वनाथ उस क्षेत्र का उपभोग करता था; लेकिन भक्ति शब्द का मतलब है सम्राट् के प्रत्यक्ष नियंत्रण में उस क्षेत्र का उपभोग। परंतु, कलचुरि-काल के अभिलेखों में भोग शब्द से भोगिक के अधीनस्थ अपेक्षाकृत छोटे राजस्व-क्षेत्र का बोध होता है।

उत्तर भारत और बंगाल में भुक्ति विषयों में विभक्त था, लेकिन अगर दामोदरपुर ताम्रपत्रों में वर्णित अनुदानों में प्रयुक्त कतिपय शब्द-पदों की हमारी व्याख्या स्वीकार्य हो तो मानना पड़ेगा कि विषय भी विषय-पतियों के उपभोग के लिए ही थे। 'अनुवहमानके कोटिवर्षविषये' शब्द-पद का मतलब 'सतत-समृद्धिमान जिला'[77] लगाया गया है। लेकिन अनुवह को वहन के अर्थ में लेना समीचीन होगा। मनुस्मृति, अ. 3, श्लोक 7 की टीका से भी इस अर्थ की पुष्टि होती है।[78] इसलिए 'अनुवहमानके विषये' का अर्थ भार-वहन करनेवाला जिला ही समझना ठीक होगा। इस भार के स्वरूप का आभास हमें 'हस्त्यश्वजनभोगेन'[79] शब्द-पद में मिलता है। इससे प्रकट होता है कि वह विषय विषयपति के लिए या तो हाथी, अश्वारोही और पदाति सैनिक जुटाकर या उसे तीनों तरह की सेनाएँ

रखने के लिए आवश्यक धन देकर उसके उपभोग की सामग्री प्रस्तुत करता था।[80] ऐसा लगता है कि कोटिवर्ष विषय के निवासियों को वहाँ के शासक की सेना का खर्च उठाना पड़ता था और इस तरह उसके भोग का भार वहन करना पड़ता था।[81]

मौर्य साम्राज्य में रजुकों, अर्थात् सम्मंडलों (डिविजनों) के प्रधान अधिकारियों की नियुक्ति सम्राट् करता था, किंतु गुप्त साम्राज्य में ये अधिकारी, जिन्हें अब कुमारामात्य कहा जाता था, उपरिक द्वारा नियुक्त किए जाते थे। कुमार गुप्त के एक अभिलेख (448 ईस्वी) के एक अंश के आधार पर ऐसा माना गया है कि बंगाल के एक जिले के प्रधान अधिकारी (कुमारामात्य) और गुप्त सम्राट् के बीच सीधा और व्यक्तिगत संबंध था; और यह अनुमान लगाया गया है कि पंचनगरी के कुमारामात्य को, जिसके लिए भट्टारकपादानुध्यातः[82] विशेषण प्रयुक्त हुआ है, स्वयं प्रथम कुमार गुप्त ने नियुक्त किया था।[83] किंतु, 'भट्टारक'[84] विरुद पर विचार करने से लगता है कि वह व्यक्ति कुमार गुप्त नहीं था, क्योंकि बंगाल वाले उसके पहले के तीनों अभिलेखों में उसे 'परम भट्टारक' विरुद से विभूषित किया गया है।[85] दो अन्य अभिलेखों में भी गुप्त सम्राट् बुद्धगुप्त को यही विशेषण दिया गया है। इसलिए उस महत्त्वपूर्ण अभिलेखांश से यही भासित होता है कि पंचनगरी का कुमारामात्य अपने निकटतम प्रभु का अनुरक्त था, और संभवतः पुंड्रवर्धन भुक्ति का प्रधान उसका स्वामी था।

सिर्फ गुप्त साम्राज्य के केंद्र में या निकटवर्ती क्षेत्रों में ही विषयपतियों की नियुक्ति स्वयं सम्राट् करता था। इसका उदाहरण है अंतर्वेदी, अर्थात् गंगा-यमुना के दोआब के विषयपति शर्वनाग की नियुक्ति।[86] लेकिन ध्यान देने की बात यह है कि विषयपति की नियुक्ति के संदर्भ में प्रशासन या प्रजाकल्याण की कोई चर्चा नहीं है; जो कुछ कहा गया है, उससे यही बोध होता है कि विषयपति अपने अधीनस्थ क्षेत्र का उपभोग करता था।[87] ऐसा प्रतीत होता है कि सम्राट् को साम्राज्य के केंद्रस्थ क्षेत्रों के बाहर के विषयपतियों की सीधी निष्ठा प्राप्त नहीं थी। ये अपने सर्वोच्च प्रभु के बजाए अपने निकटतम (इमिडिएट) प्रभु के ही अनुरक्त थे।

लेकिन, इससे ऐसा निष्कर्ष निकाल लेना गलत होगा कि उपरिक, कुमारामात्य और विषयपति स्वतंत्र सामंत-जैसे थे। गाँवों में दिए गए भूमि-अनुदानों की सूचना अनेक राज्याधिकारियों को दी जाती थी; कभी-कभी तो इनकी संख्या नौ तक पहुँच जाती थी।[88] लेकिन यह तय कर पाना कठिन है कि सभी स्थलों पर राज्याधिकारियों के पद के नाम वरीयता के क्रम से ही दिए गए हैं अथवा नहीं। गुजरात में प्राप्त एक अभिलेख (541 ईस्वी) में महासामंत महाराज संगमसिह द्वारा दिए गए एक भूमि-अनुदान का वर्णन किया गया है। उसमें दाता ने राजस्थानीय, उपरिक, कुमारामात्य, चाट, भट आदि अपने अधीनस्थ अधिकारियों को कुछ आदेश भी दिए हैं।[89] यदि बंगाल के अभिलेखों को ध्यान में

रखा जाए तो पता चलेगा कि उपरिक का स्थान विषपति और कुमारामात्य से ऊपर था। स्पष्ट है कि अनुदानों के संबंध में आदेश न केवल बड़े अधिकारियों को, बल्कि उनके अधीनस्थ अधिकारियों को भी दिया जाता था। इस उदाहरण से संकेत मिलता है कि सामंत-राजा अपनी सत्ता की धाक विषपतियों पर भी जमाने की कोशिश करता था, यद्यपि इनकी नियुक्ति उपरिक करता था।

कालक्रम से 'अमात्य' और 'कुमारामात्य' सामंती विरुद बन गए। अमात्यों के संबंध में तो हर्ष के शासन-काल में निश्चित रूप से यही स्थिति थी, क्योंकि 'हर्षचरित' में कम से कम दो स्थलों पर ऐसे अमात्यों की चर्चा की गई है, जिन्हें 'मूर्धाभिषिक्ताश्चामात्या राजानः' रूप में अभिषिक्त किया गया।[90] अग्रवाल साहब के अनुसार यहाँ अमात्य शब्द का अर्थ सखा ही मानना चाहिए,[91] मंत्री नहीं। लेकिन इसे किसी बहुत बड़े सम्मान का द्योतक मानना ज्यादा ठीक होगा। अग्रवाल साहब आगे यह भी कहते हैं कि कुमार से संबद्ध अधिकारी कुमारामात्य कहलाते थे।[92] हो सकता है, इस पद का आरंभ इसी तरह हुआ हो, लेकिन आगे चलकर यह अपने-आप में एक अलग पद हो गया और कुमार से इसका कोई संबंध नहीं रह गया। ऐसा प्रतीत होता है कि कुमारामात्य का दर्जा अमात्य से नीचे था। गुप्त-काल में मंत्री, सेनापति, महादंडनायक, विषयपति और अन्य बड़े-बड़े प्रशासनाधिकारी भी 'कुमारामात्य' विरुद धारण करते थे। विद्वानों के विचार में इससे प्रकट होता है कि 'अर्थशास्त्र' के अमात्यों की तरह कुमारामात्य नामक अधिकारियों के एक विशिष्ट संवर्ग की व्यवस्था की गई, और सभी बड़े-बड़े अधिकारी इसी संवर्ग में से चुने जाने लगे। किंतु, वास्तव में 'कुमारामात्य' एक सम्मान-सूचक सामंतवादी उपाधि थी, जो बड़े-बड़े अधिकारियों को—यहाँ तक कि महाराज को भी दी जाती थी।[93] इस विरुद को धारण करनेवाले को राजस्व आदि के संबंध में कुछ विशेषाधिकार भी मिले हुए थे या नहीं, यह कहना कठिन है। लेकिन गुप्त-सम्राटों के शासन-काल के अंतिम दिनों में हम कुमारामात्य महाराज नंदन को अपने प्रभु से अनुमति लिए बिना एक भूमि-अनुदान देते देखते हैं। इससे प्रकट होता है कि छठी शताब्दी के मध्य तक कुमारामात्य गाँवों के वास्तविक शासक बन बैठे थे, और वे किसी से अनुमति लिए बिना उन्हें दान कर सकते थे।

गुप्त-काल से सम्मंडलों और जिलों के अधिकारियों के पद उत्तरोत्तर वंशानुगत होते चले गए। फलतः एक ओर केंद्रीय सत्ता की जड़ खोखली होती गई और दूसरी ओर प्रशासन का स्वरूप और भी सामंतवादी होता चला गया। यद्यपि कौटिल्य के मत से अधिकारियों (अमात्यों) और सैनिकों के पद वंशानुगत होने चाहिए, किंतु आरंभ के पुरालेखों में इसका प्रमाण नहीं मिलता है। गुप्त-काल के अभिलेखों से प्रकट होता है कि गुप्त सम्राट् के मंत्रियों और सचिवों के पद वंशानुगत थे;[94] यही स्थिति मध्य भारत[95] तथा वैशाली[96] में अमात्य के पद की थी। मध्य

भारत में एक ही परिवार के लोग लगातार पाँच पीढ़ियों तक विभिन्न पदों पर काम करते रहे; इनमें से पहली पीढ़ी में अमात्य, दूसरी में अमात्य और भोगिक था, तीसरी में भोगिक, और चौथी तथा पाँचवीं में महासांधिविग्रहिक ।[97] उसी क्षेत्र में भोगिकों की दो[98] और कभी-कभी तीन-तीन[99] पीढ़ियों के भी उदाहरण मिलते हैं। फिर, हम देखते हैं कि पुंड्रवर्धन भुक्ति पर शासन करनेवाले एक के बाद एक सभी उपरिकों का वंश-नाम दत्त था ।[100] इससे ऐसा लगता है कि ये सब शायद एक ही वंश के थे। सिद्धांततः सम्राट् अधिकारियों को पद-च्युत कर सकते थे, किंतु व्यवहारतः ये अधिकारी तथा इनके वंशज अपने-अपने क्षेत्रों में इतने शक्तिशाली थे कि वे अपने-अपने पदों पर सदा बने रहते थे। इसके अतिरिक्त एक ही व्यक्ति को कई पद सौंप देने के कारण इनकी शक्ति और प्रभाव में और भी वृद्धि हुई।

सातवीं शताब्दी से अधिकारियों को बड़ी-बड़ी सामंतवादी उपाधियाँ दी जाने लगीं। भास्करवर्मन के कोषाध्यक्ष (भांडागाराधिकृत) दिवाकरप्रभ को महासामंत की उपाधि मिली हुई थी ।[101] इसी प्रकार हर्षवर्धन के राज्याधिकारी भी इस उपाधि से विभूषित थे। महत्त्व का विषय यह है कि इस काल में अधिकारियों और अधीनस्थ सामत सरदारों को 'प्राप्त-पंचमहाशब्द' की आडंबर-युक्त उपाधि भी दी जाने लगी। पूर्वी भारत में यह उपाधि कुछ बड़े-बड़े राज्याधिकारियों को प्राप्त थी। भास्करवर्मन के एक अनुदानपत्र का मुख्य लेखक प्राप्त-पंचमहाशब्द[102] के रूप में विदित था। पश्चिमी भारत में गुर्जर राजा द्वितीय डड्ड ने यह उपाधि धारण कर रखी थी[103] और सातवीं सदी के तृतीय चरण में उसने यह गौरव सेंद्रकों को प्रदान किया था ।[104]

राष्ट्रकूट सरदार नन्नराज, जो दंतिदुर्ग के पूर्वजों में था, अपने 631-32 के एक दानपत्र में दावा करता है कि उसे पंचमहाशब्द की गरिमा प्राप्त थी, जिसे उसने व्यक्तिगत पुरुषार्थ से अर्जित किया था और जो उसके पूर्वजों को नहीं उपलब्ध थी ।[105] इससे ऐसा ध्वनित होता है कि कोई भी व्यक्ति अपने प्रभु की किसी महत्त्वपूर्ण सेवा के द्वारा ही इस गौरव का पात्र बन सकता था। बारहवीं सदी की एक रचना 'मानसोल्लास' के अनुसार इस शब्द से पाँच वाद्ययंत्रों के प्रयोग का बोध होता है ।[106] इनकी चर्चा जैन लेखक रवकोट्याचार्य ने भी की है और लिंगायत संप्रदाय के एक लेखक ने इनके नाम इस प्रकार गिनाए हैं : श्रृंग, तम्मट, शंख, भेरी और जयघंट ।[107] यह उपाधि पहले शायद सर्वोच्च सत्ताधारी ही धारण कर सकते थे, किंतु बाद में सामंतों को भी यह उपाधि दी जाने लगी।

गुप्त-काल में राजा द्वारा नियुक्त किए गए गाँवों के प्रधान लोग अर्धसामंत अधिकारी बनते जा रहे थे, जिन्हें मुख्यतः अपने लाभ की ही चिंता बनी रहती थी। मौर्य-काल में जो कार्य कृषि-अधीक्षक (सीताध्यक्ष) लोग राज्य के हित के लिए कर रहे थे, वही कार्य गुप्त-काल में गाँव के प्रधान (ग्रामाहिपत्यायुक्त) अपना घर भरने के लिए करने लगे ।[108] मध्य भारत में प्राप्त पाँचवीं सदी के प्रारंभ के कुछ

अभिलेखों में आयुक्तक का उल्लेख हुआ है और ऐसा जान पड़ता है कि वह ग्राम-अधिकारी के पद पर था।[109] ग्रामवासियों द्वारा खेती-बारी से पैदा की गई चीजों में से प्राप्त एक अंश पर उसका निर्वाह होता था,[110] और इस तरह वह जो कुछ वसूल करता था उसका एक बड़ा हिस्सा शायद राजा को भेज देता था। ध्यान देने की बात यह है कि वह कृषक स्त्रियों से अपनी आवश्यकता के लिए बेगार भी ले सकता था,[111] जब कि पहले केवल राजा के लिए ही इस प्रकार बेगार लिया जा सकता था।

गुप्त-काल में एक नए ढंग के गाँवों का उदय हुआ, जहाँ राजप्रसाद-प्राप्त लोगों को आश्रय मिलता था। मार्कंडेय पुराण बतलाता है कि ऐसे गाँवों में अधिकांशतः दुष्ट और शक्तिशाली लोग रहते थे, इनके पास अपनी जमीन और खेती-बारी नहीं होती थी और ये दूसरों की जमीन और खेती-बारी पर जीते थे।[112] राजप्रसाद-प्राप्त लोगों का यह समूह, जो एक प्रकार के मध्यवर्ती वर्ग का काम करता था, राजनीतिक जीवन में सामंतवादी प्रवृत्ति के प्रवेश के कारण पैदा हुआ।

सामंतवादी संबंधों के विकास में देश-विजय की उस प्रक्रिया से भी बड़ी सहायता मिली, जिसमें पराक्रमी राजा छोटे-छोटे सरदारों को जीत कर उन्हें इस शर्त पर पुनः पदासीन कर देता था कि वे उसे कर देते रहेंगे और उसके प्रति अपनी श्रद्धा-भक्ति प्रदर्शित करते रहेंगे। यह प्रक्रिया समुद्र गुप्त के समय में अपनी पराकाष्ठा पर पहुँच गई। उसने बवंडर के वेग से भारत के विशाल भू-भाग को जीत लिया और अधिकांश विजित राजाओं और सरदारों से उपर्युक्त रीति से अधीनता स्वीकार करवा कर उन्हें अपने-अपने पदों पर छोड़ दिया। परिणामस्वरूप अब सामंतवादी संबंध बहुत बड़े पैमाने पर स्थापित हो गए, और फिर समुद्र गुप्त के उत्तराधिकारियों ने भी देश-विजय के संबंध में उसी के उदाहरण का अनुकरण किया। यद्यपि समुद्र गुप्त की इलाहाबाद प्रशस्ति में सामंत शब्द की चर्चा नहीं है, तथापि छठी शताब्दी में उत्तर भारत के अभिलेखों में विजित सरदारों के लिए सामंत शब्द का प्रयोग किया जाता था। 'अर्थशास्त्र', तथा अशोक के अभिलेखो में इस शब्द का जिस रूप में प्रयोग हुआ है,[113] उससे स्पष्ट है कि मौर्य-काल में इसका मतलब था, स्वतंत्र पड़ोसी। मौर्योत्तर काल की स्मृतियों में इसका प्रयोग पड़ोसी भूस्वामियों के अर्थ में हुआ है।[114] यह मत कि इन स्मृतियों में सामंत का प्रयोग सरदार के अर्थ में हुआ है,[115] ठीक नहीं जान पड़ता। इसी प्रकार यह भी सोचना निराधार है कि मनु ने (अ. 7.136 और 9) उपज, कर, जुर्माना आदि राजा या देश के शासक द्वारा नहीं, बल्कि सामंतों द्वारा वसूल करने का विधान किया है।[116]

ऐसा जान पड़ता है कि दक्षिण भारत में पाँचवीं शताब्दी के तृतीय चरण में सामंत शब्द का प्रयोग अधीनस्थ सरदार के अर्थ में किया गया है, क्योंकि शांतिवर्मन के काल (लगभग 455-70) के एक पल्लव अभिलेख में

'सामंतचूड़ामणय:, शब्द-पद आया है ।[117] इसी सदी के अंतिम चरण में दक्षिणी और पश्चिमी भारत के कतिपय दानपत्रों में भी यह शब्द अधीनस्थ सरदार के ही अर्थ में प्रयुक्त हुआ है ।[118] ऐसा प्रतीत होता है कि उत्तर भारत में इस शब्द का प्रयोग इस अर्थ में सबसे पहले बंगाल के एक अभिलेख में और मौखरि सरदार अवंतिवर्मन के बाराबार पहाड़ी के गुहा-अभिलेख में हुआ है । अवंतिवर्मन के अभिलेख में उसके पिता को 'सामंत-चूड़ामणि:' कहा गया है ।[119] पुरालिपिशास्त्र की दृष्टि से यह अभिलेख 555 ईस्वी, अर्थात् हड़हा अभिलेख के काल से पहले का माना गया है ।[120] अतएव, अवंतिवर्मन के पिता का काल 500 ईस्वी के आसपास माना जा सकता है । उन दिनों मौखरि गुप्त सम्राट् के सामंत थे । इसके बाद सामंत शब्द का महत्त्वपूर्ण उल्लेख हमें यशोधर्मन (लगभग 525-35 ईस्वी) के मंदसौर प्रस्तर-स्तंभ में मिलता है । इसमें उसने सारे उत्तर भारत के सामंतों को पराजित करने का दावा किया है ।[121] छठी शताब्दी में वलभी शासक सामंत-महाराज और महासामंत की उपाधि धारण किया करते थे । धीरे-धीरे सामंत शब्द का प्रयोग पराजित सरदारों के अतिरिक्त राज्याधिकारियों के लिए भी होने लगा । इस प्रकार कलचुर-चेदि युग के अभिलेखों में 597 ईस्वी से उपरिकों और कुमारामात्यों का स्थान राजाओं और सामंतों ने ले लिया ।[122] बाद में, हर्षवर्धन के भूमि-अनुदानपत्रों में सांमत-महाराज और महासामंत शब्दों का प्रयोग बड़े-बड़े राज्याधिकारियों की उपाधियों के रूप में किया गया है ।[123]

समुद्र गुप्त के अधीनस्थ सरदारों के लिए सामंत शब्द का प्रयोग नहीं हुआ है, किंतु प्रयाग अभिलेख में उनके दायित्वों का स्पष्ट निर्देश किया गया है। अपने-अपने सिंहासनों पर पुन: प्रतिष्ठित कर दिए जाने के बदले विजित और अधीनस्थ राजाओं से अपेक्षा की जाती थी कि वे सभी कर प्रदान करें, राज्यादेशों का पालन करें, विवाह में अपनी बेटियाँ दें और विजेता के प्रति श्रद्धा-भक्ति प्रदर्शित करें ।[124] बाण पहला लेखक है, जिसने सामंतों के कर्त्तव्यों का संकेत किया है । उसने 'हर्षचरित' में समुद्र गुप्त के अभिलेख से प्राप्त इस महत्त्वपूर्ण सामग्री पर एक प्रकार का भाष्य-सा प्रस्तुत कर दिया है । उसमें हम देखते हैं कि पुष्पभूति ने अपने महासामंतों को अपना करद (कर देने वाला) बना लिया था ।[125] सम्राट् सामंतों द्वारा प्रशासित प्रदेशों की प्रजा से कर न लेकर उन सामंतों से ही लेता था ।[126] सम्राट् के इन सामंतों को अपनी इच्छानुसार करों में वृद्धि करने अथवा नए कर लगाने की छूट थी या नहीं, यह स्पष्ट नहीं है, किंतु अपने-अपने अधीनस्थ क्षेत्रों में राज-कर के लिए उत्तरदायी वे ही लोग थे ।

'कादंबरी' में पराजित राजाओं द्वारा, जो निश्चय ही सामंत बना लिए गए थे, राजा को प्रणाम करने के पाँच तरीकों का उल्लेख हुआ है । इनमें से एक है सिर झुकाना, दूसरा सिर झुकाकर सम्राट् के चरणों का स्पर्श करना, तीसरा है सिर झुकाकर सम्राट् के तलवों का स्पर्श करना (जिसे 'हर्षचरित' में पराजित सामंत

द्वारा सम्राट् की चरण-धूलि लेना कहा गया है) और एक अन्य तरीका है, सम्राट् के चरणों के निकट मस्तक से धरती का स्पर्श करना।[127]

सामंतों का यह दायित्व तो बिलकुल स्पष्ट है कि वे सम्राट् को वार्षिक कर दिया करें। उनके दूसरे दायित्व का, अर्थात् व्यक्तिगत रूप से उपस्थित होकर सम्राट् के प्रति अपनी भक्ति प्रकट करने के कर्त्तव्य का बहुत ही सजीव वर्णन बाण ने किया है। उसमें हम देखते हैं कि पराजित महासामंत किस प्रकार अपने-अपने शेखर और मौलि उतार कर सम्राट् का अभिवादन करते थे। हर्ष के राजदरबार में तरह-तरह से उनका मान-मर्दन किया जाता था। कुछ लोग विजनधारी का काम करते थे, कुछ अपनी-अपनी गर्दनों में तलवार बाँध कर प्राणों की भीख माँगते थे, और समस्त श्रीसंपदा से वंचित कुछ दूसरे सामंतगण बड़ी आतुरता से सम्राट् को करबद्ध नमस्कार करते थे और विजेता द्वारा अपने भाग्य का निर्णय होने तक दाढ़ी नहीं बनाते थे।[128]

पराजित राजाओं से, जो स्पष्टतः सामंत बना लिए गए थे, राजदरबार में तीन तरह की सेवाएँ ली जाती थीं। वे चँवर-धारी का काम करते थे, जैसा कि हर्ष के राजदरबार में पराजित शत्रु-महासामंत किया करते थे।[129] वे अपने हाथ में बेंत लेकर दरबार में द्वारपाल का काम किया करते थे।[130] और कुछ सामंत राजा की शुभकामना करते हुए उसका जयकार किया करते थे।[131] पराजित राजाओं द्वारा सेवा के इन तीन तरीकों (परिचारिकीकरण) का वर्णन बाण ने 'कादंबरी' में किया है।[132] जो चीज स्पष्टतः अपमान-जैसी लगती है, उसी को वे अपना सौभाग्य और गौरव समझते थे। वे द्वारपाल से बार-बार पूछते थे कि सम्राट् के दर्शन कब होंगे।[133]

विजेता को अपनी बेटियाँ भेंट करने के दायित्व का पता हमें प्रयाग अभिलेख से चलता है, लेकिन बाण ने ऐसा कुछ नहीं कहा है। उसके अनुसार पराजित विजेता को अपने अवयस्क उत्तराधिकारी या पुत्र भेंट करते थे।[134] इसका उद्देश्य शायद यह था कि उन्हें राजकीय परंपराओं और पद्धतियों का प्रशिक्षण दिया जा सके, जिससे उनमें अपने प्रभु के प्रति भक्ति और निष्ठा उत्पन्न हो। दूसरी ओर, जब यशोमती को राज महिषी के पद पर प्रतिष्ठित किया जा रहा था, उस समय सामंतों की पत्नियों ने स्वर्ण-कलशों से जल लेकर उसे पवित्र किया और इस प्रकार उसको अपनी सेवाएँ प्रदान कीं।[135] संभवतः इस कर्त्तव्य का पालन सिर्फ शांति-काल में करना पड़ता था। लेकिन, बाण से हमें सामंतों के दायित्वों की जो जानकारी मिलती है, उसका संबंध मोटे तौर पर उन्हीं पराजित सरदारों से है, जिन्हें उसने शत्रु-महासामंत कहा है, और जिनको अपनी पराजय के परिणामस्वरूप विजेता की तरह-तरह की सेवाएँ करनी पड़ती थीं।

शांति-काल में सामंतों का कुछ प्रशासनिक अथवा न्यायिक कर्त्तव्य था या नहीं, इसका पता न तो स्मृतियों से चलता है और न 'हर्षचरित' से। हम 'कादंबरी'

में देखते हैं कि अपनी बहन राज्यश्री के निधन से शोकसंतप्त राज्यवर्धन ने जब अन्न-जल का त्याग कर रखा था, उस समय उसने उन प्रधान सामंतों के कहने पर भोजन कर लिया, जिनकी बात की अवहेलना नहीं की जा सकती थी।[136] जब व्यक्तिगत मामलों में सामंतों की सलाह को अमान्य नहीं किया जा सकता था तब फिर प्रशासनिक मामलों में उसकी अवहेलना कैसे की जा सकती थी, क्योंकि इन विषयों में तो उनकी सहायता और सहयोग की भी आवश्यकता थी।

कुछ सामंत अपने प्रभु से अनुमति लिए बिना धार्मिक अनुदान देते थे। इसका सबसे प्रारंभिक उदाहरण बंगाल में जयनाग का वप्पघोषवाट अनुदान है। जयनाग का शासन-काल छठी शताब्दी के उत्तरार्ध में पड़ता है और उसकी राजधानी मुर्शिदाबाद जिले में कर्णसुवर्ण नगर था।[137] सामंत नारायणभद्र ने, जो औदुंबरिक जिले का स्वामी था, महाप्रतीहार सूर्यसेन से अपना यह आदेश सूचित कर देने के लिए कहा कि वह वप्पघोषवाट गाँव भट्ट ब्राह्मण वीरस्वामिन् को दान में देता है,[138] और यह कार्य एक ताम्रदानपत्र के जरिए संपादित कर दिया गया।[139] यह प्रथा पूर्वी भारत तक ही सीमित नहीं थी। ईस्वी सन् की सातवीं शताब्दी के पूर्वार्ध में[140] मध्य प्रदेश में सामंत इंद्रराज ने एक ब्राह्मण को एक गाँव दान में दिया[141] और स्पष्ट है कि उसने इसके लिए अपने प्रभु की अनुमति नहीं ली, क्योंकि इसमें उसका कोई उल्लेख नहीं किया गया है।

ऐसा जान पड़ता है कि राजदरबार में रहनेवाले सामंतों को कतिपय सामाजिक दायित्वों का भी निर्वाह करना पड़ता था। वे अनेक मनोरंजनों में भाग लेते थे—जैसे द्यूत-क्रीड़ा, पासा खेलना, बाँसुरी बजाना, राजा का चित्र बनाना, पहेलियाँ सुलझाना आदि।[142] इसी प्रकार समारोहों के अवसरों पर उनकी पत्नियों को भी राजदरबार में उपस्थित होना पड़ता था।[143] इस प्रकार सामंत सैनिक और प्रशासनिक दृष्टियों से ही नहीं, बल्कि सामाजिक दृष्टि से भी अपने प्रभु से संबद्ध रहते थे।

बाण ने सामंत, महासामंत, आप्तसामंत, प्रधानसामंत, शत्रुमहासामंत और प्रतिसामंत—इतने तरह के सामंतों का उल्लेख किया है। इनमें से महासामंत स्पष्टतः सामंत से एक श्रेणी ऊपर था, और शत्रुसामंत पराजित शत्रु सरदार था। आप्तसामंत[144] शायद वे लोग थे जिन्होंने स्वेच्छा से अपने प्रभु की अधीनता स्वीकार कर ली थी। प्रधानसामंत सम्राट् के सबसे विश्वस्त व्यक्ति थे, और वह उनकी सलाह की उपेक्षा कभी नहीं करता था, लेकिन प्रतिसामंत शब्द का अर्थ बतलाना कठिन है।[145] शायद वह राजा से विरोध-भाव रखनेवाला सामंत था, या हो सकता है, वह मात्र एक अविनयी सामंत रहा हो। जो भी हो, इतना स्पष्ट है कि इस काल में सामंत शब्द का चलन अच्छी तरह हो गया था, और सामंतों के कम से कम छः प्रकार होते थे।

राजाओं की स्थिति भी सामंतों से बेहतर नहीं थी। राजा तीन तरह के होते थे।

एक तो थे शत्रु-महासामंत। ये सम्राट् की तरह-तरह की सेवाएँ करते थे और इनके साथ सम्मानजनक व्यवहार किया जाता था। दूसरे थे महीपाल, जिन्हें लाचार होकर सम्राट् के प्रताप के सामने झुकना पड़ता था। तीसरे वे राजा थे, जो सम्राट् के प्रति अनुराग से प्रेरित होकर उसके पास आए थे।[146] बाण ने एक स्थल पर अनुरक्त महासामंतों का उल्लेख किया है। इससे शायद यह निष्कर्ष निकाला जा सकता है कि वे अपने प्रभु से विशेष रूप से संबद्ध थे।

सामान्यतया राजाओं और सामंतों का मुख्य कर्त्तव्य अपने प्रभु के लिए सेना जुटाना था। हर्ष के सैनिक कूच के विवरण से ज्ञात होता है कि उसकी सेना में राजाओं द्वारा दिए गए सैनिक और घोड़े शामिल थे; और उनकी संख्या इतनी बड़ी थी कि अपने सामने एकत्र उस विशाल सैन्य-समूह को देखकर हर्ष चकित रह गया।[147] ह्वेंत्सांग ने हर्ष की सेना का जो विवरण दिया है, उसे अगर हम अतिरंजित मानें, तो भी वह सेना वास्तव में मौर्य वाहिनी से बड़ी रही होगी। अब ध्यान देने की बात यह है कि एक तो हर्ष का राज्य मौर्यों के राज्य से बहुत छोटा था और उस पर भी उसका वैसा प्रभावकारी नियंत्रण नहीं था जैसा कि मौर्य राजाओं का अपने राज्य पर था। फिर वह इतनी बड़ी सेना कहाँ से रख पाता होगा और अपेक्षाकृत छोटे राज्य की रक्षा के लिए इसे रखने की आवश्यकता भी क्यों थी? इसलिए एक ही बात संभव लगती है कि वह एक सामंती सेना थी, जो युद्ध-काल में ही खड़ी की जाती थी। एहोल अभिलेख से भी इस अनुमान की पुष्टि होती है। इसमें हर्ष के प्रबल शत्रु पुलकेशिन् की प्रशंसा करते हुए यह भी बताया गया है कि हर्ष अपने सामंतों द्वारा जुटाई गई सेना से सज्जित था।[148] स्पष्ट ही सामंतों द्वारा अपने प्रभु के लिए सेना जुटाने के चलन के परिणामस्वरूप प्रभु को सामंतों का मुखापेक्षी बन जाना पड़ा होगा।

यह स्पष्ट नहीं है कि इन सामंतों को हर्ष की ओर से अनुदान-स्वरूप गाँवों के राजस्व भी मिले हुए थे अथवा नहीं। किंतु, सम्राट् और अग्रहारिकों के संबंध का आधार ही यही था कि उन्हें सम्राट् ने अनुदान में गाँवों की आमदनी दे रखी थी। मगर ऐसा लगता है कि अग्रहारिकों का अपने दाता और संरक्षक के प्रति कोई कर्त्तव्य नहीं था। 'हर्षचरित' में उल्लेख है कि कुछ अग्रहारिक हर्ष का स्वागत करने के लिए दही, गुड़ और शक्कर लेकर स्वेच्छा से अपने-अपने गाँवों से बाहर आकर खड़े हो गए, और दंडधारियों ने उन्हें डरा-धमकाकर दूर कर दिया।[149] लेकिन सामान्यतया ये लोग इससे अधिक कुछ करते भी नहीं थे। जब-जब हर्ष सैनिक अभियान पर निकलता तब ये उसके लिए शुभकामना करते थे, जिसकी विधि यह थी कि गाँवों के बड़े-बुजुर्ग (महत्तर) अपने-अपने हाथों में कलश उठाकर खड़े रहते थे।[150]

किंतु, सामंतों, अधीनस्थ राजाओं आदि के कर्त्तव्यों के इस विवेचन से हमें ऐसा न मान लेना चाहिए कि गुप्त-काल अथवा गुप्तोत्तर-काल की किसी स्मृति या

शास्त्र में इन कर्त्तव्यों का स्पष्ट निर्देश किया गया है। हाँ, कतिपय समकालीन साहित्यिक कृतियों से इनका स्पष्ट संकेत अवश्य मिलता है।

घोड़ों और हाथियों—विशेषकर हाथियों—पर राजकीय एकाधिकार समाप्त होने से केंद्रीय सत्ता की जड़ें और भी कमजोर पड़ गईं। ऐसा लगता है कि प्राङ्-मौर्य-काल में हाथी सिर्फ राजा ही रख सकता था। एक जातक-कथा में उल्लेख है कि एक राजा ने तीस परिवारों के एक गाँव को पुरस्कार-स्वरूप एक हाथी दिया।[151] जहाँ शक्ति और सत्ता एक के बजाए अनेक व्यक्तियों के हाथों में होती थी, वहाँ शासक वर्ग के प्रत्येक सदस्य को राज्य को एक हाथी देना पड़ता था, जिसका उदाहरण बिआस के तट पर बसे 5000 कुलीनों का राज्य है।[152] मेगास्थनीज़ के विवरण से ज्ञात होता है कि किसी भी गैर-सरकारी व्यक्ति को घोड़ा या हाथी रखने की अनुमति नहीं थी, क्योंकि ये जानवर राजा की विशेष संपत्ति माने जाते थे।[15] मेगास्थनीज़ को उद्धृत करते हुए स्ट्रैबो कहता है कि घोड़ों और हाथियों के लिए राजकीय अस्तबलों और शस्त्रास्त्रों के लिए एक राजकीय शस्त्रागार की व्यवस्था थी, क्योंकि सिपाहियों को काम का समय खत्म होने पर अपने-अपने शस्त्रास्त्रों को शस्त्रागार में और हाथियों को अस्तबलों में वापस कर देना पड़ता था।[154] कौटिल्य ने हस्ति-अध्यक्ष और अश्व-अध्यक्ष अर्थात् हाथियों और घोड़ों के अधीक्षक के पदों की व्यवस्था की है।[155] इससे प्रकट होता है कि राजा बहुत बड़ी संख्या में हाथी-घोड़े रखता था। ऐसा प्रतीत होता है कि प्राङ्-मौर्य-काल और मौर्य-काल में गैर-सरकारी लोग हाथी-घोड़े नहीं रख सकते थे। हाथियों के स्वामित्व पर राजकीय एकाधिकार का प्रमाण 'रघुवंश' में भी मिलता है। उसमें धरती की रक्षा करने के लिए राजा के वेतन के साधनों में अन्य वस्तुओं के साथ जंगलों से प्राप्त हाथी भी शामिल बताए गए हैं।[156] किंतु, वास्तव में मौर्योत्तर-काल से ही स्थिति बदलने लग गई थी। 'मिलिंदपन्हो' में कहा गया है कि उत्तम कोटि के हाथी-घोड़े आदि राजा की संपत्ति हैं।[157] इससे प्रकट होता है कि राजकीय स्वामित्व सिर्फ उत्तम कोटि के हाथियों तक ही सीमित था। गुप्त-काल में इस एकाधिकार की जड़ और भी कमजोर पड़ गई। नारद ने ऐसा विधान किया है कि हाथियों और घोड़ों के स्वामियों से इन जानवरों द्वारा किए गए उत्पातों के लिए जुर्माना नहीं लिया जाना चाहिए, क्योंकि ये राजा की प्रजा के रक्षक माने जाते हैं।[158] संभवत: अब गैर-सरकारी लोग भी घोड़े और हाथी रखने लगे, यद्यपि बृहस्पति की स्मृति में इनके सरकारी अधीक्षकों का उल्लेख महत्त्वपूर्ण पदाधिकारियों के रूप में हुआ है,[159] और इसी प्रकार समकालीन अभिलेखों में भी। हम यह भी देखते हैं कि बड़े-बड़े राज्याधिकारियों द्वारा हाथी-घोड़े रखना राजसत्ता के लिए खतरनाक माना जाता था। गुप्तोत्तर-काल की एक कृति 'कामंदकीय नीतिसार' में ऐसा कहा गया है कि राज्य को महामात्रों (उच्चाधिकारियों) और पुरोहितों के घोड़ों और हाथियों की जानकारी रखनी

चाहिए ।[160] उच्च पदाधिकारियों की सैनिक शक्ति पर नजर रखना तो शासक के हक में जरूरी माना जाता था, किंतु जहाँ तक प्रजा के साथ उन अधिकारियों के व्यवहार का संबंध था, अब उन्हें पहले की अपेक्षा अधिक छूट थी । गौतम-स्मृति में, जिसे एक प्रकार से प्राङ् मौर्य-कालीन कृति ही मानना चाहिए, किसी व्यक्ति के घोड़े द्वारा किसी प्रकार की क्षति पहुँचाने पर उस पर जुर्माने की व्यवस्था है ।[161] किंतु, नारद घोड़े और हाथियों के मालिकों को इस कारण जुर्माने से बरी करार देता है कि ये प्रजा के रक्षक हैं ।[162] किंतु, इसी स्मृति के एक दूसरे अंश से ऐसा अर्थ निकलता है कि अगर घोड़े का मालिक जान-बूझकर अपने जानवर से किसी को क्षति पहुँचावे तो उस दशा में वह दंड का भागी होगा ।[163] इससे प्रकट होता है कि गुप्त-काल में घोड़ों और हाथियों के स्वामी, जो शायद स्थानीय सरदार लोग थे, प्रजा के सहज संरक्षक माने जाते थे । जो काम पहले नियमित रूप से राज्य द्वारा नियुक्त अधिकारी करते थे, वह अब इन सरदारों के हाथों में चला गया था ।

सरदारों और राजाओं का दर्जा भी इस बात पर निर्भर करता था कि किसके पास कितने हाथी थे । सन् 727 ईस्वी के एक चीनी विवरण के अनुसार मध्य भारत के राजा के पास 900 हाथी थे, जब कि बड़े-बड़े सरदारों के पास 200 से 300 तक ही थे ।[164] इन दोनों के बीच मध्यम श्रेणी के राजा लोग थे । इस प्रकार दक्षिण भारत के राजा के पास 800 हाथी थे, पश्चिम भारत के राजा के पास 500-600, और उत्तर भारत के राजा के पास सिर्फ 300 थे ।[165]

अपने जान-माल की हिफाजत के लिए कमजोरों का बलवानों की छत्रछाया में शरण लेने की प्रथा का कोई विशेष प्रचार भारत में नहीं हुआ । बर्बर जातियों के आक्रमणों से त्रस्त यूरोप की तरह यहाँ सुरक्षा की स्थिति कभी भी ज्यादा खराब नहीं हुई । फिर भी, तीसरी शताब्दी के आस-पास लिखी 'विष्णु-स्मृति' में कहा गया है कि संपत्ति और सुरक्षा प्राप्त करने के लिए गृहस्थ को किसी श्रीमंत से निवेदन करना चाहिए ।[166] किंतु, अनुगतता, अर्थात् बलवानों की शरण लेने के वास्तविक उदाहरण बहुत कम मिलते हैं । बिहार के हजारीबाग जिले में प्राप्त 8वीं शताब्दी के आसपास के एक अभिलेख के अनुसार तीन गाँवों के निवासियों ने अपने-आपको एक व्यापारी के हाथों में सौंप दिया, जिसने उनके राजा द्वारा उनसे माँगा गया अवलगन चुकाया और उन्हें सुरक्षा प्रदान की ।[167] राजा की अनुमति लेकर उन्होंने उस व्यापारी से अपना राजा बनने का निवेदन किया और उसने तुरंत उसे स्वीकार कर लिया ।[168] ऐसा माना जाता है कि 'अवलगन' या 'ओलग' शब्द मूलतः कन्नड़ भाषा का शब्द है और इसका मतलब होता है अपने प्रभु की सैनिक या दूसरी सेवा करना ।[169] यहाँ हम अपनी ओर से इतना और कह सकते हैं कि चूँकि 8वीं सदी से कर्णाटों के पालों की सेना में काम करने का उल्लेख मिलता है, इसलिए हो सकता है, यह शब्द उन्हीं लोगों के साथ उत्तर भारत में आया हो । किंतु, यह निश्चित नहीं है कि इस अभिलेख में प्रयुक्त अवलगन शब्द का अर्थ यही है । इस अभिलेख

के अनुसार मगध का राजा आदिसिंह तीन गाँवों से अवलगन माँगता है ।[170] स्पष्ट ही इसका मतलब यह है कि वह नकद और किस्तों में बकाया कर माँग रहा है । यहाँ अवलगन का अर्थ किसी प्रकार की सामंती सेवा लगाना ठीक नहीं जान पड़ता । हाँ, जब व्यापारी उदयभान तीनों गाँवों की ओर से अवलगन देने को तैयार हो जाता है और राजा उसे उन तीनों गाँवों का राजा बना देता है[171] तो इसे हम प्रभु और सामंत के बीच हुए यूरोप के ढंग के सामंती अनुबंध का एक उदाहरण अवश्य मान सकते हैं । फिर, जब उदयभान इनमें से एक गाँव अपने छोटे भाई को दे देता है, जो एक प्रकार से उपराजा बना दिया जाता है,[172] तब हमें धर्मेतर उपसामंतीकरण का स्पष्ट उदाहरण देखने को मिलता है । पूर्व-मध्यकालीन साहित्य में 'अवलगन' शब्द का प्रयोग 8वीं शताब्दी की सिर्फ दो कृतियों में हुआ है, और फिर बाद में 12वीं, 14वीं और 16वीं शताब्दियों के साहित्य में हुआ है ।[173] इसलिए इसका ठीक-ठीक अर्थ समझ पाना और भी कठिन है । किंतु, इसका अर्थ चाहे जो हो, उक्त अभिलेख अनुगतता और उपसामंतीकरण, इन दो सामंतवादी प्रवृत्तियों की ओर स्पष्ट संकेत करता है, और इनके परिणाम-स्वरूप केंद्रीय सत्ता निस्संदेह और भी क्षीण हो गई होगी ।

केंद्रीय सत्ता के उत्तरोत्तर कमजोर होने और स्थानीय सरदारों-श्रीमंतों की शक्ति बढ़ने का संकेत नारद के एक विधान से भी मिलता है । उसके अनुसार जो लोग राजा का विरोध करते हैं या कर की अदायगी में बाधा डालते हैं, उनसे निबटने के लिए ऐसे ही दूसरे लोगों को प्रेरित करना चाहिए ।[174] यद्यपि 'फूट डालो और राज करो' की नीति बहुत पुरानी है, फिर भी अराजक तत्त्वों को एक-दूसरे के खिलाफ भिड़ा देने के सुझाव से यही प्रकट होता है कि राज्य के प्रत्यक्ष नियंत्रण में काम करनेवाले अधिकारियों में कतिपय शक्तिशाली व्यक्तियों से निबटने की क्षमता नहीं थी, और संभावना यही दिखाई देती है कि इन शक्तिशाली व्यक्तियों की स्थिति सामंती समाज के मध्यवर्ती वर्ग की-जैसी ही रही होगी ।

जिन आर्थिक प्रवृत्तियों के कारण सामंतवाद के उदय में सहायता मिली, उनका सही-सही निरूपण कर सकना जरा कठिन है । इस संबंध में पहले तो इस बात पर विचार करना है कि ब्राह्मणों और मंदिरों को अनुदान में दी गई जमीनें आबाद थीं या परती, और ये ग्रहीता अथवा दूसरे भूस्वामी स्वयं ही भूमि के जोतदार थे या इनकी जमीन अस्थायी रूप से काम पर रखे गए किसान लोग जोतते थे । दक्षिण भारत के पश्चिमी हिस्से में प्राप्त 130 ईस्वी के एक सातवाहन अभिलेख में राजकीय जमीन का एक टुकड़ा बौद्ध भिक्षुओं को दान किया गया है, और कहा गया है कि जहाँ जमीन जोती नहीं जाती है वहाँ गाँव नहीं बसता है ।[175] इससे साफ जाहिर होता है कि कम-से-कम दूसरी शताब्दी में जो गाँव दान किए जाते थे, उनमें जोत की जमीन रहती ही थी । आंध्र प्रदेश के कृष्णा-गुंटुर क्षेत्र में प्राप्त तीसरी शताब्दी के दूसरे चरण के अभिलेखों में इक्ष्वाकु राजा को सैकड़ों हलों से जोतने

लायक जमीन दान करनेवाला कहा गया है।[176] शासकों द्वारा भूमि की माप के लिए हल के प्रयोग से साफ जाहिर होता है कि आंध्र के लोग तीसरी शताब्दी के पहले से ही हल से जमीन जोतते थे। दक्षिण भारत के पश्चिमी हिस्से में ईस्वी-पूर्व की पहली शताब्दी में ब्राह्मणों को यज्ञ-भाव से दान दिए गए गाँव[177] कैसे थे, यह तो हम नहीं जानते, किंतु यह स्पष्ट है कि दूसरी और तीसरी शताब्दियों में दान किए गए ऐसे गाँवों में खेती-बारी होती थी।

उत्तर तथा पूर्वी बंगाल के गुप्त-कालीन भूमि-अनुदानों में खिल और अप्रहत शब्दों का प्रयोग हुआ है, जिससे यह अनुमान लगाया गया है कि ब्राह्मणों को ऊसर और परती जमीन दी जाती थी। लेकिन, यह निष्कर्ष सभी जगह लागू नहीं होता। 448 ईस्वी के बैग्राम ताम्रपट-अभिलेख में प्रयुक्त खिल-क्षेत्र शब्द[178] का अर्थ परती और ऊसर जमीन नहीं लगाया जा सकता। प्रथमतः गुप्त-कालीन कृति नारद-स्मृति में खिल शब्द की परिभाषा करते हुए बताया गया है कि इसका मतलब ऐसी जमीन से है जिसे तीन साल से जोता नहीं गया हो।[179] दूसरे, उपर्युक्त अनुदान में खिल-क्षेत्र के साथ-साथ मंदिरों में सेवा करनेवाले कुछ लोगों के लिए थोड़ी-सी वास-भूमि भी दी गई है,[180] जिससे प्रकट होता है कि वह भूमि बिलकुल ऊसर और परती नहीं थी। इसी प्रकार 543 ईस्वी के दामोदरपुर ताम्रपट-अभिलेख में अप्रहत और खिल शब्दों[181] का प्रयोग रूढ़ अर्थों में ही हुआ जान पड़ता है, क्योंकि यहाँ जमीन की इतनी कमी थी कि पाँच कुल्यवाप जमीन तीन जगहों में खरीदनी पड़ी।[182] इसके अतिरिक्त यहाँ भी अप्रहत और खिल भूमि के साथ-साथ वास्तु, अर्थात् वास-भूमि दी गई थी,[183] जिससे यह मानना कठिन हो जाता है कि वह जमीन ऊसर और परती थी। और फिर यह बात भी है कि इस भूमि के साथ सर्वत्र अप्रहत विशेषण का ही प्रयोग नहीं किया गया है; एक स्थल पर इस पाँच कुल्यवाप जमीन को खिल कहा गया है।[184] दामोदरपुर का एक दूसरा भूमि-अनुदान, जो पाँचवीं शताब्दी के अंतिम चरण का है, बतलाता है कि एक व्यापारी ने कोकामुखस्वामि नामक देवता को दान करने के लिए जो चार कुल्यवाप जमीन खरीदी और श्वेतवराहस्वामि के लिए जो सात कुल्यवाप जमीन खरीदी, वह निश्चित रूप से आबाद जमीन थी।[185]

आधुनिक मध्य प्रदेश के पूर्वी हिस्से में गुप्तों के परिव्राजक सामंतों के राज्य में मंदिरों और ब्राह्मणों को दिए गए भूमि-अनुदान दो बातों में बंगाल के अनुदानों से भिन्न थे। बंगाल के अनुदानों में ग्रहीता को सिर्फ जमीन के टुकड़े ही दिए गए थे, और दाता लोग सामान्य व्यक्ति थे, जिन्होंने जमीनें खरीदकर दान की थीं। किंतु, मध्य भारत के अनुदान सामंत राजाओं ने दिए थे, और ग्रहीताओं को पूरे-के-पूरे गाँव प्राप्त हुए थे। बंगाल के अनुदान सरकारी अधिकारियों की अनुमति से दिए गए थे, और उनमें ग्रहीताओं को सिर्फ करों से मुक्ति दी गई थी; किंतु, मध्य भारत के अनुदानों में ग्रहीताओं को प्रशासनिक बंधनों से भी मुक्त कर दिया गया था।

फिर भी, बंगाल के अनुदानों की तरह मध्य भारत के अनुदानों में भी परती जमीन के बोधक शब्द का प्रयोग रूढ़ अर्थ में ही किया गया है। मध्य भारत में भूमिच्छिद्रन्याय के अनुसार कई अनुदान दिए गए, जिससे देखने में लगता है कि इन दानों का उद्देश्य परती जमीन को आबाद कराना था। फिर भी इनमें ऐसी कोई दूसरी बात नहीं मिलती जिससे प्रकट होता हो कि दान में दिए गए गाँव परती और बिना आबादी के थे। अधिकांश अनुदानों में भूमिच्छिद्रन्याय शब्द का प्रयोग मात्र एक कानूनी मान्यता का निर्वाह करने के लिए ही किया गया है। पिष्टपुरिका देवी की पूजा और एक मंदिर के जीर्णोद्धार के लिए ब्राह्मणों को दिए गए दो गाँव स्पष्टतः आबाद थे, यद्यपि इनका दान भूमिच्छिद्रन्याय के अनुसार हुआ था।[186] इन गाँवों में ब्राह्मण तथा दूसरे लोग रहते थे, जिन्हें अनुदान-सूचना[187] दी गई थी। एक बात और है। ये गाँव पुलिंदभट नामक एक व्यक्ति को (जो स्पष्टतया ब्राह्मण था) पहले ही दान में प्राप्त हुए थे; और फिर उसने इन्हें कुमारस्वामि नामक पुरोहित को दे दिया,[188] जिसके लिए उसने महाराज शर्वनाथ से अनुमति ली। यह उपसामंतीकरण की प्रक्रिया का द्योतक है।

इसी प्रकार, गुजरात और महाराष्ट्र में प्राप्त कलचुरि-चेदि युग के अभिलेखों में, जो पाँचवीं से लेकर सातवीं शताब्दी तक के हैं, भूमिच्छिद्र शब्द का प्रयोग स्पष्टतः ऐसे गाँवों की जमीन के टुकड़ों के अनुदानों के संदर्भ में किया गया है जो आबाद थे और जिनमें खेती-बारी की जाती थी।[189] कुल नौ अनुदानों में से केवल तीन ऐसे हैं, जिनमें जमीन के टुकड़े दान में दिए गए हैं, शेष छः में गाँव ही दान किए गए हैं। यह ध्यान देने योग्य बात है कि इन अभिलेखों में जो सबसे पुराना (पाँचवीं शताब्दी की प्रारंभिक दशाब्दियों का) है, उसमें एक गाँव के अनुदान के विषय में महाराज सुबंधु का आदेश उस गाँव के निवासियों को सूचित किया जाता है,[190] यद्यपि यह गाँव भूमिच्छिद्रन्याय के अनुसार ही दान किया गया है। यदि पाँचवीं शताब्दी के प्रारंभ में भी इस न्याय के अनुसार बसे-बसाए गाँव दान किए जाते थे, तो पूरी संभावना है कि छठी तथा सातवीं शताब्दियों के अनुदानों में भूमिच्छिद्रन्याय का उल्लेख एक औपचारिकता-मात्र रहा हो। गुजरात के एक भूमिच्छिद्रन्याय अनुदान (642 ई.) में कुछ जमीन एक 'सशीबरम' (खेत पर बने घर) के साथ-साथ दान की गई जान पड़ती है।[191] इससे प्रकट होता है कि इस जमीन पर खेती होती थी। एक दूसरे मामले में तो दान की गई भूमि के आबाद होने का प्रमाण बहुत ही स्पष्ट है, क्योंकि यहाँ वापी, कूप, तड़ाग आदि सिंचाई के साधनों के साथ-साथ खिल भूमि दान की गई है।[192]

इस प्रकार के लगभग तमाम अनुदानों में प्रायः एक ही तरह की शब्दावली का प्रयोग किया गया है। वह यह है कि अमुक गाँव अथवा भूमिखंड उद्‌रंग और उपरिकर, अर्थात् सभी तरह के करों और महसूलों के साथ-साथ दान किया जाता है; दाता उस क्षेत्र से कोई भेंट-नजराना नहीं लेगा; वहाँ उसका कोई विशेषाधिकार

नहीं रहेगा; और उसमें चाट-भट आदि प्रवेश नहीं कर सकेंगे। इस शब्दावली के प्रयोग से भी प्रकट होता है कि ये क्षेत्र आबाद थे। कई अनुदानों में ग्रहीताओं को ऐसे लोगों से जुर्माने वसूल करने का भी अधिकार दिया गया है, जो दस अपराधों के लिए दोषी सिद्ध हो चुके हों। जिन करों और महसूलों से ग्रहीताओं को छूट दी गई है, वे वीरान गाँवों पर नहीं लगाए जा सकते थे। इस संदर्भ में अवनिरंध्रन्याय शब्द भी, जो भूमिच्छिद्रन्याय का पर्याय है, कानूनी रूढ़ि के निर्वाह के लिए ही प्रयुक्त हुआ है। उदाहरण के लिए, महाराष्ट्र में 572 ई. में एक गाँव अवनिरंध्रन्याय के अनुसार दान किया गया, परंतु वह गाँव भेंट-नजराना और बेठ-बेगार देने, दौरे पर गए सरकारी अधिकारियों को खिलाने-पिलाने के लिए शुल्क देने तथा समस्त करों के दायित्वों से मुक्त घोषित किया गया है, और साथ ही ग्रहीता को स्थानीय झगड़ों के फैसले-निबटारे का भी अधिकार प्रदान किया गया है।[193] इससे उस गाँव के आबाद होने की पूरी संभावना प्रकट होती है।

इसलिए पाँचवीं शताब्दी से लेकर सातवीं शताब्दी तक के भूमि-अनुदानों में प्रयुक्त खिल, अप्रहत, भूमिच्छिद्र और अवनिरंध्र आदि शब्दों का अर्थ लगाने में बहुत सावधानी बरतनी चाहिए। जिस प्रकार अभिलेखों में प्रयुक्त आडंबरयुक्त उपाधियाँ राजाओं की उपलब्धियों और प्रताप की द्योतक नहीं हैं, उसी प्रकार जिन शब्दों का प्रयोग दान-शासनों में किया गया है, वे उनके सही रूप को प्रकट नहीं करते। अक्सर ये शब्द यथार्थ को प्रकट करने के बजाए नियम-निर्वाह के लिए ही प्रयोग किए गए हैं।

ग्रामदान का आदेश ग्रहीता ब्राह्मणों को सूचित करने के साथ-साथ उस गाँव के निवासियों को भी सूचित किया गया है।[194] इससे प्रकट होता है कि अनुदान देने से पूर्व भी लोग वहाँ रहते थे। अधिकांश भूमि-अनुदानों में, विशेषकर कलचुरि-चेदि युग की पहली चार सदियों के अनुदानों में, ग्रहीता ब्राह्मण के मूल निवासस्थानों की चर्चा नहीं है, यद्यपि उनका गोत्र प्रायः भारद्वाज बताया गया है। लेकिन, जहाँ-कहीं उनके निवासस्थान का उल्लेख हुआ है, वहाँ वह दान की गई भूमि से दूर नहीं प्रतीत होता। इस प्रकार हमारे सामने ऐसे कई उदाहरण आते हैं, जिनमें आबाद जमीन दान की गई है, और इनकी तुलना मध्ययुगीन यूरोप की सामंतवादी प्रथाओं से की जा सकती है। अंतर सिर्फ इतना है कि गुप्तकालीन और गुप्तोत्तर-कालीन भारत में ग्रहीता लोग मुख्यतः पुरोहित वर्ग के थे और उनकी संख्या कम थी।

ऐसा अनुमान है कि बंगाल में भूमि-अनुदान की प्रथा के परिणामस्वरूप अधिक जमीन जोत में आई और अधिक गाँव बसे।[195] कोसंबी ने भारत के अन्य प्रदेशों के संबंध में भी इस अनुमान को लागू करते हुए इस पर विशेष जोर दिया है।[196] गुप्त-काल और गुप्तोत्तर-काल में उत्तर भारत के कुछ इलाकों और पूर्वी बंगाल में ऐसी बात हुई होगी, लेकिन मध्य प्रदेश, गुजरात और महाराष्ट्र में

सामान्यतया बसे-बसाए गाँव और आबाद जमीन ही दान की जाती थी। वीरान इलाकों में गाँव बसाने अथवा बंजर जमीन को आबाद कराने के उद्देश्य से ब्राह्मणों को भूमि-अनुदान देने का प्रचलन शायद प्राङ्मौर्य-काल में प्रारंभ हुआ, जब यदा-कदा मगध और कोसल में राजकीय भूमि के कुछ हिस्से ब्राह्मणों को दिए जाते थे।[197] यह प्रथा मौर्य-काल में प्रचलित रही। इस काल में कर और दंड के अधिकारों से मुक्त कुछ भू-क्षेत्र कतिपय ब्राह्मणों के लिए अलग रख दिए जाते थे।[198] इसका उद्देश्य अधिक भूमि को जोत में लाना था, क्योंकि 'अर्थशास्त्र' की यह व्यवस्था नई बस्तियाँ बसाने की योजना 'जनपद-निवेश' का एक अंग है।[199] यह प्रक्रिया आगे भी जारी रही।

गुप्त-काल और गुप्तोत्तर-काल में नए क्षेत्रों में बस्तियाँ बसाने में भूमि-अनुदानों का बहुत बड़ा योग रहा। अभिलेखों से इस प्रक्रिया पर पर्याप्त प्रकाश पड़ता है। ऐसा अनुभव किया गया कि वीरान भूमि को जब तक जोत के लायक नहीं बनाया जाता तब तक वह मालिक के किसी काम नहीं आ सकती, और इसलिए ऐसी भूमि को जोत में लाने के लिए पुजारियों और मंदिरों को भूमि-अनुदान दिए गए। बंगाल में समाचारदेव का एक अभिलेख, जो छठी शताब्दी के उत्तरार्द्ध में उत्कीर्ण हुआ था, इसका प्रमाण है।[200] इसके अनुसार जब एक ब्राह्मण ने एक जिले के महत्तरों से कुछ जमीन माँगी, तो उन्होंने इस कारण उसे जमीन देने का निर्णय किया कि वह जमीन खाई-खड्डों और जंगली जानवरों से भरी पड़ी थी और इसलिए न धर्म की दृष्टि से और न अर्थ की दृष्टि से ही राजा के किसी काम की थी; इसलिए उन्होंने सोचा कि अगर इसे अनुदानभोगी आबाद करेगा तो इससे राजा को धर्म और अर्थ, दोनों ही दृष्टियों मे लाभ हो सकता है।[201] दूसरे दानपत्रों में ऐसा कुछ स्पष्ट रूप से तो नहीं कहा गया है, लेकिन ग्रहीताओं को बंजर भूमि देने के परिणामों की कल्पना सहज ही की जा सकती है।

लोकनाथ के टिपड़ा ताम्र-शासन से पता चलता है कि उसने पूर्वी बंगाल के वन-प्रदेशों को कृषि के योग्य बनाने की नीति अपनाई। उसने एक सौ से अधिक ब्राह्मणों को वन-प्रदेश में जमीन और उन्हें उसमें अलग-अलग और संयुक्त हिस्से दिए।[202] इस अनुदान में सिर्फ सुव्वारिग जिले की सीमाएँ ही बताई गई हैं, जिसमें वह वन-प्रदेश स्थित था,[203] किंतु दान की गई भूमि की सीमाएँ निर्धारित नहीं की गई हैं। स्पष्ट ही उसका कारण यह था कि यह क्षेत्र आबाद नहीं था। जिस वन-प्रदेश में दान की गई भूमि स्थित थी, उसका वर्णन इस प्रकार किया गया है: "जिसमें प्राकृतिक-अप्राकृतिक का कोई भेद नहीं है, जहाँ झाड़ियों और बेलों का जाल-सा बिछा हुआ है, जहाँ हिरण, भैंसे, भालू, बाघ, साँप आदि अपनी इच्छानुसार घरेलू जीवन के समस्त आनंदों का उपभोग करते हैं।"[204] स्पष्ट है कि ब्राह्मण समाज को वहाँ महासामंत प्रदोषशर्मन द्वारा निर्मित मंदिर में प्रतिष्ठित भगवान अनंत-नारायण की पूजा के लिए लाया गया।[205] यह प्रदोषशर्मन कोई

उच्चवर्गीय ब्राह्मण सामंत था, और ऐसा प्रतीत होता है कि उसी की कोशिशों से यह अनुदान दिया गया था। लेकिन, इस क्षेत्र में ब्राह्मणों के आगमन का महत्त्व इस बात में निहित है कि उन्होंने इस वन-प्रदेश को निवास और कृषि के योग्य बनाया। पश्चिमी भारत के कुछ हिस्सों में भी ऐसी ही प्रक्रिया देखी जा सकती है। विजयराज के केरावाले ताम्रपटों में, जो मध्य छठी शताब्दी के बाद किसी समय तैयार किए गए, एक गाँव में 63 ब्राह्मणों को दिए गए हिस्सों का हवाला मिलता है।[206] स्वभावतः इससे वहाँ ब्राह्मणों को सामूहिक रूप से बसने की सुविधा मिली। ऐसे प्रलेखों की संख्या कुछ ज्यादा नहीं है, लेकिन इन दोनों प्रलेखों से मोटे तौर पर यह संकेत मिलता है कि परती-ऊसर और जंगली इलाकों को मंदिरों और ब्राह्मणों को दान देकर आबाद कराया जाता था।

आबाद इलाकों में, जहाँ ब्राह्मणों को अग्रहारों के रूप में बहुत-से गाँव दान किए जाते थे, खेती का तरीका जंगली इलाकों में प्रचलित खेती के तरीके से निश्चय ही बहुत विकसित था। वैसे, आबाद इलाकों में भी खेती के तरीके सर्वत्र एक समान नहीं रहे होंगे, लेकिन इसका बुनियादी ज्ञान शायद सबको रहा होगा। श्रीकंठ जनपद का वर्णन करते हुए बाण खेत की जोताई, खलिहानों में कृत्रिम पहाड़ों की तरह दिखते धान्य के ढेरों और घटि[207] द्वारा भूमि की सिंचाई का उल्लेख करता है। मुख्य उपज मूँग और गेहूँ बताई गई है।[208] स्पष्ट ही, अग्रहारों के स्वामियों को कृषि के ऐसे तरीकों की जानकारी थी, और उनकी प्रवृत्ति पूजा-पाठ और अध्ययन-अध्यापन तक ही सीमित नहीं थी। हर्ष के अभियान के दौरान उन्होंने दही, गुड़, और पेटिकाओं में बंद शक्कर लेकर उसका स्वागत किया।[209] ये सब चीजें विंध्य-क्षेत्र के जंगली गाँवों में पैदा नहीं की जा सकती थीं, क्योंकि वहाँ लोग खेती के बहुत ही अपरिष्कृत और प्रारंभिक तरीकों से काम लेते थे।

'हर्षचरित' के अनुसार, काली मिट्टी वाले इलाकों के लोग हल और बैल का उपयोग नहीं जानते थे।[210] किसान लोग अपने-अपने परिवारों की आजीविका की व्यवस्था करने के लिए फावड़ों पर पूरा जोर आजमाते थे और छोटे-छोटे खेत तैयार कर लेते थे।[211] कृषि योग्य खेत छोटे-छोटे और कम ही थे।[212] लोग किसी प्रकार की खाद का उपयोग नहीं करते थे। शायद वे खेती की आधुनिक 'झम' प्रणाली से काम लेते थे। ऐसी खेती आदिवासी लोग करते हैं। वे जंगलों को जला देते हैं और इस तरह उस साफ किए गए क्षेत्र में, वर्षा शुरू होने पर, बीज डाल देते हैं। जलाए हुए पेड़-पौधों का क्षार एक प्रकार की खाद का काम करता है। फसल काट कर वे फिर दूसरे स्थान की ओर चल देते थे और वहाँ फिर उसी रीति से खेती करते थे। हो सकता है, 'हर्षचरित' में जो विंध्य-क्षेत्र में जंगल काटने का उल्लेख हुआ है, उसका संबंध खेती के इसी तरीके से हो। टिपड़ा के वन-प्रदेश में भी, जिसके एक हिस्से में सौ से अधिक ब्राह्मण जाकर बस गए, शायद खेती का यही तरीका प्रचलित था। किंतु, इन नए बाशिंदों ने अवश्य ही पुराने लोगों की कृषि-प्रणाली के स्थान पर नई

पद्धति चलाई होगी। हर्ष के समय में भूमि-अनुदानों से विंध्य-क्षेत्र में खेती के नए और अच्छे तरीके दाखिल करने में कोई सहायता मिली या नहीं, यह बात तो स्पष्ट नहीं है; लेकिन अगर वन-प्रदेशों के धार्मिक प्रतिष्ठानों का खर्च चलाने के लिए कुछ अग्रहार दान किए जाते थे तो उनसे उन प्रदेशों में खेती के बेहतर तरीके दाखिल करने में सहायता मिली हो, ऐसा संभव है।

भूमि-अनुदानों के पुरालेखीय विवरण से यद्यपि भोक्ताओं को दी गई राजस्व और प्रशासन-संबंधी रियायतों की हमें पर्याप्त जानकारी मिल जाती है, किंतु दान किए गए क्षेत्रों की ठीक-ठीक सीमा और रकबे आदि की जानकारी के लिए उन पर पूरा भरोसा नहीं किया जा सकता। हम जिस काल पर विचार कर रहे हैं, उस काल में यूरोप के संबंध में भी ऐसे आँकड़ों का अभाव ही है; और तत्कालीन भारत के विषय में तो स्थिति और भी असंतोषजनक है। प्रकृति के प्रकोपों और मनुष्य की कारगुजारियों से उत्तर भारत में ये पुरालेख बहुत अंशों तक ध्वस्त हो गए होंगे। यदि हम इस तथ्य का ध्यान रखें तो मानना होगा कि आज हमें जो पुरालेखीय विवरण उपलब्ध हैं, वे मूल पुरालेखों के अंश-मात्र हैं। फिर भी सातवीं शताब्दी के पूर्वार्द्ध में धार्मिक अनुदान प्राप्त करनेवाले व्यक्तियों एवं संस्थाओं के अधीनस्थ क्षेत्रों का एक मोटा और सामान्य अंदाजा हम लगा सकते हैं। उदाहरण के लिए, नालंदा विहार 200 गाँवों के राजस्व का उपभोग करता था, और शायद वलभी शिक्षा-केंद्र को भी इतने ही गाँव मिले हुए हों। हर्ष के जो ताम्रपट-अभिलेख उपलब्ध हैं, उनमें केवल दो गाँवों के दान किए जाने का हवाला मिलता है, लेकिन इसी काल के वलभी के ताम्रपट-अभिलेखों में कम-से-कम 10 गाँव दान किए जाने का उल्लेख मिलता है, और लोकनाथ के टिपड़ा अभिलेख में 100 ब्राह्मणों के जीवन-निर्वाह के लायक जंगली इलाका दान किए जाने का प्रमाण मिलता है। बाण भी इस विषय पर कुछ प्रकाश डालता है। 'हर्षचरित' से ज्ञात होता है कि हर्ष ने एक सैनिक अभियान पर निकलने से पहले मध्यदेश में 1000 हलों के साथ 100 गाँव ब्राह्मणों को दान किए।[213] 1000 हल—अर्थात् 1000 हलों से जोती जा सकने लायक—अर्थात् लगभग 10,000 एकड़ जमीन दान की गई। 'कादंबरी' में तारापीड के प्रासाद में सहस्रों शासनों के मसविदे तैयार करने में रत लिपिकों का उल्लेख है।[214] अगर हम शासनों का अर्थ यहाँ दान-पत्र लगाएं तो इसका अर्थ यही होगा कि ब्राह्मणों को बहुत सारे भूमि-अनुदान दिए जाते थे। इसके अतिरिक्त 'हर्षचरित' में असली और नकली दोनों तरह के आग्रहारिकों का उल्लेख मिलता है, यद्यपि इन आग्रहारिकों के अधीनस्थ गाँवों की संख्या नहीं बताई गई है।[215] अगर हम यह मान भी लें कि बाण ने अपने संरक्षक का अतिरंजित वर्णन किया है और तारापीड के प्रासाद का चित्र बहुत बढ़ा-चढ़ाकर प्रस्तुत किया है, तो भी उसकी कृतियों से सातवीं सदी के पूर्वार्द्ध की वस्तु-स्थिति का मोटा अंदाजा तो मिलता ही है। कुल मिलाकर यही लगता है कि हर्ष के समय तक ब्राह्मणों के हाथ में काफी

जमीन आ गई थी।

हस्तांतरण की शर्तों को देखने से ज्ञात होता है कि सामान्यत: खेतों की जोताई-बुवाई ब्राह्मण नहीं, बल्कि अस्थायी किसान लोग करते थे। ऐसा प्रतीत होता है कि सीधे राजा को कर देनेवाले स्वतंत्र और स्थायी कृषक भूस्वामियों की संख्या कम होती जा रही थी। फाहियान कहता है कि "जो लोग राजा की भूमि जोतते हैं, सिर्फ वही कर देते हैं।" साथ ही वह यह भी कहता है कि "वे अपनी इच्छानुसार जहाँ चाहे जा या रह सकते हैं।"[216] इनमें शायद वे लोग शामिल नहीं थे जो भूमि-कर राज्य को नहीं, बल्कि पुरोहितों, मंदिरों, मठों या अन्य मध्यवर्ती भूस्वामियों को देते थे। कारण, आगे के अनुच्छेद में स्थिति को स्पष्ट करते हुए फाहियान कहता है कि "मठों को खेत और बागीचे तथा उन पर खेती करने के लिए किसान और मवेशी दिए जाते हैं।"[217]

पाँचवीं शताब्दी से भूमिधर मंदिरों की संख्या में भी वृद्धि हुई और इन्हीं मंदिरों ने आगे चलकर मठों का रूप ले लिया। यद्यपि अधिकांश शासन ब्राह्मणों के ही नाम से दिए जाते थे, किंतु कुछ मंदिरों के नाम से भी अवश्य दिए जाते थे। छठी शताब्दी के पूर्वार्द्ध में मध्य भारत में पिष्टपुरी देवी के मंदिर को दो भूमि-अनुदान दिए गए।[218] उसी शताब्दी के उत्तरार्द्ध में मौखरि सरदार अनंतवर्मन ने गया जिले में एक सुखी और समृद्ध आबाद गाँव भवानी देवी को दान किया।[219] बंगाल में पाँचवीं और छठी शताब्दियों में गोविंदस्वामी मंदिर,[220] श्वेतवराहस्वामी मंदिर[221] और कोकामुखस्वामी मंदिर को[222] जमीन के टुकड़े दान किए गए। तीसरी शताब्दी के मध्य से लेकर लगभग 750 ईस्वी तक के कलचुरि-चेदि युग के इक्कीस अनुदानों में से दो बौद्ध विहारों को दिए गए, तीन हिंदू मंदिरों को और शेष छब्बीस ब्राह्मणों को।[223] फाहियान कहता है कि "बुद्ध के निर्वाण के बाद से राजा, महत्तर लोग तथा बौद्ध गृहस्थ भिक्षुओं के लिए विहार और घर बनवाते थे तथा उन्हें खेत और बगीचे के साथ ही जोताई-बोवाई के लिए कृषक मजदूर और मवेशी भी देते थे।"[224] इस चीनी यात्री के अनुसार लोहे पर गुदे स्वामित्वाधिकार-पत्र एक के बाद दूसरे राजा के हाथों से गुजरते हुए वैध बने हुए थे। लेकिन स्मरण-शक्ति के दोष के कारण यहाँ वह शायद गलत बात लिख गया, क्योंकि अब तक तो कोई भी लौहपट प्राप्त नहीं हुआ है। स्पष्ट ही फाहियान का मतलब ताम्रपट से था।

भूमिधर मंदिरों और विहारों के उदय और विकास में एक बात बहुत सहायक सिद्ध हुई। वह थी धार्मिक तथा शैक्षणिक प्रयोजनों के लिए राजाओं द्वारा अग्रहारों का दान किया जाना। छठी शताब्दी के एक परवर्ती गुप्त राजा दामोदर गुप्त को एक सौ अग्रहार स्थापित करने का श्रेय दिया जाता है।[225] इसका मतलब यह हुआ कि धार्मिक तथा शैक्षणिक केंद्र चलाने के लिए ब्राह्मणों को 100 गाँव दान किए गए। ऐसे अनुदान गुप्त सम्राटों ने भी दिए होंगे, क्योंकि स्कंदगुप्त के टूटे-फूटे

विहार शिलाभिलेखों, जिन्हें साफ-साफ पढ़ा नहीं जा सकता, और भितरी स्तंभ अभिलेखों के रूप में इसके कुछ उदाहरण मिलते हैं।[226] सातवीं-आठवीं शताब्दियों में भी ब्राह्मणों के मन में गुप्त-कालीन अग्रहार-अनुदानों की स्मृति बनी हुई थी और उन्होंने समुद्रगुप्त का नाम जोड़कर कम-से-कम दो जाली अनुदान-पत्र तैयार कर लिए थे।[227] बाणभट्ट ने भी सातवीं शताब्दी के पूर्वार्द्ध में 'हर्षचरित' में ऐसे नकली आग्रहारिकों का उल्लेख किया है जिनका कथित अनुदानों पर कोई वैध अधिकार नहीं था।[228] ह्वेंत्सांग कहता है कि नालंदा विहार का खर्च उसको दान किए गए लगभग सौ गाँवों के राजस्व से चलता था;[229] और ऐसा प्रतीत होता है कि इत्सिंग के समय तक अनुदान में दिए गाँवों की संख्या लगभग 200 तक पहुँच गई थी।[230] भूमि-अनुदान की प्रथा के परिणामस्वरूप ये मंदिर और विहार अनेकानेक छूटों और रियायतों का उपयोग करनेवाले अर्ध-स्वतंत्र इकाइयाँ बन गए; और कालक्रम से यही मंदिर और विहार मध्ययुगीन मठों के रूप में सामने आए। इन मठों की श्री-संपदा के कारण ही तुर्क आक्रमणकारियों ने इन्हें ढूँढ़-ढूँढ़ कर लूटा।

फाहियान और इत्सिग के विवरणों से स्पष्ट है कि विहारों की जमीन अस्थायी पट्टेदार लोग जोतते थे। किसानों को जिन शर्तों पर जमीन दी जाती थी, उनकी कुछ जानकारी हमें इत्सिग से मिलती है। इत्सिग लिखता है कि संघ किसानों को जमीन और बैल देता था, और आमतौर पर उपज का छठा हिस्सा उनसे लेता था।[231] इत्सिग ने यह नहीं लिखा है कि किसानों को हल, बीज, खाद और खेती के दूसरे साधन भी दिए जाते थे अथवा नहीं। लगता है, जमीन जोतने-बोने वाले लोग पहले की तरह मजदूरी पानेवाले किराए के मजदूर नहीं थे, बल्कि वे अर्ध-दास या अस्थायी पट्टेदार थे, जो भूस्वामियों को मालगुजारी दिया करते थे। अगर कोई मंदिर या विहार जमीन का मालिक होता था तो उसे राज्य को उस जमीन पर कोई कर नहीं देना पड़ता था, पर उड़ीसा और दक्षिण भारत में इस प्रकार के भूस्वामियों को कभी-कभी कर देना पड़ता था।

गुप्त-कालीन स्मृतियों से प्रकट होता है कि जो कृषि-भूमि गृहस्थों की मिल्कियत में थी, उसके संबंध में भी कृषि की वही व्यवस्था प्रचलित थी जो मंदिरों और विहारों की मिल्कियत में पड़नेवाली जमीन के बारे में लागू थी। अंतर सिर्फ इतना था कि ऐसी भूमि के स्वामियों को राज्य को कुछ कर भी देना पड़ता था। कौटिल्य का विधान है कि नई बस्तियों में खेती के लायक जमीन किसानों को राजा दे,[232] लेकिन याज्ञवल्क्य कहता है कि किसानों को जमीन राजा (महीपति) नहीं, बल्कि भूस्वामी (क्षेत्रस्वामी) दे। हाँ, क्षेत्रस्वामी की अनुपस्थिति में उस ज़मीन में किए गए सुधार के लाभ का अधिकार राजा को दिया गया है।[233] याज्ञवल्क्य (11.158) की 'मिताक्षरा' और 'वीरमित्रोदय' की टीकाओं से भासित होता है कि जमीन से संबंधित लोगों की चार श्रेणियाँ थीं--महीपति, क्षेत्र-स्वामी, कर्षक और

उपकर्षक या किराए के मजदूर। गुप्त-काल में यह चौथी श्रेणी थी या नहीं, इस बात की हमें निश्चित जानकारी नहीं है, लेकिन ऊपर की तीनों श्रेणियों के अस्तित्व के संबंध में कोई शंका नहीं है। किंतु, बृहस्पति की स्मृति में क्षेत्र-स्वामी शब्द के स्थान पर स्वामी शब्द का प्रयोग हुआ है; साथ ही उसमें यह बात भी स्पष्ट कर दी गई है कि स्वामी राजा और जमीन के असली जोतदार के बीच की श्रेणी में आता था।[234] इस श्रेणी के भूस्वामी कृषकों को पट्टे पर भूमि देते थे, और कृषि की उपेक्षा करने पर कृषक लोग जुर्माने के भागी होते थे।[235] इस प्रकार ये कृषक कृषि-दास नहीं, बल्कि अस्थायी पट्टेदार ही थे।

खेती-बारी के काम के संगठन की इन विशेषताओं की पुष्टि पुरालेखीय प्रमाणों से भी होती है। महाराष्ट्र और गुजरात के चौथी से लेकर छठी शताब्दी तक के भूमि-अनुदानों से साफ जाहिर होता है कि ग्रहीता को भूमि के भोग का पूरा अधिकार दिया जाता था, वह अपनी इच्छा और सुविधानुसार उसमें स्वयं भी खेती कर सकता था और किसी अन्य से भी करवा सकता था।[236] खुद खेती करनेवाले ब्राह्मणों का अनुपात जानने के लिए हमारे पास कोई साधन नहीं है, यद्यपि संभव है कि ऐसे ब्राह्मणों की संख्या अच्छी खासी रही हो, क्योंकि उस काल की स्मृतियों में ऐसी व्यवस्था है कि अगर वे चाहें तो खेती-बारी कर सकते हैं।[237] लेकिन जहाँ पूरा-का-पूरा गाँव कुछ थोड़े-से ब्राह्मणों को दे दिया जाता था, वहाँ स्पष्ट है, वे सारी जमीन पर खुद ही खेती नहीं कर सकते थे। इसका परिणाम यह हुआ कि ब्राह्मणों के बहुत-से गाँवों या अग्रहारों का स्वरूप अर्ध-सामंतवादी हो गया।

यह सोचना ठीक नहीं है कि दान किए गए गाँवों के किसानों का अपने प्रभुओं से वैसा ही संबंध था जैसा कि इंग्लैंड के कम्मी गाँवों के किसानों का अपने प्रभुओं से था, लेकिन कुछ बातों में किसान पूरी तरह से संबंधित गाँवों के भोक्ताओं के आधीन थे। बहुत-से स्थानों पर ग्रहीता लोग अपनी-अपनी जमीन में दूसरों से खेती करवाने के अधिकार के बल पर पुराने किसानों को हटाकर नए किसानों को काम पर लगा सकते थे; इस प्रकार वे अपनी इच्छानुसार पट्टेदारों को हटा सकते थे।[238]

मध्य भारत के गुप्त-कालीन अनुदानों से प्रकट होता है कि किसानों को राजा का बेगार करना पड़ता था।[239] वाकाटक शासकों के अनुदानों और गुप्त राजाओं के सामंतों द्वारा मध्य भारत में दिए गए कुछ अन्य अनुदानों से ज्ञात होता है कि धार्मिक ग्रहीताओं को दान किए गए गाँवों में राजा को बाधित श्रम लेने का अधिकार नहीं था।[240] महाराष्ट्र में प्राप्त पाँचवीं शताब्दी के एक ताम्रपत्र में सभी तरह के दित्य और विष्टि से मुक्त एक अग्रहार के अनुदान का उल्लेख है।[241] ऐसे ही अनुदान पश्चिमी भारत में भी दिए गए थे। इनमें से सबसे पहले के अनुदानों में से एक है 457 ईस्वी का अनुदान।[242] इसका मतलब शायद यह है कि भोक्ता लोग राजा को कोई भी कर देने और उसके लिए विष्टि की व्यवस्था करने के दायित्व से

मुक्त थे, जब कि स्पष्ट है, वे अपने अधीनस्थ गाँवों से कर भी ले सकते थे और बेगार भी। मध्य भारत और पश्चिमी भारत के कतिपय अनुदानों में संबंधित क्षेत्रों के निवासियों को ग्रहीताओं की आज्ञा का पालन करने का आदेश दिया गया है, जिसका मतलब यह लगाया गया है कि ग्रहीता बाधित श्रम ले सकते थे।[243] लेकिन जनसाधारण से जो चीजें लेने का चलन परंपरा से नहीं चला आ रहा था, उनकी भी माँग वे कर सकते थे या नहीं, यह स्पष्ट नहीं है। जो भी हो, इसमें संदेह नहीं कि गुप्त-काल में मध्य भारत और पश्चिमी भारत में शासक लोग अपने शासितों से बेगार लिया करते थे।

गुप्त-कालीन अनुदानों से जिस बात का सिर्फ आभास मिलता है, वही बात छठी शताब्दी के अंतिम चरण से वलभी नरेशों के अनुदानों में बिलकुल स्पष्ट रूप से कही गई है। प्रथम धरसेन के (लगभग 575 ईस्वी के) एक अनुदान में धार्मिक ग्रहीता को आवश्यकतानुसार बेगार लेने का अधिकार दिया गया है।[244] प्रथम शिलादित्य ने भी अपने 605 ईस्वी के दानपत्र में[245] और फिर 610-11 ईस्वी के दानपत्रों में[246] ग्रहीताओं को ठीक ऐसी ही रियायत दी है। सातवीं शताब्दी के उत्तरार्द्ध से वलभी अनुदानों में,[247] बल्कि गुजरात के सेंद्रक सरदार अल्लशक्ति के समान छोटे-छोटे सरदारों द्वारा दिए अनुदानों में[248] भी उस पारिभाषिक शब्द का प्रयोग बार-बार हुआ है जिससे प्रकट होता है कि ग्रहाता को बेगार लेने का अधिकार था। बादामी के चालुक्यों के भूमि-दानपत्रों में भी हमें यह शब्द देखने को मिलता है। स्पष्ट है कि जब ग्रहीताओं को बेगार लेने का अधिकार प्राप्त था तब अपनी बेगार लेने की आवश्यकता का निर्णय तो वे इच्छानुसार जब चाहते तभी कर सकते थे।

बेगार शिल्पियों से भी लिया जाता था। पूर्ववर्ती स्मृतियों में ऐसा विधान है कि शिल्पी लोग राजा को कर देने के बदले महीने में एक दिन उसका काम कर दें। कर के बदले इस तरह काम कर देना बेगार नहीं माना जा सकता, लेकिन कौटिल्य के अनुसार कर्मकरों तथा बेगार करनेवाले मजदूरों में कोई अंतर नहीं था, और यह संभव है कि कर्मकरों में शिल्पी लोग भी शामिल रहे हों। 592 ईस्वी में पश्चिमी भारत में वणिकों के एक समूह (वणिग्ग्राम) को दिए गए एक अनुदान से प्रकट होता है कि शिल्पियों को केवल राजा का ही नहीं; बल्कि जिन वणिकों को राज्य की ओर से छूट की सनद दी जाती थी उन वणिकों का भी बेगार करना पड़ता था। इस प्रकार, वरिकों का काम करनेवाले वणिक लुहारों, काष्ठशिल्पियों, नाइयों, कुम्हारों आदि से बेगार लिया करते थे।[249] स्पष्ट ही जहाँ तक राजा का संबंध था, शक्कर और नील तैयार करने वाले श्रमिक बेगार से मुक्त थे,[250] क्योंकि उनके रोजगार पर महसूल लगा हुआ था।[251] फिर, भिश्तियों और ग्वालों से, जो स्पष्टतः वणिकों का काम करते थे, राजा की बेगार के लिए नहीं कहा जा सकता था।[252] स्पष्ट है कि वणिग्ग्राम को दी गई इन रियायतों का उद्देश्य शिल्पियों और साधारण श्रमिकों की

सेवाओं को वणिकों के लिए सुरक्षित रखना था। यह मध्य-काल की उस अर्थ-व्यवस्था की एक प्रमुख विशेषता थी जो स्थानीय उत्पादन और स्थानीय उपभोग पर आधारित थी।

गुप्त-काल में बेगार का स्वरूप कुल मिलाकर बहुत बदल गया। मौर्य-काल में बेगार दास और कर्मकर किया करते थे, और श्रमिक-वर्ग में इनके अलावा वे लोग शामिल थे जो भंडार-गृहों में सफाई, नाप, तौल, चौकीदारी और पिसाई की देख-रेख का काम किया करते थे।[253] श्रमिकों की भरती विष्टिबंधक करता था, और इन्हें मजदूरी दी जाती थी।[254] यह सही है कि राज्य की आय का साधन विष्टि भी थी, लेकिन इस विषय में निश्चयपूर्वक कुछ नहीं कहा जा सकता कि गाँवों में रहनेवाले स्वतंत्र किसानों से भी बेगार लिया जाता था या नहीं। किंतु, दूसरी शताब्दी में पश्चिमी भारत के राजा रुद्रदामन् की समस्त प्रजा बेगार करने के लिए बाध्य थी। चौथी से सातवीं शताब्दी के बीच इस प्रथा में और भी जबरदस्त परिवर्तन हुए। वाकाटकों, राष्ट्रकूटों और चालुक्यों के अभिलेखों से प्रकट होता है कि यह प्रथा मध्य भारत के पश्चिमी क्षेत्र, महाराष्ट्र और कर्नाटक के कुछ हिस्सों में फैल गई। मध्य भारत में इसका बड़ा व्यापक प्रचार हुआ और इसके लिए सर्वविष्टि शब्द प्रचलित हो गया।[255] पश्चिमी भारत के चौथी और पाँचवीं शताब्दियों के कतिपय कलचुरि-चेदि-युगीन अनुदानों में सर्वदित्यविष्टि[256] शब्द का प्रयोग हुआ है, जिसका मतलब है—सभी तरह के शुल्क और बेगार। फिर, जहाँ पहले बेगार लेने का अधिकार केवल राजा को ही था वहाँ अब धार्मिक ग्रहीताओं और उनके वंशजों को भी यह अधिकार प्राप्त हो गया; क्योंकि इस काल में हम देखते हैं कि जो गाँव उन्हें दान में दे दिए जाते थे, उन गाँवों को राजा के लिए बेगार नहीं करना पड़ता था। साथ-ही-साथ अब और अधिक कामों के लिए बेगार लिया जाने लगा। कौटिल्य ने बेगार के रूप में किए जानेवाले तरह-तरह के कामों का हवाला दिया है, जैसे कि तौलना, नापना, पिसाई के काम की देख-रेख करना आदि। लेकिन, उसने यहाँ खेती-बाड़ी या विशुद्ध रूप से खेती-बाड़ी से संबंधित किसी काम का उल्लेख नहीं किया है। कृषि के लिए बेगार का स्पष्ट संकेत वात्स्यायन के 'कामसूत्र' में मिलता है। उसके अनुसार ऐसे श्रम का प्रयोग राजा के लिए नहीं, बल्कि ग्राम-प्रधान के लिए किया जाता था। 'कामसूत्र' के संबंधित अंश से जान पड़ता है कि गुप्त-काल और गुप्तोत्तर-काल में ग्राम-प्रधान अपनी सुख-सुविधा के लिए ही बेगार लिया करता था। इसके अनुसार बिना कोई पारिश्रमिक दिए कृषक स्त्रियों से तरह-तरह के काम लिए जाते थे—जैसे, उन्हें गाँव के प्रधान के धान्यागार में अन्न रखना पड़ता था, उसके घर में सामान लाना और जरूरत पड़ने पर वहाँ से ले जाना पड़ता था, उसके घर की सफाई और सजावट करनी पड़ती थी, उसके खेतों में काम करना पड़ता और रुई, ऊन, पटुए या सन से उसके कपडे के लिए सूत कातना पड़ता था।[257] वात्स्यायन की कृति में

जो भौगोलिक वर्णन किया गया है,[258] और जिन पैदावारों का उल्लेख हुआ है, उनका संबंध मध्य और पश्चिमी भारत से जान पड़ता है। इसलिए ऐसा मानना अनुचित नहीं होगा कि ये बाधित शारीरिक सेवाएँ ग्राम-प्रधान ही लिया करते थे, जो उन क्षेत्रों के गाँवों में राज्य-सत्ता के प्रतिनिधि-रूप थे[259] इस प्रकार श्रमिकों को जो काम करने पड़ते थे, उनमें अब ग्राम-प्रधानों के खेतों में श्रम करना भी शामिल हो गया था। हमारे विचार से यह एक महत्त्वपूर्ण सामंतवादी प्रथा के सूत्रपात का द्योतक है। स्वाभाविक है कि ग्रहीताओं को श्रम-सेवा के अधिकार के साथ दान किए गाँवों में इसका बहुत व्यापक प्रचार हुआ होगा। वे इस प्रथा का अधिक-से-अधिक उपयोग करते होंगे—विशेषकर परती जमीन को आबाद करने के लिए। कारण, हम देख चुके हैं कि उन्हें दान में मिली जमीन पर खुद खेती करने या दूसरों से करवाने का अधिकार प्राप्त था। लेकिन किसानों की स्थिति तो इससे शायद बिगड़ी ही होगी।

एक ओर तो ग्रहीताओं और क्षेत्रस्वामियों के अधीनस्थ किसानों की स्थिति दासवत हो गई, और दूसरी ओर तरह-तरह के नए-नए कर लगा दिए जाने के कारण स्वतंत्र किसानों की स्थिति भी काफी बिगड़ गई। उन पर लगाए गए इन करों की तुलना यूरोप के सामंतवादी महसूलों से की जा सकती है। ऐसा प्रतीत होता है जब राजकीय सेना और अधिकारी किसी गाँव में पड़ाव डालते थे या वहाँ से गुजरते थे तब वे अपने खर्च के लिए उस गाँव से जबरदस्ती पैसा या रसद वगैरह वसूल किया करते थे।[260] इस महसूल की तुलना हम कौटिल्य के 'अर्थशास्त्र' के सेनाभक्त से कर सकते हैं।[261] इसके अतिरिक्त एक के बाद एक गाँव को उनके परिवहन के लिए पशुओं की भी व्यवस्था करनी पड़ती थी।[262] उन्हें दौरे पर निकले राज्याधिकारियों को फूल और दूध भी भेंट करना पड़ता था।[263] ये बाधित शुल्क सेना और राज्य की जरूरतें पूरी करने के लिए वसूल किए जाते थे। इस प्रकार इन शुल्कों से जो कुछ प्राप्त होता था वह राज्य-कोष में नहीं भेजा जाता था, बल्कि वहीं-का-वहीं राजकीय सेना और अधिकारियों के काम आ जाता था। यह प्रथा एक और मध्यवर्ती वर्ग खड़ा करने में सहायक हुई और इस तरह इसका स्वतंत्र किसानों की स्थिति पर प्रतिकूल प्रभाव पड़ा।

ऊपर जिन राजकीय सैनिकों और अधिकारियों का उल्लेख हुआ है, वे किसी एक स्थान पर जमकर नहीं रहते थे और उनके पद वंशानुगत नहीं हुआ करते थे। इसलिए इन राजकीय प्रतिनिधियों के प्रत्यक्ष अधिकार-क्षेत्र में तो बेगार और बाधित शुल्कों का बोझ लोगों के लिए उतना भारी नहीं होता होगा; किंतु ग्रहीता लोग इस बोझ को असह्य बना सकते थे, क्योंकि उन्हें तो बराबर उसी गाँव में रहना था और उसके साधनों से पुश्त-दर-पुश्त अधिक से अधिक लाभ उठाना था। श्रम के रूप में की जानेवाली यह सेवा हमें यूरोप की उस सामंतवादी प्रथा की याद दिलाती है जिसके अनुसार रैयत को दो तरह के दायित्व निभाने पड़ते थे : एक

तो कर देना और, दूसरे, जिस जमीन पर उसके प्रभु की खेती होती थी उस जमीन पर काम करना।[264] गुप्त-काल और गुप्तोत्तर-काल में अनुदत्त गाँवों के किसानों का ग्रहीताओं के प्रति ये दोहरे दायित्व सिर्फ मध्य भारत और पश्चिमी भारत में निभाने पड़ते थे, और यहाँ यह प्रथा यूरोप से किसी भी बात में भिन्न नहीं थी।

ग्रहीताओं को न्याय और प्रशासन-संबंधी जो अधिकार प्राप्त थे, उनके द्वारा वे अधीनस्थ गाँवों के निवासियों पर अपना आर्थिक आधिपत्य आसानी से बढ़ा सकते थे। इस प्रकार, कुछ बातों में इन ग्रहीताओं की तुलना यूरोप के सामंतवादी जागीरदारों से की जा सकती है। लेकिन दूसरी बातों में स्थिति भिन्न थी। जिन लोगों से बेगार लिया जाता था, उन्हें ग्रहीताओं के खेतों में शायद उतना काम नहीं करना पड़ता था जितना कि मध्यकालीन यूरोप की जागीरों में किसानों को करना पड़ता था। इसके अतिरिक्त ग्रहीता के अधीन इलाका भी अपेक्षाकृत बहुत छोटा होता था, क्योंकि प्रारंभ में ब्राह्मणों को दानस्वरूप एक बार में एक से अधिक गाँव देने के उदाहरण शायद ही कहीं मिलते हों।[265] फलतः उनके खेतों में काम करने का मौका कम आता था, और उसकी संभावना बहुत सीमित थी।

किसानों की स्थिति बिगड़ने का मुख्य कारण यह था कि जब कोई इलाका एक भोक्ता के हाथ से दूसरे भोक्ता के हाथ में जाता था तो साथ ही उस इलाके के किसानों पर भी उस नए भोक्ता का आधिपत्य हो जाता था। फाहियान ने स्पष्ट लिखा है कि भिक्षुओं के लिए बनवाए गए विहारों में घर, बागीचे और खेत सब हुआ करते थे, और साथ ही खेतों को जोतने के लिए किसानों और पशुओं की भी व्यवस्था कर दी जाती थी।[266] लेकिन, विहार के साथ-साथ किसानों के हस्तांतरण का सबसे प्राचीन पुरालेखीय दृष्टांत सातवीं सदी में ही आकर मिलता है। पूर्व बंगाल के अशरफपुर अभिलेखों में अनुदत्त भूमि-खंड के भोक्ताओं के नामों के साथ[267] उसे जोतनेवाले किसानो के भी नाम दिए गए हैं।[268] उनसे ज्ञात होता है,जब वह भूमि-खंड पूर्ववर्ती भोक्ताओं से लेकर आचार्य संघमित्र के अधीनस्थ विहार को दिया गया, तब उसमें रहनेवाले किसानों को ज्यों-का-त्यों छोड़ दिया गया, क्योंकि विहार को इस अनुदत्त जमीन पर किसानों से खेती भी तो करवानी थी। उनसे यह भी प्रकट है कि एक दूसरा खेत भी, जिसे दो व्यक्ति जोतते थे, उसी नए भोक्ता को दे दिया गया।[269]

पुरालेखों से पता चलता है कि जमीन के साथ-साथ किसानों को जमीन के नए स्वामी के हाथों सौंप देने की प्रथा दक्षिण भारत से प्रारंभ हुई। तीसरी शताब्दी के एक पल्लव अनुदान से ज्ञात होता है कि जब एक भूमि-खंड ब्राह्मणों को दिया गया तब उसके खेतों को जोतने वाले चार बटायदार उसमें पहले की ही तरह बने रहे।[270] इसका मतलब यह हुआ कि जब वह भूमि-खंड इन नए भोक्ताओं को दिया गया तब भी उसके खेतों को जोतने-बोने का काम उन्हीं किसानों को करना था, जो पहले उन्हें जोतते-बोते थे। फिर, गोदावरी जिला-स्थित एलोर में प्राप्त

शालंकायन विजयदेववर्मन के एक प्राकृत दानपत्र में ब्राह्मणों को 20 निवर्तन भूमि दान करने का उल्लेख मिलता है और इस भूमि में उपज का आधा हिस्सा पानेवाले लोगों तथा द्वारपाल और रक्षक के लिए आवास बनाने के स्थान (घरत्थानम्) भी थे।[271] इन दो उदाहरणों से प्रकट होता है कि खेतों से संबद्ध बटायदार और मजदूर उनसे बँधे रहने को बाध्य थे। धीरे-धीरे यह बँधुआ प्रथा किसानों पर भी लागू हो गई। कर्नाटक में जमीन के नए स्वामी को किसानों के सौंप दिए जाने के प्रमाण मिले हैं। बीजापुर जिले में प्राप्त बादामी के एक पूर्ववर्ती चालुक्य राजा के छठी शताब्दी के अनुदानपत्र में[272] बीस निवर्तन भूमि दान की गई है, और उस जमीन की सारी उपज, बागीचा, जीरक और निवेश भी ग्रहीता को दे दिया गया है।[273] स्पष्ट ही, यहाँ निवेश शब्द का मतलब कुटीर है, जिसमें किसान लोग रहते थे। गंजाम जिले में प्राप्त इसी शताब्दी के एक गंग अनुदानपत्र से इस बात की पुष्टि होती है।[274] इसमें कहा गया है कि चार कुटीरों के साथ-साथ छः हल जमीन (चतुर्निवेशनसहिता) अग्रहार के रूप में नारायण देवता को सदा के लिए दान कर दी गई और यह कर-मुक्त भी कर दी गई।[275] इन दोनों अनुदानपत्रों में निवेश या निवेशन शब्द का प्रयोग मात्र गृह या गृह-स्थान के रूप में ही नहीं हुआ है। दरअसल इसका प्रयोग ऐसे आवास के रूप में किया गया है जहाँ किसान लोग रहते हों, और हम आज भी ग्रामीण क्षेत्रों में आम लोगों की बोली में इसका प्रयोग इसी अर्थ में होते देखते हैं। भूमि के साथ किसानों के भी हस्तांतरित कर दिए जाने की प्रथा दक्षिण भारत से शुरू होकर शायद मध्य भारत में भी फैल गई। पाँचवीं शताब्दी के एक वाकाटक अनुदानपत्र में चार कर्षक-निवेशों के दान कर दिए जाने का उल्लेख है।[276] इससे यही अर्थ निकलता है कि चार घरों में रहनेवाले किसान ग्रहीता को सौंप दिए गए।

अनुदत्त गाँव के सभी किसान ग्रहीता को सौंप देने की प्रथा उड़ीसा और मध्य भारत के आस-पास के क्षेत्रों में आरंभ हो गई थी। कोरापुट जिले के एक अभिलेख से, जिसका काल छठी शताब्दी माना जा सकता है, इस विषय पर प्रकाश पड़ता है।[277] उसमें ब्राह्मणों को दिए गए एक गाँव के निवासियों को, जो वहाँ की जमीन जोतते हैं और जिन्हें आजीविका के लिए आश्वस्त कर दिया गया है, यह सलाह दी गई है कि वे उसी गाँव में रहें।[278] इसका मतलब यही हुआ कि किसानों को ग्रहीता के नाम हस्तांतरित भूमि पर बने रहने की सलाह दी गई है, यद्यपि यह बात स्पष्ट रूप से नहीं कही गई है कि गाँव वहाँ के निवासियों के साथ-साथ हस्तांतरित किया जा रहा है। मध्य भारत के पूर्वी हिस्से के अनुदानपत्रों में दान किए गए गाँवों में रहनेवाले किसानों से ग्रहीताओं को कर देने, उनके आदेशों का पालन करने और सुख से रहने को कहा गया है।[279] भोक्ताओं को दिए गए राजस्व और प्रशासन-संबंधी व्यापक अधिकारों को देखते हुए 'सुख से', यह शब्द यहाँ कुछ असंगत-सा अवश्य लगता है, लेकिन इस पूरे निर्देश का मतलब यही हुआ कि

लोगों को दान किए गाँवों में पूर्ववत् बने रहने को कहा गया। किंतु, ये नेक सलाहें बराबर कारगर नहीं होती थीं, और इसलिए उन क्षेत्रों में शिल्पियों और किसानों की सेवाएँ प्राप्त करते रहने के लिए कुछ शक्ति-प्रयोग भी करना पड़ता था।

मैत्रकों और गुजरात के चालुक्यों के दानपत्रों से भी यही प्रकट होता है कि जमीन के साथ किसान भी हस्तांतरित कर दिए जाते थे। इसका सबसे पहला उदाहरण हम छठी शताब्दी के उत्तरार्ध में देख सकते हैं। वलभी-राज द्वितीय धरसेन के इसी काल के एक अनुदानपत्र में विभिन्न क्षेत्रफलों के पाँच ऐसे भूमिखंडों के दान किए जाने का वर्णन है, जो पाँच व्यक्तियों की जोत में थे; इन पाँच लोगों में से एक को महत्तर और दूसरे को कुटुंबिन कहा गया है।[280] ऐसा प्रतीत होता है कि उक्त भूमि-खंडों के स्वामियों ने भूमि-खंडों की अदला-बदली के साथ-साथ उनमें खेती करनेवालों की भी अदला-बदली कर ली, अन्यथा उनके नामों का उल्लेख करने की कोई जरूरत ही नहीं थी। फिर, वलभी-राज तृतीय धरसेन के 623-24 ई. के एक दानपत्र में विभिन्न क्षेत्रफलों के चार आबाद भूमि-खंड दान किए गए हैं। ये भूमि-खंड चार अलग-अलग किसानों की जोत में थे और इन किसानों या कुटुंबियों के नाम भी दिए गए हैं। ये भूमि-खंड भली भाँति सीमांकित थे और दूसरे किसानों द्वारा जोते जानेवाले खेतों के बीच में पड़ते थे।[281] दान की गई भूमि से संबद्ध किसान भी ग्रहीता को सौंप दिए जाते थे, यह बात गुजरात के एक प्रारंभिक गुर्जर राजा तृतीय जयभट (706 ई.) के नवसारि अभिलेख-पटों से भी सिद्ध होती है। उसने एक ब्राह्मण को घर तथा चल और अचल संपत्ति (गृहस्थावर-चलक) के साथ-साथ 64 निवर्तन भूमि दान दी।[282] उपर्युक्त तीनों उदाहरणों में गाँव नहीं, सिर्फ खेत ही दान किए गए। जिस अनुदान में हमें ग्रामवासियों के हस्तांतरण का सबसे पहला स्पष्ट उदाहरण मिलता है, वह है महाराज समुद्रसेन नामक एक सामंत राजा का अनुदान, जिसे सातवीं शताब्दी का माना जा सकता है।[283] इस अनुदानपत्र के अनुसार कांगरा क्षेत्र में एक भोक्ता को निवासियों के साथ-साथ (सप्रतिवासिजनसमेत) एक गाँव दान किया गया है।[284] इस प्रकार कांगरा और गुजरात के कुछ हिस्सों में छठी और सातवीं शताब्दियों में कृषि-दासत्व की प्रथा चल चुकी थी।

ऐसा प्रतीत होता है कि जमीन के साथ-साथ कम्मियों की तरह कृषकों के हस्तांतरित कर दिए जाने के प्रसंग मुख्य रूप से उन भूमि-खंडों के संबंध में आते थे जो संगठित गाँवों के हिस्से नहीं थे और ऐसे किसानों की जोत में थे जो गाँवों में न रहकर उन्हीं भूमि-खंडों पर छिटपुट बने घरों में रहते थे। इसमें होता यह था कि किसान जो भी जमीन जोतता था, सब उसके घर के इर्द-गिर्द ही हुआ करती थी। जब यह जमीन दान की जाती थी तो इस पर काम करनेवाले किसानों को उसमें कायम रखा जाता था, अन्यथा ग्रहीता को बड़ी कठिनाई होती। इनमें से कुछ किसान तो शायद हलवाहे होते थे, जो दाता के लाभ के लिए जमीन जोतते थे।

इसलिए ऐसा माना जा सकता है कि कृषिदास दो तरह के होते होंगे—एक तो वे जो हलवाहों की तरह काम करते थे और दूसरे वे जो गाँवों में रहनेवाले रैयत काश्तकार थे। ये रैयत काश्तकार अपने स्वामी को लगान के तौर पर उपज का एक हिस्सा दिया करते थे और दानपत्र में निर्धारित उनकी अन्य सेवाएँ भी किया करते थे। भारत के संदर्भ में भूमि से बँधे हलवाहों को पूरे अर्थों में कृषिदास मानना चाहिए, और गाँवों के साथ विशेष रूप से हस्तांतरित काश्तकारों को अर्ध-कृषिदास माना जा सकता है। काश्तकारों को ग्रहीताओं के निजी खेतों पर काम नहीं करना पड़ता था, यद्यपि उस समय की कठिन आर्थिक परिस्थितियों में वे जीवन-निर्वाह का साधन ढूँढ़ने के लिए गाँव छोड़कर और कहीं जा भी नहीं सकते थे।

पुरालेखीय प्रमाणों से प्रकट होता है कि कृषिदासत्व की प्रथा पहले तो उपांत क्षेत्रों में प्रारंभ हुई और बाद में धीरे-धीरे देश के केंद्रस्थ हिस्से और उत्तर भारत में भी फैल गई। इसका सूत्रपात पर्वतीय या पिछड़े इलाकों में हुआ, जहाँ स्थानीय आर्थिक जीवन को चलाने के लिए पर्याप्त किसान नहीं थे; किंतु इससे ग्रहीताओं को किसानों पर जो विस्तृत अधिकार प्राप्त हो जाते थे, उनके कारण यह प्रथा विकसित क्षेत्रों में भी फैल गई। इसकी शुरुआत बटायदारों से हुई और बाद में सभी किसान इसकी लपेट में आ गए। आरंभ में यह प्रथा भूमि-खंडों के दान पर लागू हुई और फिर धीरे-धीरे गाँवों के अनुदानों पर भी लागू हो गई। आठवीं शताब्दी के मध्य तक इस प्रथा का काफी आम चलन हो गया। एक चीनी यात्री के 732 में लिखे विवरण के निम्नलिखित अंश इस बात की साक्षी भरते हैं।[285]

पंचभारत में यह नियम है कि राजा, रानी और नरेशों से लेकर सरदार और उनकी पत्नियाँ तक सभी अपनी-अपनी क्षमता और सामर्थ्य के अनुसार अलग-अलग विहार बनवाते हैं। हरएक अपना अलग मंदिर बनवाता है, किंतु मिलजुलकर कोई नहीं बनवाता। उनका कहना है कि जब हर व्यक्ति में धार्मिक प्रवृत्तियाँ होती हैं तो फिर मिलजुलकर इसके लिए प्रयत्न करने की क्या आवश्यकता है।

जब कभी कोई विहार बनाया जाता है, गाँव और उसके निवासी तत्काल धर्म, संघ और बुद्ध की सेवा करने के लिए समर्पित कर दिए जाते हैं। ऐसा नहीं होता कि सिर्फ विहार बनवा दिया जाए और कोई गाँव और उसके निवासी उसे दान में न दिए जाएँ। बाहरी देश इसे एक आदर्श मानकर इसका अनुकरण करते हैं। राजा, राज-महिषी और अन्य रानियों के निजी स्वामित्व में अलग-अलग गाँव और ग्रामवासी लोग होते हैं। नरेशों और सरदारों के निजी स्वामित्व में भी गाँव और ग्रामनिवासी होते हैं। इसलिए ये दान स्वतंत्र रूप से दिए जाते हैं और इनके लिए राजा की अनुमति नहीं ली जाती। मंदिर-निर्माण के संबंध में भी यही स्थिति थी। जब कभी मंदिर बनवाने की आवश्यकता होती है, वे बनवा लेते हैं, और इसके लिए राजा की अनुमति नहीं लेते। राजा इसमें कोई बाधा डालने का साहस नहीं करता।

उसे भय रहता है कि ऐसा करके वह पाप का भागी न बन जाए।

जहाँ तक राजपुरुषेतर समृद्ध लोगों का संबंध है, यद्यपि उनके निजी स्वामित्व में कोई गाँव नहीं होता, फिर भी वे मंदिर बनवाने और खुद ही उसका खर्च चलाने की भरसक कोशिश करते हैं। जब भी उन्हें कोई बड़ी वस्तु उपलब्ध होती है, वे उसे धर्म, संघ और भगवान बुद्ध को समर्पित कर देते हैं और चूँकि पंचभारत में किसी भी मनुष्य को बेचा नहीं जा सकता, इसलिए यहाँ स्त्रियाँ भी गुलाम नहीं हैं। इच्छा और आवश्यकता होने पर गाँव और उसके निवासी दान किए जा सकते हैं।

इस विवरण से प्रकट होता है कि राजाओं, रानियों, नरेशों और सरदारों द्वारा मंदिरों और विहारों को आबादी-सहित गाँव दान करने की प्रथा उतनी ही प्रचलित थी, जितनी कि मंदिर और विहार बनवाने की। ऐसे अनुदानों की प्रचुरता का कारण यह था कि राजाओं और रानियों के साथ-साथ नरेशों और सरदारों के भी अधिकार में गाँव और ग्रामवासी लोग हुआ करते थे, जिन्हें वे बेरोक-टोक, जिसको चाहते, दे सकते थे। नरेशों और छोटे-छोटे सरदारों को अपने निर्वाह के लिए अपने प्रभु से शायद अनुदान मिला करते थे, लेकिन स्पष्ट ही उन्हें इस बात की पूरी छूट थी कि वे चाहें तो अपनी जमीन और उस पर काम करनेवाले लोग धार्मिक दान में दे सकते हैं। स्पष्ट है कि उस जमीन पर रहनेवाले लोगों के लिए जब तक वे दाता के अधीन रहें तब तक उसकी सेवा करना और जब ग्रहीता को हस्तांतरित कर दिए जाएँ तो उसकी सेवा करना अनिवार्य था।

यह चीनी विवरण दास-प्रथा के विलय और कृषिदास प्रथा के उद्भव के बीच महत्त्वपूर्ण कड़ी का काम करता है। बौद्ध विहारों को दिए अनुदानों की चर्चा करते हुए इसमें कहा गया है कि पंचभारत में मनुष्य को बेचा नहीं जाता और यहाँ दास स्त्रियाँ नहीं हैं। यह कथन हमें मेगास्थनीज की इस उक्ति का स्मरण दिलाता है कि भारत में कोई भी दास नहीं है, किंतु प्रकारांतर से इससे यह अर्थ भी निकलता है कि सातवीं सदी में कुछ दास पुरुष थे। लेकिन आमतौर पर दास नहीं हुआ करते थे और इससे कोई कठिनाई भी नहीं होती थी, क्योंकि "इच्छा और आवश्यकता होने पर गाँव और उसके निवासी दान किए जा सकते थे।" चूँकि गाँव के साथ-साथ वहाँ के निवासी भी खेती-बाड़ी का काम करने के लिए विहारों को सौंप दिए जाते थे, इसलिए ग्रहीताओं को श्रमिकों की कोई कमी नहीं होती थी।

ऐसे संकेत मिलते हैं कि गुप्त-काल से उत्पादन-कार्य में लगाए जानेवाले दासों की संख्या कम होती गई, और शूद्र लोग दासों की तरह काम करने के बंधन से उत्तरोत्तर छुटकारा पाते गए। दासों को मुक्त करने से संबंधित कौटिल्य के नियम आमतौर पर उन दासों पर लागू होते हैं जो आर्य माता या पिता से उत्पन्न हैं या स्वयं ही आर्य हैं।[286] लेकिन, याज्ञवल्क्य ने तो एक क्रांतिकारी सिद्धांत का ही सूत्रपात कर दिया। उसकी व्यवस्था है कि किसी भी व्यक्ति को उसकी इच्छा के विरुद्ध दास नहीं बनाया जा सकता।[287] बाद के एक भाष्य के अनुसार इसका मतलब यह

है कि अपनी इच्छा के विरुद्ध दास्य वृत्ति में लगाया गया शूद्र, क्षत्रिय अथवा वैश्य राजा द्वारा मुक्त कर दिया जाएगा ।[288] इस प्रकार याज्ञवल्क्य ने मनु के इस आदेश को कि शूद्रों को उनकी इच्छा के विरुद्ध दास बनाया जा सकता है, बिलकुल उलट दिया है ।[289] फिर, नारद और बृहस्पति ने उन अधम लोगों की वृत्ति की तीव्र भर्त्सना की है जो स्वतंत्र होकर भी अपने-आपको बेचते हैं ।[290] इसके अतिरिक्त, हम भारत के इतिहास में नारद को पहली बार दास-मुक्ति के विधि विधानों को विशद रूप में निर्धारित करते देखते हैं ।[291] कात्यायन स्मृति में एक स्थल पर दासों के नेताओं को वर्गिन कहा गया है ।[292] इससे प्रकट होता है कि दासों का एक प्रकार का संगठन भी होता था । इन तमाम कारणों से दास-प्रथा की जड़ें शायद हिल गई होंगी ।

इस नई स्थिति के पीछे जो एक महत्त्वपूर्ण कारण काम कर रहा था, वह यह था कि विभाजन और अनुदानों के परिणामस्वरूप भूमि टुकड़ों में बँटती चली गई । उत्तराधिकार के पूर्ववर्ती नियमों में भूसंपत्ति के विभाजन का कोई उल्लेख नहीं है । मनु और याज्ञवल्क्य की स्मृतियों का भी यही हाल है। इसकी चर्चा हम पहले-पहल नारद[293] और बृहस्पति[294] की स्मृतियों में देखते हैं । इससे ऐसा निष्कर्ष निकाला जा सकता है कि गुप्त-काल के मध्य अथवा अंतिम चरण में बड़े-बड़े संयुक्त परिवार, जिनके अधीन विस्तृत भूमि-खंड थे, छोटी-छोटी इकाइयों में विभक्त होने लग गए थे । एक बार जब विभाजन का सिद्धांत स्वीकृत हो गया तो उत्तर भारत में कृषि योग्य भूमि के विखंडन में तेजी आ जाना अनिवार्य ही था; क्योंकि यहाँ की नदियों के किनारों की जमीन काफी उपजाऊ थी और आरंभ में जब एक बार वह क्षेत्र आबाद हो गया तब से वहाँ की आबादी उत्तरोत्तर बढ़ती ही गई । भूमि पर दबाव कितना बढ़ गया था, यह बात 5वीं शताब्दी के एक पुरालेख से सिद्ध हो जाती है । इस पुरालेख के अनुसार बंगाल में मात्र डेढ़ कुल्यवाप जमीन चार अलग-अलग जगहों में खरीदनी पड़ी थी ।[295] और यह जमीन दान में देने के लिए खरीदी गई थी, जिससे विखंडन की प्रक्रिया में और भी तेजी आई ।

सामान्य लोगों द्वारा दान देने पर कुछ प्रतिबंध भी थे । बंगाल के अभिलेखों से प्रकट होता है कि राजा के स्थानीय प्रतिनिधियों और जिला परिषद् की सहमति के बिना दान देने के उद्देश्य से जमीन नहीं खरीदी जा सकती थी । महाराष्ट्र के अभिलेखों से भी मालूम होता है कि राज्य की सहमति के बिना सामान्य जन भूमिदान नहीं कर सकते थे । किंतु दोनों ही स्थानों पर सहमति देने से आमतौर पर इनकार नहीं किया जाता था, और परिणामतः न केवल राजा और उसके सामंत, बल्कि सामान्य जन भी गाँव और भूमि-खंड दान किया करते थे ।

इस काल में हम न कहीं पाँच-पाँच सौ करीस क्षेत्रफल के खेतों की चर्चा सुनते हैं और न मौर्य-काल के-जैसे राजकीय कृषि-क्षेत्रों की । पुरालेखों में कहीं एक कुल्यवाप क्षेत्रफल के खेत का उल्लेख मिलता है तो कहीं चार, ढाई या डेढ़ द्रोणवाप

क्षेत्रफल के खेतों का।[296] इन सबसे किसी बड़े कृषि-क्षेत्र का संकेत नहीं मिलता। पार्जीटर के अनुसार कुल्यवाप एकड़ से कुछ बड़ा होता था।[297] लेकिन अगर विचाराधीन काल का कुल्यवाप असम के कछार जिले में प्रचलित कुल्यवाप के ही बराबर था[298] तो उस कुल्यवाप में तेरह एकड़ भूमि आती होगी। चूँकि एक कुल्य आठ द्रोण के बराबर है, इसलिए इसके अनुसार एक द्रोणवाप दो एकड़ से भी कम ही होगा। इसी काल में गुजरात-स्थित वलभी के मैत्रक राजाओं द्वारा दिए गए भूमि-अनुदानों पर विचार करने से ज्ञात होता है कि जमीन के ये टुकड़े औसतन दो-तीन एकड़ से बड़े नहीं होते थे।[299] खेतों के छोटे हो जाने से संभवतः उन पर काम करने के लिए बहुत सारे दास और श्रमिक रखना आर्थिक दृष्टि से लाभकर नहीं रह गया। निदान इन खेतों पर काम करने के लिए जहाँ दो-दो, चार-चार लोग रख लिए गए होंगे, वहाँ दूसरों को अपना भाग्य कहीं और आजमाने के लिए छुट्टी दे दी गई होगी।

यह परंपरागत विचार कि वैश्य लोग कृषक हैं, मौर्योत्तर-काल और गुप्त-काल के साहित्य में भी बार-बार देखने को मिलता है।[300] 'अमरकोश' में कृषकों के पर्यायवाची शब्द वैश्य-वर्ग में रखे गए हैं।[301] लेकिन शूद्र लोग भी बड़ी संख्या में कृषक बनते जा रहे थे। कई स्मृतियों से ज्ञात होता है कि अधबटाय पर खेती करने के लिए शूद्रों को जमीन दी जाती थी।[302] इससे निष्कर्ष यही निकलता है कि शूद्र बटायदारों को पट्टे पर जमीन देने का प्रचलन बढ़ता जा रहा था। 250-350 ईस्वी के आस-पास के एक पल्लव भूमि-दान-पत्र से ज्ञात होता है कि जब एक भूमि-खंड ब्राह्मणों को दान कर दिया गया तब भी चार आर्धिक (बटायदार) पहले की ही तरह उस पर बने रहे।[303] संभव है, ये लोग शूद्र रहे हों।

साक्षी देने के लिए अनुपयुक्त व्यक्तियों की सूची में नारद ने कीनाश (किसान) को भी शामिल किया है।[304] सातवीं शताब्दी का एक भाष्यकार कीनाश[305] शब्द का अर्थ शूद्र बताता है।[306] इससे प्रकट होता है कि किसानों को शूद्र माना जाता था। बृहस्पति ने खेतों की सीमा से संबंधित झगड़ों में अगुआ की तरह काम करनेवाले शूद्रों को बहुत कठोर शारीरिक दंड देने का विधान किया है।[307] इससे भी यह निष्कर्ष निकलता है कि शूद्रों के पास खेत थे। और फिर अंत में ह्वेंत्सांग ने भी शूद्रों को कृषक कहा है।[308] इस बात की पुष्टि दसवीं शताब्दी से पूर्व संकलित 'नरसिंह पुराण' से भी होती है।[309] इस प्रकार शूद्रों के काश्तकारी का धंधा अपनाने की महत्त्वपूर्ण प्रवृत्ति गुप्त-काल में प्रारम्भ हुई और सातवीं शताब्दी के मध्य तक पूरी तरह संपन्न हो गई। यह मत कि कृषक-वर्ग में अधिकांशतः शूद्र लोग ही थे,[310] गुप्त-काल और गुप्तोत्तर-काल पर अधिक घटता है और उससे पहले के काल पर कम। इस तरह शूद्रों का दासों और श्रमिकों की स्थिति से निकल कर कृषकों की स्थिति में आना सामंतवाद के उदय की दृष्टि से एक महत्त्वपूर्ण कारक तत्त्व माना जाना चाहिए।

जान पड़ता है, शूद्र काश्तकारों को ब्राह्मणों को भूमि-दान दिया जाना अच्छा नहीं लगता था। गया जिले में प्राप्त मध्य छठी शताब्दी के एक दानपत्र में कहा गया है कि इसे शूद्रों से बचाना चाहिए। उसमें प्रयुक्त 'शूद्रकरेदरक्षुण:' शब्द से ऐसा ही प्रकट होता है।[311] यहाँ रूढ़ि के अनुसार दाता अपने वंशजों तथा अन्य लोगों को भी यह निर्देश तो देता है कि वे ग्रहीता द्वारा दान में प्राप्त संपत्ति के उपभोग में कोई बाधा नहीं पहुँचाएँ; साथ ही वह उसे शूद्रों से भी बचाने की आवश्यकता बताता है। यहाँ दान में दी गई संपत्ति को ऊपर के वर्ग की ओर से तो खतरा बताया ही गया है, निचले वर्ग की ओर से भी उसे खतरा बताया गया है। किंतु, बाद के किसी भी दानपत्र में उक्त शब्द का प्रयोग नहीं हुआ है। इससे लगता है कि किसानों के बीच धार्मिक दानों के आध्यात्मिक महत्त्व का धीरे-धीरे प्रचार किया गया, जिससे ऐसे दानों के प्रति उनका विरोध बहुत कुछ कम हो गया।

मध्य-कालीन यूरोप में सामंतवाद स्वतंत्र, आत्म-निर्भर आर्थिक इकाइयों के उदय के कारण पनपा। भूमि-अनुदानों और कुछ अन्य कारणों से भारत में भी ऐसी इकाइयों का उदय हुआ। ग्रहीताओं को तरह-तरह के आर्थिक अधिकार होते थे, जिनके परिणामस्वरूप दान किए गए क्षेत्रों और केंद्रीय सत्ता के बीच के तमाम आर्थिक बंधन खंडित हो गए। अपनी अर्थ-व्यवस्था को कायम रखने और विकसित करने के लिए वे केंद्रीय सरकार के अमलों की अपेक्षा स्थानीय कारीगरों और काश्तकारों पर अधिक निर्भर रहते थे। ग्रहीता लोग तमाम स्थानीय करों के हकदार थे, और इन करों से प्राप्त राशि का कुछ अंश वे अवश्य ही स्थानीय कार्यों में लगाते होंगे। किसानों को, वे जो खेत जोतते थे, उनसे बाँध कर रखने का मुख्य उद्देश्य यही था कि गाँव की आत्मनिर्भर अर्थव्यवस्था अक्षुण्ण रहे। दक्षिण बिहार में इस उद्देश्य को ध्यान में रखकर एक और भी सावधानी बरती जाती थी। समुद्र गुप्त के नाम से जाली तौर पर जारी किए गए दो ताम्रपत्रों में, जिन्हें सातवीं या आठवीं सदी का माना जा सकता है, आग्रहारिक से कहा गया है कि वह किसी दूसरे गाँव से ऐसे किसानों और कर्मकरों को दान में मिले गाँव में नहीं आने दे जो उस गाँव में कर आदि दे रहे हों।[312] अग्रहार में प्राप्त गाँव राजकीय करों और शुल्कों से मुक्त हुआ करते थे, इसलिए आस-पास के गाँवों में रहनेवाले लोग स्वभावत: अपने गाँव छोड़कर ऐसे गाँवों में जा बसने के लिए बड़े उत्सुक रहते थे। लेकिन अगर उन्हें इस तरह अपने पुराने गाँव छोड़कर जाने दिया जाता तो राज्य राजस्व से तो वंचित रह ही जाता, साथ ही जिन गाँवों को छोड़कर वे अग्रहारों में बसते उन गाँवों की अर्थव्यवस्था भी अस्त-व्यस्त हो जाती। अतएव गाँवों की आत्मनिर्भर अर्थव्यवस्था को कायम रखने में इस प्रकार का प्रतिबंध सहायक सिद्ध होता था।

और जो गाँव दान नहीं किए गए थे और इसलिए ऐसे किसी ग्रहीता के अधीन नहीं, बल्कि ग्राम-प्रधान के अधीन थे, उनकी स्थिति भी इससे कुछ भिन्न नहीं थी। हम देख चुके हैं कि वात्स्यायन के 'कामसूत्र' के अनुसार ग्राम-प्रधान कृषक

स्त्रियों को केवल अपने खेतों में काम करने के लिए ही नहीं, बल्कि सूत कातने के लिए भी बाध्य कर सकता था, जिससे उसे अपनी जरूरत के कपड़े बाहर से न खरीदने पड़ें।[313] इस प्रकार जो चीजें तैयार की जाती थीं, उनमें से कुछ बेची भी जाती थीं, किंतु उनकी बिक्री भी संबंधित गाँव के निवासियों की मोटी-मोटी जरूरतें पूरी करने के लिए ही होती थी।[314] मौर्य-काल में जहाँ व्यापार और उद्योग का नियमन राज्य करता था, अब उनकी व्यवस्था केंद्रीय नियंत्रण से मुक्त स्थानीय आर्थिक इकाइयों के प्रधान करने लगे थे।

ऐसी आत्मनिभर आर्थिक इकाइयाँ बनती जा रही थीं, इसका एक प्रमाण यह है कि गुप्त-काल से आम चलन की मुद्राएँ बहुत कम संख्या में मिलती हैं। आम चलन की मुद्राओं की कमी से पता चलता है कि आंतरिक व्यापार घट रहा था और स्थानीय आवश्यकताओं की पूर्ति के लिए स्थानीय तौर पर सामान तैयार करने की आवश्यकता बढ़ रही थी।[315] इससे यह भी मालूम पड़ता है कि केंद्र की सत्ता कमजोर होती जा रही थी और वह धीरे-धीरे अपने कर्मचारियों को नकद वेतन न देकर जिन्सों के रूप में वेतन देने अथवा राजस्व का कुछ हिस्सा उनको सौंप देने का तरीका अपना रहा था। भारतीय-बैक्ट्रियाई शासकों, और विशेषकर कुषाण राजाओं ने ताँबे के सिक्के प्रचुर मात्रा में जारी किए। पंजाब में स्पष्टतः इन सिक्कों का आम चलन था और यदा-कदा तो ये बहुत पूर्व में, बिहार के बक्सर सब-डिवीजन तक में, मिलते हैं। किंतु कुमार गुप्त के अलावा अन्य गुप्त सम्राटों ने ताँबे के बहुत कम सिक्के जारी किए। इस प्रकार फाहियान का यह कथन सत्य ही जान पड़ता है कि कौड़ियाँ विनिमय के आम साधन थीं। इस तथ्य को ध्यान में रखते हुए भी कि ताँबा कीमती धातुओं की अपेक्षा अधिक क्षरणशील होता है, गुप्त-काल में ताँबे के सिक्कों का अपेक्षाकृत अभाव होने से प्रकट होता है कि इस काल में मुद्रा पर आधारित अर्थव्यवस्था की जड़ें उखड़ती जा रही थीं।

ईस्वी सन् की प्रथम दो शताब्दियों में राजा-महाराजा और सामान्य जन भी मंदिरों, ब्राह्मणों आदि को नकद दान दिया करते थे, किंतु गुप्तोत्तर-काल में वे अंशतः भूमि-अनुदान का सहारा लेने लगे थे। इससे भी इस बात का संकेत मिलता है कि इस काल में मुद्राओं के चलन में उत्तरोत्तर अधिकाधिक कमी आती जा रही थी। पूर्ववर्ती काल में सातवाहन राजाओं ने भूमि-अनुदान बहुत कम दिए, और कुषाण राजाओं ने तो ऐसा कोई अनुदान दिया ही नहीं। कुषाणों और सातवाहनों के राज्य में भी शिल्पियों और वणिकों के संघों को धार्मिक कार्यों में लगाने के लिए नकद अनुदान दिए जाते थे। फिर, हर्षोत्तर-काल का तो ऐसा कोई भी सिक्का नहीं मिलता जिसके विषय में निश्चयपूर्वक कहा जा सके कि यह अमुक राजवंश ने जारी किया था। इस काल में मात्र वलभी के मैत्रक राजवंश को ही कुछ सिक्के जारी करने का श्रेय दिया गया है। लेकिन, ठीक से देखा-परखा जाए तो उन्हें भी वलभी मुद्रा मानना शायद कठिन ही होगा; क्योंकि वे वास्तव में गुप्त-काल की हैं और

गुप्तों की मुद्राओं से बहुत मिलती-जुलती हैं ।[316] बेशक, स्मृतियों में मुद्रा के चलन का उल्लेख मिलता है, भूमि-दानपत्रों में भी हिरण्य के रूप में कर लगाने और वसूल करने की चर्चा है और कुछ अभिलेखों में भी निर्माण-व्यय और कुछ चीजों की कीमतें सिक्कों में बताई गई हैं, किंतु वास्तव में ऐसे सिक्के बहुत कम मिले हैं जिन्हें इस काल का माना जा सकता हो । दरअसल 600 ईस्वी से लेकर 900 ईस्वी तक के काल में मुद्रा के अभाव की ओर बहुत-से विद्वानों का ध्यान गया है ।[317] साहित्यिक सूत्रों में सिक्कों के जो उल्लेख हुए हैं,[318] उन्हें अधिक महत्त्व नहीं दिया जा सकता, क्योंकि इनमें से अधिकांश कृतियाँ दसवीं शताब्दी के बाद की हैं । इसलिए यह स्पष्ट है कि हर्षवर्धन के समय से सिक्कों का चलन आमतौर पर बहुत कम हो गया । इससे यही निष्कर्ष निकलता है कि व्यापार में बहुत कमी आ गई और शहरी जीवन समाप्त होने लगा । ईरान में भी कुछ ऐसी ही स्थिति उत्पन्न हो गई थी, और इस बात में भारत और ईरान में बहुत कुछ साम्य देखा जा सकता है ।

गुप्त-काल की आर्थिक स्थिति पर हाल ही में प्रकाशित एक कृति में दिखाया गया है कि रोम साम्राज्य के पतन और बैजंतिया साम्राज्य के साथ फारसी साम्राज्य की प्रतिद्वंद्विता के कारण भारत का अंतर्राष्ट्रीय व्यापार बहुत कम हो गया, और अब उसकी वह स्थिति नहीं रह गई जो पहली शताब्दी में थी, जब प्लीनी ने क्षोभ के साथ कहा था कि भारतीय सामान के पीछे रोम का पैसा बह कर विदेशों में जाता है ।[319] इस व्यापार की दो सबसे महत्त्वपूर्ण चीजों में से एक थी फारसी सौदागरों के जरिये भारत से बाहर भेजा जानेवाला रेशमी कपड़ा और दूसरी थी मसाला ।[320] बैजंतिया साम्राज्य में रेशमी कपड़े के व्यापार का स्थान इतना महत्त्वपूर्ण था कि सारे देश में उसकी कीमतों का नियमन करने के लिए जस्टीनियन (527-65) ने ऐसा कानून बना दिया था कि एक पौंड रेशमी कपड़े की कीमत सोने के आठ सिक्कों से ज्यादा नहीं ली जाए, और जो कोई इस नियम का उल्लंघन करेगा उसकी सारी संपत्ति जब्त कर ली जायेगी ।[321] फारसी व्यापारी उसके साम्राज्य में रेशमी वस्त्रों को मनमानी कीमतों पर बेचते थे, जिससे देश का बहुत सारा धन बह कर फारसियों के हाथों में चला जाता था । इसे रोकने के लिए उसने यूथोपियावालों के सामने यह प्रस्ताव रखा कि वे भारत से रेशमी वस्त्र खरीद कर रोमवालों के बीच बेचें, क्योंकि इससे उन्हें भी काफी लाभ होगा और रोमवाले भी अपना पैसा एक शत्रुदेश के लोगों के हाथों में देने से बच जाएँगे ।[322] लेकिन यूथोपियावालों को भारत से रेशमी वस्त्र खरीद पाना असंभव जान पड़ा, क्योंकि फारसवाले पूर्व के बंदरगाहों पर, जहाँ भारतीय जहाज पहले-पहल आकर रुकते थे, सारा माल खरीद लेते थे और इस तरह उन वस्तुओं की माँग की पूर्ति पर पूरी तरह एकाधिकार स्थापित कर लेते थे ।[323] इससे स्पष्ट है कि पहली शताब्दी में भारत जिस तरह मसालों से विदेशी द्रव्य अर्जित किया करता था, उसी तरह छठी शताब्दी के पूर्वार्ध में वह रेशमी वस्त्रों से विदेशी धन प्राप्त करता था । प्रथम शताब्दी में रोम साम्राज्य से जो सोना

विदेशों को जाता था, उसे तो कानून बनाकर रोक दिया गया, किंतु बैजंतिया शासन-काल में कूटनीति का सहारा लेने पर भी सोने के इस बहाव को रोका नहीं जा सका । इसका समाधान 551 ईस्वी में मिल पाया, जब रेशम पैदा करनेवाले कीड़े थल-मार्ग से छिपे तौर पर चीन से बैजंतिया साम्राज्य में लाए गए ।[324] वहाँ के लोगों के बीच रेशम के कीड़ों को पालने की कला फैलने में शायद पचास वर्ष और लगे होंगे, और छठी शताब्दी के अंत तक उन्होंने पूर्व से रेशमी वस्त्र प्राप्त करने की समस्या पूरी तरह हल कर ली होगी । इससे भारत के विदेशी व्यापार को, और विशेष कर उत्तर भारत के विदेशी व्यापार को, बहुत धक्का लगा, क्योंकि उत्तर भारत में तो विदेशी व्यापार रेशमी वस्त्रों तक ही सीमित था । एक तो गुप्त-काल तक पश्चिमोत्तर भारत का विदेशी व्यापार यों ही बहुत कम हो गया था । उस पर जब बैजंतिया साम्राज्य ने इसके रेशमी वस्त्रों का आयात बंद कर दिया तब इसकी स्थिति और भी खराब हो गई । जब तक कोई और चीज रेशमी वस्त्रों का स्थान नहीं लेती तब तक विदेशी व्यापार को पुनः प्रतिष्ठित करने का कोई उपाय नहीं था, और उसमें मंदी अनिवार्य थी ।

इस्लाम के झंडे के नीचे अरबों के प्रसार के कारण भी भारत के विदेशी व्यापार में कमी आई होगी । पश्चिमी एशिया, मिस्र और पूर्वी यूरोप के राज्यों में अरबों के विजय-अभियानों के कारण बहुत उथल-पुथल मची हुई थी । पश्चिम के देशों के साथ भारत के व्यापार पर इस स्थिति का प्रतिकूल प्रभाव पड़ना अनिवार्य था । जैसा कि आगे चलकर देखेंगे, जब अरब लोग इन देशों में और सिंध में शासकों के रूप में जम गए तब जाकर, अर्थात् हिजरी सन् की तीसरी शताब्दी से, विदेशी व्यापार में फिर तेजी आने लगी । लेकिन इस बीच इसके ह्रास को रोकनेवाली कोई चीज नहीं थी । इस प्रकार इस बात के स्पष्ट संकेत मिलते हैं कि गुप्त-काल की समाप्ति के समय से और विशेष कर सातवीं शताब्दी के पूर्वार्ध से पश्चिमोत्तर भारत का विदेशी व्यापार ह्रासोन्मुख हो चला था ।

गुप्त-साम्राज्य के पतन के बाद की सदी में चीन के साथ भारत का व्यापार बढ़ा, पर उससे बैजंतिया साम्राज्य के साथ व्यापार बंद हो जाने के कारण होनेवाली क्षति कहाँ तक पूरी हो पाई, यह कहना कठिन है । नौवीं या दसवीं शताब्दी के एक चीनी विवरण से ज्ञात होता है कि सातवीं शताब्दी में चीन में भारतीय व्यापारी और भारत में चीनी व्यापारी मौजूद थे ।[325] लेकिन इन दोनों देशों का पारस्परिक व्यापार विलासिता की वस्तुओं तक ही सीमित जान पड़ता है, और आंतरिक लेन-देन में चीनी विवरण में जो कौड़ियों के चलन का उल्लेख मिलता है, उससे विदेशी व्यापार को निश्चय ही कोई उत्तेजन नहीं मिला होगा ।

आंतरिक वाणिज्य-व्यापार के नाम पर जो कुछ शेष रह गया था, वह भी सामंतवादी ढाँचे में ढल गया । शिल्पियों और वणिकों के संघों के कार्य-कलापों के संबंध में स्मृतियों में विस्तारपूर्वक जो नियम निर्धारित किए गए हैं, उनसे यह बात

स्पष्ट हो जाती है । राजा से न केवल इन संघों के नियमों के पालन की, बल्कि दूसरों से उनका पालन करवाने की भी अपेक्षा की गई है । यह बतलाता है कि केंद्रीय सत्ता कमजोर हो रही थी । बृहस्पति का तो कहना है कि संघों के प्रधान दूसरे लोगों के साथ सख्त या नरम जो भी कार्रवाई करें, उसका अनुमोदन करना राजा का कर्त्तव्य है ।[326]

वास्तव में स्थिति क्या थी, इसका अनुमान पश्चिमी भारत के तटवर्ती क्षेत्रों के राजाओं द्वारा व्यापारियों के संघों को दी गई सनदों से लगाया जा सकता है । ये सनदें छठी शताब्दी के अंतिम वर्षों और आठवीं शताब्दी के प्रारंभिक वर्षों के बीच जारी की गई थीं । इनमें से पहली सनद का अनुवाद पहले तो दिनेशचंद्र सरकार ने किया,[327] और बाद में अपनी टिप्पणियों के साथ-साथ दामोदर कोसंबी ने ।[328] इस सनद से मालूम होता है कि ये व्यापारी किस प्रकार की वस्तुओं का व्यापार करते थे । इनमें मद्य, शक्कर, नील, अदरख, तेल, कपड़े, लकड़ी, लोहे और चमड़े आदि के सामान के व्यापार का उल्लेख है ।[329] इसमें राज्य मूल्यों और नाप-तौल का नियमन तो करता है,[330] किंतु उसका नियंत्रण उतना कड़ा नहीं है, जितने कड़े नियंत्रण का विधान कौटिल्य ने किया है । कुल मिलाकर व्यापारियों के निकाय को काफी स्वतंत्रता दी गई है । उन्हें कई तरह के शुल्कों से माफी दे दी गई है और वे अपने श्रमिकों, चरवाहों आदि के साथ इच्छानुसार व्यवहार करने को स्वतंत्र हैं ।[331] उन्हें लोहारों, बुनकरों, नाइयों, कुम्हारों तथा अन्य शिल्पियों से बेगार लेने का भी अधिकार दिया गया है ।[332] किंतु व्यापारियों के अलग-अलग संघों के लिए एक-दूसरे के साथ स्पर्धा करने की गुंजाइश नहीं छोड़ी गई है, क्योंकि वे एक ही बाजार में व्यापार नहीं कर सकते ।[333] अलबत्ता कुछ शिल्पी व्यापारियों से यह अपेक्षा जरूर रखी गई है कि वे अपने सामान साधारण ग्राहकों के हाथों जिस मूल्य पर बेचते हैं, उससे आधे मूल्य पर राज्य को दें,[334] तथा कुछ दूसरे लोगों से करों के बदले अपना श्रम देने को कहा गया है । इसके अतिरिक्त व्यापारियों के लिए कई तरह के सीमा-कर, चुंगी और विक्रय-कर देना आवश्यक है, किंतु बदले में उन्हें भी यह सुविधा दी गई है कि उनके क्षेत्र में राज्याधिकारीगण प्रवेश नहीं कर सकते और उनके खर्च के लिए उन्हें कोई शुल्क और खुराक नहीं देनी पड़ेगी ।[335] पुत्र-हीन व्यापारी की संपत्ति अपने हाथ में ले लेने का अधिकार भी राज्य छोड़ देता है, जब कि बृहस्पति-स्मृति में उसे यह अधिकार दिया गया है और 'शाकुंतलम्' में इसके प्रयोग का भी प्रमाण मिलता है । वणिग्ग्राम को दी गई ये सुविधाएँ कुछ उसी प्रकार की हैं, जिस प्रकार की सुविधाएँ ईस्वी सन् की प्रारंभिक सदियों से ही मंदिरों और ब्राह्मणों को दी जा रही थीं । इससे स्पष्ट हो जाता है कि तटवर्ती क्षेत्रों में स्वतंत्र आर्थिक इकाइयाँ उभर रही थीं ।

सातवीं शताब्दी में ऐसी कोई सनद नहीं मिलती, किंतु कोंकण क्षेत्र के चालुक्य नृपति द्वारा आठवीं शताब्दी के प्रारंभ में जारी की गई दो सनदों से स्पष्ट हो जाता है

कि व्यापारियों की श्रेणियों का महत्त्व बढ़ गया था। उन्हें अपने कारोबार की व्यवस्था आप ही करने की पूरी छूट थी। एक सनद में एक मंदिर को आठ गाँव और बहुत-सा धन दिया गया। इनकी व्यवस्था का अधिकार स्थानीय व्यापारियों के पाँच-पाँच या दस-दस के समूहों को प्रदान किया गया, तथा इन व्यापारियों को वार्षिक धार्मिक शोभायात्राओं का प्रबंध करन का निर्देश दिया गया और उन्हें चुंगी तथा राज्याधिकारियों के लिए रसद जुटाने के दायित्व से मुक्त कर दिया गया।[336] दूसरे मामले में एक उजड़ा शहर बसा कर पड़ोस के तीन गाँवों के साथ दो व्यापारियों को दे दिया गया, और उन्हें एक प्रकार की म्युनिसिपल सनद प्रदान की गई। इन व्यापारियों को भोगशक्ति के राज्य में सदा के लिए सभी प्रकार की चुंगियों से छूट दे दी गई और यदि वे दुनिया से पुत्र-हीन ही चल बसते तो भी राजा को उनकी संपत्ति स्वायत्त करने का अधिकार नहीं था, और न राज्याधिकारी लोग उनके घरों में प्रवेश करके उनसे अपने लिए खर्च-खुराक ही माँग सकते थे।[337] इतना जरूर है कि व्यभिचार करने अथवा किसी को चोट पहुँचाने के अपराध में व्यापारियों पर जुर्माना किया जा सकता था, किंतु ऐसे मामलों के निर्णय का अधिकार भी शहर के आठ या सोलह श्रेष्ठ जनों के हाथों में ही था।[338]

इन सनदों के संबंध में तीन बातें बहुत महत्त्वपूर्ण हैं। पहली बात तो यह कि ये अनुदान शिल्पियों को नहीं, बल्कि व्यापारियों को दिए गए और दान में दी गई संपत्ति अथवा शहर की व्यवस्था का अधिकार उन्हीं में से कुछ व्यापारियों को दे दिया गया। ऐसे व्यवस्थापकों की संख्या बृहस्पति की स्मृति में विहित संख्या से मिलती-जुलती है। बृहस्पति के अनुसार दो, तीन या पाँच व्यक्तियों को श्रेणि का परामर्शदाता नियुक्त करना चाहिए।[339] दूसरी बात यह है कि इन सनदों ने व्यापारियों के सिर गाँवों के प्रबंध का बोझ डाल दिया। इन व्यापारियों को सनद से प्राप्त गाँवों में लगभग वही रियायतें और सुविधाएँ प्राप्त थीं, जिनका उपभोग पुरोहित और शायद सामंत सरदार भी उन गाँवों में करते थे, जो उन्हें अनुदान में मिले हुए थे। परंतु चूँकि वे गाँवों के प्रबंध में व्यस्त थे, इसलिए वे अपना पूरा ध्यान अपने व्यापार की ओर नहीं दे पाते थे। इन सनदों से प्रकट होता है कि ये व्यापारी भी सामंतवादी साँचे में ढल रहे थे, क्योंकि इन सनदों के कारण एक प्रकार से वे भी भूमिधर मध्यवर्ती लोग बनते जा रहे थे। तीसरी बात यह थी कि प्रत्येक श्रेणि की गतिविधियाँ उसके अपने क्षेत्र तक ही सीमित रहती थीं, जिससे एक श्रेणि के लिए दूसरे से होड़ करने की गुंजाइश नहीं रह गई थी। यह मध्य काल की गतिहीन अर्थव्यवस्था की खास विशेषता थी।

कुछ-कुछ इसी प्रकार की एक चौथी सनद मैसूर के धारवार जिले में मिली है। यह लगभग 725 में जारी की गई थी। दाता है बादामी का चालुक्य युवराज विक्रमादित्य और ग्रहीता पोरिगिरि के, अर्थात् वर्तमान लक्ष्मेश्वर शहर के, महाजन (प्रमुख ब्राह्मण नागरिक ?)। इसमें राजकर्मचारियों और उस शहर के

निवासियों के पारस्परिक दायित्वों का निर्देश किया गया है ।[340] राज्याधिकारियों से कहा गया है कि वे राजकीय दानों की रक्षा करें, राजघोषणाओं का पालन कराएँ, खाली घरों की देख-भाल करें, (संपत्ति के) उपभोग में किसी प्रकार का विघ्न नहीं पड़ने दें, आदि ।[341] दूसरी ओर नगर के हर परिवार को जिले के शासकों को कर देने की हिदायत दी गई है ।[342] ऐसा जान पड़ता है कि (महाजनों की) श्रेणि से मात्र इस दायित्व के निर्वाह की अपेक्षा रखते हुए उसे यह अधिकार दे दिया गया है कि वह गृहस्थों की आर्थिक स्थिति के अनुसार उन पर कर लगा सकती है; चोरी, छोटे-मोटे दुराचारों और दसों अपराधों के लिए लोगों पर जुर्माना कर सकती है; और निस्संतान व्यक्तियों की संपत्ति को स्वायत्त कर सकती है ।[343] शहर में कई और भी श्रेणियाँ हैं, क्योंकि हर परिवार से अपनी-अपनी हैसियत के मुताबिक ठठेरों की श्रेणियों को कर देने को कहा गया है । यह सनद श्रेणियों की बढ़ती हुई शक्ति और आत्मनिर्भरता का स्पष्ट संकेत देती है । उन्हें शहर के लोगों से केवल धार्मिक कर ही नहीं, धर्मेतर कर वसूल करने का भी अधिकार दिया गया है ।

गुप्त-काल में ऐसा एक भी उदाहरण नहीं मिलता, जब चुंगी और महसूल से होनेवाली आय मंदिरों को अनुदान में दे दी गई हो । राजा और सरदार लोग धार्मिक प्रयोजनों के लिए कुछ नकद देकर संतोष कर लेते थे ।[344] ऐसा लगता है कि एक प्रसंग पर यह राशि पाँच व्यक्तियों की एक समिति को सौंप दी गई ।[345] इससे प्रकट होता है, इस संबंध में कुषाण-कालीन रीति अब भी जारी थी । उन दिनों मध्य भारत और दक्षिण भारत के पश्चिमी हिस्से में बहुत-सी श्रेणियाँ धार्मिक प्रयोजनों से दी गई राशियों के थातीदारों का काम करती थीं और उन राशियों पर ब्याज भी दिया करती थीं ।

पश्चिमी भारत में गुप्त-काल से पूर्व शिल्पियों की संख्या अधिक थी, मगर ऐसा नहीं है कि गुप्त-काल में या उसके बाद वे बिलकुल समाप्त हो गईं । किंतु, उस क्षेत्र में उन्हें कभी भी कोई सनद नहीं दी गई, और जितनी भी सनदें दी गईं, सब व्यापारियों की श्रेणियों को ही दी गईं । ऐसी सनद सबसे पहले गुप्त-काल के अंतिम दिनों में जारी की गई । इस सनद से प्रकट होता है कि जिस प्रकार पुरोहितों और मंदिरों को कृषकों पर सत्ता दे दी जाती थी, उसी प्रकार व्यापारियों को भी शिल्पियों पर सत्ता चलाने का अधिकार दे दिया जाता था । मंदिरों और पुरोहितों को दिए गए दानपत्रों का मतलब होता था ग्रामीण क्षेत्र में राजकीय सत्ता का त्याग और व्यापारियों को दी गई सनदों का मतलब होता था शहरी इलाके में उसका त्याग । पहले मामले में ग्रहीताओं की जरूरतों को पूरा करने के लिए दान की गई भूमि के साथ किसान लोग भी उन्हें सौंप दिए जाते थे, और दूसरे मामले में व्यापारी ग्रहीताओं की आवश्यकताओं को ध्यान में रखते हुए उन्हें श्रमिक और शिल्पियों पर पूरा अधिकार दे दिया जाता था । पहले मामले में जहाँ पुरोहितों को ग्रामीण आबादी पर कर लगाने का अधिकार होता था, वहाँ दूसरे मामले में कालक्रम से

महाजनों को भी शहरी लोगों पर कर लगाने का अधिकार दिया जाने लगा। जो भी हो, पश्चिमी भारत और कर्नाटक के राजाओं द्वारा जारी की गई सनदों की तुलना मध्ययुगीन यूरोप में ऐसे ही संघों को दी गई सामंतवादी सनदों से की जा सकती है। और इन सनदों तथा धर्मशास्त्रों में विहित नियमों से इस बात का संकेत मिलता है कि व्यापारियों की श्रेणियाँ राजकीय नियंत्रण से अधिकाधिक स्वतंत्र होती जा रही थीं और वे उत्तरोत्तर आत्मनिर्भर भी बनती जा रही थीं।

मौर्योत्तर-काल और गुप्त-काल में निगम अपने सिक्के जारी किया करते थे। यह बात भी स्वतंत्र और आत्मनिर्भर आर्थिक इकाइयों के उदय का प्रमाण प्रस्तुत करती है। इससे देश के राजनीतिक दृष्टि से छोटे-छोटे टुकड़ों में बँट जाने की प्रवृत्ति को और उत्तेजन मिला, क्योंकि सिक्के जारी करना प्रभुसत्ताधारी का एक अत्यंत महत्त्वपूर्ण काम था। इसके अतिरिक्त हम देखते हैं कि नालंदा के गाँवों ने अपनी मुहरें जारी की थीं और गुप्त-काल में भी वे अपने-आपको जनपद कहा करते थे।[346] इससे इस बात का संकेत मिलता है कि ये गाँव न केवल राजनीतिक दृष्टि से स्वतंत्र, बल्कि आर्थिक दृष्टि से आत्मनिर्भर इकाइयों के रूप में उभर रहे थे। गाँव द्वारा जारी की गई कम-से-कम चार ऐसी मुहरों को तो पहचाना जा सकता है। पहले सिक्के और मुहरें सिर्फ निगम ही जारी करते थे, किंतु गुप्तोत्तर काल में गाँव भी ऐसा करने लग गए।

गुप्त-काल में सिंचाई का काम भी स्थानीय इकाइयों के हाथों में जाने लगा था। कौटिल्य के 'अर्थशास्त्र' में विभिन्न प्रकार की सिंचाई के लिए किसानों द्वारा राज्य को दिए जानेवाले शुल्क निर्धारित किए गए हैं। इससे प्रकट होता है कि सिंचाई की व्यवस्था मुख्यतः राज्य करता था। मेगास्थनीज के विवरण से भी ज्ञात होता है कि राज्य सिंचाई-निरीक्षक रखा करता था। शक राजा रुद्रदामन् (लगभग 150 ईस्वी) दावा करता है कि उसने प्रजा पर कोई अतिरिक्त कर लगाए और उससे बेगार लिए बिना सौराष्ट्र के प्रसिद्ध सुदर्शन सरोवर का जीर्णोद्धार करवाया। गुप्त-काल में यह जिम्मेदारी संबंधित प्रांतों के शासकों की थी। लेकिन, ईस्वी सन् के प्रारंभिक वर्षों से ही लोगों ने अपने-अपने इलाकों में सिंचाई के संबंध में अपनी ओर से पहल करना शुरू कर दिया था। डायन क्राइसॉस्टम (लगभग 50-117 ईस्वी) कहता है कि भारत में बड़ी और छोटी नदियों से पानी लाने के लिए लोग खुद ही बहुत-से नाले बना लेते हैं।[347] आगे चलकर बृहस्पति की स्मृति में कहा गया है कि सिंचाई-कुंडों[348] की देख-रेख श्रेणियों को करनी चाहिए। सामग्री के अभाव में हम इस प्रक्रिया का इतिहास तो नहीं जान सकते, लेकिन जब एक बार यह प्रवृत्ति प्रारंभ हो गई, तो निश्चित था कि इससे केंद्रीय सत्ता की जड़ें कमजोर होंगी और स्वतंत्र आर्थिक इकाइयों के उदय में सहायता मिलेगी।

ऊपर के विश्लेषण के आधार पर हम कुछ मोटे निष्कर्ष निकाल सकते हैं। भारत में राजनीतिक सत्ता के विकेंद्रीकरण का कारण वह नहीं था जो यूरोप में था।

यहाँ यह परिवर्तन सैनिक सेवा प्रदान करनेवालों को दी गई जागीरों का परिणाम नहीं था। यहाँ तो विकेंद्रीकरण की प्रवृत्ति का सबसे बड़ा कारण ब्राह्मणों और मंदिरों को भूमि-अनुदान देना था। यह तो स्पष्ट ही है कि यूरोप की तरह यहाँ सामंतीकरण में विदेशी आक्रमणों का कोई विशेष हाथ नहीं था।

ब्राह्मणों को दान किए गए अग्रहार यूरोपीय जागीरों से कुछ-कुछ मिलते-जुलते हैं, क्योंकि कहीं-कहीं ग्रहीताओं को अपनी रैयत से हर तरह का बेगार लेने का अधिकार दिया गया था। बेगारी प्रथा की व्याप्ति बहुत अधिक जान पड़ती है, और ऐसा लगता है कि ग्राम-प्रधान, जो किसान स्त्रियों से अपने खेतों और घरों में जबरन काम लेता था, यूरोपीय ढंग का जागीरदार बनता जा रहा था। लेकिन, जहाँ यूरोप में कुल मिलाकर किसानों को अपना बहुत सारा समय और शक्ति अपने प्रभु के खेतों में काम करने में लगानी पड़ती थी, वहाँ भारत के किसान अपना अधिकांश समय अपने ही खेतों पर काम करने में लगाते थे, और उनकी उपज का एक बहुत बड़ा हिस्सा ग्रहीताओं और दूसरे मध्यवर्ती लोगों के हाथों में चला जाता था। लेकिन, ऐसा कोई प्रमाण नहीं मिलता जिसके आधार पर कहा जा सके कि अधिकांश किसानों का साबका ऐसे मध्यवर्ती लोगों से पड़ता था। इसके विपरीत, स्वतंत्र किसानों की संख्या बहुत अधिक जान पड़ती है। फिर, उपसामंतीकरण का सिलसिला भारत में उतना अधिक नहीं था जितना यूरोप में था। इसलिए भूमि के असली जोतदारों का केंद्रीय सरकार से कुछ अप्रत्यक्ष संबंध बना हुआ था।

वंशानुगत प्रशासकों के लिए पुरालेखों में जिन शब्दों का प्रयोग हुआ है, उन्हें ठीक-ठीक समझ पाना बहुत कठिन है। फिर, भारत-जैसे विशाल देश में, इस संदर्भ में अलग-अलग स्थानों पर अलग-अलग शब्दों का प्रयोग हुआ है। इसलिए सामंती संगठन की विभिन्न श्रेणियों के बारे में ठीक-ठीक कुछ नहीं कहा जा सकता, और न यही बताया जा सकता है कि सामंत, उपरिक, भोगिक, प्रतीहार, दंडनायक आदि के एक-दूसरे से क्या संबंध थे। लेकिन, इतना तो असंदिग्ध है कि गुप्त-काल के अंतिम दिनों में, अर्थात् 500 ईस्वी के आस-पास तक, वंशानुगत मध्यवर्ती लोग अच्छी-खासी संख्या में तैयार हो गए थे और उनके कारण बहुत-से स्वतंत्र किसानों की स्थिति अर्ध-दासों के समान हो गई थी। लेकिन यहाँ का सामंती ढाँचा इंग्लैंड जितना जटिल नहीं था और न इसमें उतनी श्रेणियाँ ही थीं, जितनी हम इंग्लैंड के सामंती ढाँचे में देखते हैं। यद्यपि छठी शताब्दी से यहाँ सामंत लोग यूरोपीय सामंतवादी व्यवस्था के रूप में ही सामने आते हैं, किंतु उनके अधिकारों और कर्त्तव्यों का हमें कोई ठीक-ठीक ज्ञान नहीं है। जो कुछ निश्चयपूर्वक कहा जा सकता है, वह इतना ही कि उन्हें अपने प्रभुओं के लिए सेना जुटानी पड़ती थी।

मध्य-युगीन यूरोप में राज्य की सेवा करने के पुरस्कार-स्वरूप सामंतों को भूमि दी जाती थी, लेकिन ऐसा लगता है कि भारत में यह प्रथा बहुत सीमित थी।

मनु के अनुसार, दस गाँवों की शांति-सुव्यवस्था के लिए जिम्मेदार अधिकारी को बारह बैलों से जोती जाने लायक, अर्थात् लगभग सौ एकड़ जमीन दी जाती थी। गुप्त-काल से शायद यह धारणा जड़ पकड़ती जा रही थी कि क्षेत्रीय एकांश स्थानीय शासकों और अधिकारियों के उपभोग के निमित्त हैं, लेकिन प्रारंभ में केंद्र का नियंत्रण इतना कड़ा अवश्य था कि वह व्यवहार में इस प्रवृत्ति पर अंकुश रख सके। फाहियान के विवरण में कही गई एक बात का मतलब यह लगाया जाता है कि राजा के अनुचरों और अंगरक्षकों को भूमि-अनुदान मिले हुए थे, किंतु यह मुद्दा काफी विवादास्पद है और वास्तविकता क्या है, इसे ठीक-ठीक बता सकने की स्थिति में मैं भी नहीं हूँ। लेकिन, फिर ह्वेंत्सांग ने जो अपने विवरण में आगे चलकर कुछ ऐसी ही बात लिखी है, उसकी सचाई में संदेह नहीं किया जा सकता। ह्वेंत्सांग के अनुसार कुल राजस्व का एक-चौथाई भाग तो सीधे राज्य के पास चला जाता था, लेकिन तीन चौथाई हिस्सों में से एक-एक हिस्सा क्रमशः पुरोहितों, विद्वानों और राज्याधिकारियों के लिए सुरक्षित रख लिया जाता था। इससे यह निष्कर्ष निकाला जा सकता है कि संपूर्ण राज्य की शासन-व्यवस्था चलानेवाले तमाम अधिकारियों के उपभोग के निमित्त राजस्व का केवल एक चौथाई हिस्सा था। यह स्थिति मध्य-युगीन यूरोप की स्थिति से बिलकुल भिन्न है। वहाँ तो किसी भी सामंत की प्रशासनिक देख-रेख में जितना क्षेत्र होता था, उसका पूरा राजस्व उसी को प्राप्त रहता था। शर्त सिर्फ इतनी रहती थी कि वह अपने अधीनस्थ लोगों से प्राप्त कर में से अपने प्रभु को नियमित रूप से कुछ नजर भेजता रहेगा।

संक्षेप में हम कह सकते हैं कि सामंतवाद की कुछ मोटी-मोटी विशेषताएँ गुप्त-काल और विशेषकर गुप्तोत्तर-काल से दिखाई देने लगी थीं। वे विशेषताएँ इस प्रकार थीं—परती और आबाद दोनों तरह की जमीनें अनुदान में देना; अनुदान में दी गई भूमि के साथ-साथ किसानों का हस्तांतरण; बेगारी प्रथा का प्रसार; किसानों, शिल्पियों और व्यापारियों के अपनी इच्छानुसार जहाँ चाहें वहाँ जाकर बसने पर रोक लगाना; मुद्रा का अभाव; व्यापार का ह्रास; राजस्व-व्यवस्था तथा दंड-प्रशासन का धार्मिक अनुदान-भोगियों के हाथों सौंप दिया जाना; अधिकारियों को वेतन-स्वरूप अलग-अलग क्षेत्रों का राजस्व सौंप देने की प्रवृत्ति का प्रारंभ; और सामंती दायित्वों का विकास। परवर्ती काल में ये प्रवृत्तियाँ कहाँ तक कायम रहीं और इनमें कहाँ तक परिवर्तन आए, इसका विचार हम अगले अध्याय में करेंगे।

संदर्भ

1. सि. इं., पृष्ठ 188, पंक्ति 11
2. वही, पृष्ठ 192, 194-5
3. वही, पृष्ठ 422, पंक्ति 26-9

4. सं. 17, श्लाक 66
5. कॉ. इं. इं., जि. 3, नं. 41, पंक्ति 8; सि. इं., पृष्ठ 422, पंक्ति 29
6. रा. श. शर्मा, *पालिटिको-लिगन आस्पेक्ट्स ऑफ द कास्ट-सिस्टम,* ज. बि. रि. सो., 39, 325
7. ''अभ्यंतरसिद्धिकाः'', कॉ. इं., इं., जि. 4, नं. 31, पंक्ति 41
8. का. इ. इ., जि. 4, 154, पा. टि. ।
9. वही ।
10. वही, जि. 3, 189-90, पा. टि. 4
11. *अर्थशास्त्र*, अ. 2, श्लोक 1
12. पा. टे. सो., *पालि-इंगलिश डिक्शनरी,* '*ब्रह्मदेय्य*' शब्द ।
13. ए. इं., जि. 15, नं. 16, पंक्तियाँ 1-9 । यह स्पष्ट नहीं है कि दाता स्वयं वह सौदागर था या कोई और ।
14. ''उचितया ब्रह्मदेय-भुक्त्या भुञ्जतः कृषतः कृषापयतश्चः ।'' वही, पंक्तियाँ 6-7
15. ज. ए. सो. बं., न्यू. सि. 5 (1909), 164; ए. इं., 10, 12
16. कॉ. इं. इं., जि. 3, नं. 55
17. वही, पंक्तियाँ 39-43
18. *अर्थशास्त्र,* अ. 2, श्लो. 1
19. वही, 2, 35
20. वही, 5, 3
21. वही, 2, 1
22. म. स्म., अ. 7, श्लो. 115-7
23. वहा, श्लो. 118-9
24. वहा, 115-20
25. अ. 19, श्लो. 44
26. *हिस्ट्री ऑफ़ बंगाल,* अ. 1, श्लो. 277
27. *अर्थशास्त्र,* 2, 35
28. सैमुअल बील, *ट्रैवेल्स आफ फाहियान ऐंड सुंग-युन,* परिच्छेद 16, पृष्ठ 37 । *चाइनीज लिटरेचर, 1956,* नं. 3, 154 में इसका अनुवाद इस प्रकार दिया गया है : ''वे व्यक्ति-कर या अधिकारियों के प्रतिबंधों से मुक्त हैं ।''
29. वाटर्स, *उआन चुआंग्स ट्रैवेल्स इन इंडिया, 1,* 176
30. *अर्थशास्त्र,* अ. 5, श्लो. 3
31. वही ।
32. वही ।
33. वही, अ. 2, श्लो. ।
34. *मनुस्मृति,* अ. 7 श्लो. 115-20
35. *व्यवहारमयूख,* (अनु. : पी. पी. काणे और एस. जी. पटवर्धन) में उद्धृत, पृष्ठ 25-7
36. *ए रेकर्ड ऑफ़ बुद्धिस्टिक किंगडम्स,* पृष्ठ 5
37. *ट्रैवेल्स ऑफ़ फाहियान एटसेटरा,* पृष्ठ 55
38. हो चांगचुन, 'फाहियान्स पिलग्रिमेज टु बुद्धिस्ट कंट्रीज,' *चाइनीज़ लिटरेचर, 1956,* नं. 3, 154
39. वाटर्स, सं. प्र. पु., 1, 176
40. सैमुअल बील (अनु.), *सी-यू-की, 1,* 88
41. ए. इं., जि. *2,* नं. 29, पंक्ति 9

42. ए. इं., जि. 1, 87
43. कॉ. इं. इं., जि. 3, नं. 27
44. वही, पंक्तियाँ 5-11
45. वही, पंक्तियाँ 11-14
46. वही, नं. 28, पंक्तियाँ 1-17
47. वही, पंक्तियाँ 9-10
48. वही, पंक्तियाँ 12-13
49. वही, पंक्तियाँ 13-16
50. वही, नं. 29, पंक्तियाँ 1-12
51. वही, जि. *3,* नं. 31, पंक्तियाँ 1-10
52. वही, पंक्तियाँ 11-13
53. *मेमॉयर्स ऑफ द एशियाटिक सोसाइटी ऑफ बंगाल, 1.* नं. 6, पृष्ठ 86
54. वही, पृष्ठ 90, फलक ए., पंक्ति 4
55. वही, पंक्तियाँ 5-6
56. वही, फलक बी., पंक्तियाँ 8-9
57. वही, फलक ए., पंक्ति 4
58. वही, पंक्तियाँ 4-5
59. वही, पंक्ति 5
60. कॉ. इं. इं., जि. *3,* नं. 23, पंक्तियाँ 18-20: नं. 26, पंक्तियाँ 22-23
61. वही, नं. 26, पंक्तियाँ 22-23
62. सि. इं., पृष्ठ 360, पंक्तियाँ 3-4
63. वही, पृष्ठ 360, पा. टि. 9
64. पृष्ठ 212
65. विनायक मिश्र, *मेडिएवल डाइनेस्टीज ऑफ ओडिसा,* पृष्ठ 24-5, अभिलेख सं. 1
66. अग्रवाल, *कादंबरी,* पृष्ठ 103
67. वही ।
68. कॉ. इं. इं., जि. *4,* नं. 13, पंक्ति 4, न. 18, पाक्त 9
69. वही, भूमिका, पृष्ठ 141
70. वही, नं. 13, पंक्ति 4
71. रूपनाथ लघु स्तंभ-अभिलेख : सारनाथ संघभेद स्तंभ-अभिलेख ।
72. कॉ. इं. इं., जि. *4,* भूमिका, पृष्ठ 124-5
73. वही, जि. *3,* पृष्ठ 100, पा. टि. 2
74. सि. इं., पृष्ठ 258, पंक्ति 24
75. 'ये भुक्तागुप्तनाथैर्न्न', सि. इं., पृष्ठ 394. श्लोक 4
76. कॉ. इं. इं., जि. *3,* नं. 24, पंक्ति 4
77. आर. जी. बसाक, ए. इ., 15, 131, पा. टि. 2
78. मोनियर विलियम्स, *संस्कृत-इंगलिश डिक्शनरी,* शीर्षक 'अनुवह' ।
79. सि. इं., पृष्ठ 338, पंक्ति 3
80. ए. इं. (जि. 15, 144) में दिया यह अर्थ—''पदाति सैनिकों, अश्वारोहियों और गज-सैनिकों के शासन''—शब्दार्थ तो नहीं है, किंतु व्यंजनार्थ के रूप में स्वीकार किया जा सकता है ।
81. ए. इं., जि. 15, नं. 1, फलक सं. 4, पंक्तियाँ 2-3

82. सि. इं., जी. ई. 128 का बैग्राम ताम्रपत्र अभिलेख, पृष्ठ 342, पंक्ति 1
83. बी. सी. सेन, *सम हिस्टारिकल आस्पेक्ट्स ऑफ़ द इंस्क्रिप्शन्स ऑफ बंगाल*, पृष्ठ 211
84. सि. इं., पृष्ठ 280 और 285
85. वही, पृष्ठ 324, पंक्ति 1; ए. इं., 23, नं. 8, पंक्ति 10-11। (यह अभिलेख शायद बुद्धगुप्त से संबंद्ध है) देखिए सि. इं., पृष्ठ 403, पंक्ति 1
86. कॉ. इं. इं., जि. *3*, नं. 16, पंक्ति 3-4
87. "अंतर्व्वेद्याम् भोगाभिवर्द्धये वर्त्तमाने।" वही, पंक्ति 4-5
88. कॉ. इं. इं., जि. *4*, नं. 7, पंक्तियाँ 2-4
89. वही, नं. 11, पंक्तियाँ 1-3
90. "श्रुताभिजनशिलशालिनो मूर्धाभिषिक्ताश्चामात्याराजानः", *हर्षचरित आफ बाणभट्ट* (निर्णयसागर संस्करण), पृष्ठ 173। अग्रवाल के अनुसार युवराज कुमारामात्य कहे जाते थे, *हर्षचरित : एक सांस्कृतिक अध्ययन*, पृष्ठ 112
91. *हर्षचरित : एक सांस्कृतिक अध्ययन*, पृष्ठ 112
92. वही।
93. ज. ए. सो. बं., न्यू सिरीज 5 (1099), 164
94. सि. इं., पृष्ठ 282-3, पंक्तियाँ 6-7, कॉ. इं. इं., जि. *3*, नं. 6, पंक्तियाँ 3-4
95. कॉ इं. इं., जि. *3*, नं. 22, पंक्तियाँ 28-30
96. दीक्षितार, *दि गुप्त पॉलिटी*, पृष्ठ 140-50
97. कॉ. इं. इं., जि. *3*, नं. 22, पंक्तियाँ 28-30, नं. 23, पंक्तियाँ 18-20
98. वही, नं. 27, पंक्तियाँ 21-22
99. वही, नं. 26, पंक्तियाँ 22-23
100. सि. इं., पृष्ठ 284, पंक्ति 3; पृष्ठ 324, पंक्ति 2; पृष्ठ 328; पंक्ति 2
101. आर. बी. पांडे, *हिस्टारिकल ऐंड लिटरेरी इंस्क्रिप्शंस*, नं. 56, पंक्ति 50
102. वही, पंक्तियाँ 47-8
103. कॉ. इं. इं., जि. *4*, नं. 16, पंक्ति 31
104. ए. इं., 28, नं. 24, फलक ए., पंक्तियाँ 11-12; फलक बी., पंक्ति 16
105. अलतेकर, *दि राष्ट्रकूटाज ऐंड देयर टाइम्स*, पृष्ठ 7
106. 3, श्लोक 1336
107. इं. एं., 12, पृष्ठ 96
108. *कामसूत्र*, अ. 5, 5.5
109. कॉ. इं. इं. जि. 4, नं. 6, पंक्ति 2 (एक भूमि-अनुदान के संदर्भ में आयुक्तक का ही उल्लेख हुआ है); नं. 7, पंक्तियाँ 2-4
110. *कामसूत्र*, अ. 5, 5.5
111. वही।
112. *मार्कण्डेय पुराण*, 49.49। इस अंश का एम. एन. दत्त द्वारा किया गया अंग्रेजी अनुवाद पार्जीटर के अनुवाद से ज्यादा सही जान पड़ता है।
113. *अर्थशास्त्र*, 1, 6; सं. सं. 2, पंक्ति 5
114. *मनु-स्मृति* (सै. बु. ई.), अ. 8, 286-9; *याज्ञवल्क्य-स्मृति*, *2*. 152-3
115. बी. एन. दत्त, *हिंदू लॉ ऑफ इनहेरिटेंस*, पृष्ठ 27
116. प्राणनाथ, *इकनॉमिक कंडिशंस इन एंशिएंट इंडिया*, पृष्ठ 160
117. आर. बी. पांडे, *हिस्टॉरिकल ऐंड लिटरेरी इंस्क्रिप्शंस*, नं. 29, पंक्ति 31

118. इन उदाहरणों का संकलन एल. गोपाल ने *जर्नल ऑफ रॉयल एशियाटिक सोसाइटी* (भाग 1 और 2, अप्रैल 1963) में लिखे "सामंत—इट्स वैरीयिंग सिग्निफिकेंस इन एंशिएंट इंडिया" शीर्षक निबंध में किया है
119. कॉ. इं. इं., जि. 3, नं. 49, पंक्ति 4
120. आर. बी. बसाक, *दि हिस्ट्री ऑफ नार्थ-ईस्ट इंडिया*, पृष्ठ 105
121. मि. इं., पृष्ठ 394, श्लोक 5
122. कॉ. इं. इं., जि. 4, भूमिका, पृष्ठ 141
123. ए. इं., जि. 1, 67 और आगे; जि. 4, पृष्ठ 208
124. पंक्ति 22-25
125. "करदीकृत महासामंत", *हर्षचरित : एक सांस्कृतिक अध्ययन*, पृष्ठ 100
126. अग्रवाल, *हर्षचरित : एक सांस्कृतिक अध्ययन*, पृष्ठ 216
127. अग्रवाल, *कादंबरी*, पृष्ठ 128। अग्रवाल के अनुसार प्रणाम करने की चौथी और पाँचवी विधियाँ 'शेखरीभवंतुपादरजांसि" शब्द-पद के अंतर्गत आ जाती हैं।
128. *हर्षचरित : एक सांस्कृतिक अध्ययन*, पृष्ठ 60
129. वही।
130. वही, पृष्ठ 194
131. अग्रवाल, *कादंबरी*, पृष्ठ 127-8
132. वही।
133. *हर्षचरित : एक सांस्कृतिक अध्ययन*, पृष्ठ 60
134. वही, पृष्ठ 45
135. वही, पृष्ठ 167
136. वही, पृष्ठ 178
137. ए. इं., जि. 18, 60-2
138. वही, नं. 7, पंक्तियाँ 1-7
139. वही, पंक्तियाँ 7-14
140. ए. इं., 33, 209
141. वही, नं. 41, पंक्तियाँ 7-15
142. अग्रवाल, *कादम्बरी*, पृष्ठ 100
143. *हर्षचरित : एक सांस्कृतिक अध्ययन*, पृष्ठ 143
144. वही, पृष्ठ 155
145. "प्रतिसामंत चक्षुषामिव नताशनिद्रा कुमुदवनानाम्", *हर्षचरित : एक सांस्कृतिक अध्ययन*, पृष्ठ 219
146. वही, पृष्ठ 60, मिलाइए अग्रवाल-कृत *हर्षचरित : एक सांस्कृतिक अध्ययन*, पृष्ठ 43 से।
147. वही, पृष्ठ 209-10
148. "सामंतसेनामुकुटमणिमयूरवाक्रांतपादारविंदु:", श्लोक 23
149. ह. च., पृष्ठ 212
150. वही।
151. *जातक*, जि. 1, पृ. 200
152. स्ट्रैबो, अ. 15, 37, मैकक्रिंडल, *एंशिएंट इंडिया ऐज डिस्क्राइब्ड इन क्लासिकल लिटरेचर*, पृष्ठ 45
153. वही, 41-43, मैकक्रिंडल, *एंशिएंट इंडिया ऐज डिस्क्राइब्ड बाई मेगास्थनीज ऐंड एनिरयन*, पृष्ठ 90
154. वही, 52, मैकक्रिंडल, *एंशिएंट इंडिया ऐज डिस्क्राइब्ड इन क्लासिकल लिटरेचर*, पृष्ठ 55

155. *अर्थशास्त्र*, अ. 2. 30-2
156. 17. 66
157. सं. वी. ट्रेंकनर, पृष्ठ 192
158. 11.32, मिलाइए 30 से।
159. "संस्कार कांड", पृष्ठ 301, श्लोक 305
160. *कामंदक नीतिसार*, 12.44
161. सं. ए. एफ. स्टेंजलर, 12.24
162. 11.32
163. *नारद-स्मृति*, 15, 16, 32
164. जान युन-हुआ, 'हुइ-चाओ ऐंड हिज वर्क : ए रिअसेसमेंट'. *द इंडो-एशियन कलचर*, 12, 184
165. वही।
166. "अथ योगक्षेमार्थमीश्वरमधिच्छेत्।"
167. ए. इं., 2, नं. 27, पंक्तियाँ 6-7
168. वही, पंक्तियाँ 1-10
169. समरीज आफ़ पेपर्स, इंडियन हिस्ट्री कांग्रेस का रजत जयंती अधिवेशन (पूना 1963), पृष्ठ 15
170. ए. इं., 2, 27, पंक्ति 7
171. वही, पंक्तियाँ 7-8
172. वही, पंक्तियाँ 9-11
173. इंडियन हिस्ट्री कांग्रेस के पूना अधिवेशन (1963) के समक्ष प्रस्तुत इस विषय पर लिखा दशरथ शर्मा का शोध-निबंध, जिसका प्रकाशन अब तक नहीं हो पाया है।
174. *नारद-स्मृति*, 10, 4, 5 और 7
175. "त चखेत (न) कषते स च गमो न वसति". सि इ., पृष्ठ 194, पंक्तियाँ 3-4
176. वही, पृष्ठ 219-20, पंक्तियाँ 4-5; पृष्ठ 222 पंक्ति 4; पृष्ठ 227, पंक्ति 1; पृष्ठ 229, पंक्तियाँ 3-4; पृष्ठ 230, पंक्ति 6
177. वही, पृष्ठ 187, पंक्तिया 10-11
178. वही, पृष्ठ 343, पंक्तियाँ 6-7
179. नारद-स्मृति, 11. 26
180. सि. इं., पृष्ठ 343, पंक्ति 9 और पा. टि. 9
181. वही, पृष्ठ 338, पंक्तियाँ 6-7
182. सि. इं., पृष्ठ 338
183. वही, पंक्तियाँ 15-18
184. वही, पंक्तियाँ 17-18
185. वही, पृष्ठ 328, पंक्तियाँ 5-7
186. कॉ. इं. इं., 3, नं. 31, पंक्तियाँ 7-11 और 13
187. वही, पंक्ति 7
188. वही, पंक्तियाँ 10-12
189. कॉ. इं. इं., 4, नं. 7, पंक्ति 9; नं. 11, पंक्ति 10; नं. 14, पंक्ति 20; नं. 15. पंक्ति 21; नं. 16, पंक्ति 34; नं. 17, पंक्ति 34; नं. 19, पंक्ति 15; नं. 20, पंक्ति 13; नं. 21, पंक्ति 29
190. 'ग्रामप्रतिवासिनः", कॉ. इं. इं., 4, नं. 7, पंक्तियाँ 3-4
191. वही, नं. 20, पंक्तियाँ 12-13 और पृष्ठ 80 की पा. टि. 10
192. वही, नं. 21, पंक्ति 28

193. कॉ. इं. इ., 120, पंक्तियाँ 18-20
194. कॉ. इं. इं., 3, 31, पंक्ति 7
195. पी. सी. चक्रवर्ती, *हिस्ट्री ऑफ़ बंगाल*, 1, 648-9
196. *एन इंट्रोडक्शन टु द स्टडी ऑफ़ इंडियन हिस्ट्री*, पृष्ठ 291-6
197. दीघ्घ निकाय, 1, 87, 111, 114, 127, 131, और 224
198. *अर्थशास्त्र*, 12.1
199. वही।
200. ए. इं., 18, 75
201. वही, नं. 11, पंक्तियाँ 1-14। इस अभिलेख में जिस शब्द को एन. के. भट्टशालि ने 'मावटा' पढ़ा है, उसे अगर सुधार कर 'सवटा' पढ़ा जा सके तो उसका मतलब होगा—'वृक्षों से भरी भूमि', और संदर्भ को देखते हुए यही ठीक भी लगता है।
202. ए. इं., 15, नं. 19, पंक्तियाँ 33-50
203. वही, 4
204. वही, पृष्ठ 310-12
205. वही, 15, पंक्तियाँ 16-32
206. कॉ. इ. इ., 4, न. 34
207. पृष्ठ 94। कहीं यह चाहमान अभिलेखों में उल्लिखित 'अरहट्ट' ही तो नहीं है?
208. वही।
209. पृष्ठ 212
210. वही, पृष्ठ 227
211. वही।
212. वही।
213. *हर्षचरित : एक सांस्कृतिक अध्ययन*, पृष्ठ 203
214. "अधिकरण लेखकैः आलिख्यमानशासनसहस्रम्", अग्रवाल, *कादंबरी*, पृष्ठ 99, पा. टि. 1 में उद्धृत।
215. "मार्गग्रामनिर्गतैराग्रहारिकजालमैः", वही, पृष्ठ 212
216. लेगे, *ए रेकर्ड ऑफ़ बुद्धिस्टिक किंगडम्स*, पृष्ठ 42-43
217. वही, पृष्ठ 43
218. कॉ. इं. इं., 3, नं. 25, पंक्तियाँ 14-15. नं. 31, पंक्तियाँ 7-11
219. वही, नं. 50, पंक्ति 10
220. सि. इं., पृष्ठ 342
221. वही, पृष्ठ 338-39
222. ए. इं., 15, नं. 7, पंक्तियाँ 6-7
223. कॉ. इं. इं., 4, भूमिका का पृष्ठ 139
224. *चाइनीज लिटरेचर*, 1956, नं. 3, 153
225. कॉ. इं. इं., 3, नं. 42, पंक्ति 10
226. वही, नं. 12, पंक्तियाँ 24-30; नं. 13, पंक्ति 18
227. वही, नं. 60; ए. इं., 25, नं. 9
228. पृष्ठ 212
229. एस. बील, *द लाइफ ऑफ ह्वेंत्सांग*, पृष्ठ 212
230. जे. ताकाकुसु (अनु.), *ए रेकर्ड ऑफ द बुद्धिस्ट रिलीजन*, पृष्ठ 65

231. जे. ताकाकुसु (अनु.), *ए रेकर्ड ऑफ द बुद्धिस्ट रिलीजन,* पृष्ठ 61
232. *अर्थशास्त्र*, 2.1
233. 2.157
234. 19. 54-5
235. *याज्ञवल्क्य*, 2, 157-8; *बृहस्पति*, 19. 53-55
236. "भुंजतः, कर्षतः प्रदिशत् कर्षयतः ।" कॉं. इं. इं., 4, नं. 2, पंक्ति 6; नं. 11, पंक्ति 13; मिलाइए नं. 21, पंक्ति 32 से; सि. इं., पृष्ठ 405, पंक्तियाँ 6-7, पा. टि. 2-3 सहित ।
237. *मनु-स्मृति*, 10.81-82; *याज्ञवल्क्य*, 3.35; *नारद*, 1.56-60
238. कॉं. इं. इं., 4, भूमिका का पृष्ठ 191
239. इन अनुदानों का वर्णन मैती का कृत *इकनॉमिक लाइफ ऑफ़ नार्दर्न इंडियां इन गुप्त पिरियड*, पृष्ठ 152-3 में किया गया है । द्वितीय प्रवरसेन के अनुदान में 'सर्वविष्टि' शब्द का प्रयोग हुआ है ।
240. वही ।
241. एम. जी. दीक्षित द्वारा संपादित *सलेक्ट इंस्क्रिप्शन्स फ्रॉम महाराष्ट्र*, पृ. 8
242. कॉं. इं. इं., 4, नं. 8, पंक्ति 6
243. मैती की सं. प्र. पु., पृष्ठ 151-53
244. ए. इं., 11, 80
245. इं. एं., 6, पृष्ठ 12, पंक्ति 6 । प्रयुक्त शब्द-पद है, "सोत्पद्यमानविष्टि", जिसका अनुवाद मीराशी ने इस प्रकार किया है : "उससे उत्पन्न होनेवाले बाधित श्रम का लाभ उठाने के अधिकार के साथ-साथ ।"
246. ए. इ., 11, नं. 17, पंक्ति 26
247. वही, 21, नं. 18, पंक्ति 25
248. कॉं. इं. इं., 4, नं. 21, पंक्ति 27; इं. एं., 6, 12
249. ए. इं. 30, नं. 30, पंक्ति 28 का अनुवाद करते हुए (*जर्नल ऑफ़ इकनॉमिक ऐंड सोशल हिस्ट्री ऑफ़ द ऑरिएंट*, लायडन, 2, 28, में) कोसंबी कहते हैं कि इन शिल्पियों को करों के बदले में बेगार करना पड़ता था, लेकिन यह स्थापना तभी स्वीकार की जा सकती है जब हम वरिकों को राज्याधिकारी मान लें, किंतु उन्हें राज्याधिकारी मानना गलत होगा ।
250. ए. इं., 30, नं. 30, पंक्ति 8
251. ज. इ. सो. हि. ऑ., 2, 287
252. ए. इं., 30, नं. 30, पंक्ति 8
253. *अर्थशास्त्र*, 2, 15
254. वही, 5, 3
255. ए. इं., 24, नं. 10, पंक्ति 23 । द्वितीय प्रवरसेन के अनुदानों में इसका प्रयोग बार-बार हुआ है ।
256. वही. पंक्ति 23
257. 5.55
258. एच. सी. चकलादार के अनुसार वात्स्यायन दक्षिण-पश्चिमी भारत का रहनेवाला था ।
259. विष्णुषेण द्वारा एक वणिग्ग्राम को 592 ई. में दिए गए अधिकारपत्र (एपिग्राफिया इंडिका, 30, नं. 30.1) में कहा गया है कि वर्षा ऋतु के आरंभ में बीज खरीदने के लिए अपने इलाके से बाजारों में आए हुए किसानों को स्वामी लोग अपने यहाँ रोक न रखें । इससे यह ध्वनि निकलती है कि स्वामी लोग किसानों को अपने यहाँ बेगार करने के लिए चाहे जहाँ-कहीं और जब-कभी रोक रखते थे । वे इनसे शायद अपने खेतों में काम करवाते थे ।
260. "अभटच्छात्र-प्रावेश्य", कॉं. इं. इं., 3, पृष्ठ 98, पा. टि. 2
261. *अर्थशास्त्र*, 2, 15

262. "अपारंपर गोबलिवर्द", ए. इं., 27, नं. 16, पंक्ति 29
263. वही।
264. मार्क ब्लॉक, *फ्यूडेल सोसाइटी*, पृष्ठ 173
265. किंतु, 533-4 ई. के एक अनुदान में एक राजपुरुषेतर दाता ने मंदिर के लिए एक साथ दो गाँव दान किए (कॉ. इं. इं., 3, नं. 31, पंक्ति 7)
266. *चाइनीज लिटरेचर*, 1956, नं. 3, 153
267. *मेमॉयर्स ऑफ़ दि एशियाटिक सोसायटी ऑफ़ बंगाल*, 1, नं. 6, पृष्ठ 90, प्लेट 'ए', पंक्ति 8
268. वही, पंक्तियाँ 8-9
269. वही, प्लेट 'बी', पंक्तियाँ 9-1।
270. ए. इं., 1, नं. 1, पंक्ति 39
271. वही, 9, नं. 7, पंक्तियाँ 4-13
272. ए. इं., 28, 59
273. वही, नं. 10
274. वही, 23, 62-3
275. वही, नं. 10, पंक्तियाँ 10-17। यहाँ 'हल' शब्द शायद उतनी जमीन का संकेत देता है जितनी एक जोड़ा बैल रखनेवाला एक किसान जोत सकता है। इस दृष्टि से एक हल जमीन 10-12 एकड़ होगी। यह बात 6 हल जमीन के साथ चार घरों के हस्तांतरण से भी संगत लगती है, क्योंकि चार किसान-परिवार 60-70 एकड़ जमीन की देखभाल मजे में कर सकते हैं।
276. वी. वी. मीराशी, *वाकाटक राजवंश का इतिहास तथा अभिलेख*, नं. 8, पंक्तियाँ 14-16
277. ए. इं., 28, 12
278. ए. इं., 28, नं. 2, पंक्तियाँ 6-7; "यतः भवद्बि (श्च) ध्रुवकम्र्मांतारंभैः सुनिर्वृतविश्वस्तैर्व्वस्तव्य (म्)।" डी. सी. सरकार (वही, 5) के अनुसार इसमें कृषकों से उनके नाम बंदोबस्त की गई जमीन में खेती करने और हर प्रकार के दुर्व्यवहार की आशंका से मुक्त होकर रहने को कहा गया है। लेकिन यह अर्थ समीचीन प्रतीत नहीं होता।
279. कॉ. इं. इं., 3, नं. 40, पंक्तियाँ 11-13; नं. 41, पंक्तियाँ 13-15
280. कॉ. इं. इं., नं. 38, पंक्तियाँ 21-8
281. वही।
282. वही, 4, नं. 21, पंक्तियाँ 17-28
283. वही, 287
284. वही, नं. 80, पंक्ति 10
285. जान युन-हुया, "हुयी चाउज रेकर्ड ऑन काश्मीर" *काश्मीर रिसर्च बाइ एनुअल*, नं. 2 (1962), पृष्ठ 119-20
286. *अर्थशास्त्र*, 3, 13
287. 2, 182
288. कोलब्रुक, *मिसेलैनियस एसेज*, 2, 23
289. किंतु *कात्या*, श्लोक 722 में मनु की व्यवस्था को दुहराता है।
290. *नारद-स्मृति*, 5.37; *बृहस्पति-स्मृति*, 15.23, मिलाइए काने, हि. ध. शा., 2, 182
291. 5.42-43। मिलाइए *कात्या* के दास-मुक्ति-संबंधी नियमों (श्लोक 75) से। लेकिन, *नारद-स्मृति* में यह भी कहा गया है कि कुछ विशेष वर्गों के दासों को उनके स्वामियों की इच्छा के बिना मुक्त नहीं किया जा सकता। (श्लोक 29)
292. *कात्या*, श्लोक 350

293. 13, 38
294. 26. 10. 28, 43, 53 और 64
295. ए. इं., 20, नं. 5, पंक्तियाँ 5-11
296. वही, पंक्तियाँ 5-11
297. वही, 39, 215-16
298. *हिस्ट्री ऑफ बंगाल*, 1, 652। एस. के. मैती का विचार है कि एक कल्यवाप में 14.4 एकड़ से लेकर 17.6 एकड़ तक जमीन होती थी। ज. इ. सो. हि. ऑ., 1, 98-107
299. के. जे. वीरजी, *एंशिएंट हिस्ट्री ऑफ़ सौराष्ट्र*, पृष्ठ 246-47, 267
300. 'शांति पर्व', 60. 24-26; 92.2
301. 2. 9. 6
302. *मनु-स्मृति*, 4, 253; *विष्णु-पुराण*, 57 16; *याज्ञवल्क्य*, 1.166
303. ए. इं., 1, नं. 1, पंक्ति 39
304. 1.181
305. हि. क. इं. पी., 3, 299
306. *नारद-स्मृति* (1.181) पर असहाय का भाष्य।
307. 19.6
308. वाटर्स, *ऑन युआन च्वांग्स ट्रैवेल्स इन इंडिया*, 1, 168
309. 58.10-15
310. कै. हि. इं., 1, 268
311. ज. ए. सो. बं., न्यू. सि., 5 (1909), 164। महाराज नंदन के अमौनाताम्रशासन (ए. इं., 10, नं. 10) का संपादन करते हुए टी. ब्लॉक ने कहा है कि इस शब्द-समुच्चय को "शूद्र केनोत्कीर्णम्" पढ़ना चाहिए। लेकिन ऐसा मानने का कोई कारण नहीं दिखाई देता। स्पष्ट ही उसे "शूद्रकरेद्रक्षुणः" ही पढ़ा जा सकता है, यद्यपि यह अशुद्ध संस्कृत है।
312. कॉ. इं. इं., 3, नं. 60, पंक्तियाँ 12-13
313. 5.5.5
314. वही।
315. ऐसा जान पड़ता है कि मध्य-काल के प्रारंभ में जो देश के बाहर उपनिवेश बसाने और विदेशी व्यापार के उपक्रम हुए, वे तटवर्ती क्षेत्रों के साहसी लोगों तक ही सीमित थे और उनसे आंतरिक अर्थव्यवस्था में कोई विशेष अंतर नहीं पड़ा।
316. डॉ. पी. एल. गुप्त ने अपना विचार बताते हुए मुझे ऐसा ही सूचित किया है।
317. सी. जे. ब्राउन, *द क्वाइंस ऑफ इंडिया*, पृष्ठ 50, मिलाइए पृष्ठ 55 से।
318. एल. गोपाल ने ज. न्यु. सो. इं., 25, भाग 1, में लिखे अपने एक लेख में महत्त्वपूर्ण साहित्यिक सूत्रों का उल्लेख किया है।
319. एस. के. मैती, *द इकनॉमिक लाइफ ऑफ नॉर्दर्न इंडिया इन गुप्त पीरियड*, पृष्ठ 139
320. वही, पृष्ठ 136-8
321. वही, पृष्ठ 137
322. रिचर्ड पैकहर्स्ट, *इंट्रोडक्शन टु इकनॉमिक हिस्ट्री ऑफ इंडिया*, पृष्ठ 46
323. वही, पृष्ठ 46-47
324. वही, पृष्ठ 47
325. एन. सी. सेन-कृत *एकाउंट्स ऑफ इंडिया एंड काश्मीर इन द डाइनेस्टिक हिस्ट्रीज ऑफ द तांग पीरियड* जो विश्वभारती विश्वविद्यालय, शांति निकेतन की ओर से प्रकाशित होनेवाला है।

326. *बृहस्पति-स्मृति*, 17.18
327. ए. इं., 30, 163-81
328. ज. इ. सो. हि. ऑ., 2, 281-9?
329. वही, 285
330. ए. इं., 30, नं. 30, पंक्ति 10
331. वही, पंक्ति 8
332. वही, नं., 30, पंक्ति 28
333. कोसंबी ने "सर्व्वश्रेणिनाञ्चुकापणको न देयः" (ए. इं. 30, नं. 30, पंक्ति 6) का अर्थ यह लगाया है कि सभी श्रेणियों को एक ही तरह का व्यापारिक शुल्क नहीं देना है। (ज. इ. सो. हि. ऑ., 2, 286), लेकिन इससे आगे के अंश, अर्थात्' "सर्व्वश्रेणिभिः खोवा (?)-दानम् न दातव्यम्" को देखते हुए ऐसा अर्थ करना ठीक नहीं लगता।
334. ए. इं., 30, नं. 30, पंक्ति 28
335. वही, पंक्ति 69
336. कॉ. इं. इं., 4, नं. 31, पंक्तियाँ 25-49, 56-62
337. वही, 32, पंक्तियाँ 27-38
338. वही।
339. 17.10
340. ए. इं., 14, नं. 14
341. वही, 189
342. वही, 190
343. वही।
344. कॉ. इं. इं., 3, नं. 5,7,8,9
345. वही, नं. 5, मिलाइए ज. इ. सो. हि. ऑ., 2, 283 से।
346. मजुमदार और अलतेकर, *द वाकाटक गुप्त एज*, पृष्ठ 260
347. ओरेशियो, 35. 434, मैकक्रिंडल, *एंशिएंट इंडिया ऐज डिस्क्राइब्ड इन क्लासिकल लिटरेचर*, पृष्ठ 175
348. *वीरमित्रोदय* (पृष्ठ 426 में) मित्र मिश्र इसे "कुल्यायन निरोधः" पढ़ते हैं, किंतु *बृहस्पति-स्मृति* (17.11-12) में यह "कुल्यानाम् निरोधः" है।

परिच्छेद 2.

तीन राज्यों में सामंती राज्य-व्यवस्था

(लगभग 750-1000 ई.)

गुप्त राजाओं और हर्ष के समय में भूमि-अनुदानों के ग्रहीताओं को प्रशासनिक और राजस्व-विषयक अधिकार देने की जो प्रक्रिया शुरू हुई, वह बाद के राजाओं के समय में भी चलती रही। गुप्त राजाओं ने खुद बहुत कम अनुदान दिए, पर मध्य भारत के उनके सामंतों या अधीनस्थ सरदारों ने बहुत-से गाँव दान किए। लेकिन, पाल शासन-काल में साधारणतया राजा स्वयं ही अनुदान दिया करता था। इसका सबसे पहला उदाहरण धर्मपाल है। उसने उत्तर बंगाल में अपने सामंत नारायणवर्मन द्वारा शुभस्थली में संस्थापित नन्न नारायण मंदिर को चार गाँव दिए।[1] इस अनुदान के असली भोक्ता वे लाट ब्राह्मण, पुरोहित और मंदिर के अन्य सेवक थे, जिनका उल्लेख अनुदानभोगियों के रूप में किया गया है।[2] तलपाटक (खाई-खड्डों में पड़नेवाली जमीन) और हट्टिकाओं (पेठों) के साथ-साथ ये गाँव सदा के लिए दान कर दिए गए; ग्रहीताओं को यह अधिकार दिया गया कि वे गाँव के निवासियों को दशापराध के लिए दंड दें; और इन गाँवों को राजाओं और राजकर्मचारियों के हस्तक्षेप से मुक्त कर दिया गया।[3] धर्मपाल ने शायद नालंदा क्षेत्र में बौद्धों के अगुआ को एक गाँव प्रदान किया। उस गाँव में कोई राज्याधिकारी प्रवेश नहीं कर सकता था और ग्रहीता को चोरों को सजा देने का भी अधिकार दिया गया था।[4] अनुदान-पत्र की अंतिम बारह पंक्तियाँ ठीक से पढ़ी नहीं जा सकतीं, किंतु ऐसा अनुमान लगाना गलत न होगा कि इन पंक्तियों में उस गाँव के निवासियों को ग्रहीता के आदेशों का पालन करने और उसे सभी प्रकार के उचित कर देने का निर्देश दिया गया है।[5] देवपाल ने ऐसी ही शर्तों के साथ मंगेर जिलांतर्गत मेसिक[6] नामक गाँव एक ब्राह्मण को दान किया।[7] इस दानपत्र में पहले के दानपत्रों की तरह प्रतिवासियों (निवासियों) को नहीं, बल्कि क्षेत्रकारों (कृषकों) को ग्रहीता के आदेशों का पालन करने का निर्देश दिया गया है।[8] उसी राजा ने सुमात्रा के बालपुत्रदेव के कहने पर नालंदा विहार को ऐसी ही शर्तों पर पाँच गाँव दान में दिए।[9] फिर, लगभग 993 ईस्वी में महीपाल ने बौद्धों को धार्मिक प्रयोजनों के लिए

उत्तर बंगाल (पुंड्रभुक्ति) में तीन गाँव और कुछ जमीन, जिसका उपयोग पहले कैवर्त्त लोग करते थे, उन्हीं शर्तों पर दान की ।[10] चार वर्ष बाद महीपाल ने फिर उसी भुक्ति में धार्मिक प्रयोजनों के लिए ही प्रशासनिक और राजस्व-विषयक अधिकारों के साथ-साथ किसी ब्राह्मण को एक गाँव दान किया ।[11] संभव है, और भी धार्मिक अनुदान दिए गए हों, लेकिन जितने के विवरण उपलब्ध हैं, उतने से ही स्पष्ट हो जाता है कि बंगाल और बिहार में ब्राह्मण, बौद्ध विहार और शैव मंदिर इस काल में जबरदस्त भूस्वामी वर्ग के रूप में सामने आए । इन्हें विस्तृत आर्थिक सुविधाओं के साथ-साथ काफी प्रशासनिक शक्ति भी प्राप्त थी । परिणामतः एक ओर तो राजा और किसानों के आर्थिक अधिकार कम होते जा रहे थे, और दूसरी ओर राजा के हाथों से प्रशासनिक सत्ता निकलती जा रही थी ।

ध्यान देने योग्य बात है कि पाल दानपत्रों में धार्मिक अनुदानभोगियों को चोरों को सजा देने का भी अधिकार दिया गया है, जब कि मध्य भारत के गुप्त-कालीन भूमि-दानपत्रों में यह अधिकार दाता सामान्यतः अपने हाथों में ही रख लेता था । इसके अलावा ग्रहीताओं को दसों अपराधों के लिए भी दंड देने का अधिकार दिया गया है । ये दस अपराध इस प्रकार बताए गए हैं : जो वस्तु दी नहीं गई हो उसे जबरदस्ती प्राप्त करना; विधि-विरुद्ध हत्या करना; दूसरों की पत्नियों के साथ व्यभिचार करना; किसी से दुर्वचन कहना; असत्य का आचरण करना; किसी भी प्रकार की मिथ्या निंदा करना; असंगत बातें करना; दूसरों की संपत्ति पर आँख गड़ाना; गलत चीजों के बारे में सोचना; और जो सत्य नहीं है, उस पर दुराग्रहपूर्वक आरूढ़ रहना ।[12] इस सूची में परिवार, संपत्ति या व्यक्ति के संबंध में किए जानेवाले प्रायः सभी अपराध आ जाते हैं । हो सकता है, अंतिम चार अपराधों की ओर कोई ध्यान नहीं देता हो, लेकिन इसमें संदेह नहीं कि जब गाँव के अंदर ग्रहीता की जानकारी में दूसरे अपराध किए जाते होंगे तो उनके लिए अपराधी को अवश्य ही दंड दिया जाता होगा । 'दशापराधदंड' का मतलब यह लगाया जाता है कि दसों अपराधों के लिए जुर्माने वसूल किए जाते थे,[13] लेकिन यहाँ दंड शब्द को जुर्माने के अर्थ में न लेकर सजा के अर्थ में ही लेना चाहिए । इसलिए यही मानना ठीक होगा कि भोक्ताओं को इन अपराधों के लिए दोषी लोगों को दंड देने का अधिकार प्राप्त था, और दंड जुर्माना और शारीरिक कष्ट में से कुछ भी हो सकता था । इस प्रकार ग्रहीताओं को दंडविधान और न्याय के प्रशासन का अधिकार देने का चलन 8वीं सदी के मध्य में शुरू होकर पाल साम्राज्य की एक सामान्य विशेषता बन गया । अब मंदिरों और ब्राह्मणों तथा पुजारियों आदि धर्म-कार्य से संबद्ध लोगों के हाथों में राजस्व और प्रशासन-संबंधी ऐसे अधिकार आ गए जिनका उपभोग उन्होंने बिहार और बंगाल में इससे पूर्व कभी नहीं किया था ।

इस काल में प्रतीहार राजाओं ने उत्तरी भारत में ब्राह्मणों को बहुत-से गाँव दिए, जिससे उनकी शक्ति बढ़ी । 836 में प्रथम भोजदेव ने कान्यकुब्ज भुक्ति के

कालंजर मंडल में एक पुराना अग्रहार फिर से दान किया। मूलतः यह अनुदान एक सामंत-राजा ने द्वितीय नागभट की अनुमति से दिया था, लेकिन रामभद्र के राज्य-काल में स्थानीय अधिकारी की अक्षमता के कारण वह अग्रहार समाप्त हो गया था। इसलिए भोज ने पुराने ब्राह्मण परिवार को वह गाँव पुनः प्रदान किया; उस पर केवल इतना प्रतिबंध लगाया कि जो कुछ पहले ही देवताओं और ब्राह्मणों को दान दिया जा चुका है, उसका उपभोग वह नहीं कर सकता है।[14] भोजदेव ने ही गुर्ज्जरत्तराभूमि में इसी प्रकार एक और पुराने अग्रहार के अनुदान को फिर से चालू किया। यह अनुदान उसके प्रपितामह के समय में निष्प्रभाव हो गया था, किंतु भोज ने ग्रहीता के पौत्र को उसे पुनः दान किया।[15] इन दोनों उदाहरणों से प्रकट होता है कि एक बार जब अनुदान दे दिए जाते थे तो उन पर सिद्धांततः और व्यवहारतः ग्रहीताओं का वंशानुगत अधिकार कायम हो जाता था और मूलतः दान देनेवाले राजा के उत्तराधिकारियों के लिए उन अनुदानों को बनाए रखना आवश्यक होता था—तब भी जब कि ऐसे अनुदान सामंत राजाओं द्वारा दिए जाते थे। भोज के पुत्र और उत्तराधिकारी महेंद्रपाल ने छपरा जिले में, जो उन दिनों श्रावस्ती भुक्ति में पड़ता था, एक ब्राह्मण को पूरी आय के साथ एक गाँव दान किया।[16] 931 में महीपाल ने भी बनारस में एक गाँव एक ब्राह्मण को इन्हीं शर्तों के साथ दान किया।[17] द्वितीय महीपाल ने ग्वालियर में एक मंदिर को एक गाँव लगभग इन्ही शर्तों पर दान किया; अंतर केवल इतना था कि यह गोचर भूमि के साथ-साथ दान किया गया।[18]

प्रतीहार राजाओं द्वारा प्रत्यक्ष रूप से दान किए गए गाँवों के संदर्भ में कृषि और प्रशासन-संबंधी उन विभिन्न अधिकारों का स्पष्ट उल्लेख नहीं मिलता जो पाल-अनुदानपत्रों में ग्रहीताओं को हस्तांतरित कर दिए गए हैं। प्रतीहार अनुदानपत्रों में केवल संबंधित गाँवों से होनेवाली आय ही ग्रहीताओं को सौंपी गई है; और पालों के अनुदानपत्रों की तरह इनमें भी ग्रामवासियों को ग्रहीताओं की आज्ञा मानने और उन्हें सभी कर व शुल्क देने का आदेश दिया गया है। प्रतीहार राजाओं ने उपर्युक्त अनुदान धार्मिक कारणों से दिए; किंतु उनका मंशा चाहे जो रहा हो, इसमें कोई संदेह नहीं कि उनके परिणामस्वरूप राजा और काश्तकारों के बीच एक भूमिधर वर्ग का उदय हुआ।

ऐसा प्रतीत होता है कि प्रतीहारों के सामंतों के राज्यों में यह प्रक्रिया और भी प्रबल रूप में विद्यमान थी। काठियावाड़ के चालुक्य सामंत प्रथम अवनिवर्मन के बेटे बलवर्मन ने 893 में तरुणादित्यदेव के मंदिर को एक गाँव दान किया। उसने भोक्ता को दसों अपराधों के लिए दोषी लोगों को दंड देने, लोगों से कर लेने, वृक्षों से होनेवाली आय का उपभोग करने तथा कुछ अन्य अधिकार भी, जो स्पष्ट नहीं हैं, प्रदान करते हुए सरकारी अधिकारियों और प्रतिनिधियों को निर्देश दिया है कि वे उसमें प्रवेश न करें।[19] उसी वंश के एक दूसरे चालुक्य सामंत द्वितीय अवनिवर्मन

ने राज्याधिकारी धिइक की अनुमति से उसी देवता के नाम उन्हीं शर्तों पर एक अन्य गाँव दान किया।[20] 914 में पूर्वी काठियावाड़ के एक चाप सामंत धरणीवराह ने एक शिक्षक को, जिन शर्तों पर उक्त चालुक्य सामंत ने ग्राम-अनुदान दिया था, उन्हीं शर्तों पर पुरस्कारस्वरूप एक गाँव दान किया।[21] 946 में एक चाहमान सामंत के अनुरोध पर उज्जैन के शासक माधव ने सूर्य-मंदिर को एक गाँव दिया।[22] इस अनुदान की शर्तें उपर्युक्त अनुदानों की शर्तों से कुछ भिन्न थीं, क्योंकि इसमें ग्रहीता को अनुदत्त क्षेत्र की लकड़ी और जलाशयों से होनेवाली आय के उपभोग तथा स्कंधक, मार्ग्गणक आदि नए कर वसूल करने के अधिकार प्रदान किए गए हैं;[23] वैसे ये कर किस प्रकार के थे, यह बात स्पष्ट नहीं है। और अंत में हम 959 ईस्वी में अलवर में प्रतीहारों के एक गुर्जर सामंत द्वारा दिए गए अनुदान का उल्लेख कर सकते हैं। उसने एक मठ के गुरु और एक के बाद एक जो लोग उसके शिष्य होते उनके नाम एक गाँव दान किया।[24] उपर्युक्त उदाहरणों से प्रकट होता है कि धार्मिक अनुदान देने की प्रथा प्रतीहार राजाओं द्वारा प्रत्यक्ष रूप से शासित क्षेत्रों में उतनी मजबूत नहीं थी जितनी उनके अधीनस्थ सामंत राजाओं के इलाकों में थी। ग्रहीताओं को न केवल गाँवों में कानून और व्यवस्था बनाए रखने का दायित्व सौंपा जाता था, बल्कि विभिन्न कर वसूल करने का अधिकार भी दिया जाता था। इस सबके लिए ग्रहीताओं को अपने अधीन कुछ कर्मचारी भी रखने ही पड़ते होंगे। इस प्रकार गुजरात और राजस्थान के कुछ हिस्सों में भूमिधर धार्मिक अनुदानभोगियों का एक ऐसा मध्यस्थ वर्ग खड़ा हो गया जिसे आंतरिक शांति-सुव्यवस्था बनाए रखने और राजस्व वसूल करने का व्यापक अधिकार प्राप्त था।

ऐसा लगता है कि पालों और प्रतीहारों की तुलना में राष्ट्रकूट राजाओं ने ब्राह्मणों और मंदिरों को अधिक गाँव दान किए। इसके प्रमाण हमें उनके शासनकाल के आरंभ से ही मिलते हैं। 753-54 में दंतिदुर्ग ने कोल्हापुर के इलाके में एक ब्राह्मण को एक बसा-बसाया गाँव दान किया। उसने उसे भूमि-कर, अधिकारियों को यदा-कदा दिए जानेवाले शुल्क आदि तमाम प्रचलित कर वसूल करने और दशापराधदंड के अधिकार प्रदान किए थे।[25] 806-7 में तृतीय गोविंद ने नासिक के इलाके में एक ब्राह्मण को उपर्युक्त अधिकारों के साथ एक गाँव दान में देते हुए उनमें चाटों और भटों का प्रवेश भी वर्जित कर दिया।[26] 794 के पैठन प्लेटों में भी इन सभी अधिकारों का उल्लेख है,[27] और नासिक जिले में ताम्रपट पर जो अनुदान दिया गया है, उसमें भी इन्हें दुहराया गया है।[28] 871 में अमोघवर्ष ने कुछ ब्राह्मणों को एक गाँव इन्हीं अधिकारों के साथ दान किया।[29] इस प्रकार तृतीय गोविंद के समय से धार्मिक ग्रहीताओं को पहले से भी अधिक अधिकारों के साथ अनुदान देने का जो सिलसिला शुरू हुआ वह लगभग एक सदी तक चलता रहा। किंतु, पंचम गोविंद के 933-34 के एक अनुदानपत्र में ग्रहीता को बेगार का

अधिकार नहीं दिया गया है और न दान किए गए गाँवों में सरकारी अमलों का प्रवेश ही वर्जित किया गया है।[30] 972-73 में तृतीय अमोघवर्ष ने इन्हीं शर्तों पर खानदेश के इलाके में एक गाँव दान किया;[31] किंतु उस गाँव में नियमित एवं अस्थायी सैनिकों का प्रवेश निषिद्ध नहीं किया गया। यद्यपि अनुदानपत्रों की शर्तों में अंतर होते रहे, किंतु राष्ट्रकूट राज्य में ब्राह्मणों और पुरोहितों को अनुदान में गाँव देने की प्रथा दो सदियों से अधिक काल तक चलती रही। राष्ट्रकूटों के सभी ताम्रपत्र नहीं मिले हैं, लेकिन जितने मिले हैं वे कम नहीं हैं। तृतीय इंद्र ने अपने राज्यारोहण के अवसर पर 400 गाँव, जिन्हें उसके पूर्ववर्ती शासकों ने ग्रहीताओं से वापस ले लिया था, फिर से दान किए।[32] चतुर्थ गोविंद के कैंबे प्लेटों से ज्ञात होता है कि अपने सिंहासनारोहण के समय उसने 600 गाँव ब्राह्मणों को धार्मिक एवं शैक्षणिक प्रयोजनों से दान किए और 800 गाँव मंदिरों को दान किए।[33] इस प्रकार सिर्फ इन्हीं दो राजाओं ने कुल 1,800 गाँव धार्मिक ग्रहीताओं को दिए। इन अंकों की प्रामाणिकता में संदेह करने का कोई कारण नहीं है, क्योंकि भूमि-अनुदान देने का चलन बहुत जोरों पर था। आश्चर्य नहीं कि अनुदान में दिए गाँवों की संख्या, जितनी हमें मालूम है, उससे बहुत ज्यादा ही रही हो।

राष्ट्रकूट राजाओं के मंडलेश्वरों और सामंतों ने भी धार्मिक अनुदान दिए। 821 में राष्ट्रकूटों की ही गुजरात शाखा के कर्क्कराज सुवर्णवर्ष ने धार्मिक शिक्षकों को एक क्षेत्र सदा के लिए दान कर दिया। उसमें नियमित और अनियमित सिपाहियों तथा राज-कर्मचारियों का प्रवेश वर्जित था।[34] 863 में उसी घराने के तृतीय ध्रुव ने एक ब्राह्मण को ऐसी ही शर्तों के साथ एक गाँव दान किया। भोक्ता को दसों अपराधों के लिए दोषी लोगों को दंडित करने तथा बेगार लेने का भी अधिकार दिया गया था।[35] इन सामंत राजाओं ने अपने प्रभु की अनुमति के बिना ही अनुदान दिए; लेकिन अमोघवर्ष के शासन-काल में बनवासी के शासक बंकेय ने अपने प्रभु अमोघवर्ष को इस बात के लिए राजी किया कि वह एक जैन मंदिर को एक गाँव और कई क्षेत्र दान में दे।[36] कुल मिलाकर, राष्ट्रकूटों और उनके सामंतों ने विद्वान ब्राह्मणों को काफी गाँव देकर[37] ग्रामीण क्षेत्रों में उनकी सत्ता को मजबूत किया।

गाँव सदा के लिए दान किए जाते थे और उन अनुदानों को कायम रखना दाताओं के उत्तराधिकारियों का कर्तव्य होता था। कुछ अनुदान तो दाता-परिवारों के पतन के बाद भी कायम रहे। उदाहरण के लिए, द्वितीय इंद्र ने गुजरात घराने के प्रथम और द्वितीय ध्रुव द्वारा दान किया गया त्रेणा नामक गाँव ग्रहीताओं के उत्तराधिकारियों को पुनः दान किया। ग्रहीताओं के उत्तराधिकारियों को यह गाँव फिर से प्राप्त करने की चिंता इसलिए थी कि अब दक्षिण गुजरात में दाता के परिवार की सत्ता समाप्त हो गई थी।[38] फिर, जैसा कि हम पहले देख चुके हैं, तृतीय इंद्र ने पहले के राजाओं द्वारा जब्त किए गए 400 गाँव संबंधित ग्रहीताओं को पुनः वापस

कर दिए।

प्रतीहारों ने तो नहीं, लेकिन पालों और राष्ट्रकूटों ने ग्रहीताओं को प्रशासनिक अधिकार भी बहुत स्पष्ट शब्दों में प्रदान किए, और विशेषकर राष्ट्रकूटों ने उन्हें दंड और प्रशासन के अधिक अधिकार दिए। कुछ पाल अनुदानों में दान किए गाँवों में राज्याधिकारियों का प्रवेश वर्जित कर दिया गया है, कुछ में स्थायी और अस्थायी सैनिकों का प्रवेश निषिद्ध है, और कुछ में तो राज-कर्मचारियों और सैनिकों, दोनों के प्रवेश की मनाही कर दी गई है। उनमें ग्रहीताओं को दसों अपराधों के लिए दोषी लोगों को दंड देने का अधिकार भी दिया गया है। लेकिन, राष्ट्रकूटों के बहुत-से अनुदानों में ये सभी अधिकार और सत्ता एक ही साथ दे दी गई है, यद्यपि उनमें चोरों को दंडित करने का अधिकार साफ-साफ नहीं दिया गया है। मगर जाहिर है कि दसों अपराधों के लिए दंड देने के अधिकार में यह अधिकार भी आ जाता है। कुल मिलाकर ऐसा प्रतीत होता है कि पाल और प्रतीहार राज्यों की तुलना में राष्ट्रकूटों के राज्य में धार्मिक अनुदान-भोगियों की संख्या ज्यादा थी, और उन्हें अधिक प्रशासनिक अधिकार प्राप्त थे।

पुरोहितों को दान देने के इस प्रचलन की तुलना मध्ययुगीन यूरोप में ईसाई संगठनों को दान देने की प्रथा से की जा सकती है। अंतर सिर्फ इतना ही था कि गिरजाघरों की तरह भारत में ब्राह्मण और मंदिर संस्था के रूप में संगठित नहीं थे। किंतु, पूर्व-मध्यकाल में भारत में धर्मेतर अनुदान उतने अधिक नहीं दिए गए जितने कि यूरोप में दिए गए। भूमि-अनुदानों के रूप में वेतन पानेवाले राज्याधिकारियों और सामंतों के उदाहरण बहुत कम मिलते हैं। प्रथम पाल अनुदान (802) से ज्ञात होता है कि उत्तर बंगाल में दशग्रामिक नाम से अभिहित कोई राज्याधिकारी होता था।[39] मनु के अनुसार दशग्रामिक को एक कुल भूमि दी जाती थी।[40] किंतु परवर्ती पाल अभिलेखों में इस अमले का कोई उल्लेख नहीं मिलता। 993 में महीपाल ने ऐसी भूमि, जो किसी समय कैवर्त्तों को उनकी कतिपय सेवाओं के एवज में उनके निर्वाह के लिए दी गई थी, वापस ले ली।[41] यह धर्मेतर अनुदान जान पड़ता है। पालों के भूमि-अनुदानपत्रों में उल्लिखित राजपुत्र, राणक, राजराजनक, महासामंत, महासामंताधिपति आदि, शायद, ऐसे सामंत थे जिनमें से अधिकांश का संबंध भूमि से ही था। इनमें से कुछ को पराजित करके अपने-अपने क्षेत्रों में पुनः प्रतिष्ठित कर दिया गया था और कुछ को शायद सैनिक सेवा के बदले भूमि-अनुदान दिए गए थे। वैसे, अपने प्रभु की सैनिक सेवा दोनों तरह के सामंतों को करनी पड़ती थी।

प्रतीहारों के अभिलेखों में धर्मेतर अनुदानों के कोई अधिक उदाहरण नहीं मिलते। 890 में प्रथम भोज ने गोरखपुर में गुणांभोधि या प्रथम गुणसागर नामक कलचुरि सरदार को अनुदान-स्वरूप भूमि दी, क्योंकि उसने गौड़ की श्री का अपहरण करके अपने प्रभु की बहुमूल्य सेवा की थी।[42] द्वितीय महेंद्रपाल विदग्ध के

शासन-काल में एक उच्च राज्याधिकारी ने दो भूमि-अनुदानपत्रों पर हस्ताक्षर किए हैं।[43] ऐसा लगता है कि उसे अनुदान-स्वरूप एक गाँव मिला हुआ था;[44] और दाता शायद प्रतीहार राजा था। प्रतीहारों के एक गुर्जर सामंत द्वारा दिए गए अनुदान से पता चलता है कि उसे धर्मेतर अनुदान मिला हुआ था; क्योंकि उसने अपने अधीनस्थ क्षेत्र को 'स्वभोगावाप्त वंशपोतक भोग' कहा है।[45] इससे प्रकट होता है कि शासक-कुटुंब का सदस्य होने के नाते[46] उसके प्रतीहार प्रभु ने उसे व्यक्तिगत उपभोग के लिए वंशपोतक क्षेत्र दे रखा था। उसके अनुदानपत्र से स्पष्ट है कि ग्रहीता को गुर्ज्जरत्तराभूमि में पड़नेवाले उस क्षेत्र के प्रशासन का भी दायित्व दे दिया गया था।[47]

राष्ट्रकूटों के अनुदानपत्रों में राज्याधिकारियों और सामंतों को गाँव देने का स्पष्ट प्रमाण कहीं नहीं मिलता; लेकिन उनकी राज्य-व्यवस्था का विशद अध्ययन करने के बाद अलतेकर ऐसा मानते हैं कि बहुत-से राज्याधिकारियों को वेतन के रूप में 'लगान-मुक्त' भूमि मिली हुई थी।[48] यहाँ हम 'लगान-मुक्त' के बजाय 'राजस्व-मुक्त' कहें तो अच्छा रहेगा; क्योंकि लगान तो रैयत द्वारा अपने भूस्वामियों को दिया जाता है। अलतेकर यह भी बताते हैं कि कभी-कभी राज्याधिकारियों को नकद और जिंस दोनों रूपों में वेतन दिया जाता था।[49] जो भी हो, जहाँ तक राजस्व-व्यवस्था का संबंध है, राष्ट्रकूट साम्राज्य मुख्यतः दस-दस अथवा दस के बहुगुण-संख्यक गाँवों में, जैसे बीस-बीस, तीस-तीस या चालीस-चालीस गाँवों के समूहों में विभक्त था।[50] धर्मशास्त्र के अनुसार ऐसे एकांशों के प्रधान अधिकारियों को भूमि-अनुदानों के रूप में वेतन दिया जाना चाहिए।[51] ऐसा प्रतीत होता है कि राष्ट्रकूट राजा इस प्रणाली का अनुसरण विशेषतया जिलों और गाँवों के प्रधानों को वेतन देने में करते थे। इस प्रकार, एक जाली गंग अभिलेख में देश-ग्रामकूट-क्षेत्र अथवा जिला-प्रधान के राजस्व-मुक्त खेत का उल्लेख दो बार आया है।[52] स्पष्ट है कि ग्राम-प्रधान को भी, जिसे राष्ट्रकूट साम्राज्य में ग्रामकूट कहा जाता था, इसी रूप में वेतन दिया जाता था। यह बात निश्चित है कि दक्षिणी महाराष्ट्र में ग्राम-प्रधान को राजस्व-मुक्त भूमि मिलती थी। सौंदत्ति के रट्टों के एक अभिलेख से ज्ञात होता है कि कडोल के गवुंड (ग्राम-प्रधान) ने उस इलाके के प्रधानों के राजस्व-मुक्त क्षेत्रों के बीच स्थित अपनी 200 मत्तर राजस्व-मुक्त कृषि-भूमि (किसी को) दी।[53] पर यदि राजस्व-अधिकारी अपने अधिकार-क्षेत्र में स्थित भूमि के उस हिस्से को छोड़कर, जो उसे वेतन में मिला हो अथवा जिसका राजस्व उसे वेतनस्वरूप सौंप दिया गया हो, शेष कोई भी हिस्सा किसी को देना चाहता, तो उसे अपने स्वामी से पूछना पड़ता था।

गुजरात के राष्ट्रकूटों के राज्य में राजस्व-एकांश दशमिक और द्वादशांमिक दोनों प्रणालियों के अनुसार संगठित थे। राजपूत इलाके में 12 गाँवों के अनुदान की चर्चा है;[54] और 84 गाँव के एकांश का भी अस्तित्व मिलता है। यह एकांश 750

गाँवों के एक समूह का हिस्सा था, और विचित्र बात यह है कि ये गाँव दस-दस गाँवों के एकांशों में विभक्त थे।[55] गुजरात के राष्ट्रकूटों के साम्राज्य में दिए गए एक अनुदान में 84 गाँवों के एकांश का उल्लेख है।[56] राष्ट्रकूटों के साम्राज्य में गुजरात से बाहर भी 12 या 12 के बहुगुण-संख्यक गाँवों के एकांश थे। प्रथम अमोघवर्ष के संजान अभिलेख-पटों में 24 गाँवों के समूह का उल्लेख है,[57] और तृतीय गोविंद के शासन-काल में प्रतिष्ठान भुक्ति में बारह-बारह गाँवों के कई समूह थे।[58] तृतीय अमोघवर्ष के शासन-काल में भी 12 गाँवों के एक एकांश का उल्लेख मिलता है।[59] स्पष्ट ही, ये सब क्षेत्रीय इकाइयाँ राजस्व वसूल करने के लिए संगठित की गई थीं। चाहमानों की शासन-व्यवस्था से हम अनुमान लगा सकते हैं कि राष्ट्रकूटों के अधीन ये एकांश सामंतो या राज्याधिकारियों को जागीर के तौर पर दिए जाते थे, और वे इन एकांशों का प्रशासन चलाते थे।

राष्ट्रकूटों के साम्राज्य में सैनिक सेवा के एवज में भूमि-अनुदान देने के भी कुछ प्रमाण मिलते हैं। कभी-कभी पल्लव राजा अपने सेनानायक के विजय-अभियानों की स्मृति को स्थायी बनाने के लिए गाँवों के नाम उसके नाम पर रख देते थे और उन्हें अनुदान में ब्राह्मणों को देते थे।[60] लेकिन, राष्ट्रकूट सेनापतियों की वीरता को शायद उपभोगार्थ गाँव देकर पुरस्कृत किया जाता था।[61] शिलाहारों की सेवा करनेवाले ग्रामभोक्तृ गाँवों का उपभोग करनेवाले ऐसे ही सैनिक अधिकारी जान पड़ते हैं। अलतेकर के अनुसार राष्ट्रकूट अभिलेख में उल्लिखित ग्रामपति पुरस्कार में प्राप्त गाँवों के स्वामी थे।[62] चूँकि महाराष्ट्र में ग्राम-प्रधान को ग्रामकूट कहा जाता था और वह ग्रामपति से भिन्न व्यक्ति था,[63] इसलिए संभव है कि ग्रामपति सैनिक अधिकारी ही रहा हो। अगर हम सौदागर सुलेमान के विवरण पर भरोसा करें तो मानना होगा कि उस समय के राजा अपने सैनिकों को नियमित वेतन नहीं देते थे। सुलेमान कहता है कि "भारत के राजाओं के सैनिकों की संख्या बहुत बड़ी होती है, लेकिन वे उन्हें वेतन नहीं देते। राजा धर्म-युद्ध की स्थिति उत्पन्न होने पर ही उन्हें एकत्र करता है। राजा के आह्वान पर वे अपने-अपने स्थानों से आकर एक जगह एकत्र होते हैं और राजा से कुछ भी प्राप्त किए बिना अपना निर्वाह करते हैं।"[64] सुलेमान का यह कथन सामंतों द्वारा राजा के लिए जुटाई गई सेना पर ही लागू होता है। उसने यह भी लिखा है कि अरबों की तरह (लेकिन अधिकांश भारतीय राजाओं से भिन्न) राष्ट्रकूट राजा अपने सैनिकों को नियमित वेतन देता था।[65] लेकिन, यह बात स्पष्ट नहीं है कि इन सैनिकों को वेतन नकद दिया जाता था अथवा भूमि-अनुदानों के रूप में। अलतेकर का कहना है कि सैनिकों के परिवारों के निर्वाह के लिए उन्हें जोतने-बोने के लिए जमीन दी जाती थी।[66] जो भी हो, सुलेमान के उक्त कथन का संबंध शायद राष्ट्रकूट राजाओं की नियमित सेना से ही है। लेकिन, सामंतों द्वारा जुटाए गए सैनिकों की संख्या राजा के नियमित सैनिकों से कदाचित् अधिक थी।

कतिपय अधिकारियों को वेतन के बदले कुछ खास कर भी सौंप दिए जाते थे। राष्ट्रकूट-काल में खाद्य पदार्थों, साग-सब्जियों आदि पर जिस के रूप में लगाए कर स्थानीय अधिकारियों के वेतन में शामिल होते थे।[67] अलतेकर का विचार है कि भोग-कर से, जो उपरिकर के ढंग का ही था, ऐसे सामान्य या अतिरिक्त करों का बोध होता था जो मुफस्सिल क्षेत्रों के राज-कर्मचारियों के उपभोग के लिए थे।[68] भोग-कर हमें ऐसी ही एक अन्य कर-प्रणाली का स्मरण दिलाता है जो आगे चल कर चंदेलों और गाहडवालों के शासन-काल में प्रचलित हुई। यह राजनीतिक व्यवस्था के आंशिक सामंतीकरण का भी आभास देता है, क्योंकि यूरोप की सामंती प्रणाली के अधीन प्रशासन चलानेवाले सामंतकों (बैरनों) को राज्य प्रत्यक्ष रूप से नकद या जिस में वेतन न देकर उन्हें कुछ राजस्व ही सौंप दिया करता था।

सामंतों को अपने राष्ट्रकूट प्रभुओं से बड़े-बड़े इलाके मिलते थे। सैनिक सेवा के लिए लोगों को पुरस्कृत करने के लिए नई-नई जागीरें बनाई जाती थीं। शायद प्रथम अमोघवर्ष ने कर्क्क की निष्ठापूर्ण सेवाओं के पुरस्कारस्वरूप उसे नर्मदा और ताप्ती के बीच का क्षेत्र दे दिया,[69] जो लगभग 862 ईस्वी तक गुजरात के राष्ट्रकूटों के हाथों में रहा,[70] और गुर्जर-प्रतीहारों के खिलाफ सुरक्षा-दुर्ग का काम करता रहा।[71] उधर इन सरदारों ने भी अपने सामंतों को जागीरें दीं। अभिलेखों से ज्ञात होता है कि द्वितीय कर्क्क के अधिकार में 750 गाँवों का एक क्षेत्र था,[72] जिसमें चंद्रगुप्त नामक व्यक्ति महासामंत प्रचंड के दंडनायक के रूप में काम करता था।[73] संभवतः यह ग्राम-समूह प्रचंड को द्वितीय कर्क्क से जागीर के रूप में मिला था,[74] और इसे शायद प्रचंड के पिता धवलप्प ने अपनी बहादुरी और निष्ठा के पुरस्कार के रूप में प्राप्त किया था।[75] प्रकारांतर से यह भी प्रकट होता है कि जागीरें प्राप्त हो जाने पर सामंत अपनी-अपनी जागीरों का प्रशासन स्वयं किया करते थे। राष्ट्रकूटों की गुजरात-शाखा द्वारा जागीर देने का एक और उदाहरण तृतीय गोविंद के शासन-काल में (813 में) मिलता है। महासामंत बुद्धवर्ष को, जो शायद परवर्ती चालुक्य घराने से संबद्ध था, 12 गाँवों के एक समूह पर सामंती अधिकार प्रदान किया गया।[76] इसी प्रकार शायद दक्षिण महाराष्ट्र में सौंदत्ति के रट्टों ने भी, जो पहले राष्ट्रकूटों के सामंत थे और बाद में परवर्ती चालुक्यों के सामंत हो गए, अपने उपसामंत बनाए थे, क्योंकि उन्हें देसकारों का प्रभु[77] कहा गया है। अतः अनेक शक्तिशाली सामंत अपने प्रभु के हस्तक्षेप से सर्वथा मुक्त रहकर अपने उपसामंत बनाया करते थे। लेकिन, क्षेत्रीय शासक या छोटे-छोटे सामंत या तो राजा से अनुरोध-आग्रह करके अनुदान में गाँव दिलाते थे या उससे अनुमति लेकर स्वयं ग्राम-अनुदान देते थे। बनवासी के शासक बंकेय के निवेदन पर प्रथम अमोघवर्ष ने एक जैन मंदिर को एक गाँव दान दिया।[78] इसी प्रकार तृतीय गोविंद की अनुमति लेकर एक चालुक्य सामंत ने एक जैन मुनि को गाँव दिया।[79] इसी तरह, ध्रुव के सामंत शंकरगण ने एक गाँव दान करने के लिए उसकी अनुमति

ली ।[80] किंतु, बड़े और छोटे सामंतों में अंतर चाहे जो रहा हो, राष्ट्रकूटों के साम्राज्य में उपसामंत बनाने की प्रवृत्ति बहुत व्यापक थी ।

प्रतीहार शासन-प्रणाली एक बात में पालों की शासन-प्रणाली से भिन्न थी । वह यह कि प्रतीहारों की प्रणाली उपसामंतीकरण की सुविधा प्रदान करती थी । विचाराधीन काल में हमें पालों के राज्य में उपसामंतीकरण का कोई स्पष्ट उदाहरण नहीं मिलता । धर्मपाल के महासामंताधिपति नारायणवर्मन ने अपने प्रभु से एक मंदिर को अनुदान में चार गाँव दिला दिए,[81] परंतु वह स्वयं ऐसा अनुदान नहीं दे सकता था । यह संभव है कि पाल राजाओं से जिन ब्राह्मणों, बौद्ध विहारों और मंदिरों को अनुदान में गाँव मिले उन्होंने इस प्रकार की संपत्ति की व्यवस्था के लिए अपने राजस्व या भूमि के कुछ अंश अपने उपसामंतों को प्रदान कर दिए हों, किंतु इस अनुमान को सिद्ध करने के लिए हमारे पास कोई प्रमाण नहीं है । परंतु प्रतीहारों के साम्राज्य में उपसामंतीकरण के कई उदाहरण मिलते हैं । वत्सराज के शासन-काल में एक दाता ने गुर्ज्जरत्तराभूमि में अनुदान में प्राप्त अपनी भूमि का छठा हिस्सा एक अनुदानपत्र के द्वारा भट्ट विष्णु को दान कर दिया ।[82] इससे प्रकट होता है कि धार्मिक अनुदान पानेवाले लोग या संस्थाएँ अपने अधीनस्थ गाँव धर्म-कार्य के लिए बेरोक-टोक दान कर सकती थीं । जहाँ तक सामंत राजाओं का संबंध है, कुछ राजा की अनुमति से अनुदान देते थे और कुछ स्वतंत्र रूप से । चालुक्य सामंत राजा बलवर्मा ने काठियावाड़ में तरुणादित्य के मंदिर को बिना अपने प्रभु से पूछे एक गाँव दान किया, किंतु उसी घराने के द्वितीय अवंतिवर्मन (898) ने उसी मंदिर को एक गाँव दान करने के लिए प्रतीहार राजा के अमले से अनुमति ली ।[83] दोनों ने ग्रहीता को अनुदत्त गाँवों का उपभोग स्वयं करने अथवा दूसरे से कराने और उसकी भूमि को स्वयं जोतने-बोने या दूसरों से जुतवाने-बुवाने के अधिकार प्रदान किए थे ।[84] इससे उपसामंतीकरण की गुंजाइश और भी बढ़ गई । परिणामतः अब उस सामंती भूखंड में चार प्रकार के श्रेणीबद्ध सामंत बन गए थे । उपसामंतीकरण का दूसरा उदाहरण 959 में अलवर क्षेत्र में एक गुर्जर सामंत राजा के अधीन मिलता है । शासक-वंश के एक निकट दायाद सामंत मथनदेव ने किसी की अनुमति लिए बिना अपनी जागीर से एक गाँव मठ के गुरु और उसके शिष्यों को दिया ।[85] इस अनुदान में ग्रहीता को "कुर्वतः कारयतोवा"[86] का अधिकार दिया गया था । इसका मतलब यह हुआ कि गाँव पर उसका निर्बाध अधिकार हो गया और वह राजस्व वसूल करने अथवा खेती कराने की जिम्मेवारी किसी को भी दे सकता था । इसी कोटि में पूर्वी काठियावाड़ के एक चाप सामंत द्वारा 914 में दिया गया अनुदान आता है । उसने अपने प्रभु से अनुमति लिए बिना एक शिक्षक को एक गाँव अनुदान में दिया और साथ ही ग्रहीता को यह अधिकार भी दिया कि यदि वह चाहे तो संपत्ति को फिर से किसी को दान कर सकता है ।[87] इस सामंत को यह क्षेत्र प्रतीहार-राज के चरणों की कृपा से प्राप्त हुआ था ।[88] अब इससे

भिन्न प्रकार के अनुदान का उदाहरण सामने आता है। प्रतीहार साम्राज्य के एक उच्चाधिकारी माधव ने, जो उज्जैन का शासक था, चाहमान सामंत इंद्रराज के कहने पर इंद्रराज द्वारा निर्मित एक मंदिर को अनुदान दिया।[89] भूमि-अनुदानपत्र पर माधव ने विदग्ध नामक एक अन्य राज्याधिकारी के साथ हस्ताक्षर किया,[90] जिससे प्रकट होता है कि प्रतीहार साम्राज्य में प्रांतों के शासक भी राजकीय अनुमति के बिना अनुदान नहीं दे सकते थे। इसकी तुलना हम उत्तर बंगाल में महासामंताधिपति नारायणवर्मा के अनुरोध पर धर्मपाल द्वारा दिए गए अनुदान से कर सकते हैं। ऊपर के उदाहरणों से स्पष्ट है कि उपसामंतीकरण की प्रवृत्ति केवल सामंत राजाओं के अधीनस्थ क्षेत्रों में ही नहीं, बल्कि जो क्षेत्र प्रतीहारों के प्रत्यक्ष शासन में थे, उनमें भी मौजूद थी। हाँ, यह अवश्य है कि सामंत क्षेत्रों में यह प्रवृत्ति ज्यादा जोर पर थी।

राष्ट्रकूट शासन-प्रणाली में धार्मिक अनुदान प्राप्त करनेवाले ग्रहीता उपसामंत बना सकते थे और अनुदत्त संपत्ति फिर से दूसरों को दे सकते थे। ग्रहीताओं को गाँव इस अधिकार के साथ दिए जाते थे कि वे चाहें तो उनका उपभोग स्वयं करें अथवा तदर्थ किसी को दे दें और भूमि की जुताई-बुवाई खुद करें अथवा तदर्थ दूसरों को दे दें।[91] प्रतीहारों के बहुत थोड़े-से अनुदानपत्रों में यह महत्त्वपूर्ण रियायत दी गई है और सो भी केवल गुजरात और राजस्थान में ही। पालों के अनुदानपत्रों में तो इसका उल्लेख कहीं भी नहीं हुआ। किंतु, ऐसा जान पड़ता है कि राष्ट्रकूटों के अधीन महाराष्ट्र, दक्षिणी गुजरात तथा कर्नाटक में ग्रहीताओं को यह रियायत देने का आम चलन था। राष्ट्रकूट अनुदानों की एक धारा के कारण यह रियायत और भी पुख्ता हो जाती थी। उस धारा में राज्याधिकारियों को आदेश दिया गया है कि ग्रहीता प्राप्त गाँव का उपभोग चाहे स्वयं करे या तदर्थ दूसरों को दे दे; अनुदत्त भूमि में खुद खेती करे या अन्य लोगों को जोतने-बोने के लिए दे दे। वे न ग्रहीता की प्रवृत्तियों में कोई बाधा डालें और न उससे गाँव अथवा खेती की जमीन पानेवाले अन्य लोगों के कार्य-कलाप में।[92] इस प्रकार ग्रहीताओं के लिए अपने उपसामंत बनाने की पर्याप्त गुंजाइश रह जाती थी। जाहिर है कि इन ग्रहीताओं के पट्टेदार, अर्थात् उपसामंत मुख्यतः ऐसे लोग होते होंगे जो पुरोहित नहीं थे और जिन मंदिरों और ब्राह्मणों को अधिक गाँव मिले थे उनका काम तो ऐसे गृहस्थ पट्टेदारों और किसानों के बिना नहीं ही चल पाता होगा। धार्मिक ग्रहीताओं द्वारा उपसामंत बनाने के लिखित प्रमाण नहीं मिलते, क्योंकि उपसामंतों को जमीन देते समय हस्तांतरण का दस्तावेज ताम्रपटों पर तैयार कराना मुश्किल था। लेकिन, इसमें संदेह नहीं कि ग्रहीता लोग इस महत्त्वपूर्ण अधिकार का उपयोग करते थे।

पाल अनुदानपत्रों में दो दर्जन भिन्न-भिन्न श्रेणियों के ऐसे अधिकारियों का उल्लेख हुआ है, जिन्हें अनुदान की सूचना देनी पड़ती थी।[93] शायद किसी-न-किसी प्रकार से इनका संबंध राजस्व-व्यवस्था से था। पालों के राज्य में

विभिन्न श्रेणियों के कितने अधिकारी थे, इसका अनुमान लगा पाना तो असंभव है, किंतु 'अशेषराजपुरुषान्'[94] शब्द से प्रकट होता है कि उनकी संख्या खासी बड़ी रही होगी। ऐसा प्रतीत होता है कि पाल साम्राज्य के बंगाल और बिहार में पड़नेवाले क्षेत्रों में से अधिकांश का प्रशासन स्थायी राज्याधिकारी चलाते थे, जो साम्राज्य के विभिन्न हिस्सों में लोगों को केंद्रीय सत्ता के रोब का एहसास कराते रहते थे। प्रतीहार साम्राज्य में स्थिति इससे बिलकुल भिन्न थी। प्रतीहार राजाओं द्वारा दिए गए अनुदानों में जिस एकमात्र अधिकारी का उल्लेख हुआ है, वह है नियुक्त।[95] चूँकि उनके पास राज-कर्मचारी कम थे, इसलिए उनका शासन शायद उनके सामंतों के हाथों में था, जिन पर वे अपना पूरा नियंत्रण रखते थे। बहुधा उनके महासामतों को भूमि-अनुदान देने के लिए उनसे अनुमति लेनी पड़ती थी। विचित्र बात यह है कि हमें जितने अधिकारी उनके द्वारा प्रत्यक्ष रूप से शासित प्रदेशों में देखने को मिलते हैं, उससे कहीं अधिक हम उनके सामंतों के अधीनस्थ प्रदेशों में देखते हैं, लेकिन यहाँ भी हमें कुल मिलाकर लगभग सिर्फ छः प्रकार के अधिकारी देखने को मिलते हैं, जब कि पाल भूमि-अनुदानपत्रों में दो दर्जन से भी अधिक प्रकार के अधिकारियों का उल्लेख मिलता है। इससे यह निष्कर्ष निकाला जा सकता है कि प्रतीहार सामंत अपने अधीनस्थ प्रदेश के शासन के लिए अपने-अपने उपसामंत पर निर्भर करते थे। इस प्रकार न तो प्रतीहार राजा और न उनके अधीनस्थ सामंत राजा ही प्रशासन-तंत्र का अधिक विकास कर पाए, और फलतः प्रतीहार साम्राज्य के अधिकांश भाग का प्रशासन शायद सामंत लोग चलाते रहे।

राष्ट्रकूटों का शासन-तंत्र प्रतीहारों के शासन-तंत्र से कुछ अधिक विस्तृत था। 753-54 के एक अनुदानपत्र में केवल तीन अधिकारियों का उल्लेख हुआ है—विषयपति, राष्ट्रपति और ग्रामकूट।[96] मध्य प्रदेश के चाँदा जिले में प्राप्त प्रथम कृष्ण के एक भूमि-अनुदानपत्र (772) में उक्त अधिकारियों में से पहले दो और एक तीसरे, अर्थात् भोगपति, का ही उल्लेख आया है।[97] लेकिन, 794 के एक अनुदानपत्र में दो नए अधिकारियों, आयुक्त और नियुक्तक,[98] का उल्लेख हुआ है, जो बाद के प्रायः सभी अनुदानपत्रों में मिलते हैं।[99] इस प्रकार यहाँ भी हमें कुल मिलाकर केवल पाँच प्रकार के ही नियमित अधिकारी देखने को मिलते हैं। इस पर यह दलील दी जा सकती है कि अन्य अधिकारियों का उल्लेख इसलिए नहीं हुआ है कि अनुदानों से उनका संबंध नहीं था।[100] लेकिन यदि इस दलील को हम पाल अनुदानपत्रों पर लागू करें तब तो यही निष्कर्ष निकालना पड़ेगा कि दो दर्जन अधिकारी भूमि-अनुदानों से संबद्ध थे, किंतु यह बात बुद्धिसंगत नहीं प्रतीत होती। वास्तव में राष्ट्रकूट शासन-प्रणाली में भी बहुत अधिक अधिकारियों की व्यवस्था नहीं थी, क्योंकि प्रतीहारों की तरह राष्ट्रकूट राजा भी अपने अधीनस्थ सामंत-राजाओं और सामंतों के द्वारा ही प्रशासन चलाते थे। राष्ट्रकूट अभिलेखों में पुलिस अधिकारियों के पदनामों के उल्लेख के अभाव से भी यही निष्कर्ष निकलता

है। केवल गुजरात के कक्कर्राज के अत्रोली-चरोली ताम्रपट में "चोरोधरणिको" का उल्लेख हुआ है।[101] यहाँ भी इस दलील में कोई बल नहीं दिखाई देता कि भूमि-अनुदानों में उनके उल्लेख की आवश्यकता नहीं थी।[102] शायद महाराष्ट्र और गुजरात में शांति-सुव्यवस्था की जिम्मेवारी स्थानीय सामंतों पर थी, जिससे राज-कर्मचारी रखने की जरूरत नहीं रह जाती थी।

पाल और प्रतीहार राजाओं के विरुदों से सामंतवादी संबंधों का आभास मिलता है। परवर्ती गुप्त राजाओं और पाल तथा प्रतीहार राजाओं ने परम भट्टारक, परमेश्वर और महाराजाधिराज आदि विरुद धारण किए, किंतु ये उनकी सत्ता में किसी प्रकार की वास्तविक वृद्धि के द्योतक नहीं हैं। इससे यदि कुछ प्रकट होता है तो यही कि वे इन उपाधियों के द्वारा अपने को सर्वोच्च प्रभु जतलाना चाहते थे, और 'भट्टारक', 'ईश्वर' तथा 'राजा' के रूप में छोटे-छोटे नरेश और सामंत उनकी अधीनता स्वीकार करते थे। महादौस्साधसाधनिक, महा-कार्ताकृतिक, महासांधिविग्रहिक[103] आदि पाल राज्याधिकारियों के पदनामों से पूर्व 'महा' शब्द जुड़े होने से प्रकट होता है कि वे भी धीरे-धीरे महासामंत और महाराज-जैसे सामंतों की श्रेणी में आ रहे थे।

प्रतीहारों के साम्राज्य में राज्याधिकारियों के सामंतीकरण की प्रबल प्रवृत्ति पाई जाती है। द्वितीय महेंद्रपाल का बलाधिकृत कोकट्ट परमेश्वर-पादोपजीवी कहलाता था।[104] इसके दो समकालीन, तंत्रपाल तथा महादंडनायक माधव, महासामंत[105] कहलाते थे। फिर, एक नगर का शासक उंडभट महाप्रतीहार के पद पर था, किंतु वह महासामंताधिपति की उपाधि से विभूषित था।[106] स्पष्ट ही इन उपाधियों के साथ कुछ अधिकार और कर्त्तव्य जुड़े रहते होंगे, किंतु हमें उनकी कोई जानकारी नहीं है। फिर भी, इतना स्पष्ट है कि महासामंत का स्थान काफी ऊँचा था और उसकी प्रजा जब धार्मिक प्रयोजनों के लिए स्तंभ खड़े करती थी तो उसके और उसके प्रभु के शासन का उल्लेख करती थी।[107]

राष्ट्रकूटों के साम्राज्य में राज्याधिकारियों को सामंतवादी नाम और रुतबा देने की प्रथा जोर से चल पड़ी थी। ध्रुव का महासांधिविग्रहिक श्री मांदल्ल पंचवाद्यों के प्रयोग के अधिकार से संपन्न सामंत था।[108] प्रांतीय शासकों को महासामंत या महामंडलेश्वर का दर्जा दिया जाता था,[109] और वे अक्सर राजा या रासा (कन्नड़) विरुद धारण किया करते थे।[110] कुछ विषयपति भी सामंत-राजाओं वाली स्थिति का उपभोग करते थे।[111] भुक्तियों या तालुकों के प्रधान अधिकारी भोगिक या भोगपति भी कभी-कभी सामंत-राजाओं वाली उपाधियाँ धारण करते थे।[112] और यही बात बड़े-बड़े नगरों के शासकों के साथ भी थी। कर्नाटक-स्थित सोरतुर का शासक कुप्पे प्रथम अमोघवर्ष का महासामंत था।[113] प्रतीहारों के साम्राज्य में सीयडोणि नगर का शासक भी सामंत था। इसी तरह सैनिक अधिकारियों को भी बड़ी चमक-दमकवाली पोशाकें दी जाती थीं, और उन्हें कुछ ऐसी सुविधाएँ और

अधिकार भी मिले हुए थे जिनका उपभोग सामंत सरदार करते थे। चतुर्थ गोविंद के अधीन विसोत्तर नामक ब्राह्मण दंडनायक को 930 में राजसी वस्त्र और छत्र दिए गए, और हाथियों तथा रथों का उपयोग करने की अनुमति दी गई।[114] इसे हम सामान्य वस्तुस्थिति का एक उदाहरण मान सकते हैं। युवराज को भी सामंती विरुद दिए जाते थे।[115]

उच्च राज-कर्मचारियों के नाम के साथ सामंती उपाधियाँ क्यों मिलती हैं ? या तो सामंतों अथवा महासामंतों को विभिन्न राजपदों पर नियुक्त किया जाता था या राज्याधिकारियों को ही स्वीकृत सामंती ओहदे दिए जाते थे। पहली संभावना कई कारणों से ठीक नहीं प्रतीत होती। पद पुराने थे, जब कि सामंती उपाधियाँ नई थीं। दूसरे, प्रतीहारों के साम्राज्य में कुछ ऐसे राजकर्मचारी थे जिन्हें आरंभ में सामंती उपाधियाँ प्राप्त नहीं थीं। तीसरे, यदि हम प्रथम संभावना को स्वीकार कर लेते हैं तो उसका मतलब यह होगा कि युवराज को भी पहले महासामंत बनाया जाता था और तब उसे युवराज-पद पर अभिषिक्त किया जाता था। यह असंगत निष्कर्ष होगा, क्योंकि प्रायः ज्येष्ठ पुत्र ही जन्मतः युवराज माना जाता था। इसलिए दूसरी संभावना ज्यादा ठीक जान पड़ती है। सामंतीकरण की इस प्रक्रिया ने पूरे समाज को प्रभावित किया और राष्ट्रकूटों के राज्य में सामंत-राजाओं के अतिरिक्त गैरसैनिक और सैनिक दोनों वर्गों के राज्याधिकारियों को कोई-न-कोई सामंती दर्जा प्रदान किया गया। ऐसा लगता है कि जब तक किसी पद को सामंती रुतबा नहीं दिया जाता था तब तक उसका अधिक महत्त्व नहीं होता था।

राज्याधिकारी उत्तरोत्तर सामंती ढाँचे में ढल रहे थे, इसका संकेत इस बात से मिलता है कि राजा और सामंतों तथा राजा और राज्याधिकारियों के संबंधों का वर्णन करने के लिए एक ही तरह की शब्दावली चल पड़ी। यद्यपि कौटिल्य के अर्थशास्त्र में एक स्थल पर 'राजोपजीवी' शब्द का प्रयोग हुआ है,[116] किंतु इस काल के अभिलेखों में राज्याधिकारियों और सामंतों के लिए ऐसे शब्दों का प्रयोग बहुत अधिक होने लगा। गुप्त-काल के परिव्राजक अभिलेख में पादपिंडोपजीवी[117] शब्द का प्रयोग हुआ है, लेकिन अब पाल अभिलेखों तथा अन्य अभिलेखों में भी हम इस तरह के कई शब्दों का प्रयोग तीन राज्यों में होते देखते हैं। उदाहरण के लिए, 'पादपद्मोपजीवी',[118] 'राजपादोपजीवी'[119] 'पादप्रसादोपजीवी',[120] 'परमेश्वरपादोपजीवी''[121]आदि।

कभी-कभी सामंतों के लिए 'भृत्य' और 'संबंधी' शब्दों का भी प्रयोग होता था, जैसा कि हम हरिभद्र सूरि (700-770) की प्राकृत पुस्तक 'समरैच्चकहा'[122] में देखते हैं। इस कृति से ज्ञात होता है कि पराजित सरदार विजेता प्रभु और उसके सामंतों के 'कुटुंबी' बन जाते थे।[123] इस प्रकार, एक ही राजा से संबद्ध दो सामंत, जिनमें से एक शबर था और दूसरा वैश्य, एक-दूसरे के साथ 'संबंधिन्' माने जाते थे। इस शब्द को डॉ. दशरथ शर्मा 'कुटुंबी' के अर्थ में लेते हैं। लेकिन न तो वे एक

ही परिवार के थे और न उनके परिवारों में कोई वैवाहिक संबंध ही था। फिर भी, 'संबंधिन्' शब्द का प्रयोग इसलिए करना पड़ता था कि प्रभु और उसके सामंतों के संबंधों का वर्णन और किसी शब्द से ठीक-ठीक नहीं होता था। एक ही प्रभु के दो सामंतों को परस्पर संबंधी ही बतलाया जाता था। उक्त कृति से ही हमें यह भी ज्ञात होता है कि जब सीमांत क्षेत्र के एक सरदार ने अपने प्रभु के विरुद्ध विद्रोह किया तो उस प्रभु के पुत्र ने अपने लोगों को उसके विरुद्ध बहुत सख्त कार्रवाई न करने की सलाह देते हुए कहा : 'यह विग्रह तो बहुत मामूली सरदार है। लेकिन, वह हमारे पिता को कर दिया करता था। इसलिए वह हमारा संबंधी है और हमें उसके खिलाफ कोई सख्त सैनिक कार्रवाई नहीं करनी चाहिए।'[124] राजकुमार अपने पिता के भृत्य विग्रह को अपना बड़ा भाई मानता था।[125] मतलब यह हुआ कि राजकुमार और वह सामंत दोनों राजा, अर्थात् उस एक ही प्रभु के आश्रित थे। शासकवंश का एक राजकुमार (क्षत्रिय) अपने को शबर सरदार का छोटा भाई मानता है; इससे प्रकट होता है कि सामाजिक संबंध बराबर वंश-परंपरा से ही, जिस पर वर्ण-धर्म आश्रित था, निर्धारित नहीं होते थे; कभी-कभी इन संबंधों के पीछे राजनीतिक तथा सैनिक कारण भी रहा करते थे। धर्मशास्त्रों के अनुसार राजा के आश्रित इस आदिवासी सरदार को अनार्य कहना चाहिए, लेकिन उसे राजा का पुत्र माना गया है।[126] किंतु, पुरालेखों में 'संबंधी' और 'भृत्य' शब्दों का प्रयोग सामंती संबंधों के संदर्भ में नहीं हुआ है। सामंत सरदारों और राज्याधिकारियों का वर्णन साधारणतया राजा के 'पादपद्मोपजीवी' के रूप में ही किया गया है।

सामंतों का मुख्य कर्त्तव्य अपने प्रभु के प्रति निष्ठा रखना और उसकी सैनिक सहायता करना था। निष्ठा व्यक्त करने के लिए वे अपने अनुदानपत्रों में प्रभु के नाम का उल्लेख करते थे, जैसा कि प्रतीहारों के सामंत किया करते थे। चाहमान,[127] चालुक्य,[128] गुहिलोत[129] और कलचुरि सामंत अपने प्रतीहार प्रभुओं को सैनिक सहायता देते थे। देवपाल के समय से पाल राजाओं द्वारा जारी किए गए सभी अनुदानपत्रों में ऐसा वर्णन मिलता है कि उनके जय-स्कंधावारों में उत्तरी भारत के बहुत-से अधीनस्थ नरपति अपनी-अपनी सेनाओं के साथ उनकी सेवा के लिए उपस्थित थे।[130] इसमें अतिरंजना हो सकती है, लेकिन इसमें संदेह नहीं कि पाल प्रभुओं के जय-स्कंधावारों में स्थानीय सरदारों को सेना के साथ हाजिर होना पड़ता था। यह तथ्य तो निर्विवाद है कि 1070 ईस्वी के आसपास कैवर्त्तों का विद्रोह दबाने के लिए पाल राजा ने अपने सामंतों से बहुत बड़े पैमाने पर सैनिक सहायता प्राप्त की थी।

राष्ट्रकूट अभिलेखों से हमें सामंतों के अधिकारों और सुविधाओं तथा कर्त्तव्यों के बारे में कुछ जानकारी मिलती है। सामंतों द्वारा 'पंचमहाशब्द' प्राप्त करना बहुत बड़े सम्मान का विषय माना जाता था। प्रतीहार[131] और राष्ट्रकूट[132] राजाओं ने अपने कुछ सामंतों को यह प्रतिष्ठा-पद प्रदान किया था। निस्संदेह, किसी भी

सामंत के लिए यह सबसे बड़ा सम्मान था, क्योंकि युवराज को भी इससे बड़ा कोई सामंती सम्मान प्राप्त नहीं था। कुछ सामंत-राजाओं ने तो परमभट्टारक-महाराज-परमेश्वर-जैसा गरिमापूर्ण विरुद धारण करने के बाद भी इस उपाधि को नहीं छोड़ा। वैसे, यह उपाधि असम और उड़ीसा में तो प्रचलित थी, किंतु पाल साम्राज्य में नहीं। राष्ट्रकूटों के अधीन सामंतों को सामंती सिंहासन, चँवर, पालकी और हाथी का उपयाग करने की भी अनुमति दी जाती थी।[133] लेकिन, पालों और प्रतीहारों के राज्यों में हमें इस प्रथा की कोई जानकारी नहीं मिलती। जैसा कि हम ऊपर देख चुके हैं, सामंतों का एक महत्त्वपूर्ण अधिकार यह था कि वे अपने उपसामंत बना सकें। इन उपसामंतों में से भी कुछ को 'पंचमहाशब्द' का प्रयोग करने का अधिकार दिया जाता था। यहाँ हम कोंकण के शिलाहारों के सामंत महासामंत निंबदेवरस[134] और गुजरात के राष्ट्रकूटों के सामंत महासामंत उद्धवरस[135] के उदाहरण ले सकते हैं। बड़े-बड़े सामंतों को, सिवाय इसके कि उन्हें अपने-अपने प्रभुओं को अधीनता की स्वीकृति-स्वरूप कर देने पड़ते थे, अपने-अपने क्षेत्रों के राजस्व पर निर्बाध अधिकार प्राप्त था। वे चाहे जिसे कर-संबंधी अधिकार दे सकते थे,[136] अनुदान में गाँव भी दे सकते थे। इसके लिए उन्हें कभी अपने प्रभु की अनुमति लेनी पड़ती थी और कभी नहीं भी लेनी पड़ती थी। पश्चिमी चालुक्यों के राज्य में सामंत राजकीय अनुमति के बिना गाँव बेच भी सकते थे।[137]

अपने प्रभु के प्रति सामंतों के असैनिक और सैनिक दोनों तरह के कर्त्तव्य होते थे। उनका सबसे बड़ा असैनिक कर्त्तव्य प्रभु को नियमित रूप से कर देना था, जिसे प्रभु कभी-कभी व्यक्तिशः जाकर वसूल करता था। राष्ट्रकूट राजा तृतीय गोविंद ने अपने सामंत राजाओं से कर वसूल करने के लिए अपने साम्राज्य के दक्षिणी हिस्से का दौरा किया था।[138] बाद की एक कृति 'नीतिवाक्यामृत' से ज्ञात होता है कि प्रभु के घर पुत्र-जन्म या विवाहोत्सव के अवसर पर सामंत दरबार में विशेष उपहार भेंट करते थे।[139] असैनिक ढंग के अन्य कर्त्तव्यों में राजकीय आदेशों का पालन तथा उत्सवों के अवसर पर और समय-समय पर राजदरबार में सामंतों की उपस्थिति शामिल थी।[140] राजदरबार में उपस्थित होकर वे अपनी राजभक्ति का परिचय देते थे। स्पष्ट ही प्रभु को सलाह-मशविरा देना या केंद्र में उसकी कोई प्रशासनिक सहायता करना सामंतों के कर्त्तव्यो का अंग नहीं था।[141]

सामंतों का सैनिक कर्त्तव्य अधिक महत्त्वपूर्ण था, और उनकी यह जिम्मेवारी थी कि युद्ध के अवसर पर प्रभु की सैनिक सहायता करें। राष्ट्रकूटों के सामंतों को एक खास संख्या में सैनिक देने पड़ते थे और अपने प्रभु की लड़ाइयों में उसके कंधे-से-कंधा मिलाकर लड़ना पड़ता था। गंगों के विरुद्ध राष्ट्रकूटों की लड़ाई में वेंगी के चालुक्यों ने, जो उनके सामंत थे, उन्हें सैनिक सहायता दी। सामंत राजानरसिंह चालुक्य, जो तृतीय इंद्र का सामंत था, गुर्जर-प्रतीहार राजा महीपाल

के विरुद्ध इंद्र के युद्ध में उसके साथ होकर बड़ी बहादुरी से लड़ा था।[142] राष्ट्रकूटो ने गुजरात में अपना एक उपराज्य स्थापित किया था, जो व्यवहारतः बहुत बड़ी जागीर ही था। इसकी स्थापना का उद्देश्य गुर्जर-प्रतीहारों से मालवा की रक्षा करना था।[143] बाद में 18 वीं सदी में इस प्रदेश का आधिपत्य प्राप्त करने के लिए मराठे और राजपूत भी एक-दूसरे से लोहा लेते रहे।

जिस प्रकार राष्ट्रकूट राजा अपने सामंतों से सैनिक सेवा की अपेक्षा रखते थे, उसी प्रकार उनके सामंत भी अपने उपसामंतों से सैनिक सेवा की अपेक्षा रखते थे। इसका प्रमाण हमें शिलाहार महामंडलेशवर गंडरादित्यदेव के कोल्हापुर अभिलेख में मिलता है। यद्यपि अभिलेख 1135 ई. का है, किंतु इसे उस समय की वस्तु-स्थिति का द्योतक माना जा सकता है, जब शिलाहार राष्ट्रकूटों के सामंत थे। इसमें विभिन्न सामंतों के साथ महासामंत निंबदेवरस के संबंधों का वर्णन हुआ है। इन सामंतों में से कुछ शत्रु-भाव और कुछ मित्र-भाव रखनेवाले थे। यहाँ मित्र-भाव और शत्रु-भाव से तात्पर्य, शायद निंबदेवरस के प्रभु गंडरादित्य के प्रति मित्र-भाव और शत्रु-भाव रखनेवाले सामंतों से है। महासामंत के पराक्रम का वर्णन करते हुए उसे 'विजयलक्ष्मी का स्वामी, शत्रु सामंतों की पत्नियों के भाल की शोभा का भञ्जक, वीरों की पत्नियों का प्रिय, वैरी सामंत-रूपी मेघों का विघटन करनेवाला समीर, नागलदेवी के लिए मदमत्त हाथी, विद्वेषी सामंतों के लिए प्रलय-काल, योग्य सामंतों के लिए गोपाल, तारासुर के विरोधी सामंतों के लिए वीरकुमार, टोंड सामंत-रूपी कमलों को कुचलनेवाला प्रचंड हाथी, सामंत-शिरोमणि गंडरादित्यदेव की दक्ष दक्षिण भुजा में 'दंड-रूप'[144] कहा गया है। महासामंत के पराक्रमों की यह प्रशस्ति शब्दशः सच्ची न हो तो भी इससे इतना तो प्रकट होता ही है कि शत्रु-सामंतों का दमन करना और मित्र-सामंतों की रक्षा करना महासामंत का कर्त्तव्य था।

प्रभु अपने सामंत-राजाओं पर तरह-तरह से नियंत्रण रखता था। राष्ट्रकूट साम्राज्य में सामंत-राजाओं को अपने यहाँ प्रभु का एक दूत रखना पड़ता था। वह मौटे तौर पर राज-काज की निगरानी करता था और उस पर नियंत्रण रखता था। उसकी तुलना हम ब्रिटिश शासन-काल में भारत के देशी राज्यों में नियुक्त रेजीडेंटों से कर सकते हैं। सुलेमान कहता है कि सर्वोच्च सत्ताधारी के प्रतिनिधि का जैसा स्वागत-सत्कार होना चाहिए वैसा ही उसका स्वागत किया गया। सम्राट् सारी वस्तु-स्थिति से अवगत रहने के लिए बहुत-से गुप्तचर रखता था। कहते हैं, प्रथम अमोघवर्ष विरोधी राजाओं के दरबारों में वारांगणाएँ रखता था, जो शायद सम्राट् के प्रतिनिधियों के अधीन काम करती थीं।[145] प्रभु अपने सामंतों के राज्यों से जब-तब कुछ गाँव अपने प्रियजनों को देकर उन्हें अपनी सत्ता का बोध कराता रहता था। उदाहरण के लिए, द्वितीय कृष्ण ने महासामंत प्रचंड के राज्य में पड़नेवाला एक गाँव किसी को दे दिया।[146] गैर-वफादार सामंत-राजाओं को

अपमान और प्रतिशोध का भय दिखाकर नियंत्रण में रखा जाता था। विद्रोह विफल होने पर तरह-तरह से उनका अपमान किया जाता था। वेंगी के शासक को विजेता द्वितीय गोविंद के अस्तबलों की सफाई का काम करने पर मजबूर किया गया था।[147] विद्रोह के दंड-स्वरूप सामंत राजा कीमती हीरे-जवाहरात, कोषों, नृत्यांगनाओं, घोड़ों और हाथियों से वंचित कर दिए जाते थे।[148] यहाँ तक कि उनकी पत्नियों को भी कारागार में डाल दिया जाता था।[149] कभी-कभी पराजित सामंत-राजाओं की सारी संपत्ति और राज्य छीन लिए जाते थे और उन्हें राजा अपने आश्रितों के निर्वाह के लिए उनके बीच बाँट देता था। तृतीय कृष्ण ने दक्षिण आर्कट जिले में चोलों का राज्य जीतने के बाद ऐसा ही किया था।[150]

सामंतों के साथ व्यवहार करने के लिए राज्य ने क्या व्यवस्था कर रखी थी, इसकी हमें कोई स्पष्ट जानकारी नहीं है। राष्ट्रकूटों के राज्य में तो शायद महासांधिविग्रहिक युद्ध-काल में भी और शांतिकाल में भी सामंतों के प्रति राजकीय नीति का संचालन करता था। अलतेकर के विचार से यह अधिकारी सभी भूमि-अनुदानपत्रों के मसविदे तैयार करता था, क्योंकि पर-राज्य विभाग के पास दाता के पराक्रमों और वंश-वृक्ष के बारे में सबसे सही और ताजी जानकारी रहती थी, जिसे अनुदानपत्र में सम्मिलित किया जाता था।[151] लेकिन, अनुदानपत्र में उतना ही महत्त्वपूर्ण स्थान दाता और ग्रहीता तथा प्रदत्त गाँव के नाम-पते, ठौर-ठिकाने को दिया जाता था, और इन सबको तो ज्यादा सही-सही राजस्व अधिकारी ही दर्ज कर सकता था। 'विष्णुधर्मोत्तर पुराण' में बताया गया है कि सांधिविग्रहिक को आय-व्यय का ज्ञान होना चाहिए, और अलग-अलग इलाकों के लोगों की जानकारी और विभिन्न क्षेत्रों की भाषा का ज्ञान होना चाहिए।[152] स्पष्ट है कि भूमि-अनुदान के कार्य के लिए इन गुणों की आवश्यकता थी। भूमि-अनुदान सांधिविग्रहिक को इसलिए करना पड़ता था कि तरह-तरह के सामंत-राजाओं के साथ संबंध बनाए रखने में इस नीति का प्रमुख स्थान था। 973 ईस्वी में राष्ट्रकूटों का प्रभुत्व समाप्त करनेवाले कल्याणी के चालुक्य वंश के राजा तृतीय सोमेश्वर की कृति 'मानसोल्लास' (रचना-काल 1131) में कहा गया है कि सांधिविग्रहिक को सामंतों, मंडलेशों और विशेषकर मान्यकों को अपने सामने उपस्थित होने को मजबूर करने और उन्हें पदच्युत तथा नए लोगों को इन स्थानों पर प्रतिष्ठित करने में कुशल होना चाहिए।[153] चूँकि शांति-काल में सामंतों के संबंध में राज्य का मुख्य कार्य अनुदान में दी गई भूमि पर लगाया कर वसूल करना या जागीरों पर सामंतों के क्षेत्राधिकार का निर्धारण और नियमन करना होता था, इसलिए सांधिविग्रहिक धर्मेतर अनुदानपत्र ही नहीं, बल्कि मंदिरों और ब्राह्मणों से संबद्ध अनुदानपत्र भी तैयार किया करता था।[154]

सम्राट् के नियत्रण के बावजूद सामंत लोग कभी-कभी केंद्रीय राजनीति में हस्तक्षेप किया करते थे। द्वितीय गोविंद के सामंतों ने उसके खिलाफ विद्रोह करके

राजमुकुट उसके चाचा तृतीय अमोघवर्ष को प्रदान किया और राष्ट्रकूट साम्राज्य के गौरव की रक्षा करने के लिए उसे राजमुकुट स्वीकार करना पड़ा। अलतेकर के विचार से उपर्युक्त अर्थ देनेवाले इस शब्द समुच्चय–'सामंतैरथरट्टराज्यमहिमालंबार्थमभ्यर्थित:'[155] का प्रयोग यहाँ लाक्षणिक ढंग से किया गया है।[156] लेकिन हमें मालूम है कि बंगाल में पाल-वंशीय राजा और उड़ीसा म सोमवंशीय राजा कभी-कभी चुनाव द्वारा नियुक्त किए जाते थे। इस तथ्य को देखते हुए तृतीय अमोघवर्ष के चुनाव की बात असंगत नहीं प्रतीत होती। इससे प्रकट होता है कि सामंत लोग राजाओं को पदच्युत और नए राजाओं को सिंहासनारूढ़ भी कर सकते थें। हाँ, यह सही है कि ऐसे प्रसंग बहुत कम आते थे और सामंतों के इस कार्य को संवैधानिक मान्यता प्राप्त नहीं थी।

स्थानीय शासन में, जो धीरे-धीरे संकुचित पारिवारिक परिधियों में सिमटता चला जा रहा था, सामंतों और अभिजात तत्त्वों का स्थान काफी महत्त्वपूर्ण था। 10 या 12 गाँवों के एकांशों की देख-रेख करनेवाले अधिकारियों की नियुक्ति जिला-अधिकारी अपने सगे-संबंधियों में से करते थे। प्रथम अमोघवर्ष के समय में धारवार जिले के एक अधिकारी ने, जो 300 गाँवों के एक क्षेत्र का शासक था, 12 गाँवों के एक छोटे एकांश की व्यवस्था अपने एक कुटुंबी को सौंप रखी थी।[157] बनवासी के शासक बंकेय ने अपने पुत्र कुंदट्ट को निड्गुंगे-द्वादश (बारह गाँवों के समूह) का प्रशासन सँभालने के लिए नियुक्त किया।[158] अलतेकर के अनुसार रथिक, राष्ट्रीय, राष्ट्रपति और राष्ट्रकूट शब्दों का प्रयोग स्थानीय सरदारों, जिला-अधिकारियों और बड़े-बड़े भूमिपतियों के लिए किया जाता था।[159] कुछ अभिलेखों में विषयमहामात्रों और राष्ट्रमहामात्रों का भी उल्लेख मिलता है।[160] ये भी स्थानीय शासन-व्यवस्था से ही संबद्ध जान पड़ते हैं, किंतु ये शायद चुने नहीं जाते थे। ये पद अभिजात लोगों को वंश-परंपरा से प्राप्त होते थे।

अनुदानपत्रों में केवल गाँवों के महत्तरों के उल्लेख से प्रकट होता है कि ग्रामीण क्षेत्रों में एक प्रकार का सामाजिक वर्गीकरण था। बंगाल और बिहार के पाल अनुदानपत्रों में ब्राह्मण से लेकर चांडाल तक सभी वर्गों के लोगों को संबंधित अनुदानों की सूचना दी गई है। किंतु, महाराष्ट्र और गुजरात के राष्ट्रकूट अनुदानपत्रों में उनका स्थान महत्तरों या महत्तराधिकारियों ने ले रखा है।[161] इनमें से कुछ का रुतबा और भी बढ़ गया और ये राणक बन गए। महत्तर गोगु-राणक, जिसने प्रथम अमोघवर्ष के एक अनुदानपत्र का प्रवर्तन किया,[162] इसका एक उदाहरण है। दूसरा उदाहरण द्वितीय कृष्ण के समय में राणक-पद का उपभोग करनेवाला एक महत्तरसर्वाधिकारी है।[163] स्पष्ट है कि महत्तरों का रुतबा बढ़ने से ग्रामीण आबादी के दूसरे वर्गों के महत्त्व में कमी आई होगी। महत्तरों के रूप में समाज में एक ऐसा वर्ग खड़ा हो गया था जिससे राष्ट्रकूट राजा अपने उच्चाधिकारी चुना करते थे, और इस वर्ग से राष्ट्रकूटों के राज्य में सामंतवाद के विकास को भी

उत्तेजन मिला।

राष्ट्रकूट शासन-प्रणाली की एक विशेषता थी राज्य और शिल्प एवं व्यापार श्रेणियों के बीच सामंती संबंधों का विकास। चालुक्य राजा जगदेकमल्ल ने दंबल के व्यापारियों की एक श्रेणि को छत्र, चँवर और राजकीय सनद प्रदान की।[164] राष्ट्रकूटों के अधीन भी श्रेणियों की स्थिति ऐसी ही जान पड़ती है, क्योंकि राष्ट्रकूटों के सामंत शिलाहारों के कोल्हापुर[165] और मिराज[166] में प्राप्त अभिलेखों में ऐसा उल्लेख है कि वीर बलंजों (बहादुर व्यापारियों के समूह) के ध्वज पर पहाड़ी का निशान अंकित था। छत्र, चँवर और ध्वज राजाओं द्वारा श्रेणियों को दिए गए अधिकारों के प्रतीक थे, और ये हमें मध्यकालीन यूरोप में गिल्डों को दी जानेवाली सामंती सनदों का स्मरण कराते हैं। जिस प्रकार सामंतों को अपने प्रभु को सैनिक देने पड़ते थे, उसी प्रकार इन श्रेणियों के लिए भी अपने प्रभु को सैनिक देना आवश्यक था। कोल्हापुर अभिलेख में व्यापारियों की श्रेणि का वर्णन "ऐसे साहसी शूर-वीरों के रूप में किया गया है जो परम यशस्वी थे, जिनके हृदय में अपने बाहु-बल से विजयश्री के वरण के लिए उमंग थी, जिनका पराक्रम विश्व-विश्रुत था।"[167] चालुक्यों के राज्य की एक ऐसी ही श्रेणि का वर्णन करते हुए कहा गया है कि "इसके सदस्यों के हृदय में प्रचंडता और शूरता की देवी वास करती है।"[168] इस सबसे प्रकट होता है कि श्रेणियों के पास अपने सैनिक होते थे और वे शायद अपने-अपने प्रभुओं की सामरिक सहायता भी करती थीं।[169]

पालों की कोई स्थायी राजधानी नहीं थी। पाटलिपुर,[170] मुद्गगिरि,[171] रामावती[172] (मालदा जिले में आधुनिक गौड़ के पास), विलासपुर या हरधाम,[173] साहसगंड,[174] कांचनपुर[175] और कपिलवासक[176] का उल्लेख उनके जयस्कंधावारों के रूप में हुआ है। इनमें से अंतिम चार की ठीक स्थिति की जानकारी अभी नहीं मिल पाई है। ये सभी स्कंधावार गंगा-तट पर स्थित थे और यह नदी पाल साम्राज्य को एकता के सूत्र में बाँधने का बहुत बड़ा साधन थी। लेकिन, राजधानी के बराबर बदलते रहने से निश्चय ही विघटन की प्रवृत्ति को बढ़ावा मिला। राजधानी-परिवर्तन से प्रशासन के विकेंद्रीकरण का बोध होता है, जो सामंती राज्य-व्यवस्था में पाया जाता है। इस दृष्टि से प्रतीहारों के राज्य में अधिक स्थायित्व था, क्योंकि उनकी राजधानी के रूप में केवल दो नगरों—उज्जयिनी और महोदय अर्थात् कन्नौज का ही उल्लेख मिलता है।[177] उन्हें सामंत सरदारों पर अपनी सत्ता का रोब जमाने के लिए अपनी राजधानी बदलने की जरूरत कभी महसूस नहीं हुई।

पालों के विपरीत राष्ट्रकूटों की एक स्थायी राजधानी थी, जिसका नाम मान्यखेट या मालखेड था। उनके कई सैनिक तथा साधारण शिविरों का उल्लेख हुआ है,[178] जहाँ से उन्होंने भूमि-अनुदान की सनदें जारी कीं। अल-मसूदी के विवरण से ज्ञात होता है कि राष्ट्रकूटों की राजधानी साधारणतया पर्वत-प्रदेशों में रहती थी, किंतु अलतेकर इस बात को नहीं मानते।[179] फिर भी, मसूदी के कथन से

यह निष्कर्ष निकाला जा सकता है कि विद्रोही सामंतों को दबाने के लिए वे अपने सैनिक शिविर बदलते रहते थे और इसके लिए ऐसे पहाड़ी स्थान चुनते थे जो सुरक्षा की दृष्टि से अच्छे होते थे।

राजपूतों ने ऐसा शासनतंत्र चलाया जिससे पुराने और बसे-बसाए गाँवों पर बड़े-बड़े परिवारों का आधिपत्य स्थापित हुआ। वैसे तो कुछ राजपूत देश के पुराने क्षत्रियों के वंशज थे और कुछ आदिवासी कुलों से निकले थे, पर कुछ राजपूत बाहर से भी अवश्य आए। गुर्जर लोग हूणों के पीछे-पीछे मध्य एशिया से आए। ख्याल है कि मध्य एशिया की वुसुन जाति के लोग ही भारत आकर अंत में गुर्जर कहलाने लगे। चौथी सदी में वुसुन लोग गुसुर कहलाने लगे और इसी से गुजर शब्द बना, जिसका संस्कृत रूप गुर्जर हो गया।[180] इस स्थापना में हम अपनी ओर से इतना जोड़ सकते हैं कि गुसुर लोग भारत में बहुत पहले आ गए थे। अब्बोताबाद में प्राप्त तीसरी शताब्दी के एक अभिलेख में "मक के पुत्र और गशूर कुल के एक सदस्य शफर" का उल्लेख हुआ है।[181] 'मक' और 'शफर' दोनों विदेशी नाम हैं, इसी प्रकार 'गशूर' भी। इस 'गशूर' शब्द को क्रोरयिन 'गुशुर' और कुची संस्कृत 'गौशुर' का पर्याय माना गया है, और इसका अर्थ उच्च कुलोत्पन्न, या गौशुर अभिजात कुल में उत्पन्न व्यक्ति लगाया गया है।[182] इससे यह निष्कर्ष निकलता है कि गौशुर या गुर्जर लोग भारत में विजेता के रूप में आए और स्वभावतः उनकी संख्या बहुत कम थी। बाहर से आकर गुर्जर परिवारों ने आबाद गाँवों पर अपना प्रभुत्व कायम कर लिया। युद्ध में प्राप्त जमीन-जायदाद को आपस में बाँट लेने की गणजातीय प्रथा के अनुसार विजेता सरदारों ने गाँवों को आपस में बाँट लिया। उनमें से कुछ को ये गाँव 84-84 के एकांशों में प्राप्त हुए। राष्ट्रकूटों के अधीन हमें गुजरात में 12 और 84 गाँवों के एकांश मिलते हैं, और इसका कारण शायद यही था कि वहाँ गुर्जरों की बस्तियाँ थीं।[183] गुर्जर-प्रतीहारों के साम्राज्य में तो हमारे सामने ऐसा एकांश सबसे पहले प्रतीहारों के एक चालुक्य सामंत के नवीं शताब्दी के अभिलेख में आता है।[184] किंतु चाहमानों, परमारों और चालुक्यों के अभिलेखों में द्वादशमिक एकांशों के कई उल्लेख मिलते हैं।[185] इसका कारण शायद यह है कि ये तीनों गणजातियाँ गुर्जर-प्रतीहार कुल से संबद्ध थीं। चारणों की जिस अनुश्रुति में इन तीनों जातियों को आबू पहाड़ के एक अग्नि-कुंड से उत्पन्न बतलाया गया है उससे भी यही निष्कर्ष निकलता है।

क्या मध्य एशिया के पूर्ववर्ती गणजातीय संगठन में गाँवों को किसी खास प्रकार की इकाइयों में बाँट लेने की प्रथा थी? प्रस्तुत प्रसंग में इस सवाल की छानबीन करना उपयोगी रहेगा। जब यूचियों ने दूसरी शती ई. पू. में ताहिया (तुखारिस्तान) को जीता, उन्होंने सारे क्षेत्र को अपने सरदारों के बीच बाँट दिया।[186] लेकिन, पूर्व मध्य-काल में मध्य एशियाई गणजातियों के बीच चौबीस-चौबीस के एकांश अधिक प्रचलित थे। इसका सबसे प्राचीन संकेत तुखारिस्तान में मिलता है। वहाँ

के तुर्की शासक ने चीनियों की सहायता से अपने राज्य को चौबीस जिलों में विभक्त कर दिया।[187] ओगज़ जाति का, जो मध्य एशिया में रहती थी और जिसका इतिहास आठवीं शताब्दी से प्रकाश में आता है, आंतरिक संगठन भी कुछ इसी ढंग का था। प्रारंभ में इस जाति में नौ गण शामिल थे,[188] लेकिन जैसे-जैसे ये लोग अन्य पराजित लोगों को आत्मसात करते गए वैसे-वैसे इनके गणों की संख्या बढ़ती गई और 11वीं शताब्दी तक तो 22 हो गई।[189] बाद में चलकर इनकी संख्या 24 हो गई क्योंकि सलजुक-काल की किनिक जाति को ओगज़ जाति की चौबीस कुल-शाखाओं में से एक बताया गया है।[190] प्रत्येक राष्ट्र द्वारा अपने-अपने गोत्रों[191] की संख्या में वृद्धि करने की इस मध्य एशियाई प्रथा को मध्य काल में शायद भारत ने भी अपना लिया। चारण-परंपरा के अनुसार राजपूत जाति में छत्तीस कबीले शामिल थे, और संभव है कि प्रारंभ में इनकी संख्या बारह या चौबीस रही हो। ऐसा जान पड़ता है कि जब कभी नए प्रदेश जीते जाते थे, विजेता जाति की प्रत्येक शाखा को कम से कम एक गाँव दे दिया जाता था, जिसके परिणामस्वरूप बारह या चौबीस गाँवों के एकांशों का उदय हुआ। किंतु बाद में ये एकांश रूढ़ हो गए, और कबीले के प्रधान या शासक सरदार के वंशधर को दी जानेवाली जागीर में सम्मिलित गाँवों की संख्या नियमतः बारह या चौबीस अथवा छत्तीस आदि होने लगी।

दशमिक और द्वादशमिक प्रणाली के बीच क्या अंतर था ? पालों के राज्य में राजस्व एकत्र करने के लिए ग्रामपतियों और दशग्रामिकों के अधीन क्रमशः एक-एक और दस-दस गाँव के एकांश हुआ करते थे।[192] यह पद्धति मनु के समय से ही चली आ रही थी, और इसकी चर्चा कई परवर्ती ग्रंथों में भी हुई है। 'विष्णुधर्मोत्तर पुराण' में ऐसे अधिकारियों को ग्रामेश अथवा ग्रामस्याधिपति, दशग्रामाधिप अथवा देशपाल, शतग्रामाधिप अथवा शतेश, और विषयेश्वर कहा गया है।[193] ऐसा प्रतीत होता है कि दशमिक प्रणाली में राजा द्वारा नियुक्त अधिकारी अपने अधीनस्थ क्षेत्र का प्रशासन सीधे केंद्र के नियंत्रण में करता था। पालों के अधीन राज-कर्मचारियों की बहुलता का कारण शायद यही था, यद्यपि राष्ट्रकूटों के राज्य में भी सामंत-राजाओं और उनके संबंधियों के अधीन कतिपय दशमिक एकांश थे। दूसरी बात यह है कि दशमिक प्रणाली के अंतर्गत अधिकारियों को वेतन के रूप में जमीन दी जाती थी, जो उनके अधीनस्थ शासन-क्षेत्र का एक बहुत ही छोटा हिस्सा हुआ करती थी। इसके विपरीत, परवर्ती चाहमान अभिलेखों से पता चलता है कि द्वादशमिक प्रणाली के अंतर्गत गाँवों का शासन सामान्यतया नियमित राज-कर्मचारियों के हाथों में नहीं, बल्कि सामंतों के हाथों में हुआ करता था, जो साधारणतः शासक वंश के हुआ करते थे। फिर, ऐसा जान पड़ता है कि दशमिक प्रणाली का प्रचलन उत्तर-पूर्वी भारत में था और आठवीं शताब्दी में यह दक्खिन में भी प्रचलित हो गई, क्योंकि वहाँ बाहर से

आए नए लोग कोई बहुत बड़ी संख्या में प्रवेश नहीं कर पाए। इसके विपरीत, द्वादशमिक प्रणाली राजस्थान के कुछ हिस्सों तथा गुजरात में प्रचलित थी और बाद में उत्तर प्रदेश में भी इसका प्रचलन हुआ।[194] कालांतर से इन राजपूत ग्राम-इकाइयों के शासक अपने-आपको इनका भोक्ता मानने लगे और इन क्षेत्रों को 'स्वभोग भूमि' कहने लगे।

भूमिधर मंदिरों और विहारों, पुरोहितों और ब्राह्मणों की संख्या में वृद्धि, सामंतों और राज-कर्मचारियों को वेतन के रूप में भूमि-अनुदान दिया जाना, राजाओं और राज-कर्मचारियों की उपाधियों का सामंतीकरण, राजधानियों का बहुधा परिवर्तन, पुराने गाँवों का राजपूत परिवारों के बीच विभाजन—इन तमाम बातों को हम उत्तर भारत की मध्य-कालीन राज्य-व्यवस्था के सामंती तत्त्व मान सकते हैं। किंतु, कुल मिलाकर ये विशेषताएँ पाल राज्य-व्यवस्था की अपेक्षा प्रतीहार राज्य-व्यवस्था में अधिक स्पष्ट और व्यापक रूप में विद्यमान थीं। कई मामलों में राष्ट्रकूट राजव्यवस्था अधिक सामंतवादी थी। राष्ट्रकूट साम्राज्य में राजस्व तथा प्रशासन-संबंधी अधिकारों का उपभोग करनेवाले धार्मिक भोक्ताओं की संख्या काफी थी, सामंतों द्वारा उपसामंत बनाने की प्रथा अधिक फैली हुई थी; सामंतों के कर्त्तव्य और अधिकार काफी हद तक सुनिश्चित थे और ये कभी-कभी राजा तक को अपदस्थ कर सकते थे; और व्यापार तथा शिल्प श्रेणियों को भी सामंत माना जाता था। राज-कर्मचारियों की संख्या कम थी और उनका स्वरूप सामंती होता जा रहा था। स्थानीय शासन मुख्यतः सामंती ढंग के कर्मचारियों, सामंतों और उनके परिवारों के हाथों में था, और ये लोग शायद गाँवों के महत्तरों के साथ किसी-न-किसी प्रकार का संबंध बनाए रखते थे। किंतु, राष्ट्रकूटों की राजधानी स्थायी थी और उनके साम्राज्य में बारह या सोलह गाँवों की राजपूती इकाइयों के बजाय आमतौर पर दशमिक प्रणाली चलती थी।

संदर्भ

1. ए. इं., 4, नं. 34, पंक्तियाँ 30-52
2. वही, पंक्तियाँ 50-1
3. वही, पंक्तियाँ 52-3
4. वही, 23, नं. 47, पंक्तियाँ 17-24।
5. वही, प्लेट की दूसरी ओर की पंक्तियाँ 1-2
6. यह शायद दक्षिण मुंगेर के लखीसराय क्षेत्र में पड़नेवाला आज का मेहुस गाँव है।
7. ए. इं., 18, पृष्ठ 304, पंक्तियाँ 38-44
8. वही, पंक्ति 45
9. वही, 17, नं. 17, पंक्तियाँ 33-40

10. ए. इं., 29, नं. 1 'बी', पंक्तियाँ 26-44
11. वहा, 14, नं. 23, पंक्तियाँ 30-49
12. कॉ. इं. इं., 3, 189, पा. टि. 4
13. वही, 189
14. वही, 19, नं. 2, पंक्तियाँ 1-16
15. वही, 5, नं. 24, पंक्तियाँ 6-9
16. इं. एं., 15, पृष्ठ 112-13, पंक्तियाँ 1-12
17. वही, पृष्ठ 138, पंक्तियाँ 9-17
18. ए. इं., 14, नं. 13, पंक्तियाँ 9-13
19. वही, नं. 1, 'ए', पंक्तियाँ 1-20
20. वही, 'बी', पंक्तिया 32-58
21. इं. एं., 12, 195, प्लेट 2, पंक्तियाँ 1-24
22. ए. इं., 14, नं. 13, पंक्तियाँ 19-25
23. वही, पंक्तियाँ 24-25
24. वही, 3, नं. 36, पंक्तियाँ 3-15
25. इं. एं., 11, 112-3, पंक्तियाँ 29-44
26. वही, 156-9, पंक्तियाँ 34-50
27. ए. इं., 3, नं. 17, पंक्तियाँ 57-58
28. इं. ए., 6, 67-68, प्लेट 2 'बी', पंक्तियाँ 12-13
29. ए. इं., 18, नं. 26, पंक्तियाँ 66-7
30. इं. एं., 12, 251, पंक्तियाँ 50-53
31. वही, 266, पंक्तियाँ 43-57
32. अ. स. अलतेकर, *द राष्ट्रकूटाज एंड देयर टाइम्स*, पृष्ठ 100
33. ए. इं., 7, नं. 6, पंक्तियाँ 46-9
34. वही, 21, नं. 22, पंक्तियाँ 48-51
35. इं. एं., 12, 184-5, प्लेट 2 'बी', पंक्तियाँ 1-19
36. ए. इ., 6, नं. 4, पंक्तियाँ 35-49
37. अलतेकर, सं. प्र. पु., पृष्ठ 189
38. वही, पृष्ठ 98
39. ए. इं., 4, नं. 34, पंक्ति 47
40. 7, 118-9
41. ए. इं., 29, नं. 1 'बी', 28-9
42. ''भोजदवाप्तभूमः···श्रीगुणांभोधिदेव येन···आहृता गौडलक्ष्मी''. कॉ. इं. इं., 4, नं. 74, श्लोक।
43. ए. इं., 14, नं. 13, पंक्तियाँ 14, 27
44. श्रीविदग्धभोगावात्ये धारापद्रकग्रामे। वही, पंक्ति 21
45. ए. इं., 3, नं. 36, पंक्ति 4
46. वही।
47. वही, पृष्ठ 266-67
48. वही, पृष्ठ 245
49. वही, पृष्ठ 189

50. इं. एं., 11, 112-3, पंक्ति 32 में राष्ट्रकूटों के साम्राज्य में 500 गाँवों की एक भक्ति का उल्लेख है। 12000, 500, 300 और 70 गाँवों के एकांशों का भी उल्लेख है (अलतेकर सं. प्र. पु., पृष्ठ 77)।
51. मनु., 7. 19
52. अलतेकर, सं. प्र. पु., पृष्ठ 179
53. वही, पृष्ठ 193
54. ए. इं., 3, नं. 9, पंक्तियाँ 15-16
55. वही, 1, नं. 8, पंक्तियाँ 35-36
56. इं. एं., 12, 160, पंक्तियाँ 45-6
57. ए. इं., 18, 256-7
58. अलतेकर, सं. प्र. पु., पृष्ठ 137
59. इं. एं., 12, 266
60. वही, 8, 279-80
61. ए. इं., 3, नं. 37, पंक्ति 47
62. अलतेकर, सं. प्र. पु., पृष्ठ 189
63. वही।
64. एच. एम. इलियट व डॉमन (सं.), *हिस्ट्री ऑफ इंडिया ऐज टोल्ड बाई इट्स हिस्टोरियन्स*, 1, 7
65. वही, 3
66. अलतेकर, सं. प्र. पु., पृष्ठ 251
67. वही, पृष्ठ 181
68. वही, पृष्ठ 216, मिलाइए पृष्ठ 194-5 से।
69. वही, पृष्ठ 86-7
70. वही, पृष्ठ 86-7
71. इं. एं., 12, 158; कक्क के प्रभु के लिए स्वामी शब्द का प्रयोग हुआ है।
72. अलतेकर, सं. प्र. पु., पृष्ठ 86-87
73. ए. इं., 1, नं. 8, श्लोक 20
74. वही, पंक्तियाँ 34-5
75. हुल्श, वही, पृष्ठ 53
76. "तद्दत्तसीहरक्खीद्वादशके प्रभुज्यमाने।" ए. इं., 3, नं. 9, पंक्तियाँ 15-19
77. इं. एं., 14, 25; मिलाइए अलतेकर, सं. प्र. पु., पृष्ठ 263
78. ए. इं., 4, नं. 4, पंक्ति 34
79. इं. एं. 12, 18
80. ए. इं., 9, नं. 26, पंक्तियाँ 27-8
81. वही, 4, नं. 34, पंक्तियाँ 30-52
82. वही, 5, नं. 24, पंक्तियाँ 6-9
83. वही, 9, नं. 1, प्लेट 'ए' और 'बी'।
84. वही, प्लेट 'ए', पंक्ति 19
85. वही, नं. 36, पंक्तियाँ 3-6, 10-15 और 21-3
86. वही, 3, नं. 1.16, पंक्ति 17; मिलाइए पृष्ठ 264, पा. टि. 6 से।
87. इं. एं., 12, पृष्ठ 195, प्लेट 2, पंक्तियाँ 1-24
88. वही।

89. ए. इं., 14, नं. 13, पंक्तियाँ 20-29
90 वही, पंक्ति 27
91 इ. एं. 11, 159, पंक्तियाँ 49-50; 12, 184-5; प्लेट 2, पंक्ति 19, प्लेट 3, पंक्ति 1; ए. इं. 22, नं. 12 पाक्तया 54-55 आदि।
92. इं. एं.
93. 'द भागलपुर प्लेट ऑफ़ नागयण पाल', इं. एं., 47, पृष्ठ 304, पंक्तियाँ 30-6
94. वही, पंक्ति 30
95. इं. एं., 15, 138 और उससे आगे।
96. वही, 11, 112-13, पंक्तियाँ 28-9
97. ए. इं., 14, नं. 6, पंक्ति 42
98. वही, 3, नं. 17
99. इं. एं., 11, 159, पंक्तियाँ 35-6; 6, 67-8, तृतीय गोविंद का प्लेट 2 'बी', पंक्तियाँ 4-5
100. अलतेकर, सं. प्र. पु., पृष्ठ 261
101. वही।
102. वही।
103. ए. इं., 17, नं. 17, पंक्तियाँ 26-33; 29, नं. 1 'बी', पंक्तियाँ 31-34
104. वही, 14, नं. 13, पंक्तियाँ 19-20
105. वही, पंक्ति 20
106. वही, 1, पृष्ठ 173, पंक्ति 5
107. वही, 4, नं. 44, पंक्तियाँ 1-10
108. वही, 10, नं. 19, पंक्तियाँ 65-66
109. वही, 19, नं. 4, 'ए', पंक्ति 4
110. अलतेकर, सं. प्र. पु., पृष्ठ 173
111. वही, पृ. 177
112. वही, पृ. 178
113. वही, पृष्ठ 182
114. ए. इं., 13, 334 (श्लोक 10)
115. अलतेकर, सं. प्र. पु., पृष्ठ 152
116. *अर्थशास्त्र*, 2, 7
117. कॉ. इं. इं., 3, 23, पंक्तियाँ 10-11
118. ए. इं., 23, नं. 47, पंक्तियाँ 15
119. "भागलपुर प्लेट ऑफ नारायण पाल", इं. ए., 47, 304, पं. 37
120. कॉ. इं. इं., 3, नं. 46, पंक्ति 11
121. ए. इं., 14, नं. 13, पंक्तियाँ 19-20
122. *प्रोसिडिंग्स ऑफ ट्वेन्टीफोर्थ सेशन ऑफ द इंडियन हिस्ट्री कांग्रेस* (दिल्ली, 1961), पृष्ठ 80-1
123. वही।
124. वही, पृष्ठ 81
125. वही।
126. अभिलेखों में "संबंधी" शब्द से सबसे ज्यादा मिलता-जुलता अर्थ देनेवाले शब्द-समुच्चय के रूप में हम "यथासम्बध्यमानकाम्" को ले सकते हैं। राष्ट्रकूटों के अनुदानपत्रों में इस शब्द-समुच्चय का प्रयोग राष्ट्रपति, विषयपति, ग्रामकूट, युक्तक, नियक्तकाधिकारिक, महत्तर आदि के विशेषण के रूप में हुआ

है। स्पष्ट है कि यहाँ इस शब्द-समुच्चय मे किसी प्रकार के सामंती संबंध का बोध नहीं होता। यह तो उन अधिकारियों के लिए प्रयुक्त एक विशेषण-मात्र है, जो भूमि-अनुदान मे संबद्ध थे।

127. हि. क. इं. पी., 4, पृष्ठ 22-23, 27
128. वही, पृष्ठ 25
129. वही।
130. "उदीचीनानेक नरपति प्रभृति ... परमेश्वरसेवामसमायाताशेषजंबूद्वीप भूपाल ...।" ए. इं., 17, नं. 17, पंक्तियाँ 22-23
131. ए. इं., 4, नं. 44, पंक्तियाँ 1-10; 9, नं. 1, पंक्ति 3
132. वही, 22, नं. 12, पंक्ति 39; इं. एं., 12, 184, प्लेट 2 'बी', पंक्ति 1; इन अनुदानपत्रों में "समाधिगता-शेषमहाशब्द," शब्द समुच्चय का प्रयोग हुआ है; लेकिन देखिए अलतेकर, सं. प्र. पु. के पृष्ठ 42 में उद्धृत द्वितीय कक्कं का अंजोली-छरोली अभिलेख।
133. अलतेकर, सं. प्र. पु., पृष्ठ 263
134. ए. इं., 19, नं. 4 'ए', पंक्तियाँ 4-5
135. वही, 3, नं. 9, पंक्तियाँ 12-19
136. इं. एं., 13, 130-1, पंक्तियाँ 45-54; 12, 136
137. ए. इं., 3, 307
138. इं. एं., 11, 127
139. 30, 32; अलतेकर, सं. प्र. पु. के पृष्ठ 265 में उद्धृत।
140. वही, पृष्ठ 264
141. वही, पृष्ठ 91-94
142. नाग वर्मा-कृत 'कर्नाटक-भाषाभूषण', सं. एल. राइस, भूमिका, पृष्ठ 14
143. इं. एं., 12, 158
144. विजयलक्ष्मीकान्तम् रिपुसामन्तसीमन्तिनीसीमन्तभंगम्, वीरवारांगणाप्रिय-भुजंगम्, वैरीसामन्त मेघविघटनसमीरणम्, नागलदेवीय गन्धवारणम्, विद्विष्टसामन्त विलयकालम्, सामन्तगण्डगोपालम्, दायादसामन्ततारासुरवीरकुमारम्, सामन्तकेदारम्, टोण्डसामन्तपण्डीरिकषंडप्रचण्डमदवेदण्डम्, गण्डरादित्यदेवदक्षिणभुजादण्डम् ... सामन्तशिरोमणि ...।" ए. इं., 19, नं. 4 'ए', पंक्तियाँ 5-8
145. अलतेकर, सं. प्र. पु., पृ. 264
146. ए. इं., 1, नं. 8, पंक्तियाँ 33-5
147. वही, 18, नं. 26, श्लोक 43-6
148. अलतेकर, सं. प्र. पु., पृष्ठ 267
149. वही।
150. ए. इं., 4, नं. 40, श्लोक 34-5
151. अलतेकर, सं. प्र. पु., पृष्ठ 166
152. 2. 24. 16-17
153. 2. श्लोक 128
154. *याज्ञ. मिताक्षरा*, 1. 319-20
155. ए. इं., 4, नं. 40, श्लोक 21; 5, नं. 20, श्लोक 19
156. अलतेकर, सं. प्र. पु., पृष्ठ 151
157. ए. इं., 4, 107
158. वही, 7, 214
159. अलतेकर, सं. प्र. पु., पृष्ठ 26

160. अलतेकर, सं. प्र. पु., पृष्ठ 158
161. इ. ए., 12, 251, पं. 41; 263, पंक्तियाँ 45-46
162. ए. इं., 18, 257
163. अलतेकर, सं. प्र. पु., पृष्ठ 160
164. इं. एं., 10, 188
165. ए. इं., 19, नं. 4, पंक्ति 12
166. वही, 'बी', पंक्तियाँ 2-3। चालुक्य अभिलेख (इं. एं., 5. 344) में भी श्रेणि के ध्वज का उल्लेख है।
167. ए. इं., 19, 34
168. इं. एं., 10, 189
169. ए. इं., 4, नं. 34
170. प्रो. बैशम का कहना है कि *चुलवंश* के अनुसार मणिग्राम लंका के राजाओं को किराए के सैनिक दिया करता था।
171. "भागलपुर प्लेट ऑफ नारायण पाल," इं. एं., 47, पृष्ठ 304, पंक्तियाँ 27-8
172. "द मनहालि कॉपर-प्लेट एटसेटरा," ज. ए. सो. बं., 69, भाग 1, पृष्ठ 66, पंक्ति 30
173. इं. एं., 14, 166-68; 21, 97-101; ए. इं., नं. 23, पंक्ति 28; मिलाइए वही, 29. 4. पा. टि. 3
174. ए. इं., 29, नं. 1 'बी', पंक्ति 26।
175. वही, नं. 7, पंक्ति 24
176. वही, 33, नं. 47, पंक्ति 2
177. प्रतीहारों की एक प्रारंभिक राजधानी मेरता में भी थी। यह स्थान मंडोर से 60 मील उत्तर-पश्चिम में पड़ता था। आज राजधानी शब्द का जो अर्थ है उस अर्थ में उसका प्रयोग मध्य-काल में दक्षिण भारत में हुआ (*द अर्ली हिस्ट्री ऑफ द डेकन,* 1-6, सं. जी. याजदानी, पृष्ठ 51)।
178. वही, 11, 159, पंक्ति 37, ए. इं. 7, न. 13, पंक्ति 32
179. अलतेकर, सं. प्र. पु., पृष्ठ 248
180. पी. सी. बागची, *इंडिया एंड सेंट्रल एशिया*, पृष्ठ 138-9
181. ए. इं., 30, 61
182. वही।
183. पश्चिमोत्तर और मध्य एशिया के स्थानों के नामों से गुर्जरों के प्रादेशिक विस्तार की रूप-रेखा पर कुछ प्रकाश पड़ सकता है, और मुसलमानों तथा अंग्रेजों के समय के ग्राम-एकांशों पर विचार करने से उनका मूल स्वरूप किसी हद तक सामने आ सकता है।
184. ए. इं., नं. 9, 1 'ए', पंक्ति 10
185. रा. श. शर्मा, "लैंड ग्रांट्स टु वैसल्स ऐंड ऑफिशियल्स इन नॉर्दर्न इंडिया", ज. इ. मो. ओ., 4, 88; 90-91, 94
186. पी. सी. बागची, सं. प्र. पु., का पृष्ठ 21
187. वही, पृष्ठ 22-23
188. सी. इं. बासवर्थ, *द गजनवीड्स*, पृष्ठ 210
189. वही, पृष्ठ 210-11
190. वही, पृष्ठ 298, पा. टि. 44
191. गोत्र का प्रयोग यहाँ बड़े परिवार के अर्थ में हुआ है।
192. ए. इं. 4, नं. 34, पंक्ति 47। दशग्रामी का उल्लेख सर्वप्रथम कौटिल्य के *अर्थशास्त्र* में मिलता है।
193. 2.61.1-6
19[illegible]. एच. सी. रायचौधरी, *द अर्ली हिस्ट्री ऑफ़ द डेकन*, भाग 1-4, सं. जी. याजदानी, पृष्ठ 51

परिच्छेद 3.

तीन राज्यों में सामंतवादी अर्थव्यवस्था

(लगभग 750-1000 ईस्वी)

गुप्त-काल और गुप्तोत्तर-काल में राजा और जमीन के असली जोतदारों के बीच अनुदानभोगी भूमिधर वर्ग का उदय हुआ, किसानों तथा शिल्पियों के अपने-अपने पुराने क्षेत्रों से हटने पर प्रतिबंध लगे और व्यापार का अपकर्ष हुआ। आगे चलकर पालों, प्रतीहारों और राष्ट्रकूटों के राज्यों में सामंतवादी अर्थव्यवस्था की ये तीनों विशेषताएँ और भी प्रबल हो उठीं। पालों ने धार्मिक प्रयोजन से खूब भूमि-अनुदान दिए। इन अनुदानों के भोक्ता वैष्णव[1] और शैव[2] मंदिर थे। किंतु इस दृष्टि से सबसे महत्त्वपूर्ण स्थान बौद्ध विहारों का था।[3] सातवीं शताब्दी के उत्तरार्ध में नालंदा विहार के अधीन 200 गाँव थे।[4] नौवीं सदी में देवपाल से उसे पाँच और गाँव मिले।[5] इसी प्रकार उद्दंतपुरी, विक्रमशिला और जगद्दल विहारों के अधीन सैकड़ों गाँव थे।[6] ऐसा कहा गया है कि बंगाल में खेती के लायक बहुत कम जमीन ऐसे अनुदानों में दी गई थी और उनका सामान्य कृषक समुदाय पर कोई प्रभाव नहीं पड़ा[7], परंतु यह सोचना ठीक नहीं है। हर्ष के समय में शैक्षणिक तथा धार्मिक प्रयोजनों के लिए राजस्व का चौथाई हिस्सा अनुदान में दिया जाता था और यह प्रथा शायद बाद में भी चलती रही। जो भी हो, पालों के जो अनुदानपत्र उपलब्ध हैं, उनसे भी प्रकट होता है कि बहुत सारे गाँव पुरोहितों, मंदिरों और मठों के अधीन थे। उपलब्ध अनुदानपत्रों के आधार पर तो यह नहीं कहा जा सकता कि प्रतीहारों के राज्य में भी बड़ी-बड़ी धार्मिक और शैक्षणिक संस्थाओं के हाथों में बहुत ज्यादा गाँव थे, लेकिन इतना निश्चित है कि उनके राज्य में भी बहुत-से गाँव अग्रहार बनाए गए।[8] इसके अतिरिक्त, खास-खास पुरोहितों और मंदिरों को भी प्रतीहार राजाओं और सामंतों से काफी गाँव अनुदान में मिले।

किंतु, पालों और प्रतीहारों के राज्यों को मिलाकर मंदिरों और ब्राह्मणों के अधीन जितने गाँव थे, अकेले राष्ट्रकूटों के राज्य में वे उनसे अधिक गाँवों के भोक्ता थे। छिटपुट तौर पर दान किए गए गाँवों के अतिरिक्त इस वंश के एक शासक ने 400 गाँव पुनः दान किए,[9] और दूसरे राजा ने 1400 गाँव, जिनमें से 600 अग्रहार और 800 गाँव थे, देवकुलों को दिए।[10] इस प्रकार, ऐसा प्रतीत होता है कि

राष्ट्रकूटों के अधीन पुरोहितों के बजाय धार्मिक संस्थाओं ने प्रमुख भूमिधर वर्ग का रूप धारण किया। पालों और प्रतीहारों के राज्यों में यह बात उतनी अधिक देखने को नहीं मिलती।

पालों,[11] प्रतीहारों[12] और राष्ट्रकूटों के राज्यों में बहुत-से धर्मेतर अनुदान-भोगी भी थे। बहुतेरे अधीनस्थ सरदारों तथा राज-कर्मचारियों को राज्य की सेवा करने के लिए गाँव देकर पुरस्कृत किया गया था। अभिलेखों से तो लगता है कि उनकी संख्या उतनी नहीं थी जितनी कि धार्मिक अनुदानभोगियों की थी; लेकिन जब धार्मिक संस्थाओं को चलाने और पुरोहितों को पुरस्कृत करने के लिए जमीन और गाँव दिए जाते थे तब ऐसी स्थिति में, जब मुद्रा का कम चलन था, राजकीय सेवाओं के लिए और क्या दिया जा सकता था? शायद इन धर्मेतर भूमि-अनुदानों की संख्या भी धार्मिक भूमि-अनुदानों के ही बराबर थी, या कदाचित् उससे भी अधिक, लेकिन धार्मिक अनुदानों के समान ऐसे अनुदान अनंत काल के लिए नहीं दिए जाते थे; इसलिए वे या तो तालपत्र अथवा कपड़े पर लिखे जाते थे, और परिणामतः नष्ट हो गए। धर्मेतर अनुदान-भोगी धार्मिक अनुदान-भोगियों से शायद कुछ भिन्न थे। उत्तर भारत में धार्मिक अनुदान-भोगियों को कर नहीं देना पड़ता था,[13] लेकिन धर्मेतर भोक्ता नजराने के तौर पर शायद कुछ देते थे। धार्मिक भोक्ताओं को अनुदत्त क्षेत्रों में सदा के लिए बने रहने का अधिकार था, लेकिन संभवतः धर्मेतर भोक्ता अनुदत्त संपत्ति के अधिकारी तभी तक रह पाते थे जब तक कि वे राजा के प्रति अपने दायित्वों का निर्वाह करते थे। दोनों तरह के अनुदान-भोगियों में चाहे जो अंतर रहा हो, इतना तो असंदिग्ध है कि राजा और भूमि के असली जोतदारों के बीच इन लोगों ने मध्यवर्ती वर्ग बना रखा था। ये लोग एक प्रकार से गाँवों के असली स्वामी और भोक्ता बन गए और इस प्रकार भूमिधर सरदारों का एक वर्ग खड़ा हो गया। इस वर्ग की श्री-समृद्धि का स्रोत यह सिद्धांत था कि भूमि राजा की है, किंतु विडंबना यह रही कि ज्यों ज्यों इस वर्ग की समृद्धि बढ़ती गई, भूमि पर राजा की सत्ता कम होती गई।

अनुदानपत्रों की शर्तों का लाभ उठाकर अनुदान-भोगी निजी जोत में नई जमीन ला सकता था अथवा अपनी जोत में पहले से ही मौजूद जमीन की सीमाएँ बढ़ा सकता था। अनुदान में दिए गाँवों की सीमाएँ अक्सर नहीं बताई जाती थीं; इससे ग्रहीता प्राप्त गाँव की चौहद्दी बड़े मजे में बढ़ा सकता था। किंतु राष्ट्रकूट अनुदानपत्रों में ऐसे गाँवों की सीमाएँ सामान्यतया निर्धारित कर दी जाती थीं;[14] जिससे अनुदान-भोगी अपना कृषि-क्षेत्र नहीं बढ़ा सकते थे। कतिपय पाल अनुदानों पर भी यही बात लागू होती है। उत्तर बंगाल में धर्मपाल ने जो चार गाँव दिए उनकी सीमाएँ निश्चित थीं। पर जिन अनुदानपत्रों में सीमाएँ स्पष्ट नहीं की जाती थीं, उनके साधनसंपन्न प्राप्तकर्ता अपनी सीरें बढ़ा सकते थे। अधिकांश पाल और प्रतीहार अनुदानपत्रों में गाँवों की सीमाएँ निर्धारित नहीं की गई हैं; केवल

इतना ही कह दिया गया है कि अमुक गाँव झाड़-झुरमुट और गोचर-पर्यंत (स्वसीमातृणयुतिगोचरपर्यंतः) दान किया जाता है। इसलिए अनुदान-भोगी सीमाओं का विस्तार कर अपनी निजी जोत की जमीन बढ़ा सकता था।

अनुदान-भोगी को यह अधिकार था कि वह अनुदत्त गाँव के उत्तराधिकारीहीन व्यक्ति की संपत्ति को स्वायत्त कर ले। प्रतीहार राज्य में राजस्थान के कुछ हिस्सों में यह प्रथा प्रचलित थी। अलवर क्षेत्र के स्थानीय प्रतीहार मंडलेश्वर मथनदेव द्वारा जारी किए गए अनुदानपत्र में अनुदान-भोगी को यह अधिकार दिया गया था कि यदि किसी व्यक्ति की पुत्री को कोई पुत्र न हो (अपुत्रिकाधन)[15] अथवा उसकी संपत्ति का उत्तराधिकार प्राप्त करनेवाला कोई पुरुष उत्तराधिकारी न हो (नास्तिभर्त्ता)[16] तो अनुदान-भोगी उस संपत्ति को स्वायत्त कर सकता है। स्पष्ट है कि राज्य को लावारिस संपत्ति को अपने हाथों में ले लेने का जो अधिकार था, वह अनुदान-भोगी को सौंप दिया जाता था, लेकिन इस अधिकार के प्रयोग के प्रसंग कम ही आते होंगे।

इस काल में ग्रामीण समुदायों के भूमि-संबंधी अधिकारों का भी ह्रास होने लगा, और परिणामतः अधिकाधिक जमीन पर व्यक्तिगत स्वामित्व स्थापित होता गया। गुप्त काल में धार्मिक अनुदान देने के उद्देश्य से जमीन खरीदने के लिए स्थानीय समुदाय की सहमति प्राप्त करना और राज्याधिकारियों को कुछ कर देना जरूरी था। लेकिन पाल राजा इन सामुदायिक अधिकारों का सम्मान नाम-मात्र को ही करते थे। यद्यपि वे अधीनस्थ सरदारों और अधिकारियों के साथ-साथ, ब्राह्मणों से लेकर चांडालों तक, तमाम ग्रामवासियों से अपने अनुदानों पर सहमति देने (मतमस्तु) का अनुरोध करते थे, लेकिन यह बिलकुल औपचारिक था। वास्तव में ऐसा मान लिया जाता था कि सहमति तो मिलेगी ही। इस औपचारिकता के निर्वाह के लिए ग्रामीणों को बहुत बड़ी कीमत चुकानी पड़ती थी। गुप्त-काल में सिर्फ वाकाटक अनुदानपत्रों में ही खान, चमड़े और चारागाह के उपभोग के अधिकार अनुदान-भोगियों को दिए जाते थे और यह प्रकारांतर से ही किया जाता था, क्योंकि प्रदत्त गाँवों को खनिज, चमड़े और चारागाह के राजस्व से मुक्त कर दिया जाता था।[17] लेकिन अब ये साधन अनुदान-भोगियों को स्पष्ट शब्दों में हस्तांतरित किए जाने लगे। यह चलन मध्य भारत तक ही सीमित नहीं था, बल्कि पूर्वी भारत, उत्तरप्रदेश, राजस्थान, गुजरात और शायद महाराष्ट्र में भी फैल चुका था। पालों[18] और प्रतीहारों[19] के राज्यों में चारागाह, फल देनेवाले वृक्ष, कूप और ताल, झाड़ी-झुरमुट, जंगल, परती जमीन, खाई-खड्ड, यदा-कदा बाढ़ में डूब जानेवाली जमीन आदि सबके उपयोग के अधिकार अनुदान-भोगियों को दे दिए जाते थे। गुप्तोत्तर अनुदानपत्रों में गाँव के आमदनी के इन तमाम साधनों के स्पष्ट उल्लेख का मतलब है कि ये समस्त साधन अनुदान-भोगियों के लाभ के लिए थे।

किंतु, राष्ट्रकूटों के राज्य में वृक्ष-पंक्तियों (सवृक्षमालाकुलम्)[20] के अतिरिक्त

गाँव की आय का और कोई साधन अनुदान-भोगियों को स्पष्ट शब्दों में हस्तांतरित नहीं किया गया, और वृक्ष-पंक्तियों के हस्तांतरण का उल्लेख भी बाद के अनुदानपत्रों में ही मिलता है। पालों और प्रतीहारों की तरह राष्ट्रकूट दाता प्रदत्त गाँवों के निवासियों की सहमति नहीं खोजते थे और न उन्हें अनुदानभोगियों को सभी कर देने तथा उनकी सभी आज्ञाओं का पालन करने का आदेश देते थे। मतलब यह कि राष्ट्रकूट राजा संबंधित गाँवों के निवासियों को अनुदान की औपचारिक सूचना भी नहीं देते थे। इससे प्रकट होता है कि वे ग्रामवासियों के अधिकारों की कोई परवाह नहीं करते थे। प्रतीहार अनुदानपत्रों के स्वरूप से चाहे जो अर्थ ध्वनित होता हो, इसमें कोई संदेह नहीं कि पाल और प्रतीहार दाता भूमि-विषयक अधिकार अनुदान-भोगियों को देते थे।

अनुदान-भोगियों के हाथ इन अधिकारों के आने का ग्रामवासियों पर क्या प्रभाव पड़ता था ? राजा को भूमि-विषयक अधिकार हस्तांतरित करने की सत्ता तो थी, लेकिन अनुदानपत्रों से इस बात का कोई संकेत नहीं मिलता कि वह वास्तव में स्वयं उन अधिकारों का उपभोग करता था। दूसरी ओर गुप्त-काल में भूमि के सामुदायिक स्वामित्व के जो चिह्न मिलते हैं, उनको देखते हुए लगता है कि इन अधिकारों का वास्तविक लाभ ग्रामवासियों को ही मिलता था। वे चारागाह, कूप-ताल, जंगल आदि का उपयोग कर सकते थे और इस सबके लिए उन्हें राजा को कोई कर नहीं देना पड़ता था। इसी तरह वे जमीन को भी आबाद कर सकते थे। किंतु एक बार जब ये भूमि-विषयक अधिकार अनुदान-भोगियों को सौंप दिए जाते थे तब ग्रामवासियों को इन चीजों के उपयोग के लिए अनुदान-भोगियों को कुछ-न-कुछ देना ही पड़ता था। अनुदान-भोगी गाँव की संपदाओं पर मिले इन अधिकारों का क्या लाभ उठाते थे और इससे किसानों का बोझ किस प्रकार बढ़ जाता था, इसकी कल्पना भूमि-कर से संबंधित उन कतिपय पुराने रीति-रिवाजों के आधार पर की जा सकती है, जो 19वीं सदी में प्रचलित थे। अवध के कुछ हिस्सों में, जहाँ काफी कीमती लकड़ी हुआ करती थी, राजा सभी बाहरी लोगों से लकड़ी काटने पर 'कुल्हाड़ी-कर' वसूल किया करता था।[21] इसी क्षेत्र में भूस्वामी न केवल लगान वसूल करते थे, बल्कि गैर-आबाद जमीन की उपज जैसे--फूस-सरकंज, फल आदि—और मछलीगाहों से भी लाभ उठाते थे।[22] 19वीं सदी के इन रिवाजों से यह निष्कर्ष निकाला जा सकता है कि विचाराधीन काल में भी अनुदान-भोगी लोग जंगल, चारागाह, मछलीगाह, फल आदि पर महसूल लगाते होंगे। इससे भी महत्त्वपूर्ण बात यह है कि अनुदान-भोगी परती जमीन को अपनी निजी जायदाद बना सकते थे और ग्रामीण लोग अपने बढ़ते हुए परिवारों के भरण-पोषण के लिए चाह कर भी अपनी जोत नहीं बढ़ा सकते थे। इस प्रकार एक ओर तो भूमि को व्यक्तिगत स्वामित्व में रखने के अधिकारों का विकास हो रहा था, और दूसरी ओर भूमि-विषयक सामुदायिक अधिकारों का लोप होता जा रहा था।

एक ओर तो राजा सामुदायिक अधिकार अनुदान-भोगियों को देकर भूमि के व्यक्तिगत स्वामित्व को बढ़ावा दे रहा था, और दूसरी ओर यदा-कदा स्थानीय समुदाय भी अपने संयुक्त स्वामित्व के अधिकार मंदिरों को सौंप देता था। उदाहरण के लिए, ग्वालियर के लोगों ने जमीन के कई टुकड़े स्थानीय मंदिरों को दान किए।[23] इन अनुदानपत्रों से यह बात अच्छी तरह स्पष्ट हो जाती है कि सामुदायिक संपत्ति किस प्रकार सामंती संपत्ति बनाई जा रही थी। जब ये सामुदायिक क्षेत्र दान किए जाते थे तो साथ ही इन्हें जोतने-बोनेवाले किसान भी ग्रहीताओं को सौंप दिए जाते थे।[24] नवदुर्गा और विष्णु के मंदिरों को, जिन्हें सेनापति अल्ल ने बनवाया था, नगर से अनुदानस्वरूप कई खेत मिले,[25] और स्पष्ट ही ये अनुदान नगर ने उसी सेनापति के दबाव के कारण दिए थे। फिर, हम देखते हैं कि पूरे सीयडोणि नगर ने श्री नारायणभट्टारक मंदिर को, जिसे नगर के दक्षिणी हिस्से में एक व्यापारी ने बनवाया था, 200 हस्त चौड़ा और 225 हस्त लंबा एक छोटा-सा खेत दान में दिया।[26] यह अनुदान किसी के दबाव के कारण नहीं दिया गया था, लेकिन दोनों ही मामलों में सामुदायिक भूसंपत्ति व्यक्तिगत भूसंपत्ति बन गई। निस्संदेह इस संपत्ति की व्यवस्था तो सामंती ढंग से होनेवाली थी, क्योंकि देवी-देवता और उनके पुजारी खुद तो जमीन जोतनेवाले थे नहीं; वे तो इसे दूसरों से ही जुतवाते।

प्रतीहारों के राज्य की तरह राष्ट्रकूटों के राज्य में भी स्थानीय समुदाय अपनी जमीन मंदिरों को दान में दिया करता था और इस तरह जमीन निजी संपत्ति बन जाती थी। प्रथम अमोघवर्ष के शासन-काल में 865 में वर्तमान धारवार जिला स्थित एलपुणुस के चालीस महाजनों ने एक पंडित को 85 मत्तर भूमि दान की।[27] सौनदत्ति में प्राप्त एक अभिलेख में एक जैन मंदिर को 50 कृषकों की सहमति से दिए गए अनुदान का उल्लेख मिलता है।[28] 951-52 में चतुर्थ कृष्ण के समय में धारवार जिले में शायद उन 50 महाजनों की सहमति से, जिनका उल्लेख अनुदान के संरक्षकों के रूप में हुआ है, 12 मत्तर जमीन मठ और शैक्षणिक प्रयोजन के लिए दान की गई।[29] इससे प्रकट होता है कि कर्नाटक में स्थानीय समुदायों के गण-मान्य लोग, जो महाजन कहलाते थे, अपनी सामूहिक भूमि के कुछ हिस्से धार्मिक और यदाकदा शैक्षणिक प्रयोजनों के लिए भी दान करते थे। लेकिन अनुदत्त क्षेत्रों के व्यवस्थापक स्वभावतः ऐसी भूमि पर अपना व्यक्तिगत स्वत्व स्थापित करने की चेष्टा करते थे।

यूरोप की सामंतवादी अर्थव्यवस्था की मुख्य विशेषता कृषि-दासत्व (सर्फडम) की प्रथा थी। इस प्रथा के अंतर्गत किसान भूमि से बँधे रहते थे, किंतु वे उसके मालिक नहीं होते थे। पालों, प्रतीहारों और राष्ट्रकूटों के राज्य में ऐसी प्रथा नहीं थी, परंतु कई कारणों से अनुदत्त गाँवों के किसानों की दशा कम्मियों जैसी होती जा रही थी। उपसामंतीकरण की प्रवृत्ति के कारण किसानों की दशा बिगड़ती

गई। उत्तर बिहार के एक पाल अनुदानपत्र से ज्ञात होता है कि एक राज्याधिकारी ने अपने प्रभु तृतीय विग्रहपाल (1055-70) की अनुमति लेकर अपनी जमीन का एक हिस्सा अनुदान में दिया।[30] गृहस्थ अनुदानभोक्ता होने के कारण शायद वह अधिकारी राजा की अनुमति के बिना अनुदान नहीं दे सकता था। जो भी हो, धार्मिक भोक्ता अपनी जमीन आप नहीं जोतते थे। नालंदा-जैसे बड़े-बड़े विहारों के प्रबंधक अपनी जमीन में दूसरों से खेती करवाते थे और लगान उनके गुमाश्ते वसूल किया करते थे।

प्रतीहारों के राज्य में ग्रहीता अपने उपसामंत बना सकते थे,[31] और अपनी-अपनी भूमि के जोतदारों को बेदखल कर सकते थे। प्रतीहार साम्राज्य में—विशेषकर राजस्थान, मालवा तथा गुजरात में—ग्रहीता को अनुदत्त क्षेत्र में स्वयं खेती करने या दूसरों से कराने, उस क्षेत्र का उपभोग स्वयं करने अथवा किसी और को उपभोग के लिए दे देने का अधिकार प्राप्त था।[32] इससे पूर्व बलभी के मैत्रक राजाओं के अनुदानों में ये शर्तें पाई जाती हैं।[33] राष्ट्रकूटों के राज्य में इन अधिकारों के साथ अनुदान देने का चलन खूब था। तात्पर्य यह कि राजस्थान, गुजरात और महाराष्ट्र में राजा और धार्मिक अनुदान-भोगी जोतदारों को जमीन से बेदखल कर सकते थे। अलतेकर का कहना है कि बेदखली के अधिकार का कहीं उल्लेख नहीं हुआ है।[34] किंतु अनुदानों की शर्तों से लगता है कि अनुदत्त क्षेत्रों में अस्थायी जोतदार हुआ करते थे और वे तभी तक जोतदार रह सकते थे जब तक ग्रहीता चाहते।[35] इच्छा होने पर वे उन्हें अपनी जमीन से निकालकर उसमें दूसरों से खेती करवा सकते थे। जो गाँव राजा के प्रत्यक्ष नियंत्रण में थे उनमें वह भी बेदखली के अधिकार का उपयोग कर सकता था, किंतु अनुदत्त भूमि से अधिक निकट-संबंध होने के कारण ग्रहीता इस अधिकार का उपयोग ज्यादा कारगर ढंग से कर सकता था। इसलिए प्रतीहारों और राष्ट्रकूटों के राज्यों में किसानों के जोत के अधिकार सुरक्षित नहीं होते थे। इस प्रकार भूमि का स्वामित्व अक्सर जोतदार के हाथ में नहीं हुआ करता था। यदि 'व्यास स्मृति' पूर्व-मध्यकालीन भारत की भूमि-व्यवस्था के संबंध में सही जानकारी देती हो तो मानना पड़ेगा कि कभी-कभी तो राजा और असली काश्तकारों के बीच भूमिपतियों की चार-चार श्रेणियाँ हुआ करती थीं।[36]

शासक कबीले के भी सभी सदस्य जमीनों के स्थायी और पूर्ण स्वामी नहीं होते थे। गुर्जर सरदारों और किसानों के बीच भी धीरे-धीरे अंतर पैदा हो गया और कालांतर से गुर्जर कृषक सामंती ढाँचे के अंग बन गए। उन्हें भी वे सारे कर देने को बाध्य किया गया जो सामान्य स्थानीय किसानों को देने पड़ते थे। 960 में गुर्जर प्रतीहार कुल के एक सामंत राजा[37] ने अपने वंशपोतक भोग (निजी उपयोग की भूमि) में से एक गाँव दान किया, जिसमें बहुत सारे गुर्जर कृषक रहते थे।[38] यह अनुदान एक गुरु और उसके क्रमागत शिष्यों को मिला। ग्रहीता को विभिन्न

उचित-अनुचित शुल्कों के अतिरिक्त भाग (उपज का एक अंश), खल-भिक्षा (खलिहान-कर), प्रस्थक (अधिकारियों के निमित्त कर), स्कंधक, मार्ग्गणक, और नास्तिभर्ता और अपुत्रिकाधन तथा नीधि-निधान-जैसे छः और कर वसूल करने का अधिकार दिया गया था। स्पष्ट है कि इन गुर्जर किसानों से पहले भी उनका समगोत्री प्रभु ये कर वसूल करता था, और बाद में ये सारे कर ग्रहीता (गुरु) को मिलने लगे। इस अनुदान से प्रकट होता है कि इस सामंत को अपने समगोत्री बंधुओं के शोषण में कोई हिचक नहीं थी, और भूमि से बँधे इन किसानों को वह इच्छानुसार भूमि के साथ जिस-किसी को सौंप सकता था। फिर, हम देखते हैं कि किसानों पर उचित-अनुचित सभी तरह के कर ग्रहीता लगा सकता था, जिससे उनकी दशा कृषि-दासों की जैसी हो जाती थी। इस प्रकार एक ओर गुर्जर-प्रतीहारों और विजित जातियों के बीच सामंती संबंधों का विकास हुआ तथा दूसरी ओर स्वयं विजेताओं के अपने गोत्र के भीतर भी सामंतवादी संबंध कायम हुए, क्योंकि कालांतर से विजेता लोग अपने समगोत्री भाई-बंदों को जीत में प्राप्त धन-संपत्ति के हकदार मानने के बजाय ऐसे कृषिदास समझने लगे जिनका कर्त्तव्य अपने गोत्रीय अगुओं और सैनिक नेताओं के लाभ के लिए खून-पसीना बहाना था।

इस बात के और भी संकेत मिलते हैं कि राजस्थान में भूमि जातनेवाले लागा की भूमि के हस्तांतरण में कोई आवाज नहीं थी और जब भूमि का हस्तांतरण किया जाता था तब किसान लोग अपनी इच्छा से उसे छोड़ नहीं सकते थे। एक ओर तो अनुदान-भोगियों को अपनी इच्छानुसार किसानों को बेदखल कर देने का अधिकार दिया जाता था, और दूसरी ओर किसानों पर यह बंधन लगा रहता था कि भूमि का हस्तांतरण होने पर भी वे उस भूमि को अपनी मर्जी से नहीं छोड़ सकते। जहाँ तक किसानों का संबंध है, ये दोनों व्यवस्थाएँ परस्पर असंगत जान पड़ती हैं। किंतु इसमें संदेह नहीं कि इनसे अनुदान पानेवालों की स्वार्थ-सिद्धि होती थी; वे अपनी मर्जी के मुताबिक किसानों को रख या हटा सकते थे। भूतपूर्व भरतपुर राज्य प्रतीहार साम्राज्य का हिस्सा था—प्रथम भोज के समय में तो निश्चय ही। इस राज्य में प्राप्त कामन शिलाभिलेख में, जो लगभग 905-6 का है, आठ अनुदानों का वर्णन है, जिनमें से सभी 786-87 से लेकर 905-6 के बीच स्थानीय देवता शिव के नाम दिए गए।[39] छठे आलेख में कहा गया है कि उद्भट नामक एक व्यक्ति ने अपने अधीनस्थ गाँव में तीन हलों से जोती जाने लायक जमीन, जिसे पहले सहल्ल, जज्ज और कुछ अन्य ब्राह्मण जोतते थे, और बाद में एड्डवाक नामक हलिक जोतता था, दान कर दी।[40] इससे प्रकट होता है कि कभी-कभी उच्चतम वर्ण के लोगों को भी सामान्य कृषकों की तरह काम करना पड़ता था। इससे भी महत्त्वपूर्ण बात यह है कि जो सामंत केवल एक गाँव का स्वामी था, वह भी अपने प्रभु से अनुमति लिए बिना अपनी जमीन दूसरों को दे सकता था और जमीन के साथ-साथ जोतनेवाले हलिकों को भी हस्तांतरित कर सकता था। इससे सिद्ध होता है कि प्रतीहारों के

अधीन राजस्थान में कृषि-दासत्व की प्रथा थी। और चूँकि साधारण सामंत भी खेती करनेवालों के साथ अपनी जमीन हस्तांतरित कर सकते थे, इसलिए हम यह निष्कर्ष निकाल सकते हैं कि यह प्रथा काफी व्यापक रही होगी।

कृषकों को कृषि-दासों की स्थिति में पहुँचा देनेवाली दूसरी बात थी—बेगार की प्रथा का विस्तार। पाल अनुदानपत्रों में विष्टि शब्द का प्रयोग नहीं हुआ है। किंतु, पालों के राज्यों में किसान सर्वपीडा के भागी थे,[41] और ब्राह्मणों, मंदिरों तथा विहारों को दान किए गाँवों में राजा सर्वपीडा का अपना यह अधिकार छोड़ दिया करता था।[42] ग्रहीता लोग ग्रामीणों को सर्वपीडा का शिकार बनाते थे या नहीं, यह बात स्पष्ट नहीं है।

मगर इसमें कोई संदेह नहीं कि पूर्वी काठियावाड़ में प्रतीहारों के सामंतों को ग्रामीणों से बेगार लेने का अधिकार प्राप्त था। वहाँ यह प्रथा विष्टि नाम से जानी जाती थी, और अनुदान के साथ-साथ ग्रहीता को विष्टि का अधिकार भी सौंप दिया जाता था।[43] यह प्रथा बलभी के मैत्रकों के राज्य में भी फैल गई, और बाद में प्रतीहारों और राष्ट्रकूटों दोनों के राज्यों में जारी रही। 'सोतपद्यमान विष्टिक' (अर्थात् विष्ट से उत्पादित वस्तुओं) का प्रयोग सर्वप्रथम मैत्रकों के अनुदानपत्र में हुआ है और इस शब्द-समुच्चय को राष्ट्रकूटों ने ज्यों-का-त्यों अपना लिया।[44] सच तो यह है कि बेगार की प्रथा जितने व्यापक रूप में प्रतीहारों और राष्ट्रकूटों के शासन-काल में गुजरात और महाराष्ट्र में प्रचलित थी, उतने व्यापक रूप में और किसी भी काल में कहीं भी नहीं रही। विचित्र बात यह है कि यह प्रथा उन्हीं क्षेत्रों में प्रचलित थी जहाँ ग्रहीताओं को अनुदत्त भूमि अपनी इच्छानुसार स्वयं खेती करने या दूसरों से करवाने तथा उसका उपभोग स्वयं करने या औरों को तदर्थ दे देने का अधिकार प्रदान किया जाता था। बेगार की गुंजाइश वहीं होती है जहाँ लोग कम होते हैं। क्योंकि घने आबाद क्षेत्रों में जोर-जबरदस्ती की संभावना नहीं रहती। इस प्रथा के प्रचलन का कारण चाहे जो रहा हो, इसमें संदेह नहीं कि यह बहुत व्यापक रूप में विद्यमान थी। शायद यह राजस्व का एक अतिरिक्त साधन थी, और कौटिल्य के अर्थशास्त्र में प्रयुक्त विष्टि शब्द की भट्टस्वामी द्वारा की गई व्याख्या से प्रकट होता है[45] कि इस प्रथा के द्वारा राजा किले आदि बनवाने के लिए मजदूर जुटाता था। यह स्पष्ट नहीं है कि अनुदान पानेवाले लोग यूरोपीय सामंतों की तरह किसानों से जबरन अपनी निजी जोत की जमीन में काम करवाते थे अथवा केवल ऐसे कार्यों के लिए ही उनके श्रम का उपभोग करते थे जिन्हें सार्वजनिक कार्यों की श्रेणी में रखा जा सकता है। अतएव अनुदान में दिए गए गाँवों में बेगार की प्रथा कैसे काम कर रही थी, ठीक-ठीक नहीं बताया जा सकता है। इतना साफ है कि राष्ट्रकूटों के अधीन अनुदान पानेवालों को ग्रामीणों से बेगार लेने का सुनिश्चित अधिकार दिया जाता था, और पालों के अधीन जब कोई गाँव दान किया जाता था तब राज्य उस गाँव में अपना सर्वपीडा का अधिकार छोड़ देता था।

लेकिन राज्य द्वारा छोड़े गए इस अधिकार का उपभोग ग्रहाता कर सकता था अथवा नहीं, यही स्पष्ट नहीं है।

ऐसा कोई अभिलेख तो हमें उपलब्ध नहीं है जिसके आधार पर हम निश्चय कर सकें कि पालों और प्रतीहारों के अधीन किसानों के सिर पर पड़नेवाले प्रत्यक्ष भार में कोई वृद्धि हुई या नहीं, लेकिन गाहडवालों के अधीन उन पर लगाए जाने-वाले करों की जो लंबी सूची मिलती है, उससे वहाँ के किसानों के बारे में ऐसा आभास अवश्य मिलता है। पाल अनुदानपत्रों में कुछ थोड़े-से करों का ही स्पष्ट उल्लेख हुआ है. और शेष कर उनमें प्रयुक्त 'आदि' शब्द के अंतर्गत आ जाते हैं।[46] इस प्रकार इन अनुदानपत्रों में ग्रहीताओं के लिए ग्रामवासियों पर नए-नए कर लगाने की पूरी गुंजाइश रह जाती है। उनमें ग्रामवासियों को बार-बार यह निर्देश दिया गया है कि वे अनुदान-भोगियों को सभी कर (समस्तप्रत्याय) दें, लेकिन इन करों के स्पष्ट उल्लेख के अभाव में ग्रहीता बखूबी नए-नए कर लगा सकते थे। यही बात प्रतीहार अनुदानपत्रों पर भी लागू होती है, क्योंकि उनमें राजस्व के सभी साधन (सर्वआयसमेत) हस्तांतरित तो कर दिए गए हैं, किंतु उनके नाम नहीं बताए गए हैं। प्रतीहार साम्राज्य के कुछ हिस्सों में (राजस्थान में) ग्रामवासियों से ग्रहीताओं को उचित-अनुचित, निश्चित-अनिश्चित सभी कर देने को कहा गया है।[47] ऐसे अधिकारों से युक्त होने के कारण ग्रहीता ग्रामवासियों से प्रचलित करों के अलावा नए कर भी वसूल कर सकते थे।

पाल और प्रतीहार अनुदानपत्रों के विपरीत, राष्ट्रकूट अनुदानपत्रों में राजस्व के साधनों का हस्तांतरण स्पष्ट शब्दों में किया गया है और फलतः उनमें ग्रहीताओं के लिए प्रचलित करों में वृद्धि करने या नए कर वसूल करने की कोई गुंजाइश नहीं रखी गई है। लेकिन, करों के इस स्पष्ट निर्देश से ग्रामवासियों को जो लाभ हो सकता था उसे उन पर लगाए जानेवाले सात-आठ तरह के कर नगण्य बना देते थे। ये कर थे—उद्रंग, उपरिकर, भूतवात प्रत्याय, धान्य, हिरण्य, दंडदशापराध; और उत्पद्यमान-विष्टि तो थी ही। इन शब्दों के ठीक-ठीक अर्थ चाहे जो रहे हों, इतना निश्चित है कि प्रत्येक शब्द से एक कर का बोध होता है, और कुल मिलाकर ये इस बात का संकेत देते हैं कि राष्ट्रकूटों के अधीन किसानों के सिर का बोझ बहुत बढ़ गया था। गाँवों के अनुदान में दे दिए जाने के बाद भी किसानों को, ग्रहीताओं को ये सभी कर देने पड़ते थे, यद्यपि राष्ट्रकूटों के अधीन ग्रहीताओं को उतनी छूट नहीं थी जितनी कि पालों और प्रतीहारों के राज्यों में थी।

अनुदानभोगियों के हाथों में जाने से किसानों के भूमि-विषयक सामूहिक अधिकार तो छिन ही गए, साथ ही उन्हें उपसामंतीकरण और दरपट्टे के चलन का शिकार बनना पड़ा। इसके अलावा ग्रहीताओं के बेदखली के अधिकार के कारण किसानों का काश्तकारी का हक कमजोर पड़ गया, उनसे बेगार लिया जाने लगा, उन पर अतिरिक्त कर लगाए जाने लगे और उन्हें जबरन भूमि से बाँध दिया गया।

इस बात के स्पष्ट प्रमाण मिलते हैं कि कुछ क्षेत्रों में ग्रहीताओं को किसानों को बेदखल करने का भी अधिकार दिया गया, और मर्जी के मुताबिक उन्हें अपनी जमीन से बाँध रखने का भी हक दिया गया। यद्यपि ये दोनों अधिकार परस्पर असंगत दीखते हैं, किंतु स्पष्ट है कि इनसे ग्रहीताओं का हित-साधन होता था, क्योंकि अब वे अपनी इच्छा से किसानों को अपनी जमीन में रख या वहाँ से निकाल सकते थे। इस सबके परिणामस्वरूप यूरोपीय कृषिदासों की तरह यहाँ के किसान भी आर्थिक दृष्टि से बिलकुल पराधीन हो गए।

अनुदानपत्रों में ऐसा कोई उपाय नहीं बतलाया गया है जिसके सहारे किसान ग्रहीताओं के खिलाफ अपनी शिकायतें दूर करवा सकते। पालों और प्रतीहारों के प्रायः सभी अनुदानपत्रों में ग्रामवासियों को यह आदेश दिया गया है कि वे ग्रहीताओं के प्रति अपने कर्त्तव्यों का पालन करें तथा उन्हें सभी कर दें और उनकी आज्ञा पर चलें। उनमें राजा के वंशजों और अन्य शक्तिशाली तथा प्रभावशाली राजपुरुषों को भी दैवी प्रकोप का भय दिखाकर—अनुदानपत्रों की तमाम शर्तों का पालन करने की सलाह दी गई है। और इस सलाह को वास्तव में माना भी जाता था, क्योंकि हम देखते हैं कि भोज ने दो अग्रहार गाँव, जो उसके पूर्वजों के समय में ग्रहीताओं के हाथों से निकल गए थे, उन्हीं ग्रहीताओं को फिर से दान किए। किंतु, अपने अधीनस्थ ग्रामवासियों के प्रति ग्रहीताओं के कर्त्तव्य का हमें कहीं कोई संकेत नहीं मिलता। यदि वे नए कर लगाने या प्रचलित करों में वृद्धि करने का निर्णय कर लेते तो बेचारे किसान राहत के लिए जाते किसके पास ? इसलिए ग्रहीता द्वारा ऐसा कोई कदम उठाने पर स्वभावतः किसान असहाय हो जाते होंगे, और उनके बंधन और भी कस जाते होंगे।

धर्मार्थ अथवा धर्मेतर प्रयोजनों से अनुदान में दिए गए गाँवों के अतिरिक्त शेष गाँवों में करों का निर्धारण और वसूली राज्याधिकारी करते थे। हमें इस संबंध में तो कोई जानकारी नहीं है कि ये राज्याधिकारी अपने व्यक्तिगत खाने-खर्चे के लिए किसानों से कोई शुल्क लेते थे या नहीं, किंतु पालों के अधीन राज-परिवार के खर्च के लिए ग्रामवासियों से कुछ शुल्क अवश्य वसूल किए जाते थे। साथ ही नियमित और अनियमित सैनिकों तथा पुलिसवालों को वेतनस्वरूप जो कुछ मिलता था, उसके अलावा वे ग्रामवासियों से अपने लिए खाना-खर्चा वसूल किया करते थे। यदि ऐसा नहीं था तो फिर अनुदान में दिए गाँवों में ऐसे सरकारी अमलों का प्रवेश वर्जित करने का कोई मानी नहीं था। बंगाल, बिहार और बुंदेलखंड में तो गुप्त-काल में ही गाँववालों को चाटों और भटों के रहने और खाने-पीने की व्यवस्था करनी पड़ती थी, और जिस काल की स्थिति का निरूपण हम कर रहे हैं उस काल में चंबा में भी ग्रामीण लोगों को यह भार वहन करना पड़ता था। गुप्त-काल से पहले इस प्रथा का सही स्वरूप क्या था, इसकी जानकारी हमें नहीं है किंतु चंबा अभिलेख (975) से प्रकट होता है कि देश के दूसरे हिस्सों में भी

राजा के प्रत्यक्ष नियंत्रण में थे, उन्हें इन सरकारी अमलों के भोजन-आवास, परिवहन आदि पर काफी खर्च करना पड़ता था। चंबा अभिलेख से ज्ञात होता है कि चाट और भट किसानों के घरों में प्रवेश करके उन्हें अपनी कच्ची और पकी फसल, ईख और नमक तथा गाय के दूध का एक हिस्सा देने को मजबूर कर सकते थे, वे अपने उपयोग के लिए उनकी कुर्सियाँ, बेंचें या खाटें उठा ले जा सकते थे, और उनकी लकड़ी, ईंधन, घास, भूसा आदि हथिया सकते थे।[48] अन्यत्र वे ऐसा व्यवहार नहीं करते होंगे, ऐसा मानने का कोई कारण दिखाई नहीं देता।

पालों और प्रतीहारों के राज्यों की अर्थव्यवस्था में उद्योग-व्यापार का भी सामंतीकरण देखने को मिलता है। धर्मपाल के अधीन चार गाँवों से संयुक्त हट्टिकाएँ एक व्यक्ति को अनुदान में दे दी गईं।[49] जाहिर है कि इस ग्रहीता ने व्यापारियों को उतनी स्वतंत्रता नहीं दी होगी जितनी कि उन्हें राज्य ने दे रखी होगी। सबसे महत्त्वपूर्ण उदाहरण 34 अश्व-विक्रेताओं का है। वे अपने घोड़े आदि बेचने के लिए देश के विभिन्न भागों से चलकर पेहोआ में एकत्र हुए थे और वहाँ उन्होंने छः मंदिरों को प्रत्येक घोड़े, खच्चर आदि की बिक्री पर दो द्रम्म देने का वादा किया था।[50] यह स्पष्ट नहीं है कि मंदिरों को दिए जानेवाले शुल्क के अतिरिक्त ये राजा को भी कोई आगम-शुल्क देते थे या नहीं। शायद राजकीय दबाव से मजबूर होकर लोग आगम-शुल्क वसूल करने का अधिकार मंदिरों और देवताओं को हस्तांतरित कर देते थे। फिर, सीयडोणि के शासक उंदभट ने वस्तुओं पर लगाए गए आगम-शुल्क का एक निश्चित हिस्सा विष्णु के मंदिर को सौंप दिया।[51] इसी प्रकार, वहीं के विष्णु मंदिर को कुछ व्यापारियों ने कम से कम 16 दुकानों से होनेवाली सारी आय हस्तांतरित कर दी।[52] राजस्थान में लच्छुकेश्वर मंदिर को दिए गए एक भूमि-अनुदान में हट्टिका में विक्रय के लिए प्रति बोरे अन्न पर तीन विंशोपक आगम-शुल्क और हर दुकान से दो विंशोपक मासिक शुल्क भी शामिल था।[53] राष्ट्रकूटों के साम्राज्य में शिल्पियों से होनेवाली राजकीय आय के अनुदान में दे दिए जाने का उल्लेख कहीं नहीं मिलता, लेकिन स्थानीय श्रेणियाँ धार्मिक प्रयोजनों के लिए अपनी आय अनुदान में अवश्य देती थीं। उदाहरण के लिए, 793 में लक्ष्मेश्वर के बुनकरों की श्रेणि के प्रधान ने एक धर्मदाय के लिए बुनकर द्वारा तैयार किए माल का एक निश्चित अनुपात देना स्वीकार किया।[54] 880 में 360 नगरों की एक श्रेणि के चार प्रधानों ने एक ऐसा ही अनुदान दिया।[55] संभव है, ऐसे अनुदान राजा भी देते हों—पाल और प्रतीहार राजा तो देते ही थे। हमें यह जानकारी नहीं है कि राजा चुंगी और आगम-शुल्क से होनेवाली आय अपनी सेवा करने वाले सामंतों और राज्याधिकारियों को भी यदा-कदा हस्तांतरित कर देता था या नहीं। लेकिन पारलौकिक लाभ के लिए मंदिरों को तो आय के ये साधन अवश्य ही अनुदान में दिए जाते थे।

उद्योग और व्यापार से होनेवाली आय को धार्मिक अनुदान के रूप में

हस्तांतरित करने का चलन इसी काल में आरंभ हुआ । मौर्योत्तर-काल और गुप्तों के समय में श्रेणियों के पास नकद राशियाँ जमा कर दी जाती थीं और धार्मिक आवश्यकताओं की पूर्ति उनसे प्राप्त ब्याज से होती थी । इस प्रकार अनुदान में दी गई राशियों पर धार्मिक संस्थाओं का कोई नियंत्रण नहीं होता था । प्रतीहारों के अधीन पुराना रिवाज चलता रहा । हाँ, यह जरूर था कि ये राशियाँ श्रेणियों के पास नहीं, बल्कि श्रेणियों के प्रधानों के पास जमा होती थीं । इससे भी महत्त्वपूर्ण बात यह है कि वस्तुओं की बिक्री या दुकानों पर लगाए जानेवाले महसूलों को भी अब मंदिरों को हस्तांतरित करने का चलन शुरू हो गया । इस प्रकार शिल्पियों और व्यापारियों की आर्थिक प्रवृत्तियों पर एक हद तक मंदिरों का नियंत्रण हो गया, जिससे वे अपने निजी स्वार्थ साध सकते थे ।

स्थानीय आवश्यकताओं की पूर्ति स्थानीय तौर पर तैयार और पैदा की गई चीजों से होती रहे यही सामंतवादी व्यवस्था का आधार था । इसमें बाजार के लिए बड़ी मात्रा में किसी खास वस्तु के उत्पादन की गुंजाइश नहीं रह जाती थी । पालों और प्रतीहारों के राज्यों में गाँवों की बिलकुल यही स्थिति थी । जातकों में शिल्पियों के गाँवों का उल्लेख मिलता है, लेकिन पालों के अधीन गाँवों की आबादी के स्वरूप की जो थोड़ी-बहुत जानकारी हमें उपलब्ध है, उससे लगता है कि इन गाँवों में सिर्फ किसान ही नहीं, बल्कि ब्राह्मणों से लेकर मेदों, अंध्र और चांडालों तक, सभी पेशे के लोग रहते थे ।[56] एक प्रतीहार अनुदानपत्र से प्रकट होता है कि अलवर के पास के गाँवों में शिल्पी, व्यापारी और कृषक सभी रहते थे ।[57] पालों और प्रतीहारों के राज्यों में करों की जो सूचियाँ मिलती हैं, उनसे प्रकट होता है कि ये सभी कर किसानों से ही नहीं लिए जाते होंगे । 'कर', 'हिरण्य' आदि तो केवल गाँव के शिल्पी और व्यापारी ही देते होंगे । इस प्रकार गाँव के आत्म-निर्भर आर्थिक जीवन को कायम रखने के लिए यह आवश्यक था कि बुनियादी जरूरतों की तमाम चीजों को पैदा और तैयार करनेवाले लोग गाँव में रहें । पिछड़े और जनजातीय लोग भी गाँव के लिए उपयोगी आर्थिक प्रवृत्तियों में लगे रहते थे । पाल साम्राज्य के गाँवों में चांडाल लोग शायद चमड़ा कमाने और गाँववालों के लिए जूते आदि बनाने का काम करते होंगे, और मेद तथा अंध्र खेतिहर मजदूरों का काम करते होंगे ।

विहारों और मंदिरों से संबद्ध आर्थिक अंचल कुछ बड़े होते थे । देवपाल के नालंदा अनुदानपत्र के अनुसार पाँच गाँव भिक्षुओं की पूजन-सामग्री, पहनने और बिछाने के कपड़े, भोजन तथा औषधियाँ जुटाने और विहार की मरम्मत के लिए दान किए गए ।[58] यह मानना ठीक नहीं होगा कि इन तमाम चीजों का प्रबंध गाँव-वालों से नकद वसूल की गई रकम से ही होता था । संभवतः कुछ गाँव अन्न देते थे और कुछ कपड़ा और कुछ अन्य गाँव मकानों की मरम्मत के लिए मजदूर देते थे; या फिर प्रत्येक गाँव इन सभी चीजों के एक-एक हिस्से का इंतजाम करता होगा । तफसीलवार व्यवस्था चाहे जैसी रही हो, इतना तो निश्चित है कि गाँव विहारों को

तरह-तरह की सेवाएँ प्रदान करके उनकी आत्म-निर्भर अर्थव्यवस्था कायम रखने में सहायक होते थे।

प्रतीहारों के अधीन राजस्थान में कुछ मंदिरों ने आर्थिक आत्म-निर्भरता प्राप्त करने के निमित्त अपनी जमीन के बिखरे टुकड़ों की चकबंदी की[59] और ऐसी व्यवस्था की जिससे दस्तकारों से आवश्यक सामान नियमित रूप से मिलते रहें। उदाहरण के लिए, हम जानते हैं कि तेली लोग एक मंदिर को स्वेच्छा से प्रति कोल्हू एक निश्चित मात्रा में तेल दिया करते थे।[60] जो शिल्पी स्वेच्छा से ऐसा नहीं करते थे, उन्हें लाचारीवश करना पड़ता था, क्योंकि उन्हें मंदिर की मिल्कियत में पड़नेवाले क्षेत्र को छोड़कर कहीं और बसने की छूट नहीं थी। प्रतीहार शासक मथनदेव ने लच्छुकेश्वर मंदिर के लिए प्रति घड़ा घी और तेल पर दो पलिकाओं का शुल्क लगाया, और प्रत्येक चोल्लिक (तमोली ?) को उसने पचास पत्ते देने को कहा।[61] स्पष्ट है कि इस सब पर खर्च करने के लिए न तो दाता के पास और न मंदिर के पास काफी नकद था, और इसलिए शिल्पियों और कारीगरों को अपनी बनाई चीजों का एक हिस्सा देना पड़ता था।

कुछ नगर भी आर्थिक दृष्टि से आत्म-निर्भर थे, क्योंकि उनके पास खेती की जमीन थी, जिससे उन्हें अन्नादि मिल जाते थे। ऐसे नगरों में रहनेवाले शिल्पियों को अपना-अपना धंधा अपनी मर्जी के मुताबिक करने की पूरी छूट नहीं होती थी। प्रतीहारों के राज्य में तेलियों, तमोलियों, कल्लपालों (शराब बनानेवाले) और मालिकों के प्रधान अनुदान देते थे और कभी-कभी अपनी-अपनी श्रेणियों की ओर दी हुई थाती भी रखते थे।[62] पहले के अभिलेख बतलाते हैं कि इस प्रकार की थाती पूरी शिल्पी श्रेणि के पास रखी जाती थी, लेकिन प्रतीहार अभिलेखों से ज्ञात हाता है कि ये थातियाँ श्रेणि-प्रधानों को सौंप दी जाती थीं। राजकीय अधिकारियों की सलाह से श्रेणि-प्रधान अपनी श्रेणि के सदस्यों पर कर लगा सकता था और उसकी ओर से सौदा और लेन-देन कर सकता था। अभिप्राय यह है कि नगरों में शिल्पी लोग अपनी इच्छानुसार अपना धंधा नहीं चला सकते थे, बल्कि जिस प्रकार किसान अपने-अपने प्रभुओं की इच्छा पर चलते थे उसी प्रकार दस्तकारों को भी अपने-अपने प्रधानों की मर्जी के मुताबिक चलना पड़ता था। शिल्पी अपने मन से कहीं आ-जा या बस नहीं सकते और अपने मन से अपने धंधे में कोई परिवर्तन नहीं कर सकते थे। यह चीज क्षेत्रबद्ध नगरीय अर्थव्यवस्था की महत्त्वपूर्ण विशेषता थी।

देश में और विशेषकर प्रतीहार साम्राज्य में छोटी-छोटी आर्थिक इकाइयों के अस्तित्व का एक अन्य प्रमाण भी है। तात्पर्य अलग-अलग स्थानों में अलग-अलग ढंग के माप-तौल के चलन से है। इनमें से कुछ का उल्लेख सीयडोणि अभिलेख में हुआ है। ऐसा जान पड़ता है कि मणि, तालि और तुला के स्थानीय मानक थे।[63] ग्वालियर क्षेत्र में जमीन नापने के लिए उसका अपना मानक प्रचलित

था,[64] और इन स्थानीय मानकों का निर्धारण सम्राट के हाथ (परमेश्वरीय)[65] की लंबाई के आधार पर होता था। गुप्तों और सेनों के अधीन हमें पूर्वी भारत के भूमि-माप के स्थानीय मानकों की कुछ जानकारी है। ऐसे मानक पालों के अधीन भी प्रचलित थे। देश के छोटी-छोटी राजनीतिक इकाइयों में विभक्त हो जाने से माप-तौल के समान मानकों का विकास नहीं हो पाया, और फलतः यहाँ का उद्योग-व्यापार राष्ट्रव्यापी रूप नहीं ले सका।

इस काल में उद्योग-व्यापार की स्थिति अच्छी नहीं थी, इसका संकेत सिक्कों की कमी से मिलता है। जिस एकमात्र पाल अनुदानपत्र में द्रम्मों का उल्लेख मिलता है, वह धर्मपाल का अभिलेख है। इस अभिलेख के अनुसार 801 में 3000 द्रम्म खर्च करके गया में एक तालाब खुदवाया गया, लेकिन हम किसी भी मुद्रा के बारे में निश्चयपूर्वक नहीं कह सकते कि यह अमुक पाल राजा की मुद्रा है। अभी हाल में भागलपुर जिलांतर्गत कहलगाँव नामक स्थान के पास पालरों के एक ठिकाने की खुदाई हुई है। उसमें भी कुछ कौड़ियाँ तो मिली हैं, लेकिन मुद्रा कोई नहीं। पालों का शासन लगातार लगभग चार सौ वर्षों तक चलता रहा, फिर भी उनके साम्राज्य-क्षेत्र में अब तक कोई मुद्रा नहीं मिली है, इसकी कोई ठीक सफाई दे सकना विद्वानों को बहुत मुश्किल लगता है।[66] लेकिन यदि हम पूर्व-मध्यकालीन भारत में प्रचलित अर्थव्यवस्था को ध्यान में रखकर सोचें तो इसका कारण समझाना कठिन नहीं है।

प्रतीहार अभिलेखों में द्रम्म, पाद, विंशोपक, रूपक, पण, काकीणी, कपर्दक आदि कई तरह की मुद्राओं का उल्लेख हुआ है।[67] इनमें से अंतिम का मतलब कौड़ी है, जिसका उपयोग बड़े-बड़े सौदों और लेन-देन में अधिक नहीं हो सकता था। सुलेमान के अनुसार रुहमी देश में विनिमय का साधन कौड़ी थी, और व्यापार में इसी का उपयोग होता था।[68] द्रम्म के चलन से वाणिज्य-व्यापार को प्रश्रय मिल सकता था। द्रम्म का सबसे पहला उल्लेख हमें मारवाड़ में प्राप्त 608 के एक अभिलेख में मिलता है,[69] किंतु प्रतीहारों के अधीन हमें 9वीं शताब्दी से पहले द्रम्म के बारे में कोई जानकारी प्राप्त नहीं है। चाँदी के द्रम्म, जिन पर आदिवराह का चित्र उत्कीर्ण है, मिहिरभोज (836-885) के बताए जाते हैं, और जो घटिया धातुओं के हैं वे उसके दो उत्तराधिकारियों महेंद्रपाल (885-910) और द्वितीय भोज (910-14) के माने जाते हैं, किंतु यह एक अनुमान ही है। इनके अलावा हाल में मिहिरभोज के पौत्र विनायक पाल (914-43) के भी कुछ द्रम्म मिले हैं।[70] बाद में ठक्कुर फेरु-कृत 'द्रव्यपरीक्षा' में प्रथम भोज की वराहमुद्रा के मुकाबले इनका उल्लेख विनायकमुद्रा के रूप में हुआ है,[71] जिससे प्रकट होता है कि ये दो तरह के सिक्के काफी प्रचलित थे। किंतु अब तक प्राप्त द्रम्म मुद्राओं की संख्या बहुत कम है। इस प्रकार साहित्यिक और पुरालेखीय सूत्रों से पता चलता है कि 9वीं शताब्दी से पूर्व द्रम्म का बहुत ज्यादा प्रचलन नहीं था। इसका चलन 10वीं शताब्दी से ही

बढ़ा, और वह भी सीयडोणि-जैसे कतिपय नगरों तक ही सीमित रहा। 9वीं शताब्दी के बाद के भी जो द्रम्म प्राप्त हुए हैं, उनकी संख्या अधिक नहीं है। 200 आदिवराह और विग्रहपाल मुद्राएँ लखनऊ म्यूजियम में सुरक्षित हैं, चाँदी और ताँबे की लगभग 20 आदिवराह मुद्राएँ इंडियन म्यूजियम में हैं, और कुछ बड़ौदा म्यूजियम में भी।[72] मौर्योत्तर-काल और गुप्त-काल की मुद्राओं की भारी संख्या की तुलना में ये थोड़ी-सी मुद्राएँ कुछ नहीं हैं। जो भी हो, उनकी संख्या इतनी नहीं थी कि वे उस समय की क्षेत्रबद्ध अर्थव्यवस्था के प्राचीर को भेद सकतीं।[73]

यह बतलाया जा चुका है कि किसी भी सिक्के को निश्चित रूप से पाल सिक्का नहीं कहा जा सकता है, और जिन्हें प्रतीहारों का माना जा सकता है, ऐसे सिक्के भी बहुत कम हैं। अतएव इस काल के जो सिक्के मिले हैं वे और जिनका उल्लेख समकालीन अभिलेखों में हुआ है, वे सब शायद अधिकतर उन स्थानीय संस्थाओं या वणिक-समूहों द्वारा जारी किए गए थे जिन्हें अपने-अपने शासकों ने यह अधिकार दिया था। गधैया पैसे पर यह अनुमान लागू हो सकता है। ये राजस्थान में पहले-पहल शायद दसवीं शताब्दी में ढाले गए, और उन पर लिखे हुए अक्षरों को देखकर तो यही लगता है कि 11वीं शताब्दी के पहले इनका चलन नहीं के बराबर था। दसवीं सदी के सीयडोणि अभिलेख में जिस पंचीयक द्रम्म का उल्लेख हुआ है, उसे भंडारकर स्थानीय पंचायत द्वारा ढाला गया सिक्का मानते हैं।[74] उस काल में द्रम्मों के स्थानीय नाम हुआ करते थे, जो बात परवर्ती काल में भिल्लमाल या श्रीमालिय द्रम्मों के उपयोग से भी साबित होती है।[75] इसमें संदेह नहीं कि स्थानीय संस्थाओं, नगरों या व्यापारियों द्वारा जारी किए गए सिक्के केंद्रीय सत्ता के निष्प्रभाव होने और क्षेत्रीय आर्थिक एकांशों के अस्तित्व की साक्षी भरते हैं।

राजस्थान में 864 से 904 तक के आठ अभिलेखों में मंदिरों के प्रबंधकों द्वारा नकद मूल्य देकर दुकानें खरीदने का उल्लेख है,[76] पर यह किस प्रकार की मुद्रा थी, कहना कठिन है। उस काल की किसी भी श्रेणी की मुद्राओं के बारे में हम निश्चयपूर्वक यह नहीं कह सकते कि ये पाल, प्रतीहार अथवा राष्ट्रकूट राजाओं द्वारा जारी किए गए थे। इस काल में उड़ीसा में कई राजवंशों ने शासन किया, पर 11वीं सदी के पहले वहाँ भी सिक्कों का अभाव-जैसा है। दक्षिण भारत में भी यही अवस्था पाई जाती है। फिर भी, जो सिक्के मिले हैं और जिनका उल्लेख प्रतीहार अभिलेखों में हुआ है, उनसे ऐसा प्रतीत होता है कि प्रतीहार साम्राज्य की आर्थिक अवस्था उतनी क्षेत्रबद्ध नहीं थी जितनी कि पाल साम्राज्य की थी। कुछ अन्य बातों से भी आर्थिक आदान-प्रदान के संकेत मिलते हैं। प्रतीहार साम्राज्य में कम से कम दो स्थानों पर तो व्यापारी लोग देश के विभिन्न हिस्सों से आकर इकट्ठे होते ही थे: अश्व-विक्रेता पेहोआ में एकत्र होते थे और सामान्य व्यापारी अहार में। इसके अतिरिक्त कुछ व्यापारी एक स्थान से दूसरे स्थान में जाकर भी धंधा किया करते थे। व्यापारियों की इस गतिशीलता से सामंतवादी अर्थव्यवस्था को अवश्य ही

धक्का लगा होगा ।

ध्यान देने की बात है कि यद्यपि राष्ट्रकूटों ने 200 वर्षों से अधिक समय तक राज्य किया, हालाँकि उनके साम्राज्य का विस्तार समुद्र-तट तक था और गरचे उनके भूमि-अनुदानपत्रों में हिरण्य शब्द का प्रयोग बार-बार हुआ है, फिर भी अब तक उनकी कोई मुद्रा नहीं मिली है । अलतेकर को यह बात बहुत विचित्र लगती है,[77] किंतु यही बात पालों पर भी लागू होती है । पालों के लगभग चार सौ वर्षों के शासन के बावजूद एक भी सिक्के को निर्विवाद रूप से किसी पाल राजा का जारी किया गया नहीं माना जा सकता । लेकिन जब अलतेकर कहते हैं कि गंग और चोल राज्यों की तरह राष्ट्रकूट साम्राज्य में भी लगान मुख्यतः जिंसों में वसूल किया जाता था तब वे राष्ट्रकूट-मुद्रा के अभाव का कारण स्वयं ही बता देते हैं ।[78] बेशक, चतुर्थ गोविंद के कैंबे अभिलेखों में राजस्वस्वरूप 7 लाख स्वर्ण देनेवाले 1400 गाँवों (600 अग्रहारों और 800 गाँवों) के दान का उल्लेख मिलता है,[79] किंतु यह द्रव्य के रूप में वार्षिक आय का एक अनुमान मालूम पड़ता है । शायद लगान निर्धारित करने में हिसाब लगाया जाता था पैसे में, लेकिन वसूली होती थी जिंसों के रूप में । मध्यकालीन आत्मनिर्भर अर्थव्यवस्था के परिवेश में सिक्के का अभाव आश्चर्यजनक नहीं दिखाई पड़ता है ।

पाल और प्रतीहार साम्राज्यों के व्यापारियों द्वारा जिन चीजों का व्यापार करने का उल्लेख हुआ उनका संबंध जनसाधारण के दैनिक जीवन से नहीं था । निश्चय ही घोड़े, पान आदि के व्यापार से ग्राम्य आर्थिक जीवन का कोई अधिक सरोकार नहीं रहा होगा । ग्रामीण लोगों के दैनिक उपभोग की केवल एक ही महत्त्वपूर्ण वस्तु के व्यापार का उल्लेख मिलता है । वह है नमक । सीयडोणि अभिलेख से यह धारणा बनती है कि प्रतीहार साम्राज्य के व्यापारियों में नमक के व्यापारियों का महत्त्व सबसे अधिक था । इसमें सात नैमिकवणिकों का उल्लेख है, जिनमें से कुछ को मंदिरों की स्थापना का और कुछ को उन्हें अनुदान देने का श्रेय दिया गया है । यदि तत्कालीन अर्थव्यवस्था क्षेत्रबद्ध न होती तो अन्न और कपड़े के व्यापारियों का महत्त्व सबसे ज्यादा होता । यहाँ तक कि नगरों में रहनेवालों के पास भी पास-पड़ोस में जमीन हुआ करती थी, और ये लोग शायद उसी जमीन की उपज पर निर्भर थे । सीयडोणि[80] और ग्वालियर[81] के व्यापारियों के बारे में तो यही स्थिति जान पड़ती है । आत्मनिर्भर ग्रामीण अर्थव्यवस्था का यह सबसे सबल प्रमाण है कि प्रतीहार साम्राज्य में नमक के व्यापारियों का महत्व सभी व्यापारियों से अधिक था । प्रतीहार अभिलेखों में जिस दूसरे महत्त्वपूर्ण व्यापारी वर्ग का उल्लेख हुआ है, वह है तैलकों (तैलिकों) का वर्ग । किंतु, इनका महत्त्व भी आत्मनिर्भर अर्थव्यवस्था का ही सूचक है । शायद सभी गाँव खाना बनाने और रोशनी के लिए जरूरी पूरा तेल अपने यहाँ तैयार नहीं कर पाते थे, और उनकी जरूरत तैलक पूरा करते थे ।

संक्षेप में, पूर्व मध्यकालीन अर्थव्यवस्था की चार प्रमुख विशेषताएँ दिखाई पड़ती हैं। एक तो यह कि भूमि पर राजकीय और सामुदायिक स्वामित्व का ह्रास हो रहा था और व्यक्तिगत स्वामित्व का विकास हो रहा था। दूसरे, उपसामंतीकरण, बेदखली, नए-नए करों के आरोपण तथा बेगार के कारण किसानों की दशा दासवत् होती जा रही थी। तीसरे, व्यापार और शिल्प-कारीगरी आदि से होनेवाली राजकीय आय भी कुछ लोगों की जागीर बनती जा रही थी। और चौथी बात थी आत्मनिर्भर आर्थिक जीवन, जिसका अस्तित्व मुद्रा के अपेक्षाकृत कम उपयोग और व्यापार की कमी से सिद्ध होता है। इन सबको पाल, राष्ट्रकूट और प्रतीहार साम्राज्य में प्रचलित अर्थव्यवस्था की विशेषताएँ माना जा सकता है। इनमें से भूमिधर मध्यवर्ती लोगों के अस्तित्व को तो पहले से ही चली आ रही बात माना जा सकता है। हाँ, यह अवश्य हुआ कि इस काल में उनकी संख्या में खूब वृद्धि हुई। इसी तरह किसान लोग भी इन साम्राज्यों की स्थापना से पहले से ही तरह-तरह के प्रतिबंधों और बोझों के कारण हीनावस्था में पहुँचते जा रहे थे। अब अंतर सिर्फ इतना पड़ा कि राजस्थान, गुजरात और महाराष्ट्र में दरपट्टे, बेदखली तथा बेगार का सिलसिला और भी जोरों से चल पड़ा। किंतु, ग्रामीण लोगों के भूमि-विषयक तथा सामुदायिक अधिकारों का ह्रास और उसके परिणामस्वरूप भूमि पर निजी अधिकारों का विकास, शिल्प-उद्योग तथा व्यापार का सामंतीकरण, और मुद्रा का अभाव, ये सब इस काल की अर्थव्यवस्था की नई विशेषताएँ जान पड़ते हैं। इनमें से कुछ को—विशेषकर भूमि पर व्यक्तिगत स्वामित्व के विकास को—अच्छी तरह समझने के लिए पूर्व-मध्यकाल में दिए गए अनुदानों के कानूनी आधार का अध्ययन करना आवश्यक है।

संदर्भ

1. ए. इं., 4, नं.34, पंक्तियाँ 30-52
2. ए. इं., 47, पृष्ठ 304 से आगे, पंक्तियाँ 39-46।
3. ए. इं., 23, नं. 47, पंक्तियाँ 17-24
4. ताकाकुसु (अनु.), *ए रेकर्ड ऑफ द बुद्धिस्ट रिलीजन* (इंत्सिंग का विवरण), पृ. 65
5. ए. इं., 17, नं. 17, पंक्तियाँ 33-40
6. वही।
7. पी. सी. चक्रवर्ती, *हिस्ट्री ऑफ बंगाल*, । (सं. आर. सी. मजुमदार), पृष्ठ 647
8. ए. इं., 19, नं. 2, पंक्तियाँ 1-16; नं. 24, पंक्तियाँ 6-9
9. एस. अलतेकर, *द राष्ट्रकूटाज़ ऐंड देयर टाइम्स*, पृष्ठ 100
10. ए. इं., 7, नं. 6, पंक्तियाँ 46-49
11. आर. एस. शर्मा, ''लैंड ग्रांट्स टु वैसेल्स ऐंड ऑफ़िशियल्स इन नॉर्दर्न इंडिया'', ज. इं. सो. हि. ओं., 4, 71-72

12. कॉ. इं. इं., 4, नं. 74, श्लोक; ए. इं., 14 नं. 13, पंक्ति 21; वही. 3, नं. 26, पंक्ति 4
13. उड़ीसा और दक्षिण भारत में कुछ धार्मिक अनुदानभोगी भी कर देते थे और ऐसे अनुदानों को कर-शासन कहा जाता था।
14. ए. इ., 23, न. 12, पंक्तियाँ 42-45; नं. 13, पंक्तियाँ 56-58; इं. एं. 6, 68; ए. इं. 18, नं. 26, पंक्तियाँ 64-5
15. ए. इं., 3, नं. 36, पंक्ति 12। यहाँ तात्पर्य शायद ऐसे मामलों से है जिनमें मृत व्यक्तियों के पुत्र नहीं होते थे और न वे अपनी पुत्रियों के पुत्रों को ही गोद ले सकते थे।
16. वही, इस शब्द का अर्थ स्पष्ट जान नहीं पड़ता।
17. कॉ. इं. इं., 3, नं. 56, पंक्तियाँ 28-29 आदि।
18. ए. इं., 29, नं. 1 'बी', पंक्तियाँ 41-42
19. वही, 3, नं. 36, पंक्तियाँ 10-11; इं. एं., 18, पृष्ठ 34, पंक्तियाँ 5-6
20. ए. इं., 7, नं. 6, पंक्ति 53
21. बेडेन-पॉवेल, *लैंड सिस्टम ऑफ़ ब्रिटिश इंडिया*
22. वही, 2, 105
23. ए. इं., 1, नं. 20, दूसरा अभिलेख, पंक्तियाँ 2-9
24. वही, पंक्ति 8
25. वही, पंक्ति 3 और 6
26. वही, 1, नं. 21, पंक्तियाँ 1-4
27. ए. इं., 7, नं. 28 'डी', पंक्तियाँ 7, 16
28. ज. ब. ब्रा. रा. ए. सो., 10, 208, अलतेकर की सं. प्र. पु. के पृष्ठ 372 पर उद्धृत।
29. इं. एं., 12, पृष्ठ 258, पंक्तियाँ 10-15
30. इ. एं., 29, नं. 2, पंक्तियाँ 49-51
31. वही, 5, नं. 24, पंक्तियाँ 6-9; 9, नं. 1, प्लेट 'ए' और 'बी'।
32. ए. इं., 9, नं. 1, प्लेट 'ए', पंक्ति 19; प्लेट 'बी', पंक्ति 63, मिलाइए 3, पृष्ठ 264, पा. टि. 6
33. कॉ. इं. इं., 9, नं. 2, पंक्ति 6; नं. 11, पंक्ति 13
34. अलतेकर, सं. प्र. पु., पृष्ठ 236-7
35. मिलाइए मीराशी, कॉ. इं. इं., 4, 171
36. क्षेत्रंगृहित्वा यः कश्चिन्न च कारयेत, स्वामिने. च षडमदाप्येराज्ञे दंडम् च तत्समम्। *व्यवहारमयूख*, पृष्ठ 86 पर उद्धृत।
37. श्रीगुर्जरवाहित समस्त क्षेत्र समेतश्च। वही, पंक्ति 12। यह स्पष्ट नहीं है कि सभी बाशिंदे गुर्जर थे या नहीं।
38. वही, पंक्तियाँ 11-12
39. ए. इं., 24, 329-33
40. ''एडुवल्कोधुना यत्र वाहयत्येव हालिकः। ए. इं., नं. 45, पंक्तियाँ 19-20
41. ए. इं., 29, नं. 1 'बी', पंक्ति 42
42. वही, 17, नं. 17, पंक्ति 35।
43. इं. एं., 12, पृष्ठ 190, प्लेट 11, पंक्तियाँ 1-24
44. ए. इं., 18, नं. 26, पंक्तियाँ 66-67; 22, नं. 13, पंक्ति 59
45. ज. बि. ओ. रॉ. सो, 12, भाग 1, 198
46. ए. इं., 29, नं. 7, पंक्ति 42

47. ए. इं., 12, नं. 36, पंक्ति 12
48. आर. स. रि., 1902-3, पृष्ठ 252-3, पंक्तियाँ 21-24
49. ए. इ., 4, नं. 34, पंक्तियाँ 52-53
50. वही, 1, नं. 23, पंक्तियाँ 1-17
51. वही, नं. 21, पंक्तियाँ 4-7
52. वही, पंक्तियाँ 13-34
53. वही, 3, नं. 36, पंक्तियाँ 22-23
54. ए. इ., 6, न. 16, पंक्तियाँ 1-12
55. ज. ब. ब्रा. रा. ए. सो., 10, 192, वहीं उद्धृत।
56. *जातकों* में उल्लिखित शिल्पियों के गाँव और *अर्थशास्त्र* में उल्लिखित सैनिकों के गाँव।
57. ए. इं., 3, नं. 36, पंक्तियाँ 5-6, 22-23
58. वही, 23, नं. 47, पंक्तियाँ 39-40
59. वही 14, पृष्ठ 177
60. ए. इं., 1, नं. 21, पंक्तियाँ 27-8, 30-31
61. वही, 3, नं. 36, पंक्तियाँ 22-23
62. वही, नं. 20, दूसरा अभिलेख, पंक्तियाँ 11-20
63. बी. एन. पुरी, *हिस्ट्री ऑफ द गुर्जर-प्रतीहाराज,* पृष्ठ 136-7
64. ए. इं., 1, नं. 20, पंक्तियाँ 8-9
65. वही, पंक्ति 4
66. *हिस्ट्री ऑफ बंगाल,* 1, पृष्ठ 668। ऐसा समझा जाता है कि इस काल में असम में स्वर्ण मुद्राओं का प्रचलन काफी था, लेकिन केवल पुरालेखीय प्रमाणों के आधार पर ज्यादा कुछ कह सकना कठिन है।
67. पुरी, सं. प्र. ग्र., पृष्ठ 134-6
68. वही, पृष्ठ 136
69. असहाय ने, जिसका *नारद स्मृति* का भाष्य 8वीं सदी का माना जा सकता है, एक लाख द्रम्मों का उल्लेख किया है (ज. न्यु. सो. इं., 17, 66)। बक्षली पांडुलिपि में द्रम्म का जो उल्लेख आया है, वह शायद इससे पहले का है।
70. ज. न्यु. सो. इं., 10, 28-30
71. वही, पृष्ठ 29
72. वही, पृष्ठ 153
73. लेकिन इस विवेचन में काश्मीर भी शामिल नहीं है। ऐसा जान पड़ता है कि वहाँ मुद्रा का प्रचलन काफी था।
74. ज. न्यु. सो. इं., 17, 70-71 । अब इनका मतलब ¼ द्रम्म लगाया जाता है।
75. वही, 74-75
76. ए. इं., 19, नं. 7, पृष्ठ 52-58
77. *द राष्ट्रकूटाज़ एंड देयर टाइम्स,* पृष्ठ 364
78. वही, पृष्ठ 227, मिलाइए पृष्ठ 140
79. ए. इं., 7, नं. 6, पंक्तियाँ 47-49
80. ए. इं., 1, नं. 21, पंक्तियाँ 3-4
81. वही, नं. 20, दूसरा अभिलेख, पंक्तियाँ 3

परिच्छेद 4.

पूर्व मध्यकाल में भूमि विषयक अधिकार

(लगभग 500 से 1200 ईस्वी तक)

प्राचीन एवं मध्यकालीन भारत में भूमि-संबंधी अधिकारों के सवाल पर अंग्रेजी हुकूमत के समय में साम्राज्यवादी और राष्ट्रवादी इतिहासकारों के बीच बड़ा तीव्र विवाद चलता रहा, जिसके कारण इस विषय का सही-सही निरूपण कर सकना कठिन हो गया है। अंग्रेजों के बनाए भूमि-संबंधी कानूनों का औचित्य ठहराने के लिए कुछ प्रशासक इतिहासवेत्ताओं ने यह सिद्ध करने की कोशिश की कि प्राचीन भारत में सारी भूमि राजा की संपत्ति होती थी।[1] इस सिद्धांत का समर्थन मेन ने तो किया ही, साथ ही बुहलर,[2] हॉपकिंस, मैकडॉनल, कीथ तथा विन्सेंट स्मिथ[3]-जैसे प्राच्य विद्या-विशारदों ने भी किया। 1904 में विन्सेंट स्मिथ ने अपनी प्रसिद्ध पाठ्य-पुस्तक में लिखा कि ''भारत के देशी कानून में खेती की जमीन को सदा से राजा की संपत्ति माना जाता रहा है।''[4] इस नितांत एकांगी दृष्टिकोण की प्रतिक्रिया पी. एन. बनर्जी तथा काशीप्रसाद जायसवाल[5]-जैसे राष्ट्रवादी इतिहासकारों के विचारों में हुई। इन्होंने साम्राज्यवादी अवधारणा का खंडन किया और भूमि पर वैयक्तिक स्वामित्व सिद्ध करने का प्रयास किया।[6] उन्नीसवीं सदी में तथा बीसवीं सदी के प्रारंभ में अंग्रेजों ने जो बड़े-बड़े ज़मींदारों के अधिकारों पर प्रहार किया, उसका प्रतिरोध ऐसे विचारों से ही हो सकता था। घोषाल ने जायसवाल के राष्ट्रवादी सिद्धांत पर आपत्ति की, लेकिन वे जायसवाल द्वारा अपनी मान्यता को सिद्ध करने के लिए दिए गए कतिपय उद्धरणों की व्याख्या करके ही रह गए।[7] हाल में कुछ और विद्वानों ने भी इस विषय पर लिखा है,[8] किंतु मुख्यत: सिद्धांत के धरातल पर ही। यद्यपि इन अनुशीलनों के परिणामस्वरूप भूस्वामित्व से संबंधित अधिकांश कानूनी सूत्र और साहित्य प्रकाश में आ गए हैं, किंतु जिस काल की वे उपज हैं उस काल की राजनीतिक एवं आर्थिक प्रवृत्तियों के परिप्रेक्ष्य में रखकर उनका विश्लेषण नहीं किया गया है और न तिथि-क्रम से ही इन साक्ष्यों की व्याख्या की गई है। यह भी नहीं सोचा गया कि भूमि-विषयक अधिकारों से संबंधित मान्यताओं में समय-समय पर क्यों परिवर्तन होते रहे हैं। इसके संबंध में

प्राचीनकाल और मध्यकाल (जिसका प्रारंभ हम गुप्त-काल की समाप्ति से मानते हैं) के बीच कोई सीमा-रेखा भी नहीं खींची गई है। आधुनिक विद्वान इस विषय पर विचार करते हुए कभी भी अपने समय की भूमि-व्यवस्था के प्रभाव से मुक्त नहीं हो पाए हैं, और इसलिए उनका प्रयास बराबर भूमि पर एक या दूसरे पक्ष के अखंड अधिकार को ही सिद्ध करने का रहा। उन्होंने इस संभावना की ओर कभी ध्यान ही नहीं दिया कि एक ही भूमि के टुकड़े पर विभिन्न पक्षों के अलग-अलग अधिकार भी हो सकते हैं, और इन अधिकारों का आधार सुप्रतिष्ठित कानून नहीं, बल्कि रीति-परंपराएँ भी हो सकती हैं।

अभी तक इस विषय के विवेचन में पूर्व मध्यकालीन प्रमाणों और साक्ष्यों पर अलग से विचार नहीं किया है, इसलिए हम अपने अध्ययन को मुख्यतः इसी काल तक सीमित रखेंगे। यदि हम सामुदायिक, राजकीय तथा व्यक्तिगत, सभी प्रकार के भूमि-विषयक अधिकारों पर एक-एक करके विचार करें तो इससे हमें वस्तु-स्थिति का सही बोध हो सकता है।

वैदिक काल से लेकर गुप्त-काल तक के भारतीय साहित्य से भूमि पर सामूहिक अधिकार होने का आभास मिलता है। उत्तर वैदिक-कालीन ग्रंथ **ऐतरेय ब्राह्मण** में लिखा है कि जब विश्वकर्मन्‌भौवन ने पुरोहितों को यज्ञार्थ भूमि दान की तो पृथ्वी ने इसका विरोध किया।[9] ऐसा लगता है कि उस काल में गोत्र की सहमति के बिना भूमि दान नहीं की जा सकती थी।[10] और विश्वकर्मन्‌भौवन के उदाहरण को छोड़कर वैदिक काल में गोत्र की सहमति से भी भूमि दान करने का कोई प्रमाण नहीं मिलता। वेदोत्तर काल के धर्मशास्त्रकार गौतम ने यह विधान किया है कि योग-क्षत्र अर्थात् जीविका के साधन-रूप संपत्ति का विभाजन नहीं हो सकता।[11] स्पष्ट ही इस संपत्ति में भूमि शामिल है, और इस नियम के अनुसार परिवार के सदस्यों के बीच यह विभाजित नहीं की जा सकती। गौतम धर्मसूत्र के उसी अनुच्छेद में योग-क्षेत्र शब्द का अर्थ धर्मार्थ और यज्ञार्थ संपत्ति लगाया गया है, किंतु ऐसा जान पड़ता है कि यह उस शब्द की बाद में की गई व्याख्या है।[12]

वेदोत्तर काल में भूमि पर गोत्रीय अधिकार के साथ-साथ गोत्र से बाहर के लोगों के अधिकारों का भी विकास हुआ। जब विभिन्न गोत्रों और धंधों के लोगों ने मिलकर गाँव बसाए तब भूमि पर ग्रामीण समुदाय को कुछ अधिकार प्राप्त हुए। भूमि पर व्यक्ति का स्वामित्व किसी-न-किसी प्रकार के सामूहिक नियंत्रण के अधीन था। यह पुरातन भावना कि भूमि संपूर्ण समुदाय की संपत्ति है और उसे हस्तांतरित नहीं किया जा सकता, शायद प्राङ्मौर्य-काल में भी मौजूद थी।[13]

जैमिनी के **मीमांसा सूत्र** से भूमि पर सामुदायिक अधिकार के सिद्धांत की पुष्टि होती है। इस ग्रंथ को हम चौथी से तीसरी सदी ई. पू. के बीच की कृति मान सकते हैं। इसमें कहा गया है कि विश्वजित यज्ञ में, जिसमें यजमान को अपनी सारी संपत्ति दान कर देनी पड़ती है, कोई सम्राट भी अपने साम्राज्य की सारी भूमि दान

नहीं कर सकता, क्योंकि धरती सबकी है।[14] धरती सबकी है, इसका अर्थ कुछ विद्वानों ने यह लगाया है कि भूमि पर प्रत्येक व्यक्ति का अलग-अलग अधिकार है,[15] लेकिन यहाँ भूमि पर किसी एक का कोई अधिकार होने के बजाय सार्वजनिक अधिकार होने से अभिप्राय है। शबर स्वामी ने ई. सन् की चौथी शताब्दी में इस अनुच्छेद का भाष्य करते हुए कहा है कि धरती पर दूसरों को भी उतना ही अधिकार है जितना कि राजा को है।[16] इससे भूमि पर संयुक्त अधिकार के सिद्धांत का प्रतिपादन होता है।

ब्राह्मण गोत्रों के कुछ सामूहिक अधिकारों की चर्चा मध्य-कालीन ग्रंथों में पाई जाती है। कई मध्य-कालीन कृतियों में बार-बार घोषित किया गया है कि अन्य वस्तुओं के साथ-साथ भूमि तथा जल सगोत्रियों की संपत्ति है, और उसका विभाजन हजार पीढ़ियों तक नहीं हो सकता।[17] स्पष्ट ही यह विधान गुप्तों से पहले की वस्तु-स्थिति का द्योतक है, क्योंकि गुप्त-काल के पहले किसी भी धर्मशास्त्र के दाय (उत्तराधिकार) भाग प्रकरण में भू-संपत्ति के विभाजन की व्यवस्था नहीं की गई है। पर गुप्त-कालीन और गुप्तोत्तर काल के धर्मशास्त्रों में भू-संपत्ति के विभाजन की स्पष्ट व्यवस्था है। अतएव मध्य-कालीन स्मृतियों में भूमि की अविभाज्यता का पुराना विधान असंगत मालूम पड़ता है। **मिताक्षरा**[18] और **मदनपारिजात**[19] में यह तर्क दिया गया कि ब्राह्मण गोत्र के खेतों के अविभाज्य होने का नियम ब्राह्मण से उत्पन्न क्षत्रिय तथा अन्य पुत्रों पर ही लागू होता है। इसका मतलब यह हुआ कि किसी भी ब्राह्मण के ब्राह्मण-पुत्र आपस में भू-संपत्ति का विभाजन कर सकते थे। इससे स्पष्ट हो जाता है कि किस प्रकार भूमि पर गोत्रीय अधिकार-संबंधी व्यवस्था का ऐसा अर्थ लगाया गया जिससे भूमि पर व्यक्तिगत अधिकार को बल मिला। हाँ, वर्ण के आधार पर ब्राह्मणों के क्षत्रिय तथा अन्य पुत्रों को वैयक्तिक अधिकारों से वंचित रखा गया। धर्मशास्त्रकार देवण्णभट्ट, जिसका समय 13वीं सदी के आसपास माना जा सकता है, **मिताक्षरा** की व्याख्या से सहमत जान पड़ता है। इस महत्त्वपूर्ण अनुच्छेद की व्याख्या करते हुए वह स्पष्ट शब्दों में कहता है कि भूमि का विभाजन हो सकता है; किंतु साथ ही उसने शर्त जरूर लगा दी कि विभाजन समस्त कुटुंबियों की अनुमति से ही हो सकता है (अखिल दायादानुमत्ये)।[20] इस प्रकार जो बात **मिताक्षरा** में प्रकारांतर से कही गई है, वह देवण्णभट्ट की **स्मृतिचंद्रिका** में बिलकुल स्पष्ट शब्दों में कह दी गई है। तात्पर्य यह कि 11वीं से लेकर 13वीं शताब्दी तक के धर्मशास्त्रों में ब्राह्मण परिवारों की भू-संपत्ति के विभाजन की स्पष्ट व्यवस्था की गई है, और जो नियम ब्राह्मण परिवारों के लिए बना था संभवतः वही अन्य जातियों के परिवारों पर भी लागू रहा हो।

सीमा-विवाद के निर्णय और भूमि के क्रय-विक्रय में ग्रामीण समुदाय को कुछ अधिकार दिए गए हैं। धर्मशास्त्रों में व्यवस्था है कि सीमा-विवाद में कुटुंब (जाति),

तथा पड़ोसी (सामंत) मध्यस्थता करें, किंतु साथ ही किसानों, शिल्पियों और यहाँ तक कि आखेटकों के साक्ष्यों को भी मान्यता दी गई है। उनके अनुसार कोई भी व्यक्ति अपने गाँव, ज्ञाति और दायादों की सहमति से ही अपनी जमीन बेच सकता है।[21] जमीन बेचने में कुछ खास तरह के खरीदारों को प्राथमिकता देनी पड़ती थी। पहले निकट-संबंधियों से पूछा जाता था, फिर पड़ोसियों से और तब धनिकों,[22] और इनके बाद अपने सामान्य कुटुंबियों (सकुल्यों) से। जब इनमें से कोई खरीदने को तैयार न हो तभी उसे दूसरी जातियों के लोगों के हाथ बेचने की इजाजत दी गई है।[23]

बृहस्पति-स्मृति का विधान है कि जब राजा भूमि दान करे (धर्मार्थ अथवा धर्मेतर प्रयोजनों से, यह स्पष्ट नहीं है) तब उसे चारों वेदों के ज्ञाताओं, व्यापारियों, महत्तरों, तमाम ग्रामवासियों, उस भूमि के स्वामियों तथा राज्याधिकारियों को सूचित कर देना चाहिए।[24] इस निर्देश का पालन साधारणतया सभी अनुदानपत्रों में किया गया है, और इससे यह संकेत मिलता है कि भूमि पर ग्रामवासियों का भी कुछ हक होता था। गुप्त-काल में एक ऐसा उदाहरण मिलता है कि धार्मिक प्रयोजनों से भूमि के हस्तांतरण में ग्राम-सभा की सहमति लेनी पड़ी थी। इसी प्रकार, 9वीं शताब्दी में ग्वालियर के निकट एक नगर ने एक मंदिर को दान में कुछ ऐसी भूमि दी जिस पर सभी नगरवासियों का संयुक्त अधिकार था। सामुदायिक अधिकारों के प्रयोग के ऐसे उदाहरण कम ही मिलते हैं। किंतु इसमें संदेह नहीं कि औपचारिक रूप में इसका निर्वाह शक्तिशाली राजाओं ने भी किया। अनुदान की सूचना वे केवल अपने राज्याधिकारियों और सामंतों को ही नहीं, बल्कि सामान्य जनों को भी देते हैं, जिनमें चांडाल, मेद और अंध्र तक शामिल हैं। बंगाल और उड़ीसा के कुछ अनुदानपत्रों में भूमि दान के लिए सभी की सहमति माँगी गई है, और कुछ अन्य अनुदानपत्रों में सभी वर्गों के ग्रामवासियों को दान की सूचना-भर दे दी गई है। इस प्रथा में उस समय के सामुदायिक अधिकारों का अवशेष मिलता है जब भूमि गोत्र की संयुक्त संपत्ति होती थी; लेकिन जब गोत्रों ने बिखर कर जातियों का रूप ले लिया और एक साथ विभिन्न गोत्रों के लोगों से आबाद गाँव बस गए, तब भी इस पुरानी रीति का निर्वाह होता रहा।

पुरोहित और मंदिर भूमि का उपभोग समुदाय के नाम पर करते थे। धार्मिक प्रयोजनों से जमीन बेचने की छूट इसलिए भी दी गई थी कि मंदिर समुदाय के कल्याण के लिए ही काम करते हैं। मंदिरों को भूमि बलि और सत्र के लिए दान की जाती थी, और बलि तथा सत्र के रूप में देवताओं को जो कुछ भेंट किया जाता था, उसके साझीदार केवल पुरोहित ही नहीं, बल्कि जिनका पेशा पुरोहिताई नहीं थी, ऐसे भक्तजन भी होते थे। आज भी देवताओं को चढ़ाया गया पान-प्रसाद दैनिक पूजा-अर्चना तथा समय-समय पर आयोजित विशेष पूजा-अर्चनाओं के अवसरों पर मंदिरों में एकत्र ग्रामवासियों में बाँट दिया जाता है। संभव है कि प्राचीनकाल में

चढ़ावे का एक बड़ा हिस्सा भक्तजनों के बीच बाँट दिया जाता हो। कालांतर से पुरोहित लोग उसका अधिकांश अपने उपयोग के लिए रखने लगे, तथा सामान्य जन, जिनके नाम पर भूमि-अनुदान दिया जाता था, अनुदत्त भूमि की उपज के एक बहुत ही छोटे हिस्से के साझीदार रह गए।

जहाँ तक गोचर भूमि का संबंध है, प्राङ्गुप्त-काल के दो स्मृतिकार, मनु तथा विष्णु, स्पष्ट शब्दों में कहते हैं[25] कि गोचर भूमि का विभाजन नहीं हो सकता। जलाशयों आदि पर सामुदायिक अधिकारों का संकेत इस व्यवस्था से मिलता है कि उदक का विभाजन नहीं हो सकता।[26] अभिलेखों से भी प्रकारांतर से यह प्रकट होता है कि जनता को कुछ ऐसे सामूहिक अधिकार प्राप्त थे, किंतु बाद में जैसे विधान बने और जिन शर्तों पर अनुदान दिए गए उनके कारण इन अधिकारों का क्षय होता चला गया।

भूमि-संबंधी सामुदायिक अधिकारों पर पहले-पहल राजाओं ने अंकुश लगाया। ऊपर हम विश्वकर्मनभौवन से संबंधित जिस अनुच्छेद का हवाला दे चुके हैं, वह इस बात का स्पष्ट प्रमाण है कि इस प्रक्रिया का प्रारंभ वैदिक युग की समाप्ति से पूर्व ही हो गया था। यद्यपि इस अनुच्छेद से पता चलता है कि राजा द्वारा अधिकाधिक भूमि-विषयक अधिकारों का स्वायत्त करते जाना समाज को सह्य नहीं था, किंतु धीरे-धीरे राजा को समाज के प्रतिनिधि की हैसियत से वे सामाजिक अधिकार प्राप्त हो गए। लेकिन तब भी उसे जमीन पर अखंड और निरंकुश अधिकार प्राप्त नहीं हो सका। जो भी हो, पूर्व मध्य-काल तक भूमि पर जितना कुछ गोत्रीय या सामुदायिक अधिकार शेष रह गया, उसकी जड़ें राजकीय तथा व्यक्तिगत अधिकारों के विकास के कारण खोखली पड़ गईं।

राजकीय तथा व्यक्तिगत अधिकारों के विकास की प्रक्रिया की साक्षी इस काल के धर्मशास्त्र और भूमि-अनुदानपत्र दोनों भरते हैं। जो लोग प्राचीन भारत में भूमि पर राजकीय स्वामित्व का अस्तित्व सिद्ध करने की कोशिश करते हैं, वे अपनी स्थापना के पक्ष में दिए गए प्रमाणों को प्राचीन-काल और मध्य-काल दोनों पर लागू कर देते हैं। इस बात की ओर उनका ध्यान ही नहीं जाता कि जिन ग्रंथों में भूमि के संबंध में राजकीय अधिकारों पर बल दिया गया है, उनमें से अधिकांश पूर्व-मध्य-काल की कृतियाँ हैं। कौटिल्य कृषि पर राजकीय नियंत्रण को अपेक्षित मानता है,[27] किंतु वह कहीं भी भूमि पर राजा के स्वामित्व के सिद्धांत का प्रतिपादन नहीं करता। ऐसा लगता है कि सबसे पहले मनु ने पृथ्वी पर राजा के सर्वोच्च अधिकार की बात मोटे तौर पर कही, लेकिन इस सर्वोच्च अधिकार का मतलब जरूरी तौर पर भू-स्वामित्व ही रहा हो, ऐसा मानने का कोई कारण नहीं दिखाई देता। उसके अनुसार, खानों से निकाली कच्ची धातुओं के आधे हिस्से पर राजा का अधिकार था, क्योंकि वह पृथ्वी का अधिपति था और उसकी रक्षा करता था।[28] पूर्ववर्ती शास्त्रकारों के अनुसार राजा को कर लगाने का अधिकार केवल इस कारण

था कि वह लोगों की रक्षा करता था। राजकीय स्वामित्व का सिद्धांत स्पष्ट शब्दों में सबसे पहले उत्तर गुप्त-काल के स्मृतिकार कात्यायन ने प्रतिपादित किया। उसके अनुसार राजा भू-स्वामी है और इसलिए उपज की एक चौथाई का अधिकारी है।[29] फिर भी वह स्वीकार करता है कि चूँकि मनुष्य भूमि पर रहते हैं, इसलिए उन्हें (सामान्य भाषा में) उसका स्वामी कहा जाता है।[30] इस प्रकार उसने भूमि के राजकीय स्वामित्व के अपने सिद्धांत में सामान्य जनों के स्वामित्व के लिए भी गुंजाइश छोड़ दी है। कुछ ऐसी ही बात नारद भी कहता है। वह राजा को किसानों को जमीन और मकान से वंचित करने का अधिकार तो देता है, किंतु साथ ही राजा को ऐसी सख्त कार्रवाई करने से मना करता है क्योंकि जमीन और मकान गृहस्थों के जीवन-यापन के साधन हैं।[31] नारद के इस दूसरे निर्देश की व्याख्या करते हुए असहाय कहता है कि किसानों को बीज आदि देकर राजा को अपना स्वत्व प्राप्त करना चाहिए।[32] इसका मतलब यह हुआ कि यदि राजा किसानों को राहत और सहायता दे तो उपज का अपना हिस्सा वह आसानी से प्राप्त कर सकता है। किसानों के पक्ष से किए गए ये दावे नरसिंह पुराण के भाष्य में बिलकुल नहीं मिलते। उसका कहना है कि भूमि किसानों की नहीं, राजा की है।[33] 12वीं शताब्दी के एक भाष्यकार भट्टस्वामी ने कौटिल्य के **अर्थशास्त्र** पर लिखे अपने भाष्य में एक बहुत ही महत्त्वपूर्ण अनुच्छेद उद्धृत किया है। इसके अनुसार, शास्त्रविद लोग यह स्वीकार करते हैं कि राजा भूमि और जल दोनों का स्वामी है और सामान्य जन इन दो के अतिरिक्त किसी भी वस्तु के स्वामी हो सकते हैं।[34] यह अनुच्छेद **नरसिंह पुराण** के भाष्यकार के विचारों से बहुत मिलता-जुलता है और इसमें राजा और प्रजा के अधिकारों का अंतर स्पष्ट शब्दों में बताया गया है।[35] इसमें यह नहीं बतलाया गया है कि प्रजा के भूमि-विषयक अधिकार राजा के अधीन हैं, बल्कि यह कहा गया है कि प्रजा को भूमि-विषयक अधिकार बिलकुल नहीं हैं। यह अनुच्छेद सिंचाई-करों के संदर्भ में उद्धृत किया गया है जिससे सपष्ट है कि भट्टस्वामी ने इसका प्रयोग भू-स्वामित्व के आधार पर कर लगाने का अधिकार सिद्ध करने के लिए किया है।

यद्यपि पाँचवीं शताब्दी से सामान्य जन अपनी जमीन काश्तकारों को पट्टे पर दे सकते थे, फिर भी राजा भूमि पर अपने सर्वोच्च अधिकार का प्रयोग कर सकता था। याज्ञवल्क्य (2, 158)[36] ने विधान किया है कि यदि काश्तकार, कोई जमीन कृषि के लिए लेकर उस पर कृषि नहीं करता तो जमीन का मालिक उसे अपना हिस्सा देने को मजबूर कर सकता है। इसमें राज्य के हिस्से के बारे में कुछ नहीं कहा गया है। किंतु, बृहस्पति[37] और व्यास[38] के अनुसार ऐसी स्थिति में काश्तकार को न केवल भू-स्वामी को उसका हिस्सा देना पड़ेगा, बल्कि उसे उतना ही दंड राजा को भी देना पड़ेगा। कृषि की उपेक्षा से राजस्व की हानि अवश्य होती होगी, लेकिन इसके लिए राजा भू-स्वामी के बजाय काश्तकारों को उत्तरदायी मानता है और इस

प्रकार उनके साथ सीधा सबध स्थापित करता है। इससे प्रकट होता है कि राजा का उनकी जमीन पर सामान्य सत्ता प्राप्त थी। जिस भूमि का उपभोग कोई परिवार लगातार तीन पीढ़ियों तक कर चुका हो, उस भूमि पर नारद सामान्यतया उस परिवार के कानूनी अधिकार को स्वीकार करता है। लेकिन यहाँ भी राजकीय अधिकार व्यक्तिगत अधिकारों का अतिक्रमण करता है, क्योंकि राजकृपा से (राजप्रसादात्) ऐसी जमीन किसी दूसरे को दी जा सकती है। इस प्रकार एक ओर तो राजा को किसी भी व्यक्ति को अपनी भूमि तथा मकान से वंचित करने का अधिकार दिया गया है (भले ही वह भूमि और मकान उसके कब्जे में साठ वर्षों से ही क्यों न रहा हो); और दूसरी ओर उसे भूमि किसी और को भी प्रदान करने की सत्ता दी गई है। ऐसी व्यवस्था के अंतर्गत राजा एक भोक्ता से जमीन लेकर दूसरे को दे सकता था।

गुप्त-काल और गुप्तोत्तर-काल में चीनी यात्री फाहियान और ह्वेंत्साग ने अपने-अपने विवरणों में लिखा है कि भूमि राजा की थी। संभव है कि विभिन्न राजाओं के अधीन वास्तविक स्थिति में अंतर पड़ता रहा हो, किंतु इसमें कोई संदेह नहीं कि पूर्व-मध्यकाल में भूमि पर राजकीय स्वामित्व का सैद्धांतिक पक्ष प्रबल था। काशी प्रसाद जायसवाल प्राचीन भारत में भूमि पर राजकीय स्वामित्व के सिद्धांत को सामंतवादी विधान का अंग मानते हैं,[39] किंतु गुप्त-कालीन तथा गुप्तोत्तर-काल की स्मृतियों और भाष्यों में भूमि के राजकीय स्वामित्व के पक्ष में जो प्रमाण मिलते हैं, उनकी उपेक्षा नहीं की जा सकती। केवल जैमिनी विचारधारा के समर्थक शबर ने, जिसका समय तीसरी से चौथी शताब्दी के बीच पड़ता है, इस पर आपत्ति की है।

यह कहा जा सकता है कि राजा को भूमि का केवल भोगाधिकार प्राप्त था, जो अनुदानभोगियों को हस्तांतरित कर दिया जाता था, और प्रारंभिक अनुदानों में राजस्व के कुछ साधन ग्रहीताओं को हस्तांतरित भी किए गए। किंतु गुप्तोत्तर-काल के अनुदानपत्रों में जल, वीथियों, उपजाऊ, ऊसर और खाई-खड्डों वाली जमीन, वृक्ष, गोचर आदि सबकुछ के साथ-साथ गाँव दान किए जाते थे। मराठा अनुदानपत्रों के संबंध में आधुनिक भारतीय अदालतों ने इसका मतलब ग्रहीता के नाम भूमि के संपूर्ण स्वामित्व का हस्तांतरण लगाया है।[40] दूसरी ओर, जहाँ अनुदानपत्रों में इन तमाम चीज़ों का स्पष्ट उल्लेख नहीं किया गया है, वहाँ इसका मतलब यह लगाया जाता है कि राजा ने सिर्फ राजस्व के साधनों का हस्तांतरण किया।[41] यही व्याख्या पूर्व-मध्यकालीन अनुदानों पर भी लागू होनी चाहिए। यदि राजा को भूमि का स्वामित्व प्राप्त नहीं था तो फिर वह दूसरों को उसका स्वामित्व कैसे प्रदान कर सकता था?

हो सकता है कि समाज के प्रतिनिधि के नाते राजा को भूमि-संबंधी अधिकार प्राप्त रहे हों, किंतु पूर्व-मध्यकाल में उसे इन अधिकारों का कोई स्पष्ट भान नहीं

था। इस मामले में राजा का स्वामित्व और राज्य का स्वामित्व, दोनों को एक ही वस्तु नहीं माना जा सकता है। राजा जब भूमि-अनुदान देते थे तब वे अपने लिए और अपने माता-पिताओं के लिए धर्म अर्जित करने के लिए देते थे। अनुदान के समय उन्हें समाज और राज्य के आध्यात्मिक कल्याण की चिंता नहीं रहती थी। तात्पर्य यह कि वे सामान्य भू-स्वामियों के रूप में व्यक्तिगत हैसियत से भूमि-अनुदान देते थे।

वैदिक तथा वेदोत्तर, मौर्य तथा मौर्योत्तर-कालों के साहित्य में सामान्यजनों द्वारा कृषि योग्य भूमि के स्वायत्त करने का संकेत मिलता है। इसे हम भूमि पर व्यक्तिगत अधिकारों का प्रमाण मान सकते हैं। लेकिन प्रारंभिक ऐतिहासिक सामग्री में धार्मिक प्रयोजनों के अतिरिक्त अन्य किसी उद्देश्य से व्यक्ति को अपनी जमीन दूसरों को देने का अधिकार नहीं दिया गया है। खेती की जमीन को बेचने, रेहन रखने, विभाजित करने आदि के अधिकार काश्तकार को प्राप्त नहीं थे। स्वामित्व की इन विशेषताओं का उल्लेख गौतम[42] तथा मनु[43] आदि प्राङ्गुप्त-कालीन धर्मशास्त्रकारों ने किया है, लेकिन न तो इन्होंने और न आपस्तंब, बौधायन, वसिष्ठ तथा विष्णु आदि धर्मशास्त्रकारों ने ही व्यक्ति को दान, बिक्री, रेहन तथा विभाजन आदि के द्वारा अपनी भूमि किसी को देने या दूसरे की भूमि लेने की अनुमति दी है। हाँ, गुप्त-काल और गुप्तोत्तर-काल के धर्मशास्त्रों में भूमि का विभाजन करने, उसे बेचने और रेहन रखने, उसके अवैध कब्जे और उसे पट्टे पर देने के बारे में विधान किए गए हैं।

यद्यपि प्राङ्गुप्त-कालीन स्मृतियों में विभाजन-संबंधी नियमों की व्यवस्था विस्तार से की गई है, किंतु विभाज्य वस्तुओं में भूमि का उल्लेख नहीं हुआ है। पहले-पहल उत्तर गुप्त-कालीन स्मृतिकार बृहस्पति[44] ने स्पष्ट शब्दों में कहा है कि विभाजन में उच्चतर जातियों के शूद्र पुत्रों को भूमि नहीं दी जा सकती। इसी व्यवस्था को देवल[45] ने अपनी स्मृति में, जो छठी सदी और 9वीं सदी के बीच किसी समय लिखी गई, दोहराया है। स्मृतिकार कात्यायन,[46] जो बृहस्पति का लगभग समकालीन था, कहता है कि जब खेत, बगीचा, मकान आदि का बँटवारा हो तो ज्येष्ठ पुत्र को दक्षिणी या पश्चिमी हिस्सा देना चाहिए। शंखलिखित, जिसकी स्मृति का संकलन 600 से लेकर 900 ईस्वी के बीच किसी समय किया गया, कहता है कि यदि कोई अपने श्रम के बल पर खोई हुई जमीन फिर प्राप्त कर लेता है तो उसे एक-चौथाई अधिक मिलनी चाहिए और शेष को सभी हिस्सेदारों में बराबर-बराबर बाँट देना चाहिए।[47] इन नियमों को देखते हुए यह साफ है कि गुप्त-काल से पारिवारिक भूमि का विभाजन शुरू हो गया था।

यहाँ तक कि गोचर भूमि को भी, जिसे मनु[48] तथा विष्णु[49] ने अविभाज्य बना दिया था, बृहस्पति[50] विभाज्य घोषित करता है। गोचर भूमि का विभाजन हो, यह बड़े महत्त्व की बात है। अब उन विस्तृत भूखंडों को, जिन पर कई-कई परिवारों

का सम्मिलित कब्जा रहता था, व्यक्तिगत संपत्ति बनाया जा सकता था। इस प्रकार गुप्त-काल में व्यक्ति भूमि को आपस में बाँट सकते थे और अपने हिस्से की भूमि को निजी संपत्ति बना सकते थे।

बिक्री-संबंधी कानून से भी भूमि पर व्यक्ति के अधिकारों के विकास का पता चलता है। कौटिल्य ने वास-भूमि और आवास के विक्रय (वास्तु-विक्रय) के संबंध में नियम बनाए हैं,[51] किंतु उसने जमीन की बिक्री का कोई उल्लेख नहीं किया है। संभवतः मौर्य-काल में जमीन बेचने का चलन नहीं था। इसी प्रकार प्राङ्गुप्त-कालीन स्मृतियों में क्रय-विक्रय के संबंध में जो विस्तृत नियम बनाए गए हैं, उनमें खरीद-बिक्री की वस्तु के रूप में भूमि का नाम कहीं नहीं लिया गया है। यहाँ तक कि याज्ञवल्क्य तथा नारद-जैसे गुप्त-कालीन स्मृतिकारों ने भी जमीन की बिक्री की कोई चर्चा नहीं की है। इन दोनों ने खरीदी हुई वस्तुओं की जाँच के लिए अलग-अलग अवधियाँ निर्धारित की हैं। ऐसी वस्तुओं में इन्होंने लोहा, वस्त्र, दुधारू पशुओं, भारवाही पशुओं, जवाहरात, सभी तरह के अन्नों, दास तथा दासियों आदि का उल्लेख किया है, किंतु भूमि के बारे में कुछ नहीं कहा है।[52] भूमि के विक्रय-संबंधी नियमों की रचना करनेवाला प्रथम व्यक्ति बृहस्पति ही जान पड़ता है।[53] उसके बाद कात्यायन तथा दूसरे लोगों ने इस विषय में नियम बनाए। कात्यायन यह विधान करता है कि यदि कोई किसी को जमीन देता है, या उसके हाथ बेचता अथवा गिरवी रखता है और वह जमीन बाद में बेकार हो जाती है, तो उसे उस व्यक्ति को फिर उतनी ही जमीन देनी चाहिए।[54] यदि वह ऐसा नहीं कर सकता तो उसे उस व्यक्ति को अन्य प्रकार से संतुष्ट करना चाहिए।[55] वह आगे कहता है कि जिस जमीन को खरीदना हो, उसकी ठीक से जाँच कर लेनी चाहिए।[56] यह नियम बाद की स्मृतियों में भी मिलता है।[57] कात्यायन यह व्यवस्था करता है कि जिस भूमि पर कर लगते हों, उसे कर चुकाने के लिए बेचना चाहिए।[58] इसका मतलब यह हुआ कि किसान को कर की बकाया रकम चुकाने के लिए अपनी जमीन का एक हिस्सा बेचने को बाध्य किया जा सकता था।

बृहस्पति,[59] भरद्वाज[60] तथा अपरार्क[61] के कुछ अन्य विधान भी इस बात की साक्षी भरते हैं कि पूर्व मध्य-काल में जमीन बेची जा सकती थी। बृहस्पति के अनुसार जमीन बेचते समय उसमें मौजूद कुओं, पेड़ों, जल-स्रोतों, खेतों, पकी फसलों, खाने के फलों, तालाबों, चुंगी-घरों आदि का उल्लेख कर देना चाहिए।[62] इसमें जिन चीजों के नाम गिनाए गए हैं, उनसे मन में सहज ही यह सवाल उठता है कि यहाँ बृहस्पति कहीं पूरे गाँव के विक्रय की बात तो नहीं कह रहा है।

बारहवीं शताब्दी में लक्ष्मीधर की कृति में ग्राम-विक्रय का स्पष्ट विधान मिलता है। उसने गाँव, खेत आदि स्थावर संपत्ति की बिक्री का वर्णन किया है।[63] इसी सदी के पंडित देवण्णभट्ट ने इस आशय का श्लोक उद्धृत किया है कि जब सीमा, जल और वीथियों के साथ-साथ कोई गाँव बेचा जाए तो वहाँ के पुरोहित वर्ग

और ग्राम-देवता को नष्ट नहीं करना चाहिए।[64]

तेरहवीं शताब्दी तक, जब वरदराज के 'व्यवहार निर्णय' का संकलन हुआ, जमीन की बिक्री का चलन पूर्ण रूप से प्रतिष्ठित और स्वीकृत हो गया, क्योंकि इस कृति में जमीन, मकान आदि को पण्य वस्तु (बिक्री की वस्तु) कहा गया है।[65] ध्यान देने की बात है कि इससे पहले भूमि के लिए इस विशेषण का प्रयोग शायद ही कहीं किया गया हो। भूमि विक्रय-संबंधी विधानों में धर्मेतर प्रयोजनों के लिए भी भूमि बेचने का कोई निषेध नहीं किया गया है। गुप्तोत्तर काल में ही धार्मिक प्रयोजनों के लिए भी जमीन बेचने के उदाहरण नहीं मिलते, जिसका कारण शायद मुद्रा का अभाव रहा हो। किंतु 12वीं और 13वीं शताब्दियों में हम जमीन की बिक्री के संबंध में अधिकाधिक नियमों की रचना होते देखते हैं, जिसका संबंध इस काल में मुद्रा और व्यापार की पुनः-प्रतिष्ठा से जोड़ना असंगत न होगा। पूरे गाँव के विक्रय-संबंधी विधान बतलाते हैं कि यूरोप के बड़े-बड़े भूमिधर लॉर्डों की तरह यहाँ भी लोग पूरे-के-पूरे गाँवों के मालिक हुआ करते थे।

गौतम, मनु, याज्ञवल्क्य और नारद ने कहीं भी खेतों के बंधक का उल्लेख नहीं किया है।[66] इसका उल्लेख सबसे पहले बृहस्पति ने किया है। बंधक रखे मकान के उपयोग या बंधक रखे खेत की उपज को वह भोग-लाभ की संज्ञा देता है।[67] बृहस्पति और कात्यायन की कृतियों में खेतों के उपभोग से कई नियमों का संबंध है। कात्यायन कहता है कि जिस मकान या जमीन को बंधक रखना हो उसकी सीमाओं का और जिस प्रदेश या गाँव में वह मकान या जमीन हो उस प्रदेश अथवा गाँव की सीमाओं का वर्णन साफ-साफ कर देना चाहिए।[68] धार्मिक अनुदानों और शायद धर्मेतर अनुदानों में भी दिए गए गाँवों के संबंध में इस निर्देश का पालन किया जाता था। बृहस्पति कहता है कि जब ऋणदाता बंधक में प्राप्त किसी खेत अथवा अन्य अचल संपत्ति का पर्याप्त उपभोग कर लेता है और उससे वास्तव में अपना पूरा मूल धन और ब्याज वसूल कर लेता है तब वह खेत या अन्य अचल संपत्ति ऋणी को वापस मिल जाती है।[69] इससे प्रकट होता है कि कर्जदार मूल धन और ब्याज दोनों की अदायगी के लिए ऋणदाता के पास अपनी जमीन बंधक रखता था। कात्यायन का आदेश है कि यदि किसी व्यक्ति ने अपना खेत आदि महाजन को ब्याज के बदले दे रखा हो तो कर्ज की रकम चुका कर वह अपनी जमीन वापस ले सकता है।[70]

गुप्तोत्तर काल की कई कृतियों में ब्याज के बदले भूमि बधक रखने की व्यवस्था है। नारद द्वारा उल्लिखित (1, 125) दो प्रकार की प्रतिभूतियों की टीका करते हुए असहाय (700-750) ने खेत और मकान को ऐसे बंधकों की कोटि में रखा है जिनका उपभोग महाजन कर सकता है।[71] इसी प्रकार मनुस्मृति (8.143) की टीका करते हुए मेधातिथि कहता है कि महाजन को आधि के रूप में गाय दूध का उपभोग करने के लिए तथा खेत या बागीचा उसकी उपज का उपभोग करने के

लिए दिया जाता है; अतएव महाजन किसी प्रकार की वृद्धि या कुसीद का हकदार नहीं है।[72] मेधातिथि के समकालीन व्यास ने भी आधि की व्याख्या इसी तरह की है।[73] जब कोई व्यक्ति किसी से निश्चित ब्याज पर द्रव्य लेता है, ऋणदाता को ब्याज के बदले अपनी जमीन देता है और उस जमीन से ब्याज के अतिरिक्त जो लाभ हो उसे मूल धन में मिनहा करते जाने का निवेदन करता है, तब इसे 'आधि' या सप्रत्यायभोग्याधिः कहते हैं; और इस तरह जब मूल धन की दुगुनी राशि अदा हो जाती है तो कर्जदार को आधि वापस मिल जाती है।[74] यदि जमीन बंधक न रखी गई हो तो भी कर्ज अदा करने के लिए उसे बेचा जा सकता है। भरद्वाज के अनुसार यदि कर्जदार कर्ज चुकाने में असमर्थ है तो उसकी संपत्ति कर्ज के भुगतान के लिए बेच दी जाए; और इस संपत्ति में भूमि, खेत, बागीचा और घर सभी शामिल हैं।[75]

यह बात भी कर्ज चुकाने के लिए जमीन बंधक रखने के चलन का आभास देती है। इस चलन से स्वभावतः ऋणदाताओं की भूसंपत्ति में वृद्धि हुई होगी। कहा तो यहाँ तक गया है कि बंधक जमीन का उपभोग सौ साल तक किया जा सकता है। किंतु जमीन के बंधक के नियम के कारगर होने के लिए सिक्के के चलन का बढ़ना आवश्यक था। यह स्थिति 11वीं-12वीं सदी में पैदा हुई, और मध्य भारत में 13वीं सदी के आरंभ में इस आशय का एक अभिलेख मिलता है।

किसी संपत्ति के वैध स्वामी के कब्जे में न रहने से उस पर से उसके स्वामित्व की समाप्ति के संबंध में धर्मशास्त्रों में अनेक नियम हैं, जिनसे भूमि पर व्यक्तिगत अधिकारों का संकेत मिलता है। गौतम[76] और मनु[77] का विधान है कि यदि कोई संपत्ति 10 वर्षों तक किसी अनजान व्यक्ति के कब्जे में रही हो तो उसका स्वामी उस पर अपने वैध अधिकार से वंचित हो जाता है। याज्ञवल्क्य ने इस अवधि को बढ़ाकर 20 वर्ष कर दिया है,[78] लेकिन इनमें से कोई भी स्मृतिकार इस संदर्भ में भूमि का उल्लेख नहीं करता। विष्णु[79] नारद[80] बृहस्पति[81] तथा कात्यायन[82] की स्मृतियों में हम इस संबंध में महत्त्वपूर्ण परिवर्तन देखते हैं। इन्होंने इस अवधि को बढ़ाकर तीन पीढ़ियाँ या लगभग साठ साल कर दिया है और इस नियम को जमीन पर स्पष्ट रूप से लागू कर दिया है। आगे चल कर 11वीं सदी में 'मिताक्षरा' में यह अवधि सौ साल हो गई है[83] और 13वीं शताब्दी की एक कृति 'स्मृतिचंद्रिका' में इसे बढ़ाकर 105[84] वर्ष कर दिया गया है। स्पष्ट है कि इन नियमों के कारण गुप्त-काल से भूस्वामियों की सुरक्षा बढ़ती गई और पूर्व-मध्य-काल का अंत होते-होते भूमि पर व्यक्ति के स्वामित्व के सिद्धांत की जड़ें पूरी तरह जम गईं। इन नियमों से तो लगता है कि भले ही किसी व्यक्ति की या राजा की जमीन किसी काश्तकार या शक्तिशाली पड़ोस की जोत में सौ साल तक रही हो, किंतु उसके मूल स्वामी को अपने अधिकारों से वंचित नहीं किया जा सकता था।

अस्थायी काश्तकारों पर इस तरह के नियमों का बहुत प्रतिकूल प्रभाव पड़ा होगा। दीर्घतर अवधि संभवतः इस उद्देश्य से निर्धारित की गई थी कि राजनीतिक

अव्यवस्था के समय में काश्तकार भूमि का स्वामित्व न प्राप्त कर पाएँ। इस नियम के बल पर धर्मेतर और धार्मिक अनुदान-भोगी दोनों ही काश्तकारी या दखल में थोड़ा-सा अंतराल पड़ते ही पुराने काश्तकारों को भी बेदखल कर सकत थे। याददाश्त के आधार पर थोड़े समय का दखल तो साबित किया जा सकता है, लेकिन कोई भी स्मृति के आधार पर यह साबित नहीं कर सकता कि अमुक क्षेत्र 50 या 60 साल से अमुक व्यक्ति के दखल में रहा है। जहाँ सौ साल की बात हो, वहाँ तो यह साबित करना असंभव ही हो जाता है। इस दृष्टि से इन नियमों से मौजूदा भूस्वामियों को लाभ था, किंतु काश्तकारों के स्वत्व के विकास में इनसे बाधा पहुँची।

किसानों को पट्टे पर जमीन देने के जो नियम बने थे उनसे भी भूमि पर व्यक्ति के अधिकार सिद्ध होते हैं। भूस्वामियों का संबंध खेतिहर मजदूरों और बटायदारों के साथ कैसा हो, इसका नियमन आरंभ के धर्मशास्त्रों में किया गया है। खेतिहर मजदूरों को पीटा जा सकता था, और भूस्वामी बटायदारों को बराबर बदल सकते थे। प्रारंभ में भूस्वामी तथा पट्टेदारों के संबंधों का नियमन करनेवाला कोई विधान नहीं बनाया गया। आपस्तंब धर्मसूत्र[85] में एक स्थल पर इस तरह का उल्लेख मिलता है, पर वह भी स्पष्ट नहीं है और उसका दूसरा आशय भी हो सकता है। किंतु गुप्त-कालीन और परवर्ती स्मृतियों में स्वामी का क्षेत्रक या कर्षक के साथ कैसा संबंध हो, इसके संबंध में नियम बनाए हैं। गुप्त और गुप्तोत्तर-काल के अधिकांश स्मृतिकारों ने जोर दिया है कि पट्टेदारों को पट्टे पर ली हुई जमीन में ठीक से खेती करनी चाहिए; और उन्होंने यह विधान किया है कि यदि वे खेती की उपेक्षा करें तो भी उन्हें स्वामी को उसका निश्चित हिस्सा जरूर देना चाहिए।[86] कई स्मृतियों में यह भी आदेश दिया गया है कि खेती की उपेक्षा करनेवाले काश्तकार राजा को जुर्माना दें।[87] मिताक्षरा में व्यवस्था है कि खेती की उपेक्षा करनेवाले काश्तकार से जमीन छीन कर दूसरे को दी जाए।[88] इस प्रकार भूस्वामी को पट्टेदार बदलने का अधिकार था। भूस्वामी का हिस्सा, जिसे कृष्टफल या सद कहा जाता था, कितना हो, यह बात जमीन की किस्म पर निर्भर करती थी। जो जमीन बहुत दिनों से परती रही हो उस पर वह उपज के दसवें हिस्से का हकदार था; जिस पर खेती होती रही हो, उसकी उपज का आठवाँ हिस्सा उसका था; और जिस पर बहुत अच्छी तरह खेती होती रही हो उसकी उपज का छठा हिस्सा उसका होता था।[89] स्पष्टतः इस नियम का संबंध ऐसे काश्तकारों से था जो खेतों में अपनी पूँजी, अपने उपकरण, बीज, श्रम आदि लगाते थे। बटायदारों के साथ इसका कोई संबंध नहीं था। उन्हें तो खेती के खर्च का एक हिस्सा भूस्वामी से ही मिलता था, और इसके बदले भूस्वामी उपज का अधिकांश भाग स्वयं ले लेता था किंतु परती जमीन को पहले-पहल आबाद कराने में भूस्वामी को सारा खर्च उठाने को कहा गया है। यदि वह वैसा नहीं करता तो काश्तकार से आठ साल तक उसे उपज का केवल आठवाँ

हिस्सा मिलेगा, और इस अवधि के बाद वह जमीन भूस्वामी के पास लौट कर चली आएगी।

ये तमाम नियम भूमि पर बढ़ते हुए वैयक्तिक अधिकारों का पर्याप्त सकेत देते हैं। किंतु बंधक, बेदखली तथा बिक्री-संबंधी नियम साधारण काश्तकार-भूस्वामियों के बजाय बड़े-बड़े भूमिधरों के हक में जान पड़ते हैं। जो भी हो, सामंतवादी राज्यव्यवस्था तथा अर्थतंत्र भूमि के असमान विभाजन पर आधारित था, और पूर्व मध्यकाल में व्यक्तिगत भूस्वामित्व के सिद्धांत के विकास से इसको अधिक बल मिला।

ईस्वी सन् की प्रारंभिक सदियों से लेकर बारहवीं शताब्दी तक भूमिस्वत्व पर प्रकाश डालनेवाले धर्मशास्त्रों में जो सामग्री मिलती है, उसमें सामुदायिक अधिकारों का हल्का-सा आभास-मात्र है। किंतु राजकीय और वैयक्तिक अधिकारों को उसमें उत्तरोत्तर अधिकाधिक समर्थन दिया गया है, यद्यपि ये दोनों प्रकार के अधिकार परस्पर विरोधी प्रतीत होते हैं। मध्यकालीन भाष्यकार और आधुनिक इतिहासकार अभी तक इन दो तरह के विरोधी स्वत्वों में संगति नहीं बैठा सके हैं, लेकिन पूर्वमध्यकाल में भूमि-वितरण की प्रथा पर विचार करने से इस अंतर्विरोध की व्याख्या हो सकती है। वैयक्तिक भूस्वामित्व के सिद्धांत के कारण अनुदानभोगी किसानों के हाथ पट्टे पर अपनी जमीन लगा सके, और राजकीय भू-स्वामित्व के सिद्धांत के कारण राजा लोग पुरोहितों और मंदिरों, सामंतों और राज्याधिकारियों को सेवा के बदले अनुदान में भूमि दे सके। अन्यथा, हम एक ही खेत पर तरह-तरह के लोगों के अधिकार का कारण क्या बतला सकते हैं? अभिलेखों से प्रकट होता है कि भूमि केवल धार्मिक अनुदानों के उद्देश्य से ही बेची जा सकती थी, और मध्यकाल में मुद्रा के अभाव के कारण कम से कम 1000 ईस्वी तक बड़े पैमाने पर जमीन की खरीद-बिक्री नहीं हो सकती थी। फिर, भूमि पर राजकीय स्वामित्व के सिद्धांत के कारण मध्य-कालीन नरेशों को किसानों पर तरह-तरह के कर लगाने का वैधानिक आधार मिल गया। दोनों सिद्धांतों ने सामुदायिक भू-स्वत्वों को पंगु बना दिया और ऐसी स्थिति पैदा कर दी जिसमें अनुदानभोगी तथा बड़े-बड़े भूमिपति विस्तृत गोचर भूमि तथा उसी प्रकार की अन्य सामुदायिक भूमि को आसानी से अपनी निजी संपत्ति बना सकते थे। फलतः साधारण किसान या तो कृषिदासों की अवस्था में पहुँच गए या नए भूमिपतियों के असहाय-निरुपाय आश्रित बनकर रह गए। इस प्रकार ये दोनों सिद्धांत मध्यकाल की सामंती व्यवस्था के लिए विशेष रूप से उपयुक्त थे।

राजा के भू-स्वामित्व का सिद्धांत सामान्य व्यक्ति के भू-स्वामित्व के सिद्धांत से कोई विशेष भिन्न नहीं है। राजा के स्वामित्व का वह रूप नहीं था जो राज्य के स्वामित्व का होता है। मध्यकालीन भारतीय राजा समाज के हित में अपने भू-स्वामित्व का उपयोग बहुत कम करता था। दरअसल, राजा सबसे बड़ा

भूमिपति था, और बाकी लोग उसके अधीनस्थ अवर भूमिपति थे। इस व्यवस्था में कई प्रकार के श्रेणीबद्ध भू-स्वत्व मिलते हैं, जिसमें राजा, स्वामी और कर्षक के अधिकार शामिल हैं। भूमि के संबंध में इन सबके दायित्व किसी-न-किसी हद तक निर्धारित हैं। हमारा यह निष्कर्ष जे. डी. एम. डरेट के निष्कर्ष से मेल खाता है। डरेट के अनुसार, "भारतीय धर्मशास्त्रकार यह मानकर चले कि स्वामित्व की अलग-अलग अभिव्यक्ति हो सकती है, लेकिन राजा का स्वत्व, भू-स्वामी का स्वत्व, पट्टेदार-काश्तकार का स्वत्व और बहुत आगे जाकर सोचें तो दखलदार बंधकधारी का भी स्वत्व—सब प्रकार के स्वत्वों को प्रगट करने के लिए संपत्ति शब्द ही का प्रयोग होता था।"[90] एक ही खेत में विभिन्न पक्षों के अपने अलग-अलग हक हुआ करते थे, इसका पता अशरफपुर के ताम्रपट अनुदान से चलता है, जो 7वीं-8वीं शताब्दी के हैं। पूर्वी बंगाल में दिए गए इन अनुदानों से ज्ञात होता है कि एक खेत, जिसका उपभोग शर्वांतर करता था और जिसमें शिखर तथा अन्य लोग खेती करते थे, राजा द्वारा संघमित्र नामक एक बौद्ध साधु को दान कर दिया गया।[91] स्पष्ट है कि बौद्ध साधु को दान करने के पहले तक राजा, शर्वांतर तथा शिखर और अन्य किसानों को—अर्थात् कम से कम इन तीन पक्षों को—उस खेत पर अलग-अलग अधिकार प्राप्त थे।

भारतीय भू-संपत्ति की व्यवस्था मध्यकालीन यूरोप में प्रचलित उस कानून का स्मरण दिलाती है जिसमें भूमि पर आपस में एक-दूसरे से भिन्न और एक के बाद एक ऊपर लादे गए कई तरह के वास्तविक अधिकारों की गुंजाइश थी।[92] "काश्तकार जो (आमतौर पर पुश्त-दर-पुश्त) जमीन जोतता और फसल इकट्ठा करता है; उसका प्रत्यक्ष स्वामी, जिसे वह कर देता है और जो किन्हीं परिस्थितियों में उससे जमीन वापस भी ले सकता है; फिर स्वामी का स्वामी, आदि; और अंत में वरिष्ठतम सामंत—कितने सारे लोग हैं जो जमीन के एक ही टुकड़े के बारे में कह सकते हैं और सभी समान औचित्य के साथ कह सकते हैं कि 'यह जमीन मेरी है।'"[93] पूर्व मध्यकालीन भारत में जमीन पर अधिकार रखनेवाले पक्ष भले ही उतने अधिक न रहे हों जितने कि यूरोप में थे, लेकिन इसमें संदेह नहीं कि भूमि में निहित उनके स्वार्थों को कानूनी मान्यता प्राप्त थी और इस दृष्टि से यहाँ भी स्थिति वैसी ही थी जैसी कि सामंतवादी यूरोप में थी।

लेकिन, मुसलमानकाल के भारत में भूमि-विषयक अधिकार निश्चय ही विचाराधीनकाल के भूमि-विषयक अधिकारों से भिन्न थे। प्रथम तो भूमि के व्यक्तिगत स्वामित्व से भिन्न, ताज की जमीन (खालिश) का सिद्धांत मुसलमानों से पहले के काल में यहाँ प्रचलित नहीं था। यह सच है कि परमार और चाहमान नरेशों द्वारा अपने-अपने स्वभोगों में से दान की गई भूमि को किसी हद तक ताज की जमीन माना जा सकता है और इसे उस भूमि से भिन्न कोटि में रखा जा सकता है जो राज्य के सामान्य नियंत्रण में या स्वतंत्र काश्तकारों की जोत में थी। किंतु,

उनके समकालीन नरेशों तथा पाल, प्रतीहार एवं राष्ट्रकूट राजाओं द्वारा दिए गए अनुदानों में इस बात का कोई प्रमाण नहीं मिलता कि राजा के पास कोई राज-भूमि भी थी। इसके विपरीत उनसे यही प्रकट होता है कि राजा अपने राज्य के किसी भी हिस्से में अनुदान दे सकता था।

दूसरे, मुगल बादशाहों द्वारा दी गई जागीरों या मदद-ए-मआश के साथ वैसे पुष्ट और विस्तृत अधिकार नहीं जुड़े रहते थे जैसे कि हिंदू राजाओं द्वारा दिए गए धार्मिक और कभी-कभी धर्मेतर अनुदानों के साथ भी जुड़े रहते थे। मुगल जागीरदारों को हिंदू शासन-काल के अनुदानभोगियों की तरह भूमि का स्वामित्व नहीं प्रदान किया जाता था; उन्हें केवल उसके उपयोग-उपभोग का ही अधिकार मिलता था। कारण यह था कि मुगल-काल में केंद्रीय सत्ता मुसलमानों से पहले के काल की अपेक्षा बहुत सबल और प्रभावकारी थी।

और अंत में, मुद्रा पर आधारित आर्थिक जीवन तथा ग्रामीण क्षेत्रों में व्यापार के विकास के कारण मुसलमान शासन-काल में भूमि पर किसानों या व्यक्तियों के अधिकार अधिक सबल हो गए। यद्यपि गुप्त-काल के तथा बाद के विधि-ग्रंथों में जमीन की खरीद-बिक्री तथा उसे बंधक रखने की अनुमति दी गई है, किंतु इस सबका सिलसिला 11वीं-12वीं शताब्दियों में मुद्रा की पुनः प्रतिष्ठा के साथ ही शुरू हो सका। बाद की पाँच सदियों में व्यक्तिगत अधिकारों के प्रयोग के लिए परिस्थितियाँ अधिक अनुकूल हो गईं, क्योंकि अब किसान लगान या राजस्व जिंसों में अदा नहीं करते थे, बल्कि मुख्यतः नकद चुकाते थे।

कुल मिलाकर पूर्व मध्य-काल की भूस्वामित्व प्रणाली की विशेषताएँ सबल और विकेंद्रीकृत सामंतवादी व्यवस्था का आभास देती हैं। मुद्रा पर आधारित अर्थव्यवस्था की पुनः प्रतिष्ठा और केंद्रीय नियंत्रण के विकास के परिणामस्वरूप मुगल-काल में यह व्यवस्था कमजोर पड़ गई।

संदर्भ

1. काने के शब्दों में, भूमि पर राज्य के स्वामित्व का सिद्धांत अंग्रेजी सरकार के लिए अधिक सुविधाजनक और लाभदायक था। अतः अपनी भूमि-विषयक नीति और कानूनों के संबंध में उसने इसी सिद्धान्त को अपनाया। हि. ध. शा. 2, 866।
2. से. बु. इ., 25, 259-60, *मनु-स्मृति* पर लिखी टिप्पणी, 8, 39
3. *अर्ली हिस्ट्री ऑफ इंडिया* (ऑक्सफोर्ड, 1904), पृष्ठ 123; *ऑक्सफोर्ड हिस्ट्री ऑफ इंडिया,* पृष्ठ 90
4. *वही, पृष्ठ 123*
5. *पब्लिक ऐडमिनिस्ट्रेशन इन एंशिएंट इंडिया,* पृष्ठ 179
6. *हिंदू पॉलिटी,* द्वितीय संस्करण, पृष्ठ 343-51
7. *द बिगिनिंग ऑफ इंडियन हिस्ट्रियोग्राफी एंड अदर एसेज,* निबंध 6, पृष्ठ 158-66
8. एस. के. मैती, *इकनॉमिक लाइफ ऑफ नॉर्दर्न इंडिया इन गुप्त पीरियड,* पृष्ठ 11-23; एल. गोपाल, ज. इ. सो. हि. ओ., 4, 246-63

9. 8. 21
10. कै. हि. इं., 1, 118
11. 28, 46
12. सै. बु. ई., 2, सूत्र 28 पर पा. टि. 46, 46
13. कै. हि. इं., 1, 178
14. 6. 7. 3. ध. को., 1, 793 में उद्धृत।
15. काशीप्रसाद जायसवाल, *हिंदू पॉलिटी*, द्वितीय सं., पृष्ठ 345
16. जैमिनी, 6, 7.3 की टीका, ध. को., 1, 793 में उद्धृत।
17. ध. को., 1, 1231
18. यत्तुशानसा क्षेत्रष्वाविभाज्यत्वमुक्तमविभाज्यमिती। तद् ब्राह्मणोत्पन्न क्षत्रियादि पुत्रोविषयम्। *धर्मकोश*, 1,1232
19. वही, 1231
20. वही, 1232
21. वही, 1, 901 (स्वग्रामज्ञातिसामन्तदायादानुमतेन च)।
22. वही, 1, 900 में उद्धृत *भारद्वाज स्मृति*।
23. वही।
24. राजा क्षेत्रं दत्वा चातुर्वैद्यवणिज्यभारिक सर्वग्रामीणतनूमहत्तरस्वामीपुरुषाधिष्ठितं परिच्छिन्द्यात, *हिस्ट्री ऑफ धर्मशास्त्र*, 1, 949 में उद्धृत।
25. वही, 1, 1209
26. वही, 1204, 1206,
27. *अर्थशास्त्र*, 2.24
28. 8, 39
29. *कात्यायन स्मृति*, श्लोक 16
30. श्लोक 17
31. 11, 27, 42
32. *नारद स्मृति* 14, 42 की टीका; *धर्मकोश*, 1, 949 में उद्धृत।
33. एम. ए. बक-कृत *इकनॉमिक लाइफ इन एंशिएंट इंडिया*, 2, पृष्ठ 24 में उद्धृत (*लीज़, लैंड ऐंड लेबर ऑफ इंडिया*, पृष्ठ 111-4 से उद्धृत)। सेन-कृत *हिंदू जुरिस्प्रुडेंस*, पृष्ठ 52 भी। *याज्ञवल्क्य स्मृति*, 1.318, *मिताक्षरा* की टीका से भी यह निष्कर्ष निकाला जा सकता है। इसके अनुसार भूमिदान करने या निबंध का अधिकार किसी राजा के अधीनस्थ प्रांतीय शासक या जिलाधीश को नहीं था; यह विशेषाधिकार सिर्फ राजा को ही था।
34. *अथशास्त्र* (चतुर्थ संस्करण), अनु., पृष्ठ 144
35. घोषाल-कृत *हिस्ट्रियोग्राफी ऐंड अदर एसेज*, पृष्ठ 160। *मानसोल्लास*, *I*, (गा. ऑ. सि. 28) परिच्छेद 3, श्लोक 361 से भूमि के राजकीय स्वामित्व के सिद्धांत की पुष्टि होती है। इसमें राजा को समस्त संपत्ति का, और विशेषकर भूगर्भ संपदा का स्वामी (ईश्वर) कहा गया है।
36. *धर्मकोश*, 1, 943
37. वही, 1, 954
38. वही, 961
39. *हिंदू पॉलिटी* (द्वितीय संस्करण), 349। उन्होंने विल्क्स (*हिस्ट्री ऑफ मैसूर* 1869) को उद्धृत करते हुए कहा है कि विल्क्स के अनुसार भूमि पर राजा के स्वामित्व केसामंतवादी सिद्धांत को हिंदू कानून का अंग मानने का कोई आधार दिखाई नहीं देता।

40. हि. ध. शा., *2,* 865-6
41. मामलों के संदर्भ के लिए देखिए, वही, 3, पा. टि. 2031
42. 10, 391
43. 10, 115
44. *धर्मकोश,* 1, 1251
45. वही, 1252
46. वही, 1201
47. वही, 1207, *स्मृति चंद्रिका* के भाष्य के साथ।
48. 9, 219। मेघातिथि के अनुसार गोचर भूमि के लिए प्रयुक्त शब्द 'प्रचार' है।
49. 18, 44
50. *धर्मकोश,* 1, 2, 1223। अपरार्क 'प्रचार' शब्द की व्याख्या 'प्रवेश निर्गमभू' करता है (वही)।
51. 3.9
52. *याज्ञवल्क्य स्मृति,* 2, 177 *नारद स्मृति,* 12.5-6
53. *धर्मकोश,* 1, 896
54. वही, 767
55. वही।
56. वही, 896
57. वही, 899
58. वही, 898
59. वही, 895
60. 757। भारद्वाज की इन व्यवस्थाओं का संबंध भूमि के अनधिकृत विक्रय से है।
61. वही, 761
62. वही, 896
63. *व्यवहारकल्पतरु, धर्मकोश,* 886 में उद्धृत।
64. *स्मृति चंद्रिका,* 23, *धर्मकोश,* 1, 977 में उद्धृत।
65. हि. ध. शा., 3, 495, पा. टि. 878
66. 1, 125
67. 11, 7-8
68. श्लोक 522
69. 11, 23
70. श्लोक 516
71. सै. ब्. ई., 33, 731
72. *धर्मकोष,* 1, 658
73. वही, 731
74. वही, 1, 658
75. वही, 731
76. हि. ध. शा., 3, 320, पा. टि. 456
77. 8, 147-8, *नारद स्मृति,* 4, 79-80 में भी दस साल के नियम का उल्लेख है और इसी प्रकार *सांख,* हि. ध. शा., 3, 320 में भी।
78. 2, 24
79. 5, 187

80. 1, 91
81. 9, 27-30। यहाँ बृहस्पति ने खासतौर से भूमि का नहीं, बल्कि स्थावर संपत्ति का उल्लेख किया है।
82. श्लोक 327
88. ***याज्ञवल्क्य.*** **2, 27 की टीका।**
84. हि. ध. शा., 3, 321, पा. टि. 459
85. *धर्मकोष*, 1, 842
86. वही, 943, 954, 961
87. वही, 954, 961
88. वही, 943
89. वही, 954
90. *बुलेटिन ऑफ द स्कूल ऑफ ओरिएंटल ऐंड अफ्रिकन स्टडीज,* 18, 489
91. *मेमॉयर्स ऑफ द एशियाटिक सोसाइटी ऑफ बंगाल,* 1, नं. 6, पृष्ठ 90, प्लेट 'ए', पंक्तियाँ 8-9
92. *मार्क ब्लॉक, फ्यूडल सोसाइटी,* पृष्ठ 116
93. वही, 116

परिच्छेद-5.

राजनीतिक सामंतवाद का उत्कर्ष-काल

(लगभग 1000—1200 ईस्वी)

दसवीं शताब्दी के उत्तरार्ध में गुर्जर-प्रतीहार साम्राज्य के पतन के बाद उत्तरी भारत की राजनीतिक एकता छिन्न-भिन्न हो गई। मौर्य साम्राज्य के टूटने के बाद और फिर गुप्त साम्राज्य के अवसान के बाद भी यह क्षेत्र अनेक छोटे-छोटे राज्यों में बँट गया था, लेकिन तब स्थिति उतनी बुरी नहीं हुई थी जितनी अब हो चली थी। तुर्कों के आक्रमण से पूर्व राजनीतिक सत्ता का विभाजन अपनी चरम सीमा पर पहुँच चुका था। 1075 के आसपास जब कैवर्त्त विद्रोह हुआ, उस समय पूरा बंगाल और बिहार कोई दस छोटे-छोटे राज्यों में बँटा हुआ था। ये राज्य अपने पाल प्रभु की अधीनता नाम-मात्र को ही स्वीकार करते थे। पालों का स्थान सेनों ने लिया, किंतु उनकी सत्ता को मिथिला के कर्णाटों और शायद दक्षिण-पूर्व बंगाल में ईश्वरघोष के वंशजों ने चुनौती दी। इसके अतिरिक्त कई और सामंत राजवंश भी सेनों को परेशान करते रहे। बिहार में दो नए राजवंशों का उदय हुआ—पीठी के सेन और जयनगर (दक्षिण मुंगेर) के गुप्त। इन्हीं दिनों जपला में खयरवालों का राजवंश शासन करता था, जो गाहडवालों के सामंत थे।

गाहडवालों का राज्य आधुनिक उत्तर प्रदेश के बहुत बड़े हिस्से पर था, किंतु गोरखपुर के कलचुरि उनके प्रबल प्रतिद्वंद्वी थे। मध्य भारत का पूर्वी हिस्सा दो प्रमुख राजवंशों के अधीन था। इनमें एक था डाहल का कलचुरि राजवंश, जिसकी राजधानी त्रिपुरी में थी, और दूसरा था जैजाकभुक्ति का चंदेल राजवंश। आगे चलकर कलचुरि लोग भी तीन शाखाओं में विभक्त हो गए। पश्चिमी शाखा की राजधानी त्रिपुरी थी, पूर्वी की रत्नपुर, और उत्तरी की गोरखपुर।

राजस्थान, गुजरात और मालवा की अवस्था तो और भी बुरी थी। चाहमान पाँच शाखाओं में बँटे हुए थे और भरुच, जावालिपुर (12वीं शताब्दी के मध्य में स्थापित), शाकंभरि, नड्डुल और रणथंभौर में अलग-अलग राज्य करते थे। भरुच तथा रणथंभौर के चाहमान 13वीं सदी के प्रारंभ में प्रसिद्ध हुए, किंतु इनका अस्तित्व पहले से ही था। 12वीं शताब्दी के उत्तरार्ध में गुहिलों ने जावालिपुर के

चाहमानों को अपने यहाँ से उखाड़ फेंका और वे लगभग स्वतंत्र हो गए। फिर 1207 से लेकर 1227 के बीच किसी समय उन्होंने अपने को पूर्ण रूप से स्वतंत्र घोषित कर दिया और परिणामतः मेवाड़ और आघाट कुछ समय के लिए चालुक्यों के प्रभुत्व में चला गया।[1] मेवाड़ के आसपास का इलाका उनके अधीन था, लेकिन 13वीं शताब्दी के प्रथम दशक में यह क्षेत्र भी स्वतंत्र हो गया। इसी प्रकार दिल्ली और अजमेर तोमरों के अधीन था, और राजस्थान के कुछ हिस्सों पर कच्छपघाट राजवंश का भी प्रभुत्व था।

मालवा और उसके आसपास के इलाकों पर शासन करनेवाले परमार चार शाखाओं में विभक्त हो गए। एक का केंद्र मालवा था, दूसरे का आबू, तीसरे का भिनमल और चौथे का किराडु। ये सभी शाखाएँ बारहवीं शताब्दी में शासन करती थीं। आबू भीम चौलुक्य के समय में स्वतंत्र हो गया। किंतु उसने 1062 में आबू के परमारों को पराजित करके उन पर फिर अपना प्रभुत्व कायम कर लिया। इसके बाद से 13वीं शताब्दी तक आबू चौलुक्य राज्य का हिस्सा बना रहा, यद्यपि परमार सामंत के रूप में तब भी वहाँ शासन करते रहे।[2] लेकिन भिनमल भीम के समय में स्वतंत्र हो गया।[3] किराडु को प्रसिद्धि-प्रतिष्ठा दिलाने का श्रेय परमार-राज सोमेश्वर को था। उसने कुमारपाल की कृपा से अपने राज्य को सभी तरह से सशक्त और सुरक्षित बना लिया। 1156 के आसपास उसने जजक नामक एक सरदार को हरा कर उसके 1700 घोड़े छीन लिए और इस तरह अपने प्रभु कुमारपाल की सहायता की।[4] चौलुक्य शासन के कारण गुजरात, जो अभी तक उत्तर और दक्षिण दो भागों में विभक्त था, अब एक हो गया। किंतु बारहवीं शताब्दी के अंतिम चरण में उनके सामंत बघेलों ने गुजरात में अपना स्वतंत्र शासन स्थापित कर लिया।

पंजाब और हिमांचलीय राज्यों के विषय में हमें पर्याप्त जानकारी प्राप्त नहीं है। पंजाब और ओहिंद पर शासन करनेवाले शाही राजवंश को 1021 में महमूद गजनवी ने समाप्त कर दिया। हिमांचलीय राज्य क्षंबा वहीं के एक स्वतंत्र राजवंश के अधीन था।

इस प्रकार, कैरोलिंग साम्राज्य के पतन के बाद जो स्थिति पश्चिमी यूरोप की हो गई थी, गुर्जर-प्रतीहार साम्राज्य के पतन के बाद पश्चिमी और उत्तरी भारत की राजनीतिक स्थिति भी कुछ वैसी ही हो गई। अंतर सिर्फ इतना था कि भारत में स्वतंत्र शासक वंशों की संख्या अधिक थी। इसका पता इससे चलता है कि वे अपनी मर्जी से सिक्के जारी करते थे और भूमि-अनुदान करते थे।

ये तमाम छोटे-छोटे राज्य बराबर आपस में जूझते रहे, और 1000 से 1300 तक प्रभुसत्ता के लिए घोर संघर्ष चलता रहा। पालों ने केवल कैवर्त्तों से ही लड़ाई नहीं की, बल्कि बिहार के पश्चिमी हिस्से पर अपना आधिपत्य जमाने के लिए कलचुरियों और गाहडवालों से भी लोहा लिया। उधर कलचुरि उड़ीसा के

राजाओं, चंदेलों, और गाहडवालों से जूझते रहे। गाहडवाल लोग चंदेलों और चाहमानों के साथ जोरआजमाई करते रहे, और चाहमान राजा पृथ्वीराज ने चंदेलों के एक प्रमुख केंद्र महोबा पर कब्जा कर लिया। इसी प्रकार परमारों ने चंदेल-राज परमर्दिन को गहरी शिकस्त दी। वास्तव में बारहवीं शताब्दी में उत्तरी भारत पर अपना प्रभुत्व स्थापित करने के लिए चंदेलों, गाहडवालों और चाहमानों का तितरफा संघर्ष खूब जम कर चला। उधर मालवा-गुजरात और राजस्थान में परमार, चौलुक्य और चाहमान भी आपस में बराबर लड़ते ही रहे। परमारों ने यदा-कदा हूणों से भी लोहा लिया, जिनके अधीन मालवा और राजस्थान के कुछ क्षेत्र थे। मानो इतना काफी नहीं था, सो दक्षिण से चोल और विशेषकर चालुक्य लोग भी कभी-कभी उत्तर भारत पर चढ़ आते थे। उधर बंगाल के सेन और तिरहुत के कर्णाट,जिन्होंने चालुक्यों के साथ आकर उत्तर बिहार में अपना आधिपत्य स्थापित कर लिया था, आपस में जूझते रहे। पश्चिम में पंजाब के ब्राह्मण शाही वंश और गुजरात के चौलुक्यों ने महमूद गजनवी से डटकर लोहा लिया, और चौलुक्यों, चाहमानों तथा गाहडवालों ने मुहम्मद गौरी का मुकाबला किया।

इन छोटे-छोटे राज्यों के बीच बराबर जो छीना-झपटी और लड़ाइयाँ चलती रहती थीं, उनके प्रशासनिक एवं आर्थिक परिणामों का अनुमान सहज ही लगाया जा सकता है। पुलिस, न्यायपालिका और राजस्व विभाग के बिना कोई राज्य नहीं चल सकता था, और फिर प्रत्येक राज्य के अपने अलग सामंत, पुरोहित तथा मंदिर भी होते होंगे। स्पष्ट है कि किसानों पर इस सबसे बहुत अधिक दबाव पड़ा होगा और ऐसी व्यवस्था को कायम रखने में उनकी कोई रुचि नहीं रही होगी।

इन छोटे-छोटे राज्यों का उदय कैसे हुआ? स्पष्ट ही इनमें से कुछ तो राजकुमारों के बीच पैतृक संपत्ति के बँटने के कारण पैदा हुए, लेकिन शेष राज्य सामंतों और राज्याधिकारियों को अनुदान-स्वरूप छोटे-बड़े क्षेत्र देने के कारण कायम हुए। अनुदत्त क्षेत्रों के स्वामी धीरे-धीरे अपना दबदबा बढ़ा लेते थे और अंत में स्वतंत्र राजा बन बैठते थे। गुप्त-काल और गुप्तोत्तर-काल के अभिलेखों में इस प्रकार का कोई विशेष प्रमाण नहीं मिलता है। परंतु 750 से 1000 के बीच ऐसे कुछ उदाहरण अवश्य मिलते हैं, और 1000 से लेकर 1200 के बीच तो काफी मिलते हैं। ऐसे अनुदानों के पुरालेखीय प्रमाण नवीं शताब्दी से मिलने शुरू हो जाते हैं। और 11वीं सदी के प्रारंभ में तो इनकी संख्या अच्छी खासी हो जाती है। सामंतों और राज्याधिकारियों को दिए गए अनुदानों के दस्तावेज आरंभ में भोजपत्र या कपड़े पर तैयार किए जाते थे, जो संभवतः नष्ट हो गए। 12वीं और 13वीं सदियों में गुजरात में सामंतों को विभिन्न प्रकार के अनुदान देने के लिए भोजपत्र का प्रयोग किया जाता था,[5] और संभवतः पहले भी इसका उपयोग किया जाता हो। गुप्त-काल के धर्मशास्त्रों में अनुदानों के दस्तावेज ताम्रपत्रों अथवा कपड़े पर तैयार

करने की व्यवस्था है।[6] चूँकि राज्याधिकारियों और सामंतों को दिए गए अनुदान पुण्य अर्जित करने या सदा के लिए नहीं दिए जाते थे, इसलिए उनके दस्तावेज कपड़े पर तैयार किए जाते थे; किंतु 10वीं सदी के समाप्त होते-होते राज्याधिकारियों और सामंतों की शक्ति इतनी बढ़ गई और सुरक्षा का इतना अभाव हो गया कि अब वे अनुदत्त क्षेत्र पर अपना अधिकार स्थायी बनाने के लिए किसी टिकाऊ चीज पर अनुदान लिखवाना अधिक पसंद करने लगे।

राज्य की सेवा के बदले दिए गए अधिकांश अनुदान उड़ीसा में मिलते हैं। ये लगभग उन आधे दर्जन सामंत राज्यों में भी मिलते हैं, जिनका उदय गुर्जर-प्रतीहार साम्राज्य के ध्वंसावशेष पर हुआ। ध्यान देने की बात है कि बिहार और बंगाल में पाल शासन के अंतिम दिनों में भी हमें ऐसे अनुदान बहुत कम मिलते हैं। तृतीय विग्रहपाल के शासन-काल (1055-70) में एक उच्चाधिकारी को भूमि-अनुदान देने का परोक्ष प्रमाण मिलता है। घंटूश नामक एक ब्राह्मण राज्याधिकारी ने, जिसे राजा का सेवक (विधेय) कहा गया है, विग्रहपाल की अनुमति से अपनी निजी भू-संपत्ति (हल) में से कुछ भूमि अनुदान में दी।[7] संभव है कि यह भू-संपत्ति भी उसे पाल राजा से सेवा के बदले मिली हो। पालों के राज्य में एक और अभिलेख का भी ऐसा अर्थ लगाया जा सकता है। वह है कामरूप के वैधदेव द्वारा ताम्रपट पर दिया गया अनुदान। वैधदेव के परिवार वालों ने विग्रहपाल, रामपाल और कुमारपाल, एक के बाद एक इन तीन पाल राजाओं की सेवा मंत्रियों के रूप में 1055 से लेकर 1125 तक की थी। वैधदेव, जो कुमारपाल का मंत्री था, पाल साम्राज्य के अंतिम दिनों में लगभग स्वतंत्र हो गया, और उसने प्राग्ज्योतिषभुक्ति मे अपने प्रभु की औपचारिक स्वीकृति के बिना ही दो गाँव अनुदान में दिए।[8] पहले इन दोनों गाँवों का भोक्ता गंगाधर भट्ट था,[9] जिसने स्पष्टतः इन्हें या तो पाल राजा या उसके कामरूप निवासी मंत्री से प्राप्त किया होगा। जाहिर है कि पाल राजाओं से एक के बाद एक अनुदान मिलने के फलस्वरूप इस मंत्रिपरिवार ने अपनी भू-संपत्ति खूब बढ़ा ली थी, और अंत में यह पालों के नियंत्रण से निकल गया था। पर साधारणतया कैवर्त्तों को दिए गए कुछ भूमि अनुदानों को छोड़कर पालों के अधीन राज्याधिकारियों और सामंतों को दिए भूमि-अनुदानों का कोई प्रत्यक्ष प्रमाण नहीं मिलता। संभवतः पालों क साम्राज्य में सामंतों की अधिक श्रेणियाँ नहीं थीं और केंद्रीय सत्ता काफी सुदृढ़ और सुस्थित थी, क्योंकि एक ही राजवंश लगातार चार सौ वर्षों तक राज्य करता रहा। इसके अलावा, पाल साम्राज्य के राज्याधिकारियों की संख्या किसी भी मध्यकालीन राज्य के अधिकारियों से अधिक थी। परिणामतः कुछ थोड़े-से अधिकारी इतने शक्तिशाली नहीं हो पाए कि वे अनुदानों को ताम्रपटों पर लिखवाने का आग्रह कर सकते।

दक्षिण-पूर्व बंगाल में, जहाँ पालों के सामंत वर्मन लोग राज करते थे, स्थिति इससे भिन्न जान पड़ती है। अपने एक अभिलेख में भवदेव, जिसका पितामह बंग

के किसी राजा का मंत्री था[10] और जो स्वयं हरिवर्मन देव का मंत्री था[11] (लगभग 1200 ईस्वी में), यह दावा करता है कि उसने सैनिक पराक्रम से अपनी भूमि और बौद्धिक पराक्रम से अपनी विद्या की वृद्धि की।[12] ऐसा प्रतीत होता है कि उसके स्वामी ने सैनिक सफलताओं के लिए उसे अनुदानस्वरूप भूमि दी थी। उसके पूर्वज को भी गौड़ के राजा ने पुरस्कारस्वरूप जमीन दी थी।[13] सेन राजवंश के किसी राजा द्वारा किसी को राज्य की सेवा करने के एवज में दिए गए अनुदान का कोई प्रमाण हमें उपलब्ध नहीं है। हम निश्चयपूर्वक यह भी नहीं कह सकते कि सेन राजाओं के कोई प्रत्यक्ष सामंत भी थे। किंतु, विश्वरूप सेन के एक अनुदानपत्र से, जो शायद तेरहवीं सदी के प्रारंभ का है, ऐसा निष्कर्ष निकाला जा सकता है। इससे ज्ञात होता है कि पुंड्रवर्धनभुक्ति में हलायुध नामक एक ब्राह्मण ने किन्हीं दो व्यक्तियों से कुछ जमीन खरीदी।[14] तब कुमार सूर्यसेन ने अपने जन्म-दिवस पर उसे वह जमीन दान में दे दी।[15] यह धर्मेतर प्रयोजनों से जमीन की खरीद-बिक्री का उदाहरण है। संभवतः यह जमीन कुमार सूर्यसेन की जागीर में पड़ती थी और बिना उसकी मर्जी के न यह खरीदी जा सकती थी और न अनुदान में दी जा सकती थी। एक दूसरी धारा के द्वारा कुमार पुरुषोत्तमसेन ने दो अन्य भूखंड, जिसे हलायुध ने खरीदा था और जिसका भोक्ता स्वयं कुमार था, आगे चलकर विश्वरूपसेन के शासन-काल के 14वें वर्ष में फिर उसी ब्राह्मण हलायुध को दे दिए।[16] स्पष्ट है कि इन दो सेन-कुमारों को राजा ने निजी जागीर के रूप में कुछ भूमि दे रखी थी और उस जमीन पर उनके अधिकार दो तरह से मर्यादित थे। पहली मर्यादा यह थी कि उनके रैयत उनकी अनुमति के बिना जमीन की खरीद-बिक्री नहीं कर सकते थे, और दूसरी यह कि रैयतों द्वारा दिए गए धार्मिक अनुदान तभी वैध होते थे जब राजा, जो राज-परिवार का प्रधान था, एक आम सनद में उनकी घोषणा करता था। महासांधिविग्रहिक नाणीसिंह भी शायद जागीर के रूप में मिले अपने क्षेत्र में ऐसे ही अधिकारों का उपभोग करता था; क्योंकि हम देखते हैं कि उसने भी उसी हलायुध को जमीन के दो टुकड़े, जिनमें से एक खेती के लिए और दूसरा आवास के लिए था और जिन्हें हलायुध ने दो व्यक्तियों से खरीदा था, दान कर दिए।[17] इस प्रकार इस अनुदानपत्र से प्रकट होता है कि सेन राजा परिवार के सदस्यों और राज्याधिकारियों को भूमि-अनुदान दिया करते थे। असम के मध्य-कालीन अनुदान-पटों में विभिन्न प्रकार के सामंतों का उल्लेख हुआ है, पर राज्याधिकारियों की संख्या नगण्य प्रतीत होती है, और इनमें से किसी को भूमि-अनुदान देने का पुरालेखीय प्रमाण नहीं मिलता है।

मध्य-काल में उड़ीसा अपनी भौगोलिक स्थिति के कारण अनेक छोटे-छोटे राज्यों में विभक्त था, जो अनुदान-प्रथा के कारण और भी कमजोर बन गए। अकेले उड़ीसा में राज्य की सेवा के एवज में जितने भूमि-अनुदान दिए गए उतने बिहार, बंगाल और असम तीनों को मिलाकर भी नहीं दिए गए। यहाँ मंत्रियों

ज्योतिषियों, राणकों (उच्चतर श्रेणी के सामंत) और सामंतों (सैनिक सेवा करनेवाले सामंत) सभी को शुभ अवसरों पर भूमि-अनुदान दिए जाते थे—स्पष्टत: उनकी सेवाओं के एवज में सोमवंशी राजा द्वितीय महाभवगुप्त (1000-15) ने श्रावस्ती मंडल से आकर अपने राज्य में बसनेवाले भट्ट ब्राह्मण के पौत्र राणक रच्छो को एक गाँव अनुदान में दिया।[18] इस राजा के सामंतों के बीच राणकों का स्थान बहुत ऊँचा था क्योंकि अनुदानपत्र में उनका स्थान रानी के बाद रखा गया है (राज्ञीराणक राजवल्लभादिन्)।[19] अनुदानपत्र में ग्रहीता को वे सारे अधिकार दिए गए हैं जो मध्य-काल के अनुदानों में आमतौर पर ब्राह्मणों को दिए जाते थे। यद्यपि यह अनुदान सूर्यग्रहण के अवसर पर धर्म के नाम पर दिया गया था, किंतु ग्रहीता के नाम के साथ राणक उपाधि जुड़ी होने से संकेत मिलता है कि यह पुरस्कार उसे प्रशासनिक एवं सैनिक सेवाओं के बदले दिया गया था। इस अनुदानपत्र से यह भी पता चलता है कि राणक की उपाधि जहाँ प्रारंभ में केवल राज-परिवार के सदस्यों को मिलती थी, वहाँ अब ब्राह्मण सामंतों को भी मिलने लगी।

खिजलि (भूतपूर्व गौड़ राज्य में स्थित) के भंज राजा यशभंजदेव के एक ताम्रपत्र में ऐसा उल्लेख है कि उसने जगधर शर्मा नामक एक ज्योतिषी को उन समस्त अधिकारों के साथ एक गाँव दान में दिया,[20] जो अनुदान में सामान्यतया दिए जाते थे, और उसके छोटे भाई यशभंज ने भी उसे एक गाँव दिया।[21] ये दोनों अनुदान बारहवीं शताब्दी में दिए गए। गाहडवालों और सेनों के अनुदानपत्रों में सामंतों और राज्याधिकारियों की पंक्ति में ज्योतिषियों का स्थान बहुत ऊँचा जान पड़ता है। खिजलि के भंजों के राज्य में भी शायद उनका महत्त्वपूर्ण स्थान था और उनको जो धार्मिक अनुदान दिए जाते थे वे वास्तव में जंत्री बनाने और महत्त्वपूर्ण सरकारी कार्य प्रारंभ करने के लिए शुभ मुहूर्त बताने के बदले दिए जाते थे। खिंजिग के भंजों के राज्य में एक-दो भंज राजाओं ने महासामंत वट्ट नामक एक सैनिक सामंत को अनुदान में गांव दिए।[22] इनमें से पहले राजा रणभंज ने उस राज्य के सेवक के रूप में (विधेयी दृष्वा) उसके आचरण के पुरस्कारस्वरूप चारों सीमाओं-सहित चार गाँव दान किए। इन गाँवों में चाटों और भटों का प्रवेश वर्जित कर दिया गया और इनमें पाई जानेवाली समस्त खनिज संपदा वट्ट को सौंप दी गई। इस अनुदानपत्र में उसे महासामंत मुंडिसुत कहा गया है, जिससे पता चलता है कि उसका पिता भी महासामंत था। दूसरे अनुदानपत्र में उसे स्पष्ट शब्दों में सामंत मुंडि का पुत्र महासामंत वट्ट कहा गया है।[23] यहाँ भी राज्य की संतोषप्रद सेवा करने के बदले ही उसे जागीर दी गई, जो मुख्यत: ब्राह्मणों से आबाद (ब्राह्मणवसति) थी।[24] अनुदत्त गाँव से राजा कोई कर नहीं ले सकता था और न उस पर कोई प्रशासनिक प्रतिबंध लगा सकता था।[25] सामंतों और महासामंतों को दिए गए अनुदानों के कोई और अभिलेखीय प्रमाण हमें उपलब्ध नहीं हैं, किंतु इस प्रथा के

कारण उड़ीसा में भूमिधर वर्ग के रूप में सामंतों का उदय अवश्य हुआ।

बृहत्तर गंगों के राज्य में, जिसमें उड़िया-भाषी और तेलुगु-भाषी दोनों क्षेत्र शामिल थे, अधिकारियों को दिए गए अनुदानों के कई पुरालेखीय उदाहरण हैं। गंग-राज वज्रहस्त (1038-70) के अधीन दारपराज नामक एक पंचविषयाधिप[26] (पाँच जिलों के शासक) ने अपनी पुत्री के विवाह के अवसर पर वर को, जो राजपुत्र था, पाँच कर-मुक्त गाँव अनुदान में दिए।[27] संभवतः दारपराज को अपने गंगप्रभु से कोई बड़ा भूखंड मिला था। राज-परिवार से दारपराज का कोई रक्त-संबंध नहीं था, क्योंकि वह चोल-कामादिराज का पुत्र था,[28] पर तब भी उसने बिना किसी से पूछे अनुदान दिया। प्रत्यक्ष अनुदान का प्रमाण हमें अनंतवर्मन चोडगंग के शासन-काल (1075-1138) में मिलता है। उसने अपने और अपने माता-पिता के धर्म और कीर्ति की अभिवृद्धि के लिए अपने विश्वस्त अभिकर्ता (आप्तक्रियाय) चोडगंग को कलिंग में एक पुरवे के साथ-साथ एक गाँव अनुदान में दिया।[29] वैसे तो इस अनुदानपत्र में भी उसी शब्दावली का प्रयोग हुआ है जो सामान्यतः धार्मिक अनुदानपत्रों में प्रयुक्त होती थी, किंतु इसका मतलब यह नहीं लगाना चाहिए कि चोडगंग को दिया गया अनुदान धार्मिक अनुदान था। यह उसे राजा की सेवाओं के बदले मिला था।

गंग राजाओं ने विशेष कर नायक कहे जानेवाले सैनिक अधिकारियों को राजसेवा के बदले अनुदान दिए। तृतीय वज्रहस्त के शासन-काल में गणपति नायक नामक एक व्यक्ति को आंध्र प्रदेश में एक गाँव अनुदान में दिया गया।[30] ग्रहीता के गोत्र और प्रवर का उल्लेख नहीं है, और आगे हम जिस अनुदान की चर्चा करने जा रहे हैं, उसमें और इस अनुदान में जो सादृश्य है, इससे प्रतीत होता है कि गणपति नायक कोई गण्य-मान्य वैश्य था। दूसरा अनुदानपत्र अनंतवर्मन के पुत्र मधुकामार्णव के अधीन गंग-संवत् के 526वें वर्ष में जारी किया गया था।[31] इसके अनुसार तीन गाँवों का एक वैश्य अग्रहार बनाकर वैश्य जातीय मंत्रि-नायक के पुत्र एरप नायक को अनुदानस्वरूप दे दिया गया।[32]

मद्रास एपिग्राफिक रिपोर्ट में अनुदानपत्रों का जो संक्षिप्त उल्लेख हुआ है, उससे इनके बारे में इससे ज्यादा कोई जानकारी नहीं मिलती; लेकिन स्पष्ट है कि यहाँ अग्रहार शब्द का प्रयोग किसी बेहतर शब्द के अभाव में कर-मुक्त गाँव के लिए किया गया है। इससे पहले के अनुदानपत्रों में इस शब्द का प्रयोग साधारणतया कोई शैक्षिक संस्था चलाने के लिए दिए गए अनुदान के लिए किया जाता था, किंतु किसी नायक को (सैनिक नेता को) इस प्रयोजन से अनुदान क्यों दिया जाता? संभावना यही है कि नायक को यह अनुदान राज्य के सेवार्थ एक निश्चित संख्या में सेना रखने के लिए दिया गया। अनंतवर्मन चोडगंग के एक अभिलेख में भी एक नायक को अनुदान देने का कुछ प्रमाण मिलता है। उसने अपने पादोपजीवी माधव को एक कर-मुक्त गाँव सदा के लिए अनुदान में दे दिया।[33]

केवल पादोपजीवी विशेषण से ग्रहीता के सरकारी ओहदे का कोई संकेत नहीं मिलता। लेकिन उसके पितामह वासुदेव को नायक की उपाधि[34] दी गई है, जिससे प्रतीत होता है कि उसका परिवार गंगों की किसी-न-किसी प्रकार की सैनिक सेवा करता था। अतः माधव या तो गंगों का सामंत था या कोई राज्याधिकारी, क्योंकि पाल भूमि-अनुदानपत्रों में इस शब्द का प्रयोग दोनों के लिए हुआ है।

13वीं सदी तक गंग-प्रशासन पूरी तरह से सामंतवादी ढाँचे में ढल गया, क्योंकि 1295 में कोणार्क मंदिर-निर्माता द्वितीय नरसिंहदेव ने अपने मंत्री कुमार महापात्र भीमदेव शर्मा को सूर्य-ग्रहण के अवसर पर दो गाँव अनुदान में दिए।[35] इसी अनुदान के अंग के रूप में ग्रहीता को अलग-अलग गाँवों से एक श्रेष्ठि, एक तांबूली (तमोली), एक ताम्रकार और एक कांस्यकार भी दिया गया।[36] इन लोगों के देने से अनुदत्त क्षेत्र में शिल्पी और कारीगर की सेवाएँ सुलभ हो गईं। संभव है कि उसने इन लोगों के भरण-पोषण के लिए भी थोड़ी-थोड़ी जमीन दे दी हो, क्योंकि उसी अनदानपत्र में द्वितीय नरसिंहदेव ने नाडि नामक एक ताम्रकार को आधी वाटिका जमीन दी है।[37] ऊपर जो उदाहरण दिए गए हैं, उनकी संख्या कुछ ज्यादा तो नहीं हैं, किंतु जब तक कोई प्रतिकूल निष्कर्ष देनेवाला प्रमाण सामने नहीं आता तब तक ऐसा मानना सर्वथा उचित होगा कि उड़ीसा के ये मध्य-कालीन राजवंश—भंज, सोमवंशी और बृहत्तर गंग—अपने सामंतों और राज्याधिकारियों को वेतन और पुरस्कार के रूप में भूमि-अनुदान ही दिया करते थे।

बुंदेलखंड के चंदेल राज्य में अधिकारियों को दिए भूमि-अनुदानों के अधिक उदाहरण मिलते हैं। सबसे पहले चंदेल अनुदान हमें धंग के शासनकाल (902-1002) में मिलता है। इसके अनुसार राजा ने ब्राह्मण भट्ट यशोधर को उन सारे अधिकारों के साथ एक गाँव दान में दिया जो अनुदानों में सामान्यतया दिए जाते थे।[38] एक दूसरे अभिलेख से ज्ञात होता है कि ग्रहीता महापुरोहित और न्यायाधीश के पद पर आसीन था, जिससे अनुमान लगाया जा सकता है कि दान का संबंध यशोधर की राज-सेवा से था। चंदेलों के प्रशासन में कायस्थ नामक अधिकारियों को अनेक अनुदान मिले। कीर्तिवर्मन (1073-90) के एक अभिलेख में वास्तव्य कायस्थ राज्याधिकारी जाजूक को दरगंड नामक एक समृद्ध गाँव राजकीय अनुदान के रूप में देने का उल्लेख है;[39] और भोजवर्मन के अजयगढ़ शिलाभिलेख से ज्ञात होता है कि गंग के उत्तराधिकारी ने जाजूक को सरकार के सभी विभागों की देखभाल के लिए ठक्कुर के पद पर नियुक्त किया।[40] जाजूक के उत्तराधिकारी महेश्वर ने पीताद्रि में (स्पष्टतः किसी युद्ध में) राजा कीर्तिवर्मन के संकट में पड़ जाने पर उसकी जो बहुमूल्य सेवा की थी, उसके महत्त्व को स्वीकारते हुए राजा ने पुरस्कारस्वरूप उसे एक गाँव अनुदान में दिया और साथ ही कालंजर के दौवारिक के पद पर प्रतिष्ठित कर दिया।[41] ऊपर भोजवर्मन के जिस अभिलेख का हवाला दिया गया है उसमें उन दोनों अनुदानों का उल्लेख है। उसमें त्रैलोक्यवर्मन् के

शासन-काल में दिए एक तीसरे अनुदान का भी उल्लेख है।[42] उसने इसी कायस्थ परिवार के एक सदस्य वासेक को जयपुर (वर्तमान अजयगढ़) दुर्ग के विशिष के पद पर नियुक्त किया और साथ ही अनुदानस्वरूप एक गाँव भी दिया।[43] स्पष्ट ही यह गाँव उसे उसकी सैनिक सेवाओं के प्रतिदानस्वरूप दिया गया था, क्योंकि उसने भोजक नामक एक विद्रोही को पराजित करके उसके राज्य के कुछ हिस्से को जीता था, चंदेल राज्य में शांति स्थापित की थी और उसे विदेशी शत्रुओं के भय से मुक्त किया था।[44] इस परिवार के सदस्य चंदेल राजा गंड से लेकर भोजवर्मन् के शासन-काल तक, अर्थात् 280 वर्षों तक विभिन्न महत्त्वपूर्ण सरकारी पदों का उपभोग करते रहे।[45] लेकिन, वे आमतौर पर शायद सैनिक अधिकारी ही हुआ करते थे, क्योंकि इस परिवार को दिए गए तीन अनुदानों में से दो सैनिक सेवाओं के लिए दिए गए।

चंदेलों द्वारा ब्राह्मणों तथा अन्य लोगों को दिए गए कतिपय अनुदानों में सैनिक पक्ष बहुत प्रधान है। 1187 में परमर्दिन् ने सेनापति केल्हण के पुत्र ब्राह्मण सेनापति अजयपाल को एक पद भूमि अनुदान में दी।[46] फिर उसने एक पद जमीन उसके राउत पुत्र सोमराज[47] को और एक पद भूमि महाराज और वत्सराज नामक उसके दो बेटों[48] को, जो राउत नहीं बन पाए थे, अनुदान में दी। सेनापति और उसके राउत पुत्र को दी गई जमीन उनके भरण-पोषण के लिए पर्याप्त नहीं थी। लेकिन एक अन्य अनुदानपत्र से ज्ञात होता है कि 1171 में उसने सेनापति मदनपाल शर्मा को एक पूरा गाँव अनुदान में दे दिया।[49] मदनपाल शर्मा के पिता, पितामह तथा परपितामह ठक्कुर की उपाधि से विभूषित थे; और यह स्मरणीय है कि यह उपाधि मध्य-काल में उत्तर भारत के ब्राह्मण, क्षत्रिय और कायस्थ सभी राज्याधिकारियों के लिए प्रयुक्त होती थी। इस सेनापति को यह गाँव—जैसा कि हम सामान्यतः सभी चंदेल अनुदानपत्रों में देखते हैं—समस्त विगत, वर्तमान और भावी करों से मुक्त करके दिया गया था।[50] लेकिन ब्राह्मण सैनिक अधिकारियों को दिए उपर्युक्त दोनों अनुदान सैनिक सेवाओं के लिए नहीं, बल्कि पुण्य अर्जित करने के उद्देश्य से दिए गए थे। किंतु त्रैलोक्यवर्मन् द्वारा 1204 में दिए गए अनुदान में स्थिति इससे बिलकुल भिन्न है। उसने सामंत नामक राउत के उत्तराधिकारियों को मृत्युकवृत्तौ (अर्थात् मृत व्यक्ति के परिवार के भरण-पोषण के साधन) के रूप में एक गाँव दिया, क्योंकि यह राउत, जिसके पिता और पितामह भी राउत थे, तुरुष्कों के विरुद्ध लड़ते हुए खेत रहा था।[51] इसी राजा ने इस राउत-परिवार को फिर 1205 में भी एक अनुदान दिया।[52] ग्रहीता के गोत्र का उल्लेख तो हुआ है,[53] किंतु जाति का नहीं। शायद वह क्षत्रिय था। एक महत्त्वपूर्ण सैनिक अधिकारी था नायक कुलशर्मा, जिसका पिता नायक, पितामह राउत और परपितामह राणक था। 1208 में त्रैलोक्यवर्मन् ने उसे उन समस्त अधिकारों और उन्हीं शर्तों पर एक गाँव अनुदान में दिया, जिनका उल्लेख हम चंदेल अनुदानपत्रों में प्रायः देखते हैं।[54]

यद्यपि ग्रहीता ब्राह्मण था, फिर भी ऐसा कोई उल्लेख नहीं है कि यह अनुदान किसी धार्मिक उद्देश्य से अथवा किसी धार्मिक प्रसंग पर दिया गया हो। इसलिए हमें यही मानना होगा कि यह एक वंशानुगत ब्राह्मण सैनिक अधिकारी को धर्मेतर प्रयोजनों से ताम्रपट्ट पर अंकित करके दी गई जमीन की सनद थी। त्रैलोक्यवर्मन् के पुत्र और उत्तराधिकारी वीरवर्मन् ने एक राउत को, जिसके पिता, पितामह और परपितामह सभी राउत थे, युद्ध-भूमि में पराक्रम दिखाने के लिए 1254 में एक गाँव दिया।[55] यद्यपि इस अनुदान का उद्देश्य दाता के माता-पिता के पुण्य में अभिवृद्धि बताया गया है,[56] किंतु ग्रहीता के गोत्र के उल्लेख से[57] ऐसा नहीं जान पड़ता कि वह निश्चित रूप से ब्राह्मण ही था। अंत में हम इसी वीरवर्मन् द्वारा दिए एक दूसरे अनुदान का उल्लेख कर सकते हैं। उसने 1288 में बलभद्र मल्लय नामक एक परम पराक्रमी सैनिक अधिकारी को, जिसने छः राजाओं, तुर्कों और कश्मीर के कई राजाओं को पराजित किया था, एक गाँव अनुदानस्वरूप दिया।[58] अनुदान का उद्देश्य तो दाता और माता-पिता के पुण्य में अभिवृद्धि ही बताया गया है,[59] लेकिन इसमें संदेह नहीं कि ग्रहीता गैर-ब्राह्मण था और उसे यह गाँव उसकी महान सैनिक उपलब्धियों के पुरस्कारस्वरूप दिया गया था।

चंदेलों द्वारा राज्य की सेवा के एवज में दिए गए अनुदानों की संख्या काफी है, और उनसे यह स्पष्ट हो जाता है कि महापुरोहितों, न्यायाधीशों, दुर्ग-स्वामियों, सेनापतियों, नायकों और राउतों को उनकी सेवाओं के लिए चंदेल राजा भूमि-अनुदान दिया करते थे। प्राप्त प्रमाणों के आधार पर निश्चयपूर्वक यह नहीं कहा जा सकता कि राउतों से ऐसी कोई अपेक्षा की जाती थी कि वे राजा की सेवा के लिए एक निश्चित संख्या में घोड़े अथवा सैनिक रखें। लेकिन अधिकांश अनुदान सैनिक सेवा के लिए दिए गए जान पड़ते हैं। यह बात चंदेलों के राज्य में सैनिक तत्त्वों की प्रमुखता का सूचक है, और इसकी पुष्टि 21 चंदेल स्कंधावारों के उल्लेख से होती है।

त्रैलोक्यवर्मन् के शासन-काल में सन् 1212 में हमें बंधक के रूप में गाँव देने का भी प्रमाण मिलता है। राजगुरु के पुत्र शैव शिक्षक शांतिशिव ने एक राणक को शायद एक बहुत बड़ी राशि (जिसका उल्लेख नहीं है) के बदले वित्त-बंध के रूप में एक गाँव दिया।[60] यदि यह राणक व्यापार नहीं करता रहा हो—और उसके व्यापार करने की संभावना नहीं ही है—तो उसके पास आय का एकमात्र साधन शायद चंदेल राजाओं द्वारा अनुदत्त भूमि का राजस्व ही हो सकता था। यह राणक कोई खासा रुतबेदार सरदार था, क्योंकि उसकी सेवा में एक ठक्कुर भी था, जिसे उसने अपनी ओर से उस वित्त-बंधरूप गाँव को दखल करने का काम सौंपा।[61] चंदेल राज्य की इस बंधक भूमि की तुलना 1227 में जौनपुर में उत्कीर्ण किए गए एक ऐसे ही दस्तावेज से की जा सकती है। इसमें एक राणक ने दो अन्य राणकों को 2250 द्रम्म के ऋण के बदले अपने खेत वित्त-बंध के रूप में दिए हैं।[62] इन राणकों

को भू-संपत्ति शायद जौनपुर के तत्कालीन शासक गाहडवाल राजा से मिली थी। ध्यान देने की बात है कि उपर्युक्त दोनों उदाहरणों में हम राणकों को लगानी करके अपनी भू-संपत्ति में वृद्धि करते देखते हैं। ऐसे वित्त-बंध में रेहन रखी जमीन पर रेहनदार के अधिकार सीमित ही होते थे। जब तक कर्ज अदा न हो जाए तभी तक वह उस जमीन का कर उगाह सकता था[63] या उसकी उपज का उपभोग कर सकता था। लेकिन अगर कर्जदार कर्ज नहीं चुका पाए तब तो वह जमीन निश्चय ही रेहनदार की ही हो जाएगी।

वित्त-बंध के इन दो उदाहरणों से, और विशेषकर चंदेलों के राज्यवाले उदाहरण से, यह स्पष्ट हो जाता है कि स्थानीय शासक अपनी जमीन, जो शायद उन्हें अपने प्रभुओं से मिलती थी, अनुदानस्वरूप पुनः दूसरों को दिया करते थे। उत्तर मध्य-कालीन (अर्थात् 12वीं सदी से) फ्रांस और जर्मनी में ऐसे बंधक को जागीर कहा जाता था और कर्जदार प्रभु होता था तथा कर्ज देनेवाला सामंत।[64] किंतु, मध्य-कालीन भारत में ऋणी और ऋणदाता के संबंध ऐसे नहीं होते थे।

उत्तर प्रदेश में राज्याधिकारी को भूमि-अनुदान देने का सबसे पहला अभिलेखीय प्रमाण 10वीं शताब्दी के प्रारंभ में गोरखपुर जिले में मिलता है। सामंत और मंत्री कृतकीर्ति के पुत्र सचिव-मदोलि द्वारा दिए एक धार्मिक अनुदान में बताया गया है कि उसने जो गाँव दुर्गा देवी को अनुदान में दिया वह उसे राजा जयादित्य (शायद गुर्जर-प्रतीहारों के किसी सामंत) की कृपा से प्राप्त हुआ था।[65] किंतु, हमें राज्य की सेवा के एवज में प्रतीहारों द्वारा दिए गए अनुदान का कोई प्रमाण यशःपाल के समय से पूर्व नहीं मिलता। यशःपाल शायद गुर्जर-प्रतीहार राजवंश का अंतिम राजा था। 1036 ईस्वी में, जब वह इलाहाबाद के निकट करा के स्कंधावार में था, उसने कौसांबी मंडल में पभोस-निवासी माथुर विकट को अनुदानस्वरूप एक गाँव दिया।[66] निश्चय ही यह एक गैर-ब्राह्मण व्यक्ति को दिया गया धर्मेतर अनुदान था। ग्रहीता शायद कायस्थ था, जिसके पूर्वज मथुरावासी थे। ऐसा प्रतीत होता है कि माथुर कायस्थ कई राजवंशों की सेवा किया करते थे। चाहमान राजा हम्मीर का मंत्री मथुरा के कटरिया कायस्थ परिवार का था। इस परिवार का वंशवृक्ष 1288 के एक अभिलेख में दिया गया है।[67] गाहडवालों द्वारा, जो प्रतीहारों के पतन के बाद उत्तर प्रदेश के अधिकांश भाग के स्वामी बन बैठे थे, कायस्थ अधिकारियों को अनुदान देने का कोई उदाहरण अभी तक नहीं मिला है, लेकिन अपने अन्य सामंतों और अमलों को वे काफी बड़े पैमाने पर अनुदान दिया करते थे।

चंदेलों के विपरीत, गाहडवाल राजा आमतौर पर गैर-सैनिक अधिकारियों को ग्राम-अनुदान दिया करते थे। ये ग्रहीता मुख्यतः ब्राह्मण हुआ करते थे, और ब्राह्मणों में भी सबसे अधिक अनुदान महापुरोहित जागुक या जागु शर्मा तथा उसके पुत्र प्रह्लाद शर्मा को प्राप्त हुए। जागु शर्मा मदनपाल और उसके उत्तरा-

धिकारी गोविंदचंद्र के शासन-काल में भी महापुरोहित के पद पर बना रहा। राज्य में इसका खासा रुतबा था, क्योंकि अनुदानपत्रों में जिन राज्याधिकारियों का उल्लेख हुआ है, उनमें महापुरोहित का स्थान सबसे ऊपर है। इसको दिए दस अनुदान बतलाते हैं कि इसे दस गाँव गाहडवाल राज्य के लगभग दस अलग-अलग पत्तलों (राजस्व-विषयक एकांशों) में प्राप्त हुए।[68] 1114 से लेकर 1127 तक तो इसे प्रायः हर साल एक गाँव मिलता रहा। इसके बाद कोई दस वर्ष तक इसे कोई गाँव नहीं मिला। किंतु फिर 1139 में इसे एक गाँव प्राप्त हुआ।[69] इन अनुदानों का उद्देश्य पुण्यार्जन बताया गया है।[70] लेकिन, जान पड़ता है, इस बात का उल्लेख एक पुरानी रीति के निबाहने के लिए किया जाता था। ऐसा लगता है कि वास्तव में ये अनुदान, महापुरोहित ने गाहडवाल राजाओं की जो सेवा की, उसके प्रतिदानस्वरूप वार्षिक वृत्ति के रूप में उसे प्राप्त हुए थे। उसको दिए गए गाँव दस अलग-अलग पत्तलों में बिखरे हुए थे, इससे वह अपनी शक्ति और सत्ता आसानी से सुदृढ़ नहीं कर सकता था लेकिन इसमें कोई संदेह नहीं कि गाहडवाल राज्य के एक बहुत बड़े हिस्से पर उसका प्रभाव था। जागु शर्मा के पुत्र प्रह्लाद या प्रहराज शर्मा के समय में इस परिवार की शक्ति-प्रतिष्ठा में और भी वृद्धि हुई। उसे आठ गाँव अनुदान में दिए गए, और साथ ही राउत का महत्त्वपूर्ण सामंती अथवा सैनिक दर्जा प्रदान करके वह अपने पिता के स्थान पर महापुरोहित के पद पर प्रतिष्ठित किया गया।[71] इस प्रकार इस ब्राह्मण परिवार को राज्य के कुल साठ पत्तलों में से अठारह पत्तलों में भू-संपत्ति प्राप्त थी।[72] इन अनुदानों में ग्रहीता को वही अधिकार और सुविधाएँ प्रदान की गई थीं जो सामान्यतः ब्राह्मणों को दिए अनुदानों में दी जाती थीं, और जागु शर्मा तथा उसके पुत्र प्रह्लाद शर्मा को अनुदत्त क्षेत्रों में वे सारे नियत और अनियत कर और शुल्क वसूल करने के हक दे दिए गए थे जो अनुदान देने से पूर्व गाहडवाल राजा को हासिल थे।[73]

गाहडवालों ने कुछ अन्य ब्राह्मण राज्याधिकारियों को भी ग्राम-अनुदान दिए। ये अधिकारी वंशानुगत राउतों के रूप में राज्य की सेवा किया करते थे। 1133 में गोविंदचंद्र ने ब्राह्मण राउत जटेश शर्मा को, जिसका पिता राउत और पितामह ठक्कुर था, एक गाँव दिया।[74] फिर, 1168 में युवराज जयचंद्र ने दो वंशानुगत ब्राह्मण राउतों को, जिनका पिता राउत और पितामह ठक्कुर था, एक गाँव दिया। यह गाँव पुण्यार्जन के उद्देश्य से समस्त अधिकारों के साथ सदा के लिए दान किया गया था।[75] 1168 में जयचंद्र ने इसी उद्देश्य से राउत अनंग को, जिसके पिता और पितामह दोनों राउत थे, एक गाँव दिया। यद्यपि अनंग के गोत्र और प्रवरों का उल्लेख हुआ है, फिर भी हम निश्चयपूर्वक नहीं कह सकते कि वह ब्राह्मण था या नहीं।[76] क्षत्रिय राउत को भूमि-अनुदान दिए जाने का हमें केवल एक ही स्पष्ट उदाहरण मिलता है। राजा बन जाने के बाद 1177 में जयचंद्र ने क्षत्रिय राउत राज्यधरवर्मन् को, जो महामहत्तक ठक्कुर श्री विद्याधर का पुत्र और

महामहत्तक ठक्कुर श्री जगद्धर का पौत्र था, एक गाँव अनुदान में दिया ।[77] विचित्र बात यह है कि इस ग्रहीता के गोत्र और प्रवर दोनों का उल्लेख हुआ है,[78] और यदि अनुदानपत्र में स्पष्ट न बताया गया होता कि वह क्षत्रिय था[79] तो सहज ही उसके ब्राह्मण होने का भ्रम उत्पन्न हो जाता, क्योंकि इस अनुदान में तमाम धार्मिक औपचारिकताओं का निर्वाह किया गया है और यह दिया भी गया है सूर्य-चंद्र के अस्तित्व-पर्यंत के लिए ।[80] स्पष्ट है कि राज्यधरवर्मन् एक शक्तिशाली राज्याधिकारी था, क्योंकि उसे इसके अतिरिक्त पाँच और अनुदान भी दिए गए हैं ।[81] इस अधिकारी को दिए इन छहों अनुदानों (1177-80) में एक ही शब्दावली का प्रयोग हुआ है; जो अंतर है वह सिर्फ गाँवों और राजा द्वारा दिए पाटकों के नाम का ही । अनुदानपत्रों में कहीं भी ग्रहीता से दाता ने कोई सेवा करने की माँग नहीं की है; इनका उद्देश्य दाता तथा उसके माता-पिता का पुण्यार्जन बतलाया गया है । पर धर्म और परमार्थ की भावना से प्रेरित होकर अनुदान दिए गए हों, ऐसा संभव नहीं जान पड़ता, क्योंकि ग्रहीता क्षत्रिय था । उसने राजा को अनुदान देने के लिए बाध्य किया हो, इसका भी कुछ स्पष्ट संकेत नहीं मिलता । लेकिन चूँकि उसे तीन अनुदान 1177 में और फिर अन्य तीन 1180 में दिए गए, इसलिए ऐसा जान पड़ता है कि बीच के इन दो वर्षों में वह बहुत अधिक शक्तिशाली हो गया था । पर इन आधे दर्जन अनुदानों का भोक्ता होने के बावजूद राज्यधरवर्मन् उतना प्रभावशाली नहीं हो पाया था जितना जागु शर्मा और उसका पुत्र था । पिता-पुत्र दोनों को मिलाकर कुल अट्ठारह अनुदानों का भोक्ता होने का श्रेय प्राप्त था ।

गाहड़वालों के अधीन राणकों को भी कुछ भूमि-अनुदान मिले । हमें मालूम है कि राणक लवराप्रवाह ने 1109 में युवराज गोविंदचंद्र की अनुमति लेकर एक भूमि-अनुदान दिया ।[82] जाहिर है कि यहाँ युवराज ने राजा के प्रतिनिधि की हैसियत से अनुमति दी; और लगता है कि राणक ने जो अनुदान दिया वह उसी गाँव में से दिया जो खुद उसे अनुदानस्वरूप मिला था । गाहडवाल शासनकाल के अंतिम दिनों में कुछ राणकों ने छोटे-छोटे स्वतंत्र राज्य कायम कर लिए थे । उदाहरण के लिए 1197 में एक राउत अपने कान्यकुब्ज प्रभु का उल्लेख तो करता ही है, साथ ही अपने प्रत्यक्ष प्रभु राणक के राज्य का भी उल्लेख करता है ।[83] 1134 में सिंगर वत्सराज नामक एक गाहडवाल सामंत को भी रापडि विषय में उन्हीं शर्तों पर एक अनुदान देते देखते हैं जिन शर्तों पर उनका गाहडवाल प्रभु देता था,[84] यद्यपि संभावना ऐसी है कि उसे अपने प्रभु से भूमि-अनुदान प्राप्त न हुआ हो, बल्कि प्रभु ने उसके छीने हुए प्रदेश उसे फिर वापस कर दिए हों ।

चंदेलों के विपरीत, गाहडवाल ताम्रपटों में कहीं भी राउतो को ग्राम-अनुदान देने का कारण उनकी सैनिक सेवा और शौर्यपूर्ण कार्य नहीं बताया गया है । इससे हम यह निष्कर्ष निकाल सकते हैं कि अनुदान सामान्य रूप से सभी तरह की सेवाओ के लिए दिए जाते थे । लेकिन गाहडवाल अनुदानपत्रों में राज्याधिकारियों की सूची

में राउतों और राणकों का उल्लेख नहीं हुआ है । इससे प्रकट होता है कि ये सीधे राज्य के नियंत्रण में काम करनेवाले सरकारी अमले न होकर गाहडवालों के सामंत थे । चंदेलों की अपेक्षा गाहडवालों के राज्य में राउतों की संख्या बहुत अधिक थी ।

इस बात के कुछ प्रमाण मिलते हैं कि पुरोहितों के अतिरिक्त अन्य नियमित राज्याधिकारियों को भी ग्राम-अनुदान दिए जाते थे । 1092-93 के गाहडवाल ताम्रपटों में विकरग्रामाः (करमुक्त गाँव) शब्द के उल्लेख से यह निष्कर्ष निकाला जा सकता है । इन अनुदानपत्रों के अनुसार चंद्रदेव ने 500 ब्राह्मणों को एक पूरा पत्तल दान कर दिया ।[85] अनुदत्त क्षेत्र में इस पत्तल के वे गाँव शामिल नहीं थे जो ब्राह्मणों और मंदिरों के अधिकार में थे और जो करमुक्त थे ।[86] इस अनुदानपत्र में 25 गाँवों को मंदिरों के अधीन, 2 को ब्राह्मणों के अधीन और 6 को करमुक्त बताया गया है ।[87] दयाराम साहनी ने इन गाँवों को कर-हीन[88] (जिनके हाथ न हों, ऐसे) लोगों के अधीन माना है; किंतु ऐसा मानने का कोई औचित्य नहीं दिखाई देता । वि-कर शब्द का अर्थ तो करमुक्त ही हो सकता है,[89] और ऐसा जान पड़ता है कि ये गाँव राज्याधिकारियों को अनुदान में मिले हुए थे । ऐसे करमुक्त गाँव राज्य के अन्य पत्तलों में भी रहे हों तो कोई आश्चर्य नहीं, लेकिन उनका उल्लेख कदाचित् इसलिए नहीं हुआ है कि पूरा पत्तल दान किए जाने का कोई अन्य उदाहरण सामने नहीं आता ।

एक गाहडवाल अभिलेख में 84 गाँवों की राजस्व-इकाई का उल्लेख हुआ है, लेकिन चाहमानों और परमारों के राज्यों में ऐसी कई इकाइयों की चर्चा है । शायद ऐसी इकाई शासक-वंश के सदस्यों के बीच में पैतृक राज्य बँटने से बनी थी । यद्यपि गाहडवाल अभिलेखों में कुटुंबियों और परिजनों को अनुदान दिए जाने का कोई प्रमाण नहीं मिलता, तथापि भूमि-अनुदानों में जिन राजपुरुषों और राज्याधिकारियों को अनुदान की सूचना दी गई है, उनमें राजाओं, राज्ञियों तथा युवराजों के स्थान सबसे महत्त्वपूर्ण हैं ।[90] लेकिन चाहमानों के कई अभिलेखों से यह सिद्ध होता है कि शासक सरदारों के परिजनों के बीच भूमि बाँट दी जाती थी । इसका सबसे पहला प्रमाण भूतपूर्व जयपुर राज्य में प्राप्त 973 का एक शिलाभिलेख है । यह अभिलेख चाहमानों की शाकंभरी शाखा का है ।[91] इसके अनुसार राजा सिंहराज, उसके दो भाई वत्सराज और विग्रहराज, दो पुत्र गंडराज और गोविंदराज, तथा दूर के एक रिश्तेदार जयनराज में से प्रत्येक ने एक शिव मंदिर को अपने-अपने स्वभोग में से गाँव और पुरवे अनुदान-स्वरूप दिए ।[92] स्पष्ट है कि इनमें से प्रत्येक को अपने दर्जे और राजसेवा के अनुसार अपने-अपने निर्वाह के लिए जागीर मिली हुई थी । इस अभिलेख से प्रकट होता है कि राजा ही नहीं, बल्कि शासक-वंश के अन्य सदस्य भी अपनी निजी जमीन में से चाहे जिसको जितना भी दे सकते थे ।

ऐसे अनुदान से तनिक भिन्न उदाहरण हमें बारहवीं शताब्दी में मिलते हैं ।

1143 के एक अभिलेख से ज्ञात होता है कि श्रीतिहुणक नाम की एक चाहमान रानी को गिरास (भोजन और वस्त्र प्राप्त करने के साधन) के रूप में एक गाँव मिला था।[93] इस रानी का जन्म उस परिवार के गोत्र में नहीं हुआ था जिस परिवार में उसका विवाह हुआ था, बल्कि उसे उसके दर्जे के मुताबिक एक निजी जागीर दी गई थी। राजकुल के सदस्य द्वारा अनुदान दिए जाने का एक स्पष्ट उदाहरण 1161 के नडोल ताम्रशासन में मिलता है। इसके अनुसार राजकुल अल्हणदेव और कुमार केल्हण देव ने संयुक्त रूप से राजपुत्र कीर्त्तिपाल को बारह गाँव समस्त अधिकारों के साथ दे दिए।[94] कीर्त्तिपाल को यह जागीर सदा के लिए दे दी गई थी, क्योंकि हम देखते हैं कि जब वह एक जैन मंदिर को इन बारहों गाँवों में से प्रत्येक से होनेवाली आमदनी में से दो-दो सौ द्रम्मों का वार्षिक अनुदान देता है तब अपने उत्तराधिकारियों से कहता है कि वे सब भी उसके इस अनुदान की शर्तों का पालन करें।[95] दसवीं सदी के एक चाहमान अभिलेख में बारह गाँवों की एक इकाई का उल्लेख मिलता है,[96] लेकिन यह निश्चयपूर्वक नहीं कहा जा सकता कि यह इकाई व्यक्तिगत जागीर के रूप में किसी को दी गई थी या नहीं। शासक गोत्र के सदस्यों को भूमि अनुदान देने का प्रचलन कीर्त्तिपाल के उत्तराधिकारियों के समय में भी जारी रहा। 1176 के एक अनुदानपत्र के अनुसार उसके दो पुत्र राजपुत्र लखणपाल और राजपुत्र अभयपाल सिनाणव गाँव के भोक्तृ थे।[97] एक और गाँव पर भी, जिसका उपभोग ये रानी के साथ करते थे, इन दोनों भाइयों का अधिकार था, क्योंकि इन तीनों ने उस गाँव के अरघट (यंत्र-कूप) से लाभ उठानेवालों से प्राप्त अपने हिस्से का जौ संयुक्त रूप से दान कर दिया।[98] यह बात महाराजाधिराज केल्हण के शासन-काल की है।[99] स्पष्ट है कि राजपुत्र कीर्त्तिपाल के पिता अल्हण के बाद यह केल्हण ही चाहमान सिंहासन पर बैठा था।

रानियों और राजपुत्रों को निश्चय ही धर्म के नाम पर अनुदान नहीं दिए गए थे, पर सभी अनुदानों का संबंध राज-सेवा से भी नहीं था। हो सकता है कि रानी प्रशासन में भाग नहीं लेती हो। हाँ, यदि कोई रानी किसी राजा के अवयस्क होने पर उसकी संरक्षिका की हैसियत से राज-काज देखती हो तो बात और है। मगर राजपुत्रों के बारे में ऐसा नहीं कहा जा सकता। प्रारंभ में राजपुत्र का दर्जा पानेवाले को किसी-न-किसी प्रकार का भूमि-अनुदान दिया जाता था। और संभव यही है कि यह अनुदान ऐसे सामंत को दिया जाता था जिससे राज्य की कुछ सेवा करने की अपेक्षा की जाती थी। उदाहरण के लिए, महाराज कीर्त्तिपाल के पुत्र महाराजा समरसिंह के शासन-काल में उसका मामा राजपुत्र जौजल राज्यचिंतक का काम करता था।[100] चौहानों से संबंधित एक हाल की पुस्तक में दिखाया गया है कि शासन का काम नडोलपरिवार चलाता था।[101] इतना तो निश्चित है कि सामंतों से, जो मुख्यतः राजा के संबंधी-कुटुंबी हुआ करते थे, राजा की सहायता करने की अपेक्षा की जाती थी, और बदले में राजा उन्हें जागीरें दिया करता था। यह

सहायता किस प्रकार की हुआ करती थी, यह कह सकना मुश्किल है। परवर्ती काल में तो यह चलन था कि शासक-वंश के लोगों को उनका सरदार जागीरें देता था, और बदले में उनके लिए यह लाजिमी होता था कि युद्ध-काल में वे अपने सरदार की सहायता करें और जब कोई जागीरदार मरे तो उसका उत्तराधिकारी उस जागीर का अधिकार प्राप्त करने से पूर्व उसे कुछ नजराना दे।[102] ये दो कर्त्तव्य निभाने के अलावा वे अपनी-अपनी जागीरों में छोटे-छोटे राजाओं की तरह लगभग अक्षुण्ण अधिकार का उपभोग करते थे।[103] संभव है कि पूर्ववर्ती चाहमानों के अधीन इसी से मिलती-जुलती स्थिति रही हो। लेकिन इस अनुमान की पुष्टि करने के लिए हमारे पास कोई ठोस प्रमाण नहीं है।

परंतु यह सोचना गलत होगा कि चाहमानों के अधीन पूरा राज-काज शासक-परिवार के ही हाथों में था। ऐसा मानने का पर्याप्त कारण उपलब्ध है कि राज्य में कुछ ऐसे पदाधिकारी भी थे जिनका राज-परिवार से कोई संबंध नहीं था। बहुत पहले ही 973 में महाराजाधिराज सिंहराज के दुस्साध्य धंधुक ने अपने स्वामी की अनुमति से खट्टकूप विषय-स्थित अपना एक गाँव अनुदानस्वरूप शिव-मंदिर को दे दिया था।[104] धंधुक इस मंदिर को अनुदान देनेवाले उन सात दाताओं में एक था, जिनमें एक तो स्वयं राजा था और शेष पाँच राज-परिवार के सदस्य। यही कारण है कि इन छहों दाताओं को अनुदान देने के लिए किसी की अनुमति नहीं लेनी पड़ी।[105] स्पष्ट है कि इस पुलिस अधिकारी को और भी गाँव मिले हुए थे। लेकिन इन पर उसे सीमित अधिकार ही प्राप्त थे, क्योंकि हम देखते हैं कि वह दाता की अनुमति लिए बिना धार्मिक अनुदान भी नहीं दे सकता था। मारवाड़ में प्राप्त 1110 के एक अभिलेख से ज्ञात होता है कि अश्वराज के शासन-काल में अश्वशालाओं के मुख्य अधिकारी उप्पलराक ने अरघट-कर के रूप में प्राप्त होनेवाला अपने हिस्से का जौ एक मंदिर को अनुदान में दे दिया।[106] जाहिर है कि ये गाँव, जिनसे प्राप्त होनेवाले कर का कुछ हिस्सा यह अधिकारी अपनी इच्छानुसार किसी को दान दे सकता था, उसे राजा ने संपूर्ण अधिकारों के साथ दे दिए थे। ऐसा जान पड़ता है कि चाहमान शासन के अंतिम दिनों में मंत्रियों को बड़ी-बड़ी जागीरें दी जाती थीं। तृतीय पृथ्वीराज के प्रमुख परामर्शदाता को मंडलेश्वर की उपाधि प्राप्त थी, जिससे प्रकट होता है कि या तो उसके वेतन के रूप में या उसकी प्रतिष्ठा को ध्यान में रखकर उसे एक संपूर्ण मंडल दे दिया गया था।[107] इन तीन उदाहरणों से स्पष्ट हो जाता है कि जो अधिकारी राजकुल से संबद्ध नहीं थे, उन्हें भी भूमि-अनुदान दिए जाते हैं।

परमार अभिलेखों में शासक-कुल के सदस्यों को भूमि-अनुदान दिए जाने का उल्लेख शायद ही कहीं मिलता हो। जिस एकमात्र परमार अभिलेख का ऐसा अर्थ लगाया जा सकता है वह भोज के समय (1011) का एक भूमि-अनुदानपत्र है।[108] इसमें वत्सराज को, जो संभवतः किसी राज-परिवार में उत्पन्न हुआ था,

भोक्तारमहाराजपुत्र कहा गया है, जो स्पष्टतः भोक्तृमहाराजपुत्र का अशुद्ध रूप है।[109] ऐसा जान पड़ता है कि इसे मोहदवासक नाम की एक जागीर भी मिली हुई थी,[110] जो तब से लगभग साठ वर्ष पूर्व सीयक की निजी संपत्ति थी।[111] लेकिन चाहमान अभिलेखों की अपेक्षा परमार अभिलेखों में गाँवों की इकाइयों का उल्लेख ज्यादा हुआ है। कम-से-कम सात इकाइयों का उल्लेख तो मिलता ही है। इनमें से पाँच बारह-बारह या बारह के बहुगुणसंख्यक गाँवोंवाली इकाइयाँ थीं और सबसे बड़ी इकाई में 84 गाँव शामिल थे। शेष दो इकाइयाँ सोलह-सोलह अथवा सोलह के बहुगुणसंख्यक गाँववाली थीं।[112] अनुमान है कि ये इकाइयाँ शासक गोत्र के अलग-अलग सरदारों के अधीन स्वतंत्र राज्य के समान थीं, और यह पद्धति विजित प्रदेशों को शासक-परिवार के सदस्यों द्वारा आपस में बाँट लेने के चलन का परिणाम थी।[113] 11वीं सदी के उत्तरार्ध के एक परमार अभिलेख में 84 करमुक्त गाँवों के उल्लेख[114] से इस अनुमान की कुछ पुष्टि होती है। आगे चलकर राजपूताना में चौरासी गाँवों की जो इकाई देखने को मिलती है उससे प्रकट होता है कि वह शासक-परिवार के किसी सदस्य की जागीर थी। लेकिन यह कहना मुश्किल है कि प्रशासन की दृष्टि से सारे प्रदेशों को शासक-वंश के सदस्यों के बीच बाँट देने की पद्धति परमार राज्य के अधिकांश हिस्से में प्रचलित थी अथवा नहीं। न यही सिद्ध किया जा सकता है कि राजवंश के लोगों को जो जागीरें दी जाती थीं, वे प्रशासनिक इकाइयाँ हुआ करती थीं अथवा जागीर पानेवालों की ऐसी निजी संपत्ति जो उन्हें बृहत्तर क्षेत्रों के प्रशासन की देख-रेख करने के एवज में वेतन के रूप में मिलती थीं। शायद दूसरा अनुमान अधिक ठीक है। परमार राजा द्वितीय सीयक के 949 के एक अनुदानपत्र में उसकी निजी संपत्ति के रूप में एक दूसरे विषय का उल्लेख हुआ है, जिसमें से उसने एक गाँव अनुदान में दिया।[115] इससे यह निष्कर्ष निकाला जा सकता है कि युवराज के रूप में उसे कुछ निजी जागीर प्राप्त हुई थी, यद्यपि अब राजा की हैसियत से वह अपनी निजी जायदाद से भी और राज्य की जमीन में से भी अनुदान दे सकता था। जो भी हो, उपलब्ध अभिलेखों से यह स्पष्ट नहीं होता कि चाहमानों के समान परमार राजवंश के सदस्य जागीर लेकर प्रशासन चलाते थे।

हमें परमार राज्याधिकारियों के लगभग आधे दर्जन दर्जों की जानकारी है, लेकिन उनमें से बहुत थोड़े-से अधिकारियों को भूमि-अनुदान देने की चर्चा है। इनमें से एक तो था महासाधनिक श्री महाइक, जिसका काम शायद अपराधियों को दंडित करना और अपराधों की रोकथाम करना था। निश्चय ही इसे एक गाँव अनुदान में मिला हुआ था, जो 980 में उसकी पत्नी की प्रार्थना पर धार के वाक्पतिराज ने उज्जैन में भट्टेश्वरी देवी को पुनः दान कर दिया।[116] ग्यारहवीं सदी में ऐसा कोई अनुदान देने का उदाहरण नहीं मिलता। 1110 के एक अनदानपत्र से, जिसके अनुसार मंडलेश्वर राजदेव ने दो और उसकी पत्नी ने एक

भूमि-अनुदान दिया,[117] प्रकट होता है कि जिस गाँव में से उन्होंने ये क्षेत्र दान किए उसका भोक्ता वह मंडलेश्वर ही था,[118] और हो सकता है कि पत्नी को भी निर्वाह के लिए कुछ जमीन दी गई हो। इस अनुदानपत्र से स्पष्ट है कि मंडलेश्वर को यह गाँव परमार-राजा ने दिया था, क्योंकि हम देखते हैं कि मंडलेश्वर और उसकी पत्नी द्वारा दिए अनुदानों की सूचना संबंधित अधिकारियों, ब्राह्मणों और पट्टकिलों को राजा ही देता है।[119] स्पष्ट है कि ग्रहीता मंडलेश्वर अपने पुराने दाता की अनुमति के बिना अपनी जागीर का कोई हिस्सा धार्मिक अनुदान के रूप में भी किसी को नहीं दे सकता था। आगे चलकर 1260-61 के एक ताम्रपट से ज्ञात होता है कि द्वितीय जयवर्मन् ने अपने प्रतीहार (द्वारपाल) गंगदेव से तीन ब्राह्मणों को एक गाँव अनुदान में दिलाया।[120] इस अनुदान की धार्मिक विधियाँ स्वयं गंगदेव ने ही संपन्न कीं,[121] जिसका मतलब यह हुआ कि यह अनुदान वास्तव में उसी ने दिया। इससे प्रकट होता है कि यह गाँव उसकी निजी जागीर में पड़ता था। यह अनुदान वह अपने स्वामी की अनुमति के बिना नहीं दे सकता था, क्योंकि राजा ने इस पर अपने हस्ताक्षर करके इसे राजशासन के रूप में जारी किया।[122] यदि इस गाँव का स्वामी स्वयं राजा होता तो अनुदान का धार्मिक अनुष्ठान भी स्वयं उसी ने संपन्न किया होता। इस प्रकार स्पष्ट है कि प्रतीहारों को सेवा-वृत्ति के रूप में भूमि-अनुदान दिए जाते थे। शायद परमारों के राज्य में अन्य राज्याधिकारियों को भी भूमि-अनुदान दिए जाते थे, किंतु अभी तक इस संबंध के और अभिलेख नहीं मिले हैं।

परमार अभिलेखों में कतिपय अधीनस्थ सरदारों और सामंतों का भी उल्लेख हुआ है। इनमें से कुछ को प्रशासन के लिए बड़े-बड़े क्षेत्र दिए गए थे। इसका एक महत्त्वपूर्ण उदाहरण सामंत (तत्पादकमलध्यात) शूरादित्य है। यह सामंत कन्नौज के श्रवणभद्र के परिवार का था, और इसे भोज या उसके पिता सिंधुराज ने संगमखेट का मंडलेश्वर नियुक्त किया था।[123] इस राजकृपा के बदले वह अपने प्रभु को सैनिक सहायता देता था।[124] हो सकता है कि वह यदा-कदा अथवा नियमित रूप से राजा को कुछ कर भी देता रहा हो, लेकिन अभिलेखों में इस तरह का कोई जिक्र नहीं है। सैनिक सेवा के बदले शूरादित्य तथा उसका पुत्र और उत्तराधिकारी यशोराज दोनों शायद अपने मंडल की सारी जमीन के संपूर्ण स्वामित्व का उपभोग करते थे, क्योंकि हम देखते हैं कि भोज के शासन-काल में सन् 1047 में यशोराज ने अपने प्रभु की अनुमति लिए बिना एक शैव देवता गंटेश्वर को एक पूरा गाँव और एक अन्य गाँव में सौ एकड़ भूमि अनुदान में दी।[125] 1061 और 1100 के बीच[126] नासिक में यशोवर्मन् नामक एक सामंत था जिसे भोज से आधा सेल्लुक नगर प्राप्त हुआ था[127] और जो अपने इसी प्रभु की कृपा से प्राप्त 1,500 गाँवों का भी भोक्ता था।[128] निश्चय ही यशोवर्मन् को इतना बड़ा अनुदान अपने प्रभु की बहुत ही महत्त्वपूर्ण सेवा करने के बदले मिला होगा। शायद

उसने किसी ऐसे क्षेत्र को जीतने में परमार-राज की सहायता की थी जो मालवा का हिस्सा नहीं था ।[129] वह संपूर्ण औद्रहादि विषय का मं लेश्वर था, शायद इसलिए भोज ने उसकी प्रशासनिक सेवाओं के लिए उसे उक्त 1500 गाँव दिए थे । यशोवर्मन् के अधीन उपसामंतीकरण की प्रक्रिया में तेजी आई । उसके विषय में गंग परिवार का अ [म्म] राणक नामक एक सामंत था, जिसने एक जैन मंदिर को अलग-अलग रकबों के चार क्षेत्र अनुदान में दिए ।[130] इनमें से एक टुकड़ा तो उसे कक्कपैराज नामक एक कुमार से और दूसरा कतिपय नगरवासियों से प्राप्त हुआ था । कक्कपैराज को परमार राजकुमार समझा जा सकता है, किंतु यह स्पष्ट नहीं है कि इस सामंत को अपने प्रत्यक्ष स्वामी यशोवर्मन् से कोई भूमि-अनुदान प्राप्त हुआ था अथवा नहीं ।

गुजरात के चौलुक्यों के राज्य में त्रिलोचनपाल के 1051 के एक अनुदानपत्र में नौ-नौ सौ और बयालीस-बयालीस गाँवों के एकांशों का उल्लेख मिलता है ।[131] यह उदाहरण भी हमें विजेता परिवार के सदस्यों द्वारा पैतृक संपत्ति आपस में बाँट लेने की प्रथा का स्मरण कराता है । लेकिन ऐसा लगता है कि चाहमानों और परमारों की ही तरह चौलुक्यों के अधीन भी शासक-परिवार और उसके कुटुंबियों के व्यक्तिगत निर्वाह के लिए कुछ-कुछ क्षेत्र अलग कर दिए जाते थे । इस प्रकार 1091 के एक अनुदानपत्र से ज्ञात होता है कि प्रथम कर्ण आनंदपुर का भोक्ता था, और आनंदपुर के साथ ही 126 गाँवों का एक एकांश भी संयुक्त था ।[132] इस प्रकार यहाँ हमें 42 के बहुगुणसंख्यक गाँवों के एकांश का परिचय मिलता है । इस पर से ऐसा माना जा सकता है कि किसी समय शायद यह एकांश भी शासक-परिवार के किसी सदस्य को स्वभोग के रूप में दिया गया होगा ।

एक बात में चौलुक्य राजवंश अन्य समकालीन राजवंशों से भिन्न था । चौलुक्य राजाओं ने अपने सामंतों और उच्च पदाधिकारियों को अनुदान-स्वरूप बहुत बड़े-बड़े क्षेत्र प्रदान किए; और धीरे-धीरे इन पदाधिकारियों की स्थिति भी सामंतों की तरह ही हो गई । इस निष्कर्ष का एक आधार तो 12वीं-13वीं सदियों के चौलुक्य ताम्रपट हैं और दूसरा है **लेखपद्धति** नामक एक संकलन । **लेखपद्धति** का संकलन 15वीं शताब्दी में हुआ था. और यह पुस्तक राजकीय दस्तावेजों के नमूने प्रस्तुत करती है । जिन प्राचीनतम दस्तावेजों में महामात्यों और राणकों द्वारा अनुदान देने का उल्लेख मिलता है, उनका काल **लेखपद्धति** में 745 ईस्वी (वि. सं. 802) बताया गया है । इन दस्तावेजों के अनुसार महामात्यों और राणकों ने अपने-अपने सामंतों को बड़ी-बड़ी जागीरें दीं और बदले में उन सामंतों ने अपने-अपने प्रभुओं को एक निश्चित संख्या में घोड़े देने और अपनी-अपनी जागीरों में शांति-सुव्यवस्था कायम रखने का दायित्व अपने सिर लिया ।[133] **लेखपद्धति** में अन्य बहुत-से अनुदानपत्रों का काल भी 745 ईस्वी ही बताया गया है ।[134] इस पर से तो यही निष्कर्ष निकलता है कि 8वीं सदी में गुजरात में सामंतवाद

की यह प्रवृत्ति खूब विकसित हो चुकी थी। किंतु इस निष्कर्ष की पुष्टि किसी अन्य प्रमाण से नहीं हो सकती है। दूसरी ओर, ऐसा मानने का आधार मौजूद है कि जिस शासनपत्र को **लेखपद्धति** में 745 ईस्वी का बताया गया है, वह वास्तव में उससे 500 वर्ष बाद की शैली में लिखा गया है। सो इस तरह कि इस शासनपत्र में एक राजा के लिए गर्जनिकाधिराज (महमूद गजनवी)-विजेता[135] विशेषण का प्रयोग हुआ है और इस विशेषण का प्रयोग 1206[136] और 1223[137] के अभिलेखों में भी हुआ है। फिर भी, **लेखपद्धति** में संकलित सबसे पुराने दस्तावेज का काल 12वीं शताब्दी का उत्तरार्ध माना जा सकता है, क्योंकि इस दस्तावेज में दो ऐसे शब्द-समुच्चयों का प्रयोग हुआ है जो इस काल के चौलुक्य अभिलेखों में विशेष रूप से पाए जाते हैं। इनमें से एक तो है ''तन्नियुक्तमहामात्य ... श्रीकरणादि-समस्तसमुद्राव्यापारान परिपंथयति सति''[138] और दूसरा है ''नियुक्त दंड-नायक''।[139] इसलिए इस संकलन में जिन अनेक दस्तावेजों का वि. सं. 1288 (1231 ईस्वी) बताया गया, वे इससे बहुत बाद के नहीं हो सकते। इनमें से एक दस्तावेज से महासामंत लवणप्रसाद के जीवन और कार्यों पर काफी प्रकाश पड़ता है। सामंत के रूप में इसका उल्लेख सबसे पहले अजयपाल के 1173 के एक अभिलेख में मिलता है। उसे भैल्लस्वामी-महाद्वादशकमंडलस्थित उदयपुर का दंडनायक नियुक्त किया गया, और वहाँ उसने 64 गाँवों के एक पथक एकांश में शिव को एक गाँव दान किया।[140] लवणप्रसाद के अधिकार में चाहे जितना भी क्षेत्र रहा हो, इतना तो स्पष्ट ही है कि वह राजा की अनुमति लिए बिना अपने क्षेत्र में भूमि-अनुदान दे सकता था। इससे प्रकट होता है कि उसकी हैसियत सामंत राजा के समान थी, और राजा के प्रति अपने दायित्वों का निर्वाह करते हुए वह अपने राज्य में चाहे जो कर सकता था। **लेखपद्धति** में संकलित 1231 के एक दस्तावेज से ज्ञात होता है कि भीम के शासन-काल में वह महामंडलाधिपति राणक था, और उसे अपने प्रभु से जागीर (प्रसादपत्तला) के रूप में खेटकाधार का पथक मिला हुआ था।[141] निस्संदेह, इस जागीर के मिल जाने से उसकी शक्ति और प्रभाव में खूब वृद्धि हुई, क्योंकि जहाँ 1173 के उपर्युक्त अभिलेख के अनुसार वह अजयपाल द्वारा नियुक्त मात्र एक दंडनायक (तन्नियुक्त दंडनायक) था[142] वहाँ अब उसने खेटकाधार में खुद अपना दंडनायक नियुक्त किया (तन्नियुक्तदंडनायक श्री माधव)।[143] अजयपाल के शासनकाल में 1175 में हमें एक अन्य शक्तिशाली सामंत का भी उल्लेख मिलता है। यह था चाहमान महामंडलेश्वर वैजल्लदेव, जो राजा की कृपा से नर्मदा-तट के प्रदेश के शासक-पद का उपभोग कर रहा था (अजयपालदेवेनप्रसादीकृत्ये)।[144] इसने अपने मंडल में अपने प्रभु की अनुमति लिए बिना एक गाँव दान किया।[145] इससे प्रकट होता है कि वैजल्लदेव को अपने उपसामंत बनाने का अधिकार प्राप्त था। यह स्पष्ट नहीं है कि उसने जिस पथक में यह अनुदान दिया वह उसे अजयपाल ने किसी पत्तला (**लेखपद्धति** के अनुसार

पत्तला शब्द का अर्थ है वह अनुदानपत्र जिसमें राजा कतिपय निर्धारित सेवाओं के बदले किसी को कोई जागीर दे) के रूप में दिया था अथवा नहीं। गुजरात में पत्तला का सबसे पुराना अभिलेखीय उदाहरण 1209 में महामात्य-प्रतीहार सोमराजदेव के नाम जारी किया गया वह अनुदानपत्र है, जिसके अनुसार उसे भीमदेव से शायद समस्त सौराष्ट्र मंडल जागीर के रूप में प्राप्त हुआ।[146] बहुत आगे चलकर 1260 में एक पत्तला का उल्लेख मिलता है। इस पत्तला में किसी महामंडलेश्वर राणक को जागीर के रूप में शायद एक पथक दिया गया।[147]

ऊपर दिए गए उदाहरणों से स्पष्ट हो जाता है कि उत्तरी भारत, विशेषकर उत्तर प्रदेश, मध्य भारत, राजस्थान और गुजरात के प्रायः सभी राजवंशों के शासक अपने-अपने सामंतों और राज्याधिकारियों की सेवाओं के बदले उन्हें अनुदानस्वरूप गाँव दिया करते थे। बहुत-से अनुदान पत्थरों या ताम्रपटों पर अंकित करवाए गए थे, जिससे भूमि-अनुदान देने के बढ़ते हुए चलन का संकेत मिलता है, और साथ ही राज्य के धर्मेतर अधिकारियों का बढ़ता हुआ महत्त्व दिखलाई पड़ता है; अब ये लोग शायद राजा से स्थायी स्वामित्वपत्र प्राप्त करने का आग्रह करते थे।

11वीं और 12वीं सदिया म राज्याधिकारियों को वेतन देने का एक खास तरीका यह था कि नियमित करों का कुछ अंश अथवा कोई विशिष्ट कर उनके लिए अलग कर दिया जाता था। बघेलखंड के कलचुरियों के अधीन छोटे-छोटे अमलों को—जैसे पट्टकिलों (कर वसूल करने के लिए जिम्मेदार ग्रामप्रधानों) और दुष्टसाध्यों (अपराधियों को पकड़ने और दंडित करनेवाले पुलिस अधिकारियों) को—वेतन देने के लिए यही व्यवस्था थी। जयसिंह (1163-88) द्वारा एक ब्राह्मण को दिए गए अनुदान से ऐसा निष्कर्ष निकाला जा सकता है, क्योंकि उसे जिन विभिन्न अधिकारों के साथ एक गाँव दान किया गया उनमें पट्टकिलों और दुष्टसाध्यों के लिए निर्धारित आदाय (कर) वसूल करने का अधिकार भी शामिल था।[148] पट्टकिल अपने राजकीय कर वसूल करने के अलावा अपने वेतन के लिए निश्चित कर वसूल करते थे। इस स्थिति में कमजोर शासकों के अधीन वे गाँव की जमीन पर किसी हद तक अपना नियंत्रण रखते हों तो इसमें आश्चर्य नहीं। किंतु दुष्टसाध्यों के संबंध में ऐसा नहीं कहा जा सकता, क्योंकि उनका सरोकार तो केवल उतने ही कर से रहता था जितना उनके वेतन के लिए निर्धारित था। इन दो प्रकार के अधिकारियों के अतिरिक्त विशेणिमों, वैषयिकों और अर्धपुरुषारिकों को भी करों के रूप में ही वेतन दिया जाता था।[149] वैसे इन तीनों प्रकार के अधिकारियों के कर्त्तव्य क्या-क्या थे, यह हमें ज्ञात नहीं है। गाँव की जमीन से इन अधिकारियों के चाहे जो संबंध रहे हों, इसमें कोई संदेह नहीं कि उनके वेतन के रूप में उनके लिए कुछ कर अलग कर दिए जाते थे। और ऐसा भी नहीं है कि वेतन देने की यह पद्धति केवल कलचुरियों के ही राज्य में प्रचलित रही हो। चंदेलों के अधीन छोटे-छोटे

अमलों और गाहडवालों के अधीन तो बड़े-बड़े अधिकारियों के भी निर्वाह के लिए कुछ विशिष्ट कर अलग कर दिए जाते थे।

चंदेलों के राज्य में सरकारी अमलों को गाँवों में कुछ अधिकार दिए जाते थे। यह चलन बारहवीं सदी के उत्तरार्ध से परमर्दिन् के समय में शुरू हुआ। उसके 1172 और 1178 के अनुदानपत्रों में सामंतों, राज्याधिकारियों, वन-अधिकारियों, भटों आदि को अनुदान में दिए गाँवों में दस्तूर-भत्ते के अधिकारों का त्याग करने का निर्देश दिया गया है।[150] 1208 में त्रैलोक्यवर्मन् ने एक वंशानुगत ब्राहमण राउत को एक अनुदान दिया, जिसमें सामंतों और राज्याधिकारियों को उक्त अधिकारों का त्याग करने का आदेश दिया गया है।[151] यह स्पष्ट नहीं है कि राजकीय अधिकारियों को ये दस्तूर-भत्ते लेने का अधिकार (नकद अथवा भूमि-अनुदानों के रूप में मिलनेवाले) नियमित वेतन के साथ-साथ प्राप्त था या उनके वेतन के साधन केवल यही थे। किंतु इसके परिणामस्वरूप एक ऐसे बीच के वर्ग का उदय होना अनिवार्य था जिसके काश्तकारों की जमीन में कुछ निहित स्वार्थ कायम हो जाते थे। हमें यह भी ज्ञात नहीं है कि जिन अधिकारियों से ये हक छिन जाते थे उनकी क्षतिपूर्ति अन्य प्रकार से की जाती थी या नहीं। फिर भी राजा द्वारा बीच-बीच में ये अधिकार वापस ले लेने से जमीन पर इन सरकारी अमलों का आधिपत्य कमजोर होता होगा। इसके अतिरिक्त काश्तकारों की उपज में बहुत-से और लोगों का हक-हिस्सा होता था, जिससे सरकारी अमलों का अकेला प्रभाव नहीं जम सकता था।

गाहडवालों के राज्य में अधिकारीगण राजस्व के कुछ निश्चित साधनों का उपभोग करते थे। अक्षपर्टालक (लेखा और राजस्व-अधिकारी) उपज के एक हिस्से का हकदार था। उसका हिस्सा शायद प्रति घर एक प्रस्थ होता था। इस हिस्से के लिए कहीं अक्षपटलप्रस्थ[152] और कहीं अक्षपटालदाय[153] शब्द का प्रयोग हुआ है। इसी तरह प्रतीहार भी ग्रामवासियों की उपज के इतने ही हिस्से का अधिकारी था।[154] इनके अलावा विशतिअठूप्रस्थ[155] नाम के भी एक कर का उल्लेख मिलता है। अक्षपटलप्रस्थ और प्रतीहारप्रस्थ से इस शब्द का जो साम्य है उससे प्रकट होता है कि यह भी किसी अधिकारी को दिए जानेवाले अनाज के तौल का नाम था। मगर गाहडवाल राज्याधिकारियों की जो छोटी-सी सूची उपलब्ध है उसमें तो विशतिअठू-जैसे किसी अधिकारी को ढूँढ़ पाना मुश्किल ही है। मदनपाल के एक ताम्रपत्र में 84 गाँवों के एक एकांश का उल्लेख हुआ है,[156] और चूँकि 28 चौरासी का तीसरा हिस्सा है, इसलिए यह अधिकारी संभवतः 28 गाँवों के एकांश का राजस्व-अधिकारी था। मगर निश्चयपूर्वक कुछ नहीं कहा जा सकता। इस अधिकारी का दर्जा और काम चाहे जो रहा हो, यह स्पष्ट नहीं है कि प्रस्थ प्राप्त करनेवाले उक्त तीनों अधिकारियों के वेतन का जरिया केवल यह प्रस्थ ही था या उन्हें कुछ और भी मिलता था। यहाँ भी स्थिति वही है जो चंदेलों के राज्य

में थी। चूँकि एक ही किसान को कई अधिकारियों को अपनी उपज में से कुछ-कुछ हिस्से देने पड़ते थे, इसलिए कोई भी उसकी जमीन पर अपना हक नहीं जता सकता था। इसके अतिरिक्त अधिकारियों को वृत्ति के रूप में अनाज का हिस्सा देने का कोई व्यापक चलन भी नहीं था, क्योंकि ऊपर जिन तीन शब्दों की चर्चा हुई है, उनका उल्लेख केवल महाराजपुत्र गोविंदचंद्र के ताम्रपत्रों में ही हुआ है।[157] अक्षपटलप्रस्थ, प्रतीहारप्रस्थ और विशतिअठूप्रस्थ, इन तीनों शब्दों का प्रयोग 1104 के बसाही ताम्रपट में हुआ है।[158] अकेला अक्षपटलप्रस्थ 1109 के एक ताम्रपत्र में[159] आता है, और फिर 1103 के एक ताम्रपट के विशतिच्छवथ का प्रयोग हुआ है,[160] जो शायद विशतिअठूप्रस्थ का ही दूसरा रूप है। ऐसा जान पड़ता है कि 12वीं शताब्दी के अंतिम वर्षों में गाहडवाल राज्याधिकारी इतने प्रबल हो गए थे कि वे इस प्रकार के दस्तूर-भत्तों का दावा एक अधिकार के रूप में करते थे।

चाहमानों के अधीन भी यह प्रथा बहुत सीमित ही थी। उन्होंने बलाधियों के लिए, जो एक प्रकार के सैनिक अधिकारी थे, गाँवों पर एक विशेष कर लगाया। 1162 के एक ताम्रपट में चौलुक्य राजा कुमारपाल के सामंत अल्हण ने एक गाँव का बलाधिपाभाव्य एक मंदिर को अनुदान में दिया[161] और दूसरे का दूसरे को।[162] इस कर को चुंगी-कर अथवा मंडपिका में होनेवाली राजकीय आय का एक हिस्सा माना गया है, क्योंकि बलाधिप मंडपिका से संबंधित अधिकारी था।[163] किंतु इन दोनों उदाहरणों में यह शुल्क ग्रामवासियों पर ही लगाया गया है, इसलिए ऐसा जान पड़ता है कि यह किसानों से ही लिया जानेवाला एक कर था और यह अक्षपटलप्रस्थ और प्रतीहारप्रस्थ की कोटि का ही था। सैनिक अधिकारियों में सेनापति के बाद बलाधिप का ही दर्जा आता है, किंतु हमें कोई ऐसा प्रमाण उपलब्ध नहीं है जिससे यह तय कर सकें कि इसके वेतन का एकमात्र साधन बलाधिपाभाव्य ही था अथवा यह उसके वेतन का एक अंशमात्र था।

विभिन्न राज्याधिकारियों के निमित्त प्रजा से विशिष्ट कर लेने के चलन का आरंभ और विकास हमारे विषय के अध्ययन में काफी महत्त्व रखता है। इसी चीज की शुरुआत ईस्वी सन् की प्रारम्भिक सदियों में हुई, जब कि ग्रामीण क्षेत्रों में अपराधों की रोकथाम के लिए समय-समय पर जानेवाले चाटों और भटों (पुलिस अधिकारियों और सैनिकों) के रहने-खाने की व्यवस्था ग्रामवासियों को करनी पड़ती थी। इस चीज ने कालक्रम से पट्टकिलों, दुष्टसाध्यों, अक्षपटलों, प्रतीहारों, बलाधिपों तथा अन्य राजपुरुषों के निमित्त विशेष रूप से वसूल किए जानेवाले शुल्कों का रूप ले लिया। वाकाटकों, पल्लवों और कदंबों के अनुदानपत्रों से ज्ञात होता है कि दौरों पर जानेवाले अधिकारियों के खाने-रहने की व्यवस्था करने के लिए ग्रामवासियों को साधन जुटाना पड़ता था।[164] इस उद्देश्य से उन पर वसति-दंड नामक एक छोटा-सा कर भी लगाया जाता था, जो शायद जिंसों में

वसूल किया जाता था।[165] छठी शताब्दी में मध्य प्रदेश के कुछ हिस्सों में राज्याधिकारियों के भोजन की व्यवस्था करने के लिए ग्रामवासियों को जेमक-कर-भर नामक एक कर भी देना पड़ता था।[166] लेकिन प्रारंभिक अनुदानपत्रों में राजपुरुषों के वेतन-भत्ते के रूप में किसी नियमित शुल्क का उल्लेख नहीं हुआ है। जिस एकमात्र कर को इस कोटि में रखा जा सकता है वह है मध्य भारत में प्राप्त कतिपय गुप्तकालीन अनुदानपत्रों में उल्लिखित राजाभाव्य, अर्थात् राजपरिवार के सदस्यों के खर्च के लिए दिया जानेवाला शुल्क।[167] परवर्ती काल में पालों के अधीन राजपरिवार के खाने-खर्चे के लिए राजाभाव्य, राजकुलीय, राजकुलाभाव्य या राजकुलआदेय नाम का कर वसूल किया जाता था। दसवीं सदी के बाद से ऐसे कर आमतौर पर नहीं ही देखने को मिलते, क्योंकि अब तो राजपरिवार के कुमारों, रानियों आदि को अपने-अपने निर्वाह के लिए जागीरें दी जाने लगी थीं। किंतु शायद सभी राजपुरुष इस पद्धति के अंतर्गत नहीं आते थे, और उनमें से कुछ के निर्वाह के लिए कुछ विशेष कर अलग कर दिए जाते थे। इस प्रकार हम देखते हैं कि जो चीज छोटे-छोटे सरकारी अमलों को यदा-कदा दिए जानेवाले अंशदान और राजपरिवार को शायद नियमित रूप से दिए जानेवाले कर के रूप में आरंभ हुई, उसी ने अब कलचुरियों, चंदेलों, गाहडवालों तथा चाहमानों के अधीन कतिपय अधिकारियों के निर्वाह के लिए निर्धारित नियमित शुल्कों का रूप ले लिया था। महाराष्ट्र के शिलाहारों के राज्य में भी वेतन देने की इस प्रथा का चलन था। वहाँ नागावुंड नामक एक वंशानुगत पद के अधिकारियों को वेतन स्वर्ण के रूप में नहीं दिया जाता था, बल्कि उनके कार्यकाल तक के लिए उनके निमित्त कुछ कर अलग कर दिए जाते थे।[168] तात्पर्य यह कि अधिकारियों को पारिश्रमिक देने के लिए राजस्व की कुछ मदों को अलग कर देने की प्रथा इसी काल की एक विशिष्ट देन थी।

यद्यपि सामंतों और राज्याधिकारियों दोनों को उनकी सेवाओं का पुरस्कार भूमि-अनुदानों के रूप में दिया जाता था, किंतु दोनों में कुछ अंतर अवश्य थे। पुरोहित, ज्योतिषी, सांधिविग्रहिक, सचिव, प्रतीहार, महासाधनिक, महामात्य आदि गैरसैनिक तथा सैनिक अधिकारियों को अनुदान उनसे कतिपय निर्धारित कर्त्तव्यों के निर्वाह की अपेक्षा करके दिए जाते थे, और इन कर्त्तव्यों का संबंध उन अधिकारियों के अपने-अपने पदों से हुआ करता था। चाहमान और परमार राजवंशों के सदस्यों को प्रशासन के लिए जो क्षेत्र सौंपे जाते थे, उन क्षेत्रों में उन्हें कार्यपालिका तथा न्यायपालिका-संबंधी दायित्वों के निर्वाह के साथ-साथ सैनिक कर्त्तव्य भी पूरे करने पड़ते थे, और इन सेवाओं के बदले उन्हें जागीरें दी जाती थीं, जिनमें से प्रत्येक में कई-कई गाँव शामिल हुआ करते थे। इसी प्रकार के मिले-जुले कर्त्तव्य शायद बहुत-से ऐसे सामंतों को भी निभाने पड़ते थे जिनका राजा से कोई रक्त-संबंध नहीं होता था। वैसे तो अभिलेखों में सामंतों की अनेक श्रेणियों का

उल्लेख हुआ है—जैसे राजा, राजराजनक, राणक, राजपुत्र, ठक्कुर, सामत, महासामंत, महासामंताधिपति, महासामंतराणक, सामंतक-राजा, भोक्ता, भोगिक, भोगिजन, भोगपतिक, बृहद्भोगिक[169] आदि, लेकिन उपलब्ध अभिलेखों में केवल पाँच ही कोटि के सामंतों को भूमि-अनुदान देने का जिक्र हुआ है। वे हैं—सामंत, महासामंत, राणक, राजपुत्र और मांडलिक। यह कहना मुश्किल है कि इनमें से प्रत्येक कोटि के सामंत को प्रशासनार्थ कितना बड़ा क्षेत्र दिया जाता था। **शुक्रनीतिसार** में, जिसमें 11वीं-12वीं सदियों के अभिलेखों में प्रयुक्त कतिपय शब्दों का उल्लेख हुआ है, सामंत की परिभाषा करते हुए ऐसा बताया गया है कि वह 100 गाँवों का शासक होता है, और इस पूरे क्षेत्र से प्रति वर्ष 13,00,000 कर्ष राजस्व प्राप्त होता है।[170] उसी सूत्र से यह भी ज्ञात होता है कि माणुलिक की वार्षिक आय 3,00,000 से लेकर 10,00,000 कर्ष तक होती थी।[171] इन बातों से सामंतों के तुलनात्मक दर्जों का कुछ अंदाजा तो मिल सकता है, किंतु इन्हें अक्षरशः स्वीकार नहीं किया जा सकता। इन सामंतों को चाहे जितने बड़े क्षेत्र दिए जाते हों, कुछ राणकों, और मंडलेश्वरों को जो सौंपे जाते थे, उनके वे प्रायः पूर्ण स्वामी हुआ करते थे; क्योंकि हम देखते हैं कि वे अपने-अपने प्रभुओं की अनुमति के बिना ही धार्मिक अनुदान दिया करते थे। उनके विपरीत राज्याधिकारियों को—यहाँ तक कि प्रांतीय शासकों को भी—ऐसे अनुदान देने के लिए अपने प्रभु की अनुमति लेनी पड़ती थी। इसके अलावा बहुत-से सामंतों का अपने प्रभु से रक्त-संबंध हुआ करता था, किंतु राज्याधिकारियों का राजा से आमतौर पर ऐसा कोई संबंध नहीं होता था, और सभी सामंतों का राजा से ऐसा संबंध रहता हो, सो भी नहीं है। पालों ने कैवर्त्तों को भूमि-अनुदान दिए, यद्यपि उनसे पालों का कोई रक्त-संबंध नहीं था। इसी प्रकार ऐसा कोई प्रमाण नहीं मिलता है जिससे उड़ीसा में सामंतों का और गुजरात में राणकों का राजा से इस तरह का कोई संबंध सिद्ध हो सके। देश के अन्य हिस्सों में भूमि-अनुदान पानेवाले अधिकांश सरकारी अमले ऐसे थे जो दाता के संबंधी नहीं थे। राजस्थान और गुजरात में राजपूत शासन-व्यवस्था की यह एक खास खूबी थी। अभिलेखों से प्रकट होता है कि भारत में भूमि-अनुदान प्रारंभ में पुरोहितों को दिए जाते थे, और आगे चलकर ही ब्राह्मणों, कायस्थों तथा राजवंश से रक्त-संबंध न रखनेवाले क्षत्रिय राज्याधिकारियों और सामंतों आदि गृहस्थ भोक्ताओं को अनुदान दिए जाने लगे। तात्पर्य यह कि अनुदान रक्त-संबंध के कारण ही नहीं दिए जाते थे। उनका मुख्य कारण यही होता था कि दाता को ग्रहीता की सेवाओं की आवश्यकता रहती थी।

इस काल में, उत्तरी भारत में सामंत और प्रभु का संबंध अंशतः वैसा ही था जैसा कि उनका संबंध फ्रांस तथा जर्मनी में था। इन दोनों देशों में सामंत का मुख्य दायित्व अपने प्रभु की सैनिक सेवा करना था।[172] इसी प्रकार भारत के साहित्यिक तथा पुरालेखीय साक्ष्यों से यह बात निर्विवाद रूप से सिद्ध हो जाती है कि यहाँ के

सामंत का भी सबसे महत्त्वपूर्ण कर्त्तव्य अपने प्रभु की सैनिक सहायता करना ही था। धनपाल-कृत **तिलकमंजरी** में अनेक ऐसे उल्लेख मिलते हैं जिनसे प्रकट होता है कि सामंत अपने प्रभु के सैनिक अभियानों में बराबर उसके साथ रहते थे।[173] मेरुतुंग की **प्रबंधचिंतामणि** को देखने से भी ऐसा ही लगता है।[174] इस कृति से इस बात में संदेह की कोई गुंजाइश नहीं रह जाती कि मंत्री और सामंत राज्यसंस्था के एक महत्त्वपूर्ण तत्त्व थे।[175] यद्यपि पालों की अपनी एक कायमी सेना थी, जिसमें विभिन्न राष्ट्रों के लोग शामिल थे,[176] लेकिन कैवर्त्तों के विद्रोह के अवसर पर रामपाल जिस असहायावस्था में पड़ गया था, उससे प्रकट होता है कि पाल राजा सैनिक सहायता के लिए अपने सामंतों के कितने मोहताज थे। हम जिस काल पर विचार कर रहे हैं, उस काल में उत्तर भारत के राजवंश अपनी स्थायी सेना की अपेक्षा विभिन्न सामंतों द्वारा जुटाए गए सैनिकों पर अधिक निर्भर थे। शायद हरएक राजा एक स्थायी सेना अवश्य रखता था, किंतु 11वीं सदी और बाद के काल में इन सैनिकों को वेतन किस प्रकार दिया जाता है, इसकी जानकारी हमें नहीं है। गाहडवाल-राज गोविंदचंद्र के मंत्री लक्ष्मीधर के एक निर्देश के अनुसार सभी प्रमुख योद्धाओं को वेतन के अतिरिक्त वस्त्र आदि देकर पुरस्कृत करना अपेक्षित था।[177] किंतु यहाँ वेतन शब्द के प्रयोग से यह स्पष्ट नहीं है कि सैनिकों को पारिश्रमिक नकद दिया जाता था।

इस काल के अभिलेखों को देखने से ज्ञात होता है कि अनुदानभोगियों की संख्या काफी बड़ी थी। चंदेलों तथा गाहडवालों के राज्यों में हम इन्हें राउतों के रूप में देखते हैं और चौलुक्यों के राज्य में राजपुत्र के रूप में जानते हैं। राउत संस्कृत शब्द राजपुत्र का ही प्रारंभिक देशज रूप है, और यह शायद मध्यकाल में राजपुरुष के एक दर्जे का सूचक था। यदि इसके शाब्दिक अर्थ को लें तो यह शब्द केवल चाहमान और शायद चौलुक्य राजपुत्रों पर ही लागू हो सकता है, क्योंकि चाहमान और चौलुक्य राजपुत्र वास्तव में क्रमशः इन दोनों राजपरिवारों के ही सदस्य थे। किंतु बुंदेलखंड तथा उत्तर प्रदेश के राउतों में ब्राह्मण, क्षत्रिय और कायस्थ तीनों जातियों के राजपुरुष शामिल थे, और इनमें से अधिकांश का शासक-परिवार से कोई संबंध नहीं था। चंदेल अनुदानपत्रों को देखने से इस बात में कोई संदेह नहीं रह जाता कि राउतों को सैनिक सेवा के बदले ही भूमि-अनुदान दिए जाते थे। गाहडवाल-नृपति जयच्चंद्र के अधीन क्षत्रिय राउत राज्यवर्मन् को शायद सैनिक सेवा के पुरस्कार-स्वरूप ही छः भूमि-अनुदान दिए गए थे। ऐसा जान पड़ता है कि राउत ऐसे सामंत थे, जिनका मुख्य कर्त्तव्य राज्य की सैनिक सेवा करना था, और **लेखपद्धति** के अनुसार राजपुत्रों का भी सबसे महत्त्वपूर्ण दायित्व यही था। सैनिक सामंतों का एक ऐसा ही वर्ग पूर्वी गंगों के अधीन भी था। ये नायक कहे जाते थे और इनमें कुछ वैश्य लोग भी शामिल थे। गंग राजाओं ने इन्हें अनेक भूमि-अनुदान दिए। **शुक्रनीतिसार** में नायक को दस गाँवों के प्रशासनार्थ नियुक्त अधिकारी

बताया गया है, किंतु अभिलेखों से ठीक-ठीक पता नहीं चलता कि उनके अधीन कितना बड़ा क्षेत्र होता था। एक और भी महत्त्वपूर्ण बात यह है कि कुछ परिवार तो एक के बाद एक तीन-तीन पीढ़ियों तक नायक और विशेषकर राउत के दर्जे का उपभोग करते थे। परिणामस्वरूप धीरे-धीरे एक वंशानुगत सैनिक वर्ग खड़ा हो गया, जिसकी जीविका का साधन उसके सदस्यों को दी गई जागीरें थीं।[178] यह विशेषता, जो पूर्ववर्ती काल में देखने को नहीं मिलती, यूरोप में वंशानुगत सैनिक परिवारों का स्मरण कराती है।

अभिलेखों को देखने से प्रकट होता है कि इस काल में सामंत लोग राजनीति और प्रशासन में महत्त्वपूर्ण भूमिका निभाते थे। कतिपय उत्तराधिकार-संबंधी विवादों में उनका हस्तक्षेप निर्णायक सिद्ध होता था। इससे पहले के काल में हमें गोपाल का मामला तो ज्ञात है ही। आगे चलकर उत्तराधिकार का निर्णय सामंत लोग ही करते जान पड़ते हैं। यहाँ हम असम में शालस्तंभ, उड़ीसा में सोमवंशी शासकों, और राजस्थान में चाहमानों के दृष्टांत ले सकते हैं। जब द्वितीय पृथ्वीराज पुत्रविहीन ही चल बसा तो उसके मंत्रियों ने, जो सामंतों से भिन्न नहीं थे, गुजरात से सोमेश्वर को लाकर अजमेर के सिंहासन पर प्रतिष्ठित कर दिया। उसकी मृत्यु के बाद विधवा रानी कर्पूरदेवी को उन्होंने उसके अवयस्क पुत्र तृतीय पृथ्वीराज की संरक्षिका पे पद पर प्रतिष्ठित किया।[179] इसी प्रकार कश्मीर में राजा का चुनाव करने के लिए तंत्रियों और एकांगों के साथ यदा-कदा सामंतों को भी आमंत्रित किया जाता था।[180]

12वीं और 13वीं शताब्दियों में कुछ क्षेत्रों में राजा की भूमि-अनुदान देने की सत्ता उतनी अक्षुण्ण नहीं रह गई थी जितनी कि पूर्ववर्ती काल में थी। चौलुक्य राज्य में महामात्य का बड़ा दबदबा था। वह एक प्रकार का सामंती मंत्री ही था। चौलुक्य राजाओं को अनुदानपत्र जारी करने के लिए इन महामात्यों की सहमति प्राप्त करनी पड़ती थी। यह प्रथा हमें पूर्ववर्ती काल में कहीं नहीं देखने को मिलती। इस प्रथा के कारण राजकीय दाताओं के हाथ बँध गए हों, ऐसा तो नही कहा जा सकता, किंतु उन्हें भूमि-अनुदान के संबंध में महामात्यों से पूरा परामर्श तो करना ही पड़ता था।

पूर्ववर्ती अनुदानपत्रों में सिर्फ उन्हीं अधिकारियों का उल्लेख मिलता है जो इन अनुदानों का दस्तावेज तैयार करवा कर इन्हें कार्यरूप देते थे। इनमें सांधिविग्रहिक तथा दूतक विशेष रूप से उल्लेखनीय हैं। ये अधिकारी अनुदानपत्रों का अनुमोदन नहीं करते थे। लेकिन हम जिस काल पंर विचार कर रहे हैं, उस काल के—विशेष रूप से 12वीं तथा 13वीं सदियों के—कुछ अनुदानपत्रों में उनकी सहमति का भी उल्लेख है। परंमार-राज द्वितीय जयवर्मन् के एक अनुदानपत्र (1260-61) में उस राजा द्वारा कुछ ब्राह्मणों को दिए एक ग्राम-अनुदान का सांधिविग्रहिक पंडित मालाधर ने अनुमोदन किया है।[181] भूमि-अनुदानों के मामलों में सामंतों और

राज्याधिकारियों के बढ़ते हुए महत्त्व का आभास कतिपय सेन अनुदानपत्रों से भी मिलता है। पूर्ववर्ती सेन अनुदान पत्रों में केवल दो अनुदानों की पुष्टि किए जाने के दृष्टांत मिलते हैं। इनमें से एक की पुष्टि स्वयं राजा ने की और दूसरे की सांधिविग्रहिक ने। लेकिन लक्ष्मणसेन के राजत्व-काल के 25वें और 27वें वर्षों के अनुदानपत्रों से उच्चाधिकारियों के बढ़ते हुए प्रभुत्व का संकेत मिलता है। इन अधिकारियों में से अधिकांश सामंती ढंग के थे, और अनुदानों को स्थायित्व प्रदान करने के लिए इनकी सहमति और अनुमोदन आवश्यक समझा जाता था। एक अनुदानपत्र में तो पाँच राजपुरुषों के अनुमोदन का उल्लेख है, जिनमें से एक शायद स्वयं राजा था।[182]

यद्यपि राजनीति और प्रशासन में सामंतों का बड़ा प्रभाव था, किंतु वे कभी भी इंग्लैंड के सामंतों की तरह अपना कोई संगठन या समिति नहीं बना पाए। अभिलेखों और साहित्यिक कृतियों में सामंतचक्र शब्द का बहुधा प्रयोग हुआ है। पर इससे किसी संगठित संस्था का भान नहीं होता है। शायद इसका प्रयोग कविचक्र के समान होता था।[183] सामंतों का कदाचित् कोई दरबार होता होगा, जिसका प्रमुख उन सबका प्रभु था। लेकिन इसे हम विभिन्न विषयों पर विचार करनेवाली ऐसी कोई सभा नहीं मान सकते जिसके माध्यम से सामंत लोग अपना-अपना विचार पेश करते हों या अपनी-अपनी बात कहते हों। अधिक से अधिक इसे मुस्लिम शासन-काल के दरबारों की कोटि में ही रखा जा सकता है। यह मध्यकालीन इंग्लैंड की उस सामंती संस्था के समान नहीं था जो पार्लियामेंट की जननी साबित हुई। संभव है, सामंतगण अपने-अपने क्षेत्रों में न्याय-प्रशासन, शासन-व्यवस्था और विधि-निर्माण का कार्य अलग-अलग करते रहे हों, लेकिन उन्होंने एक संस्था के रूप में संयुक्त रूप से ऐसा कभी नहीं किया। फिर भी सामंतों को एक वंशानुगत सामाजिक वर्ग के रूप में स्वीकार कर लिया गया था। इसका प्रमाण हमें वाक्पतिराज सूरि के लिए प्रयुक्त 'सामंत-जन्म' विशेषण के रूप में मिलता है। ऐसा कहा जाता है कि यद्यपि वह जन्म से सामंत था, किंतु उसने प्रमुख कवियों में सबसे ऊँचा स्थान प्राप्त कर लिया था।[184]

इस काल में राज्याधिकारियों के सामंती साँचे में ढलते जाने की सामान्य प्रवृत्ति अपनी पराकाष्ठा पर पहुँच गई। अधिकारियों को वेतनस्वरूप भूमि-अनुदान तो दिए जाते ही थे, साथ ही उन्हें बड़ी-बड़ी उपाधियाँ भी दी जाती थीं। इन उपाधियों का उनके कार्यों से कोई संबंध नहीं होता था। ये मात्र उनके दर्जे का बोध करानेवाली होती थीं। यह प्रवृत्ति हम सबसे अधिक बंगाल और बिहार में देखते हैं। उदाहरण के लिए पालों का एक साधारण-सा सामंत महामांडलिक ईश्वरघोष अपने एक अनुदानपत्र में चार दर्जन से अधिक अधिकारियों को संबोधित करता है, और इन अधिकारियों में से 13 के पदनामों के साथ महा उपसर्ग जुड़ा हुआ है।[185] इसी प्रकार दक्षिणी मुंगेर का एक अन्य महामांडलिक संग्रामगुप्त अपने अनुदान की

सूचना बहुत-से राज्याधिकारियों और राजपुरुषों को देता है, और इनमें 18 के पदनामों के साथ 'महा' उपसर्ग संयुक्त है।[186]

पालों के तथा बंगाल और बिहार के अन्य राजवंशों के अनुदानपत्रों को देखने से ज्ञात होता है कि 'महा' उपसर्ग से युक्त पदनामों वाले राज्याधिकारियों की संख्या उत्तरोत्तर बढ़ती जा रही थी। प्रारंभ में धर्मपाल और देवपाल के अधीन ऐसे चार-पाँच अधिकारियों का उल्लेख हुआ है, इससे आगे चलकर नारायणपाल, वल्लालसेन और लक्ष्मणसेन के अधीन नौ का उल्लेख हुआ है, फिर ईश्वरघोष के अधीन सत्रह का, और अंत में संग्रामगुप्त के काल में, जब राज्याधिकारियों का सामंतीकरण चरमसीमा पर पहुँच चुका था, ऐसे अट्ठारह अधिकारियों के नाम आए हैं। यहाँ यह ध्यान देने योग्य बात है कि जिस प्रभु की शक्ति जितनी कम थी, उसके राज्य में 'महा' उपसर्गधारी राजपुरुषों की संख्या उतनी ही अधिक थी, और इसी प्रकार जैसे-जैसे समय बीतता गया वैसे-वैसे ऐसे अधिकारियों की संख्या बढ़ती गई।

विचित्र बात यह कि भारत के दूसरे हिस्सों के सामंतों में बड़ी-बड़ी उपाधियों के प्रति ऐसा मोह देखने को नहीं मिलता। इसका एकमात्र अपवाद कलचुरि राज्य है, जहाँ चौदह ऐसे अधिकारियों का उल्लेख हुआ है जिनके पदनामों के साथ 'महा' उपसर्ग जुड़ा हुआ है।[187] लेकिन राणक और ठक्कुर, ये दो सामंती उपाधियाँ उत्तर भारत में खूब प्रचलित हुईं और विभिन्न जातियों तथा श्रेणियों के अधिकारियों के लिए इनका अंधाधुंध प्रयोग किया गया है। इसके सबसे अच्छे उदाहरण कायस्थ लिपिक हैं, जिन्हें ये उपाधियाँ उनके कर्त्तव्यों को ध्यान में रखकर नहीं, बल्कि सामंती और सामाजिक दर्जे को दृष्टि में रखकर दी गई थीं। ऐसा लगता है कि अधिकारियों को उनके अपने-अपने राजनीतिक दर्जे और महत्त्व के अनुसार विभिन्न सामंती श्रेणियाँ प्रदान की जाती थीं।

भूमि-अनुदान पहले-पहल पुरोहितों और मंदिरों को दिए गए, और मध्यकाल के आरंभ में अधिकांश अनुदान इन्हीं को मिलते रहे। इसलिए स्वभावतः राज्याधिकारियों और सामंतों को दिए गए अधिकांश अनुदानों में भी धार्मिक विधि-विधानों का निर्वाह किया गया है—यहाँ तक कि शापात्मक श्लोकों को भी दोहराया गया है। सैनिक व गैरसैनिक पदों पर प्रतिष्ठित ब्राह्मणों को अनुदान देने में तो धार्मिक अनुदानों के मसौदे का उपयोग मजे में किया जा सकता था, क्योंकि अपनी वंशानुगत धार्मिक स्थिति के कारण वे अपनी निजी हैसियत से भी दान पाने के हकदार थे। लेकिन अब्राह्मण सामंतों और अधिकारियों को दिए गए अनुदानों में प्रचलित मसौदे का उपयोग इसलिए किया जाता था क्योंकि दूसरे ढंग का मसौदा अभी तक नहीं बन पाया था। धीरे-धीरे धर्मेतर अनुदानों के लिए भी एक मसौदा चल पड़ा, जिस पर से धार्मिक प्रभाव घटता गया। उदाहरण के लिए, उड़ीसा में एक कायस्थ मंत्री को ग्यारहवीं शताब्दी के प्रारंभिक वर्षों के आस-पास दिए एक

अनुदान में इसकी चर्चा नहीं है कि अनुदान की अवधि सूर्य-चंद्र के अस्तित्व-पर्यंत हो,[188] हालाँकि अनुदान से दाता को होनेवाले पुण्य-लाभ का उल्लेख है। चंदेल राजाओं द्वारा राउतों को दिए गए अनुदानों में भी हम ऐसा ही देखते हैं।[189] एक वंशानुगत ब्राह्मण राउत को दिए गए अनुदान में तो स्थायी स्वामित्व प्रदान करनेवाली धारा भी छोड़ दी गई है।[190] किंतु 1115 के एक शिलाहार अनुदानपत्र में यह धारा बरकरार रखी गई है। इसमें गंडरादित्य ने अपने सामंत नोलंब को दो गाँव इस शर्त के साथ अनुदान में दिए कि वह और उसके वंशज सूर्य-चंद्र के अस्तित्व-पर्यंत उनका उपभोग करें।[191] अलबत्ता इस अनुदान के फलस्वरूप होनेवाले किसी पुण्य-लाभ का उल्लेख नहीं किया गया है। इस सबके बावजूद वास्तविकता यही है कि अभिलेखों में ऐसा कोई अनुदानपत्र देखने को नहीं मिलता जो पूर्ण रूप से धर्मेतर शब्दावली में तैयार किया गया हो। विशुद्ध धर्मेतर शब्दावली में तैयार किए गए अनुदानपत्रों की संक्षिप्त चर्चा गुप्त-कालीन स्मृतियों में मिलती है। आगे चलकर **लेखपद्धति** में ऐसे अनुदानपत्रों के विषय में विस्तार से लिखा गया है। इस पुस्तक में राजाओं, महामात्यों और राणकों द्वारा जारी किए जानेवाले अनुदानपत्रों के नमूनों में धार्मिक अनुदानपत्रोंवाली शब्दावली को स्थान नहीं दिया गया है। इन अनुदानपत्रों (पत्तलाओं) की कोई पुरालेखीय प्रतिलिपि अब तक नहीं मिली है, यद्यपि यह निश्चित है कि चौलुक्य शासकों ने ऐसे अनुदान दिए। पत्तला शब्द की व्युत्पत्ति अज्ञात है। किंतु यदि इसे हिंदी शब्द पत्तल (गुजराती पातल) का प्रारंभिक रूप माना जा सके तो इसका मतलब होगा भोजन अथवा भरण-पोषण का साधन। 13वीं शताब्दी के चंदेल अनुदानपत्रों में प्रसादेन प्रदत्त शब्दों का प्रयोग हुआ है।[192] इन शब्दों का अर्थ हुआ राजा की कृपा से प्रदान किया हुआ। पश्चिमी भारत में 12वीं और 13वीं शताब्दियों में जारी किए गए अनुदानपत्रों में प्रभुप्रसादावाप्त—अर्थात् प्रभु की कृपा से प्राप्त—शब्द-समुच्चय का प्रयोग हुआ है।[193] मंदिरों तथा पुरोहितों को दिए गए अनुदानपत्रों में ऐसी शब्दावली का प्रयोग साधारणतः नहीं हुआ है, और इससे यह संकेत मिलता है कि कानूनी दृष्टि से देखें तो ग्रहीता को अनुदान उसकी सेवाओं या योग्यता के कारण नहीं, बल्कि उसके प्रभु की कृपा से ही मिलता था। विचित्र बात यह है कि किसी भी धर्मेतर अनुदानपत्र में ग्रहीता के दायित्वों का वर्णन नहीं किया गया है। इनका वर्णन केवल **लेखपद्धति** में ही हुआ है। इसलिए पूरे देश के लिए कोई एक वैधानिक प्रतिमान नहीं था, जिससे कि दोनों पक्ष कोई विवाद उठने या किसी एक के द्वारा दोनों के बीच हुए करार के तोड़े जाने पर उसका सहारा लेते।

नीति-उपदेश से संबंधित कृतियों में आमतौर पर न सामंतों के दायित्व निर्धारित किए गए हैं और न उनके प्रभुओं के। वास्तविकता यह है कि उन दिनों राजनीतिक अनुभवों को सिद्धांतबद्ध किया ही नहीं गया। जिस एकमात्र सैद्धांतिक कृति में सामंतों के कर्त्तव्यों का निर्धारण किया गया प्रतीत होता है, वह है

अग्नि-पुराण। यह शायद 10वीं-11वीं शताब्दी की रचना है। इसमें इस संबंध में जो कुछ कहा गया है उसका आधार मुख्यतः **कामंदक नीतिसार** है, जो शायद आठवीं सदी में लिखी गई थी। इस कृति में सामंतों को परामर्श दिया गया है कि वे जन-भावना को शांत रखें, युद्ध में अपने प्रभुओं की सहायता करें, उनके मित्रों तथा सहायकों को प्रभु की सहायता के लिए प्रेरित करें और शत्रु-मित्र में भेद करें। आगे चल कर उन्हें जनत्राण का सुरक्षादुर्ग बनने को कहा गया है।[194] दूसरी ओर राजा को अपने सामंतों से सावधान रहने का परामर्श दिया गया है। सामंती विद्रोह को बाहरी खतरा बताया गया है, और राजकुमारों, मंत्रियों तथा अन्य उच्चाधिकारियों के विद्रोह को आंतरिक खतरा।[195] इसलिए **अग्नि पुराण** में राजा को गैरवफादार सामंतों को कुचल देने की सलाह दी गई है।[196] किंतु इस काल की किसी अन्य नीति-उपदेश-संबंधी कृति में राजा तथा सामंतों के पारस्परिक दायित्व शायद ही निर्धारित किए गए हों।

लेखपद्धति ऐसी एकमात्र वैधानिक कृति है जिसमें अनुदानभोगियों के दायित्व बताए गए हैं। इस पुस्तक में 12वीं-13वीं सदियों में गुजरात की स्थिति की झाँकी मिलती है, पर हो सकता है कि राजस्थान और पड़ोस के इलाकों में ऐसी ही अवस्था हो। इस पुस्तक में भोजपत्र पर लिखे तीन प्रकार के अनुदानपत्रों का हवाला दिया गया है। एक तो है राजभुर्जपत्तला, जिसके द्वारा राजा किसी राणक को, मंदिरों तथा ब्राह्मणों को दान किए गए क्षेत्रों को छोड़कर, पूरा-का-पूरा देश अनुदान में दे सकता था।[197] यहाँ जिस देश शब्द का प्रयोग हुआ है, उससे चौलुक्यों के अधीन शायद मंडल का बोध होता था। दूसरा है महामात्य-पत्तला, जो महामात्य द्वारा राणक के नाम जारी किया जाता था। राणक उस पत्तला को स्वीकार करते हुए वफादारी और ईमानदारी के साथ दाता को सभी कर देने का वचन देता था।[198] तीसरा है राणक-पत्तला, जिसमें हमें ऐसी तफसीलें मिलती हैं जो उपर्युक्त दोनों पत्तलाओं में नहीं मिलतीं। यहाँ राजपुत्र जागीर के लिए राणक से निवेदन करता है, और जब उसे एक गाँव दिया जाता है तब उससे न केवल अनुदत्त क्षेत्र में शांति-सुव्यवस्था बनाए रखने और पुरानी तथा न्यायसम्मत प्रथा के अनुसार राजस्व वसूल करने का वचन लिया जाता है, बल्कि उस पर यह दायित्व भी डाला जाता है कि वह राणक की सेवा के लिए उसकी राजधानी में 100 पदाति तथा 20 अश्वारोही लाए।[199] साथ ही उस पर यह प्रतिबंध लगाया जाता है कि वह मंदिरों और ब्राह्मणों को अनुदान में परती जमीन नहीं दे।[200] अर्थात् वह गाँव में अनुदानस्वरूप केवल आबाद जमीन ही प्रदान कर सकता था। इस प्रकार यह धारा भूमिच्छिद्रन्याय के अनुसार प्रचलित पुरानी प्रथा को उलट देती है। भूमिच्छिद्रन्याय के अनुसार प्रारंभ में पुरोहितों तथा मंदिरों को केवल परती जमीन ही अनुदान में दी जाती थी, ताकि वे उसे जोत में लाएँ, यद्यपि पाँचवीं सदी से इस शब्द का प्रयोग दानस्वरूप आबाद जमीन देनेवाले अनुदानपत्रों में भी होता रहा।[201] उपर्युक्त

धारा से प्रकट होता है कि परती जमीन को आबाद कराने में भूमि-अनुदानों का जो महत्त्व था, वह 12वीं शताब्दी के अंत तक गुजरात में समाप्त हो चुका था।

अभिलेखों से किसी भी अनुबंध के संबंधित पक्षों के दायित्वों की ठीक-ठीक जानकारी प्राप्त कर सकना बहुत कठिन है, किंतु **लेखपद्धति** में दिए गए मसौदों में इनके दायित्व बिलकुल स्पष्ट बताए गए हैं। प्रथम पत्तला में तो ऐसा नहीं बताया गया है, लेकिन दूसरा और विशेषकर तीसरा पत्तला इस बात की साक्षी भरता है कि गुजरात में सामंतवादी राजपद्धति खूब विकसित हो चुकी थी। इन मसौदों से स्पष्ट हो जाता है कि राजा या उसका महामात्य, जिन दोनों का उल्लेख 12वीं और 13वीं शताब्दियों में सामंतों को दिए गए चौलुक्य अनुदानों में बराबर साथ-साथ हुआ है, राणकों को जागीरें दिया करते थे, और ये राणक अनुदत्त क्षेत्रों में से अपनी इच्छानुसार राजपुत्रों को जागीरें दिया करते थे। यह उपसामंतीकरण का स्पष्ट उदाहरण है।

और जैसा कि ग्राम-पट्टकों (गाँवों से राजस्व एकत्र करने के अनुबंधों) के मसौदों से ज्ञात होता है, राजपुत्र लोग भी अपने गाँव उन व्यापारियों तथा उनके इष्ट-मित्रों को पट्टे पर दिया करते थे जो उनसे तदर्थ निवेदन करते थे।[202] एक दस्तावेज में एक पंचकुल को, जिसका मुखिया कोई व्यापारी या महंतक (लेखपाल) है, इस शर्त पर राजस्व एकत्र करने का अधिकार दिया गया है कि वह 3,000 द्रम्म मुख्य राजस्व के रूप में, 216 द्रम्म पंचकुल के पुरस्कारस्वरूप, और चालीस द्रम्म फुटकर खर्च के तौर पर अदा करे।[203] मुख्य राजस्व की अदायगी तीन किस्तों में करनी है।[204] इसके अतिरिक्त उस व्यापारी और उसके इष्ट-मित्रों की जिम्मेवारी है कि यदि लगान में कोई वृद्धि की जाए तो वे उसे भी चुकाएँ और साथ ही किसी व्यक्ति को सम्मानित करने के लिए, राज-परिवार या सरदार के परिवार में किसी कुमार का जन्म होने पर और ऐसे ही अन्य अवसरों पर गाँवों पर लगाए जानेवाले करों की अदायगी करें, और थाने पर होने वाले खर्च का भी बोझ उठाएँ।[205] गाँव में राजस्व एकत्र करनेवाले इन लोगों को गाँव से होकर गुजरनेवाली सड़कों की देख-भाल का भार भी सौंपा गया है। इस अनुबंध के संबंध में एक अन्य राजपुत्र की गारंटी की भी आवश्यकता बताई गई है। वह इस बात की जिम्मेदारी अपने सिर लेता है कि उक्त व्यापारी और उसके इष्ट-मित्र सारी राशि विधिवत अदा करेंगे। जिस दस्तावेज में ये तमाम विवरण दिए गए हैं, उसका काल 745 ईस्वी बताया गया है, लेकिन निस्संदेह इससे 12वीं-13वीं सदियों की राजस्वव्यवस्था पर ही प्रकाश पड़ता है। ग्राम-पट्टक की प्रथा से प्रकट होता है कि बहुत-से राजपुत्रों के हाथों में कई गाँव थे, और इन सभी गाँवों से वे स्वयं राजस्व एकत्र नहीं कर सकते थे। इसलिए नकद राशि में राजस्व का अनुमान लगाकर वे लगान एकत्र करने का काम व्यापारियों को सौंप देते थे। गुजरात में व्यापारियों का कारोबार बहुत अच्छा चलता था। अतः उनके लिए यह दायित्व स्वीकार करना आसान था। वे लगान

देकर जमीन की जोत का हक प्राप्त करनेवाले किसान नहीं, बल्कि ऐसे एजेंट थे जो अपने प्रभु के साथ हुए इकरारनामे की शर्तों से बँधे हुए थे। गाँव का असली मालिक राजपुत्र था, जो न केवल भूमि-अनुदान दे सकता था, बल्कि करों में वृद्धि भी कर सकता था और अपनी जमीन लगान वसूल करने के लिए चाहे जिसे दे सकता था।

ग्रामपट्टकों की अवधि स्पष्टत: एक साल होती थी, लेकिन राजाओं-महामात्यों और राणकों द्वारा जारी किए गए अनुदानपत्रों में समय-सीमा का कोई संकेत नहीं दिया गया है। शायद ये अनुदान ग्रहीता को जीवन-भर के लिए अथवा जब तक उसका व्यवहार ठीक रहे तब तक के लिए दिए जाते थे, और दो फरीकों में से किसी भी एक की मृत्यु होने पर उन्हें नया कराना पड़ता था। यह स्पष्ट नहीं है कि राणक और उसके राजपुत्र सामंत के बीच कोई विवाद होने पर राजा बीच-बचाव करता था या नहीं। ये अनुबंध भोजपत्र पर तैयार किए जाते थे: इसलिए इनमें से एक भी उपलब्ध नहीं है, लेकिन इनकी प्रामाणिकता में संदेह करने का कोई कारण दिखाई नहीं देता।

ऐसा प्रतीत होता है कि प्रभु और सामंत के संबंध मुख्यत: समाज में प्रचलित रीति-रिवाजों पर ही आधारित थे, और 13वीं सदी के पहले का उनका लिखित रूप अभी तक नहीं मिला है। पूर्ववर्ती काल में जब राज्य बड़े-बड़े हुआ करते थे तब लिखित कानून न होने का लाभ उठाकर प्रभु अपने सामंत पर परंपरागत कर्त्तव्यों के अलावा और भी कर्त्तव्य थोप सकता था, लेकिन अभी हम ज़िस काल पर विचार कर रहे हैं उस काल में प्रभु के बजाय सामंत द्वारा इस स्थिति का लाभ उठाने की अधिक संभावना थी। तुर्कों के आक्रमण से पूर्व उत्तर भारत जिस प्रकार अनेक छोटे-छोटे राज्यों में विभक्त हो गया था उस स्थिति में सामंतों के लिए अपने प्रभु पर हावी होना आसान था।

सामंतों और बड़े-बड़े राज्याधिकारियों को भूमि-अनुदानों के रूप में वेतन देने की बात 12वीं शताब्दी में सिद्धांतत: भी भली-भाँति स्वीकार कर ली गई। पूर्ववर्ती साहित्य में धार्मिक उद्देश्यों से ग्राम-अनुदान देने की महिमा तो विस्तार से बताई गई है, किंतु धर्मेतर प्रयोजनों से बड़े पैमाने पर भूमि-अनुदान देने की सिफारिश नहीं की गई है। मगर 12वीं सदी में रचित मानसोल्लास में ऐसे अनुदान देने का विधान बहुत स्पष्ट शब्दों में किया गया है। इसमें राजा को सलाह दी गई है कि वह अपने प्रमुख सामंतों (सामंत-मान्यका:) और विभिन्न स्तरों के मंत्रियों (यथा मंत्री, अमात्य, सचिव आदि) को तरह-तरह के भेंट-पुरस्कार दे, जिनमें भूमि-अनुदान भी शामिल है।[207] आगे कहा गया है कि भृत्यों, बांधवों तथा राजा को सैनिक सहायता एवं परामर्श देनेवाले अन्य लोगों को भी उसे उपहार देना चाहिए।[208] कुल मिलाकर 16 प्रकार के उपहारों का उल्लेख है। इनमें गाँवों, शहरों और खनिज क्षेत्रों के साथ-साथ छत्र-चँवर आदि सम्मान-सूचक उपहार तथा वाहन तो

शामिल हैं ही: इनके अतिरिक्त कुमारी कन्याएँ और वारांगणाएँ भी भेंट करने को कहा गया है ।[209] इसमें जिन भूमि-अनुदानों का उल्लेख हुआ है वे इस प्रकार हैं—देश्यम् अर्थात् राष्ट्रों (सबडिवीजनों) का दान, जिन पर राजा शायद कर नहीं लेता था; करजम्: जो देश्यम् से मिलते-जुलते ढंग का अनुदान था, किंतु जिसके लिए ग्रहीता को कर देना पड़ता था;[210] और तीसरा है ग्रामजम्, अर्थात् करयुक्त अथवा कर-मुक्त ग्राम-अनुदान ।[211]

मालवा और गुजरात में तो भूमि-अनुदान लगभग सर्वत्र दिया जाता था । इसका प्रमाण हमें मेरुतुंग-कृत **प्रबंधचिंतामणि** में मिलता है, जिसमें लेखक ने परमार भोज और चौलुक्य भीम के विषय में लिखा है । मेरुतुंग कहता है कि देशाधीश अनुदान में गाँव देता है, ग्रामाधीश क्षेत्र और क्षेत्राधीश साग-सब्जियाँ; हर सुखी-संपन्न व्यक्ति अपनी संपत्ति दान करता है ।[212] इससे यह ध्वनि निकलती है कि 1304 तक, जब कि मेरुतुंग ने अपनी यह रचना पूरी की, गाँवों पर व्यक्तियों के स्वामित्व का सिद्धांत भली-भाँति प्रतिष्ठित हो चुका था । उसने जिन ग्रामाधीशों का उल्लेख किया है, उनमें शायद जैन और ब्राह्मण मंदिरों तथा पंडित-पुरोहितों की संख्या काफी रही होगी; लेकिन शेष ग्रामाधीश शायद ऐसे सामंत या राज्याधिकारी रहे होंगे जिन्हें परमार और चौलुक्य राजाओं ने ग्राम-दान दिए थे । अक्सर ऐसा भी होता होगा कि पट्टकिल[213] लोग, जिन्हें राजा राजस्व वसूल करने के लिए पट, अर्थात् सनद, प्रदान किया करता था, कालांतर में ग्रामाधीश बन जाते होंगे और केंद्रीय कोष को वसूल किए गए राजस्व का छोटा हिस्सा देते होंगे ।

यों तो पूर्ववर्ती साहित्य में भी सामंत और उसके पर्यायवाची शब्दों का उल्लेख बार-बार हुआ है, लेकिन उसमें राजनीतिक सामंतवाद के लिए कोई सैद्धांतिक आधार नहीं प्रस्तुत किया गया है । इससे प्रकट होता है कि 11वीं सदी से पूर्व राजनीतिक सामंतवाद की जड़ें लोगों के चेतन मानस में बहुत गहरी नहीं जम पाई थीं । स्मृतियों के भाष्यों से भी इस नई प्रवृत्ति के प्रति भाष्यकारों की सजगता परिलक्षित नहीं होती, क्योंकि **मिताक्षरा** में भी सामंत शब्द का प्रयोग पड़ोसी के परंपरागत अर्थ में ही किया गया है । विचित्र बात यह है कि राजनीतिक सामंतवाद का सैद्धांतिक आधार हमें वास्तु और ललित-कला-विषयक साहित्य में मिलता है । सामंती श्रेणियों का एक संपूर्ण चित्र हमें **मानसार** में मिलता है, जो 12वीं सदी की कृति है । इस कृति के 42वें अध्याय में ऊपर से नीचे तक राजाओं की नौ श्रेणियों का उल्लेख किया गया है । सबसे ऊपर है चक्रवर्ती और उसके बाद क्रमशः महाराज अथवा अधिराज, महेंद्र या नरेंद्र, पार्ष्णिक, पट्टधर, मंडलेश, पट्टभाज, प्रहारक और अस्त्रग्राही आते हैं ।[214] इन राजाओं की महत्ता के अनुसार यह भी निर्धारित किया गया है कि ये कितने घोड़े, कितने सैनिक, कितनी सेविकाएँ और कितनी रानियाँ रख सकते हैं । इस राजन्य-श्रेणी में सबसे नीचे आनेवाला अस्त्रग्राही 500

घोड़े, 500 हाथी, 50,000 सैनिक, 500 स्त्री सेविकाएँ और एक रानी रख सकता है।[215] जैसे-जैसे राजा की श्रेणी ऊँची होती जाती है, वैसे-वैसे इन संख्याओं में भी वृद्धि होती जाती है और स्वभावतः चक्रवर्ती को सबसे अधिक हाथी, घोड़े, सैनिक, सेविकाएँ और रानियाँ रखने का अधिकार दिया गया है।[216] **मानसार** में विभिन्न श्रेणियों के राजाओं के योग्य नौ प्रकार के राजमुकुटों और नौ प्रकार के राजसिंहासनों का भी वर्णन किया गया है।[217] हमारे लिए सबसे महत्त्वपूर्ण बात यह है कि इसमें राजा की स्थिति के अनुसार उसके राजस्व की घटती-बढ़ती दर का भी वर्णन किया गया है। चक्रवर्ती उपज का केवल दसवाँ हिस्सा लेता है, जबकि महाराज छठा हिस्सा, नरेंद्र पाँचवाँ हिस्सा, पार्ष्णिक चौथा हिस्सा और पट्टधर केवल एक-तिहाई ही लेता है।[218] मंडलेश, पट्टभाज, प्रहारक तथा अस्त्रग्राही, इन चार श्रेणियों के राजाओं के राजस्वों की दरें नहीं बताई गई हैं, किंतु संदर्भ को देखते हुए ऐसा माना जा सकता है कि ये उपज का अर्धांश या उससे भी अधिक लेते होंगे। इस वर्गीकरण का महत्त्व क्या है? इस विधान के पीछे यह मान्यता काम करती दिखाई देती है कि निचली श्रेणी के राजा पर यह जिम्मेवारी थी कि वह ऊपर की श्रेणी के राजा को कर दे। राजा की श्रेणी जितनी अवर हो वह प्रजा से उतना ही अधिक राजस्व वसूल करे, इस विधान का तो कारण यही प्रतीत होता है कि अवर श्रेणी के राजा को अपने से ऊपर की श्रेणीवाले राजा को सामंती कर देना पड़ता था। यदि वह प्रजा से अधिक कर नहीं वसूल करता तो उसका राजकाज नहीं चल सकता था।

12वीं सदी में[219] भट्ट भुवनदेव ने भी अपनी कृति **अपराजितपृच्छा** में महत्त्वक्रम से नौ प्रकार के शासकों का वर्णन किया है। वे इस प्रकार हैं : महीपति, राजा, नराधिप, महामंडलेश्वर, मांडलिक, महासामंत, सामंत, लघुसामंत और चतुरशिक।[220] इनमें से प्रत्येक के पास कितना क्षेत्र हो, यह भी बताया गया है। जहाँ महीपति को संपूर्ण धरित्री का स्वामी बताया गया है वहाँ चतुरशिक को 1,000 गाँवों का स्वामी कहा गया है।[221] निम्नतम श्रेणी के शासकों के पास कितना बड़ा क्षेत्र हो, यह तो कहीं नहीं बताया गया है, किंतु स्पष्टतः 20 से लेकर 100 गाँवों तक के स्वामी इसी श्रेणी में आते थे।[222] वास्तु-कला-संबंधी इन दो कृतियों में शासकों का जो वर्गीकरण किया गया है, व्यवहार में उसका पालन भी किया जाता रहा हो, ऐसा प्रतीत नहीं होता, फिर भी यह श्रेणी-विन्यास मध्य-काल के सामंतवादी राजनीतिक ढाँचे को देखते हुए सर्वथा उपयुक्त जान पड़ता है, क्योंकि उस राजनीतिक व्यवस्था के अंतर्गत हमें इस बात के बहुत-से उदाहरण मिलते हैं कि शासकों की अनेक श्रेणियाँ होती थीं, और इनमें से निम्नतर श्रेणी का शासक अपने से ऊपर की श्रेणी के शासक के अधीन हुआ करता था तथा वह उसे कर देता था और उसकी आवश्यक सेवा-सहायता किया करता था, और यही सिलसिला नीचे से ऊपर तक श्रेणी-दर-श्रेणी चला जाता था।

अपराजितपृच्छा में सामंती दरबार के गठन का भी वर्णन किया गया है। इसके अनुसार सम्राट् (जिसका विरुद महाराजाधिगज परमेश्वर बताया गया है) के दरबार में 4 मंडलेश, 12 मांडलिक, 16 महासामंत, 32 सामंत, 160 लघुसामंत और 400 चतुरशिक होने चाहिए।[223] चतुरशिक से नीचे के समस्त राजपुरुषों को राजपुत्र कहा गया है।[224] इसमें कुछ एक राजपुरुषों की आय के बारे में भी बताया गया है। इसके अनुसार लघुसामंत की आय 5,000, सामंत की 10,000 और महासामंत की आय 20,000 होनी चाहिए। इस योजना की पुष्टि वास्तु-कला-संबंधी 14वीं शताब्दी की एक कृति **राजवल्लभमंडन** से भी होती है।[225] **अपराजितपृच्छा** में इन सरदारों द्वारा प्रजा से वसूल किए जानेवाले राजस्व की दर के विषय में कुछ नहीं कहा गया है, लेकिन इसमें राजनीतिक तथा आर्थिक सत्ता की दृष्टि से एक श्रेणीबद्ध समाज का चित्र अवश्य देखने को मिलता है।

प्रारंभिक धर्मशास्त्रों और तत्संबंधी अन्य कृतियों में केवल वर्णों के आधार पर राजनीतिक सत्ता, आय, घर-संपदा आदि में विभिन्नता की कल्पना की गई है, लेकिन वास्तु-कला पर लिखी पुस्तकों में स्थिति बदल जाती है। इनमें किसी को अपने वंशानुगत वर्ण के आधार पर कोई सुविधा नहीं दी गई है। इसके विपरीत वर्ण पर आधारित दर्जे का सामंती श्रेणी-विन्यास पर आधारित दर्जे के साथ सामंजस्य करने का प्रयत्न किया गया है। यह बात **मयमत** और वराहमिहिर-कृत **बृहत्संहिता** में वास्तु-कला पर लिखे कुछ-एक अनुच्छेदों में लक्षित होती है। वराहमिहिर ने विभिन्न श्रेणियो के शासकों के उपयुक्त इमारतों का वर्णन किया है, और साथ ही चारों वर्णों के उपयुक्त निवास-स्थानों का भी। **मयमत** के अनुसार सम्राट् का निवासस्थान ग्यारह मंजिलों का होना चाहिए, ब्राह्मण (द्विजाति) का नौ मंजिलों का, सामान्य राजा (नृप) का सात मंजिलों का, वैश्य तथा सामान्य सेना-नायक (योधसेनेश) का चार मंजिलों का, और शूद्र का निवासस्थान एक से तीन मंजिलों का तथा सामंत-प्रमुख आदि के पाँच-पाँच मंजिलों के होने चाहिए।[226] **मयमत** की गृहयोजना में विभिन्न श्रेणियों के राजाओं तथा सामंतों के उपयुक्त आवासों का वर्णन **बृहत्संहिता** की अपेक्षा अधिक स्पष्टता से किया गया है। किंतु **अपराजितपृच्छा** में निवासस्थानों का आकार-प्रकार निर्धारित करने में वर्गों का ख्याल नहीं किया गया है। उसमें इसका निर्धारण केवल सामंती तत्त्वों के पारस्परिक दर्जों के आधार पर ही किया गया है। इसमें नौ श्रेणियों के सरदारों में से प्रत्येक के आवास का आकार निर्धारित किया गया है। इन सरदारों में महामंडलेश्वर, मांडलिक, महासामंत और लघुसामंत के अतिरिक्त कुछ और भी शामिल हैं, जिनका दर्जा उक्त सरदारों से नीचे है।[227] किंतु सिंहद्वार बनवाने की अनुमति केवल चक्रवर्ती, महामंडलेश्वर, महासामंत और सामंत को ही दी गई है।[228] **मानसार** के अनुसार सबसे नीचे की दो श्रेणियों के शासक, अर्थात् प्रहारक तथा अस्त्रग्राही चारों वर्णों के लोग हो सकते हैं और इनके अधिकार तथा सुविधाएँ

इस बात पर निर्भर करती हैं कि किस प्रहारक अथवा अस्त्रग्राही का दर्जा क्या है। इस प्रकार ये कृतियाँ समाज में महत्त्व और स्थान का निर्धारण केवल वर्णों के आधार पर ही नहीं करतीं, बल्कि उभरती हुई सामंतवादी सामाजिक तथा राजनीतिक व्यवस्था के लिए, जिसकी उपेक्षा करना अब असंभव हो गया था, एक नया आधार प्रस्तुत करती हैं।

इस अध्याय के अंत में हम निष्कर्ष-स्वरूप कह सकते हैं कि इस काल में उत्तर भारत में अनेक छोटे-छोटे राज्य थे, जो या तो भूमि-अनुदान की व्यापक प्रथा अथवा शासक-परिवार के सदस्यों द्वारा अपना पैतृक राज्य आपस में बाँट लेने के चलन के परिणाम थे। बेशक, पुरोहितों तथा मंदिरों को अनुदान दिए जाने के जितने प्रत्यक्ष प्रमाण मिलते हैं उतने सैनिक तथा प्रशासनिक सेवाओं के पुरस्कार-स्वरूप दिए जाने के नहीं मिलते। सच तो यह है कि जिन प्रमाणों के आधार पर हमने यह निष्कर्ष निकाला है कि राज्याधिकारियों तथा सामंतों को अनुदान दिए गए, उनमें भी ज्यादा संख्या इन राजपुरुषों द्वारा दिए गए धार्मिक अनुदानों की ही है। भारत में हमें राज्य और धार्मिक मुखिया के बीच वैसे किसी झगड़े का सबूत नहीं मिलता जैसा कि यूरोप में पोप तथा राज्य के बीच चलता था। जहाँ 9वीं शताब्दी के मध्य में कैरोलिंग राजवंश ने चर्च की संपत्ति छीनकर अपने गृहस्थ सामंतों को दे दी,[229] वहाँ भारत के राजवंशों का स्वरूप और ढाँचा चाहे जो रहा हो, वे धार्मिक अनुदान देने में एक-दूसरे के साथ स्पर्धा-सी करते जान पड़ते हैं। सरकारी अमलों का बोलबाला कम होता गया, और धार्मिक तथा गृहस्थ सामंतों का बोलबाला बढ़ता गया; बल्कि वास्तविकता यह है कि भूमि-अनुदान मिलने के कारण खुद सरकारी अमले भी सामंती दर्जा ही प्राप्त करते जा रहे थे। हाँ, पूर्वी भारत में स्थिति गुजरात तथा राजस्थान से भिन्न थी। इन दो प्रदेशों में प्रभु और सामंत के संबंध अनुबंधों पर आधारित होते थे। पालों और सेनों के राज्यों में ताम्रपत्रों पर दिए गए धर्मेतर अनुदानों का अपेक्षाकृत अभाव है। इससे प्रकट होता है कि इन राज्यों में सामान्य राज्याधिकारियों तथा सामंतों को कभी भी इतना शक्तिशाली नहीं होने दिया गया कि वे अपने-अपने अनुदानों के लिए स्थाई आधार का आग्रह कर सकें। चौलुक्यों, परमारों, चाहमानों, गाहडवालों, चंदेलों तथा उड़ीसा के राजवंशों के राज्यों में स्थिति इससे भिन्न थी।

इस काल की एक विशेषता यह भी है कि बघेलखंड, उत्तर प्रदेश तथा राजस्थान में अधिकारियों के लिए राजस्व के कुछ हिस्से अलग कर दिए जाते थे। मुस्लिम शासन-काल में भी यह प्रथा जारी रही, क्योंकि हम देखते हैं कि शेरशाह ने कुछ कर अपने कर उगाहनेवाले अधिकारियों को वेतन देने के लिए सुरक्षित कर दिए थे। और आखिरी बात यह है कि इस समय तक सामंती प्रथा इतनी सुप्रतिष्ठित हो गई कि अब इसे संस्कृत ग्रंथों में भी स्थान दिया जाने लगा, यद्यपि इन ग्रंथों की प्रवृत्ति परंपरा-पोषण की थी, और ये धर्मशास्त्रों में बताई गई चार वर्णों में विभक्त

सामाजिक व्यवस्था से मेल न रखनेवाली किसी चीज को सहज ही स्वीकार करने के लिए तैयार नहीं थे। **मानसोल्लास, लेखपद्धति** तथा कला एवं स्थापत्य से संबंधित कई कृतियों में सामंती श्रेणी-विन्यास का वह चित्र प्रस्तुत किया गया है जो हमें पूर्ववर्ती कृतियों में कहीं नहीं मिलता। इस काल की कुछ पुस्तकों में धर्मेतर प्रयोजनों से अनुदान देने की साफ-साफ सिफारिश की गई है, और कुछ में ग्रहीताओं के दायित्व स्पष्ट शब्दों में बताए गए हैं। इन तमाम बातों ने दिल्ली के सुलतानों द्वारा जागीर की प्रथा प्रारंभ करने के लिए उपयुक्त वातावरण तैयार कर दिया था।

संदर्भ

1. ए. के. मजुमदार, *चौलुक्याज ऑफ गुजरात*, पृष्ठ 156
2. वही, पृष्ठ 49-50
3. वही।
4. वही, 111
5. ले. प., पृष्ठ 7
6. *व्यवहारमयूख*, पृष्ठ 25-27 में उद्धृत *याज्ञ.* 1,318-20 और *बृहस्पति*।
7. ए. इं., 29, नं. 8, पंक्तियाँ 49-51
8. ए. इं., 2, नं. 28, प्लेट 2 'बी', पंक्ति 15
9. वही।
10. वही, 3, नं. 4, श्लोक 9
11. वही, श्लोक 16
12. वही, श्लोक 12
13. वही, श्लोक 6-7
14. इ. बं., 3, नं. 16, पंक्तियाँ 53-54
15. वही।
16. वही, पंक्तियाँ 56-58
17. इ. बं, 3, नं. 16, पंक्तियाँ, 54-56
18. ए. इं., 3, नं. 47, प्लेट 'एफ', पंक्तियाँ 28-42
19. वही, पंक्तियाँ 33-34
20. वही, 18, नं. 29, पंक्तियाँ 19-29
21. वही, 19, 43 और पा.टि. 1
22. ज. ए. सो. बं., 10, नं. 3, पृष्ठ 166
23. वही, पृष्ठ 168
24. वही।
25. "अकरत्वेन च सर्व्वबाधा विवर्ज्जितेन।" वही, पृष्ठ 168
26. ए. इं., 29, नं. 26, पंक्तियाँ 26-33
27. वही, 3, नं. 31, पंक्तियाँ 9-15

28. ए. इं., 3, नं. 31, पंक्तियाँ 9-15
29. वही, पृष्ठ 174, पंक्तियाँ 30-34
30. *मद्रास रिपोर्ट ऑन एपिग्राफी, 1918-19,* परिशिष्ट 'ए', नं. 3
31. वही, परिशिष्ट 'ए', नं. 5
32. वही।
33. इं. एं., 18, 171-72, पंक्तियाँ 109-13
34. वही, पंक्ति 109
35. ज. ए. सो. बं., 65, भाग 1, पृष्ठ 254-56, पंक्ति 121
36. वही, पंक्तियाँ 19-21
37. वही, पंक्तियाँ 18-19
38. इं. एं., 16, 204, पंक्तियाँ 6-11
39. वही, 30, नं. 17, श्लोक 6
40. "ठक्कुर धर्मायुक्तः सर्व्वाधिकरणेषु सदा नियुक्तः।" वही, 1, नं. 38, 2, श्लोक 6
41. ए. इं., 30, नं. 17, श्लोक 8
42. इस अनुदान से संबंधित कोई भी ताम्रपट अब तक प्रकाश में नहीं आया है।
43. ए. इं., 30, नं. 17, श्लोक 16-17
44. वही, श्लोक 6-20
45. वही।
46. वही, श्लोक 19-20
47. ए. इं., 4, नं. 20, पंक्ति 19
48. वही, पंक्तियाँ 66-67
49. इं. एं., 25, 205 और उससे आगे, पंक्तियाँ 16-19
50. वही, पंक्ति 11
51. ए. इं., 16, नं. 20, 1, पंक्तियाँ 7-11
52. वही, 2, पंक्तियाँ 7-12
53. वही, 1, पंक्ति 10
54. वही, 31, नं. 11, पंक्तियाँ 12-18
55. वही, 20, नं. 14 'सी', पंक्तियाँ 3-4
56. वही।
57. वही।
58. ए. कर्निघम, आ. सा. रि., 21, 75
59. वही।
60. ए. इं., 25, नं. 1. पंक्तियाँ 10-14
61. वही, पंक्तियाँ 20-21; पृष्ठ 3
62. ज. ए. सो. बं., 19, (1850), 454-56; ऋणदाता के लिए 'धनिक' शब्द का प्रयोग हुआ है।
63. ए. इं., 25, नं. 1, पं. 19
64. गंशोफ, *फ्यूडलिज्म,* पृष्ठ 110
65. "ग्रामोराजप्रसादसंप्राप्तः।" ए. इं., 21, 170-71, पंक्तियाँ 7-12
66. ज. रा. ए. सो. बं., 1927, पृष्ठ 694
67. ए. इं., 14, नं. 6, पंक्तियाँ 9-26
68. रमा नियोगी, *हिस्ट्री ऑफ दि गाहडवाल डाइनेस्टी,* परिशिष्ट 'बी', नं. 10, 12, 13, 15-17, 21, 23, 26

और 37

69. ए. इं., 2, नं. 29, 11, पंक्तियाँ 19-20
70. वही, नं. 11 'ए', पंक्तियाँ 20-21 'बी', पंक्तियाँ 19-20, सी., पंक्ति 19 आदि।
71. नियोगी, सं. प्र. पु., परिशिष्ट 'बी', नं. 50, 52-56, 58
72. वही, 138
73. "...समस्तनियतानियतादायन्।"—ए. इं., 4, नं. 2, ओ. 11
74. वही, 'जे' 2, 19-21
75. इं. एं., 15, 7-8, पंक्तियाँ 16-22। उसके पितामह का भाई भी राउत था। ऐसा जान पड़ता है कि राउत का दर्जा ठक्कुर से ऊपर था।
76. वही, 15, 11-12, पंक्तियाँ 20-29
77. वही, 18, पृष्ठ 134 और आगे, पंक्तियाँ 20-24, 27-35
78. वही, 18, पंक्तियाँ 27-28
79. वही, पंक्ति 28
80. वही, पंक्तियाँ 26-27
81. वही, 18, 134 और आगे, प्लेट 'जी', 'एच', 'आई', 'जे' और 'के'।
82. वही, 18, पृष्ठ 18-19, पंक्तियाँ 10-28
83. ज. ए. सो. बं., न्यू सि. 7, 763, पंक्तियाँ 1-9
84. ए. इं., 4, नं. 12
85. ए. इं., 14, नं. 15, पंक्तियाँ 23-30
86. वही।
87. वही, पंक्तियाँ 27-30
88. वही, 196
89. ए. इं., 14, 196, पा. टि. 1। 'वि-कर' का उल्लेख एक प्रकार के युद्ध के रूप में भी हुआ है। यदि हम इस अर्थ को स्वीकार करके चलें तो मानना होगा कि ये गाँव राजा को जो सैनिक देते थे उसके पुरस्कारस्वरूप कर से मुक्त कर दिए गए होंगे। *लखपद्धति* में 'वि-करपद' शब्द का प्रयोग फुटकर खर्चों के अर्थ में हुआ है। (पृष्ठ 99, 101)।
90. ए. इं., 4, नं. 11 'ए', पंक्तियाँ 15-16
91. वही, 2, नं. 8
92. वही, श्लोक 48-49
93. वही, 11, नं. 4, 5, पंक्ति 2
94. वही, 9, नं. 9, 'बी', पंक्तियाँ 17-29
95. वही, पंक्तियाँ 17-30
96. वही, 2, नं. 8, श्लोक 49
97. वही, 11, नं. 4, 15, पंक्ति 1-5
98. वही।
99. वही।
100. वही, 11, नं. 4, 18, पृष्ठ 53
101. केल्हण के राजत्व-काल में राज्य के सीमांत क्षेत्रों का शासन उसके पुत्र और संबंधी चलाते थे। दशरथ शर्मा-कृत *अर्ली चौहान डाइनेस्टीज,* पृ. 202
102. बेडेन पॉवेल-कृत *द इंडियन विलेज कम्युनिटी,* पृ. 196-202

103. बेडेन पॉवेल-कृत *द इंडियन विलेज कम्युनिटी,* पृ. 196-202
104. ए. इं., 2, नं. 8, श्लोक 49
105. वही।
106. वही, 11, नं. 4, 3, पंक्तियाँ 1-3
107. दशरथ शर्मा, सं. प्र. पु., पृ. 198। ऐसा अनुमान लगाया गया है कि शायद वह कुछ क्षेत्रों का वंशानुगत शासक था (वहीं, पा. टि. 35)।
108. ए. इं., 33. नं. 38
109. वही, 193
110. वही, नं. 38, पंक्तियाँ 5-6
111. वही, 19, नं. 39, दान 'ए', पंक्तियाँ 8-14
112. डी. सी. गांगुली, *हिस्ट्री ऑफ दि परमार डाइनेस्टी,* 236-38
परमार भोज के 1019 के एक दानपत्र में "भूमिगृहपश्चिमद्विपंचाशक्त" नाम की क्षेत्रीय इकाई का उल्लेख है। यह 52 गाँवों की इकाई का संकेत देता है, किंतु यह न 12 और न 16 से ही विभाज्य है। ए. इं., 33, नं. 42, पंक्तियाँ 5-6
113. बेडेन-पॉवेल, *लैंड सिस्टम ऑफ इंडिया, 1,* पृष्ठ, 221, *इंडियन विलेज कम्युनिटी,* 196-202; यू. एन. घोष, *दि हिंदू रेवेन्यू सिस्टम,* पृष्ठ 236, पा. टि. 2, 959
114. ए. इं., 19, नं. 10, पंक्तियाँ 8-17। आर. डी. बनर्जी ने 'मान्यकपट्ट' शब्द का अर्थ 'करमुक्त' लगाया है।—वही, पृष्ठ 64
115. "स्वभुज्यमानमोहदवासक विषयसंबद्धकुंभारोटकग्रामः"; ए. इं., 19, नं. 39, दान 'ए', पंक्तियाँ 8-14
116. इं. एं., 14, 160, पंक्तियाँ 9-14
117. ए. इं., 20. नं. 11। यहाँ मैं इस दानपत्र के आर. डी. बनर्जी द्वारा लगाए गए अर्थ के बजाय एन. पी. चक्रवर्ती द्वारा लगाए गए अर्थ मानकर चला हूँ।
118. वही, पंक्तियाँ 5-6
119. वही, पंक्तियाँ 4-7
120. वही, 9, नं. 13, 'बी', पंक्तियाँ 23-27
121. वही, पंक्तियाँ 28-36
122. वही, पंक्तियाँ 37-53
123. वही, 19, नं. 39, दान 'ए', पंक्तियाँ 11-12
124. वही।
125. *प्रोसिडिंग्स ऑफ (लेटर ऑल इंडिया) ओरिएंटल कांफ्रेंस,* 1, 325-26
126. वही।
127. "श्रीभोजदेव प्रसादावाप्त नगर से [ल्लुकार्द्ध]।" वही, नं. 10, पंक्ति 7
128. "सद्धिसहस्रग्रामानाम् भोक्तारा:।"—वही, पंक्ति 8। डी.सी. गांगुली का विचार है कि सेल्लुक एक मडल था (*हिस्ट्री ऑफ दि परमार डाइनेस्टी,* पृष्ठ 236, पा. टि. 1)। लेकिन ए. इं., 19, 10, पंक्तियाँ 7-8 को देखने से यह निष्कर्ष ठीक नहीं जान पड़ता।
129. सन् 1197 में गुहिल सरदार पद्मसिंह द्वारा भी सैनिक सेवा के बदले भूमिदान देने का उल्लेख मिलता है। ए. इं., 22, नं. 37, श्लोक 34-35
130. ए. इं., 14, नं. 10, पंक्तियाँ 8-31
131. इं. एं., 12, 196, श्लोक 32
132. ए. इं., 1, नं. 36, पंक्तियाँ 3-4। चौलुक्य अनुदानपत्रों में 'स्वभुज्यमान' शब्द का प्रयोग बार-बार हुआ

है। इसका मतलब ऐसा क्षेत्र लगाया जा सकता है जो राजा की निजी संपत्ति था। मूलराज के 995 के एक अभिलेख में भी इस शब्द का प्रयोग हुआ है (ए. इं., 10, नं. 17, पंक्ति 3)।

133. वही, पृष्ठ 7
134. वही, पृष्ठ 2, 8, 10-15
135. ए. इं., पृष्ठ 2
136. इं. एं. 6, 194, पंक्तियाँ 1-11। यह विशेषण द्वितीय मूलराज के लिए प्रयुक्त हुआ है, जिसका राजत्व-काल 1175-78 है।
137. वही, पृष्ठ 197, पंक्तियाँ 14-15
138. इं. एं., 18, 343, पंक्तियाँ 5-6। अभिलेख के आरंभ के कुछ अक्षर मिट गए हैं।
139. वही, 347, पंक्ति 6
140. इं. एं., 18, 347, पंक्तियाँ 1-11। इस अभिलेख में प्रयुक्त 'लूणपसाक' शब्द संस्कृत के लवणप्रसाद का ही, जो *लेखपद्धति* के पाँचवें पृष्ठ पर आता है, प्राकृत रूप है।
141. प्रभोः प्रसादन्महामंडलाधिपतिराणकश्रीलावण्यदेवप्रसादेन प्रसादपत्रलायाम् भुंज्यमानखेटकाधारपथक तन्नियुक्तदंडनायक श्रीमाधवप्रभृतिपंचकुल प्रतिपत्तौ ताम्रशासनम् लिख्यते यथा। ले. प., पृष्ठ 5
142. इं. एं., 18, 347, पंक्तियाँ 1-11
143. *लेखपद्धति*, पृष्ठ 5
144. इं. एं., 18, 84-85, पंक्तियाँ 7-8
145. वही, पंक्तियाँ 9-21
146. "अस्यप्रभोः प्रसादावाप्तपत्तलयाभुंज्यमानश्रीसौराष्ट्रमंडले–।" इं. एं., 18, 113, पंक्तियाँ 19-23। *लेखपद्धति* के पाँचवें पृष्ठ पर 1231 के एक ताम्रशासन के नमूने में ठीक इन्हीं शब्दों का प्रयोग हुआ है।
147. ए. इं., 18, 210, पंक्तियाँ 8-10
148. कॉ. इं. इं., 4, नं. 63, पंक्तियाँ 19-25, परिशिष्ट 8
149. वही।
150. राजराजपुरुषाटविकचाटादिभिः स्वं स्वमाभाव्यं परिहर्त्तव्यम्। –ए. इं., 16, नं. 2, पंक्तियाँ 28-29; वही 20, नं. 14, प्लेट बी, पंक्तियाँ 21-23
151. कॉ. इं. इं., 31, नं. 11, पंक्ति 17
152. इं. एं., 14, 103, पंक्ति 12
153. इं. एं., 18, 17, पंक्ति 21
154. इं. एं., 14, 103, पंक्ति 12; ए. इं., 2, नं. 29
155. इं. एं., 14, 103, पंक्ति 12; मिलाइए ए. इं., 2, नं. 29, पंक्तियाँ 15-16 से।
156. *जर्नल ऑफ यू. पी. हिस्टॉरिकल सोसाइटी,* 14, 66 और उत्तरवर्ती पृष्ठ, पंक्तियाँ 10-11। नियोगी ने इसको सुधार कर पढ़ा है; सं. प्र. पु., परिशिष्ट 'बी', नं. 8, पृष्ठ 247
157. नियोगी, सं. प्र. पु., पृष्ठ 167
158. इं. एं., 14, 103, पंक्ति 12
159. वही, 18, 18-19, पंक्तियाँ 20-28
160. ए. इं., 2, नं. 29, 1, पंक्तियाँ 15-16
161. *अर्ली चाहमान डाइनेस्टीज,* पृ. 187, प्लेट 2, पंक्तियाँ 9-11
162. वही, पंक्तियाँ 13-14
163. वही, पृष्ठ 295, पा. टि. 85
164. कॉ. इं. इं., 4, 156, पा. टि. 2
165. वही।

166. कॉ. इं. इं., नं. 120, पंक्तियाँ 18-20
167. वही, 3, नं. 26, पंक्तियाँ 11-12; नं. 27. पंक्ति 13; नं 28, पंक्ति 20
168. ए. इं., 27, 179 और पा. टि. 1
169. इनमें से कुछ का उल्लेख राधाकृष्ण चौधरी ने ज. इं. हि. (37, 389) में लिखे एक निबंध में किया है।
170. अनु. बी. के. सरकार, 1, 365-67, 381-82, हाल में एल. गोपाल ने दिखाया है कि इसका संकलन 19वीं सदी के पूर्वार्ध में किया गया (बी. एस. ओ. ए. एस., 25, भाग 3, 1962)।
171. वही, 1, 368-74
172. इंग्लैंड में उन्हें राज-काज में अपने प्रभु को परामर्श भी देना पड़ता और साथ ही न्याय-प्रशासन में भी हाथ बँटाना पड़ता। भारत में सामंतों को कोई ऐसा कर्त्तव्य नहीं निभाना पड़ता था।
173. पृष्ठ 71, 74, 93, 100
174. पृष्ठ 17, 32, 80
175. पृष्ठ 17
176. "गौड-मालव-खसहूण-कुलिक-कर्णाट-लाट-चाट-भट-सेवकादिन्।" ए. इं., 29, नं. 1 'बी' पंक्तियाँ 38-39
177. *कृत्यकल्पतरु,* 11, 82
178. *जर्नल ऑफ आंध्र हिस्टॉरिकल सोसाइटी* (28, 30-39) में लिखे "फ्यूडल कंपोजिशन ऑफ दि आर्मी इन अर्ली मेडिएवल इंडिया" शीर्षक निबंध में डॉ. श्रीमती के. के. गोपाल ने इस प्रश्न पर विस्तार से विचार किया है।
179. दशरथ शर्मा, सं. प्र. पु., पृष्ठ 199
180. *राजतरंगिणी,* 5. 250
181. ए. इं., 9, 119
182. ज. रा. ए. सो. बि., श्रृंखला 3, 8, 34-35। अनुमोदन करनेवाले 5 राजपुरुष हैं : (1) श्री नि, (2) महासम नि, (3) श्रीमद्राज नि, (4) श्रीमद्शंकर नि, और (5) श्री मद् साहसमोल्ल नि।
183. *उदयसुंदरिकथा,* पृष्ठ 27
184. सामंत जन्मापि कविवराणाम् महत्तमो वाक्पतिराजसूरिः। वही, पृष्ठ 154
185. ये अधिकारी थे : महासांधिविग्रहिक, महाप्रतीहार, महाकरणाध्यक्ष, महापादमूलिक, महाभोगपति, महातंत्राधिकृत, महाव्यूहपति, महादंडनायक, महाकायस्थ, महाबलकोष्ठिक, महाबलाधिकर्णिक, महासामंत, महाकटुक। 1 'बी', 3, 156-57, पंक्तियाँ 10-21
186. ज. बि. ओ. रि. सो., 5, 593-94, पंक्तियाँ 6-8
187. कॉ. इं. इं., 4, नं. 48, पंक्तियाँ 32-35। इस सूची में महादेवी और महाराजपुत्र भी शामिल हैं।
188. ए. इं., 29, नं. 26
189. वही, 16, नं. 20; 20, नं. 1 'सी'।
190. ए. इं., 31, नं. 11। यह एक वंशानुगत सैनिक परिवार था, जो चार पीढ़ियों तक इस दर्जे का उपभोग करता रहा।
191. ए. इं., 26, नं. 32, पंक्तियाँ 38-61
192. ए. इं., 16, नं. 20, पंक्ति 11; 20, नं. 14 'सी', पंक्ति 14
193. वही, 19, न. 10, पंक्ति 17। इसका एक दूसरा रूप "प्रसादीकृत" इं. एं., 18, 84-85, पंक्ति 8, में मिलता है।
194. अनु., एम. एन. दत्त, 2, 865
195. 226.11

196. 227.53
197. *लेखपद्धति*, पृष्ठ 7
198. वही।
199. "ग्रामस्य अस्य आयपदम् भोगवता (भुंजता) पदातिजन 100 घोटक 20 एतैः घोटक मानुषैः राजधान्याम् श्रीअस्माकम् सेवाकार्या।" वही।
200. "नवतरभूमि शासने कस्यापि देवस्य विप्रस्य वा न दातव्य।" ले. प., पृष्ठ 7
201. वही, पृष्ठ 36-38
202. वही, पृष्ठ 8-9
203. वही, पृष्ठ 9
204. वही।
205. चटापकमलमार्गणमांगलीयकचतुरकपलितम् देशाचारेन दातव्यम्। ले.प., पृष्ठ 9
206. वही, पृष्ठ 9
207. 2, 1006
208. वही, 1007
209. 2, 1010-11
210. वही, 1014
211. वही, 1016
212. "देशाधीशो ग्राममेकं ददाति, ग्रामाधीशः क्षेत्रमेकं ददाति, क्षेत्राधीशः शिंभकाः संप्रदत्ते, सर्वस्तुष्टः संपदं स्वां ददाति।" *प्रबंधचिंतामणि,* पृष्ठ 57
213. ए. इं., 9, नं. 13, पंक्ति 18; इं. एं., 6, 48
214. पी. के. आचार्य, *मानसार सिरीज,* 6, 125
215. वही।
216. वही।
217. वही, 126। इनका वर्णन 45वें और 49वें अध्यायों में किया गया है।
218. वही।
219. सं. पी. ए. मनकड, गा. ऑ. सि., नं. 115, प्रारंभिक पृष्ठ 12
220. 81, 2-10
221. वही।
222. 81, 11-12
223. 71, 33-34, 39
224. अग्रवाल, *हर्षचरित—एक सांस्कृतिक अध्ययन,* पृष्ठ 178, पा. टि. 3
225. अग्रवाल द्वारा सं. प्र. पु. में पृष्ठ 203 पर उद्धृत।
226. *मयमत*, 29, 80-82; 'षट्तलम् मंडलीकूड्य पंचभूमावराजते' (वही, पृष्ठ 81) का अर्थ स्पष्ट नहीं है।
227. 81, 2-12
228. 81, 21-24
229. गनशॉफ, *फ्यूडलिज्म,* पृष्ठ 35-36

परिच्छेद-6.

सामंतवादी अर्थव्यवस्था का चर्मोत्कर्ष और ह्रास

(लगभग 1000—1200 ई.)

तुर्कों की भारत-विजय से पहले की दो सदियों के जो भूमि-अनुदानपत्र हमें उपलब्ध हैं उनके आधार पर इस काल में उत्तरी भारत में पुरोहितों, मंदिरों, सामंतों तथा राज्याधिकारियों को दिए गए ग्राम-अनुदानों का क्षेत्रगत विवरण विस्तार से दिया जा सकता है। किंतु यहाँ संक्षेप में यह दिखलाने की चेष्टा की गई है कि असम से गुजरात और हिमालय से विंध्य-पर्वतश्रेणी तक ग्राम-अनुदान देने की प्रथा व्यापक बन गई थी।

ऐसा प्रतीत होता है कि असम में आर्थिक रूप से स्वतंत्र और आत्मनिर्भर ऐसे गाँव नहीं थे जो किसानों एवं शिल्पियों के बल पर चलते हों। इस प्रदेश में ब्राह्मणों को अनुदान-स्वरूप मुख्यत: ऐसे बड़े-बड़े जंगली एवं पहाड़ी क्षेत्र दिए जाते थे जिनके बीच से नदियाँ बहा करती थीं, और इसलिए आर्थिक दृष्टि से एक-दूसरे से स्वतंत्र और आत्मनिर्भर गाँवों का कायम होना असंभव था। उदाहरण के लिए, बलवर्म्म के ताम्रपत्र (975) में 4,000 मापक धान्य पैदा करने योग्य क्षेत्र दान किया गया है,[1] और रत्नपाल (1010-50) के ताम्रपत्र में 2,000 मापक धान्य उत्पन्न करने लायक भूमि दान की गई है।[2] इसी प्रकार इंद्रपाल के गौहाटी ताम्रपत्र में धार्मिक अनुदान के रूप में 4,000 मापक धान्य पैदा करने लायक जमीन दी गई है।[3] इन तीनों उदाहरणों से भली-भाँति स्पष्ट हो जाता है कि बड़े-बड़े उपजाऊ भू-क्षेत्र अब भी धार्मिक उद्देश्यों से दान किए जाते थे।

अब हम बंगाल की ओर आएँ, जहाँ पालों और सेनों का शासन था। इस प्रदेश में बड़े-बड़े भू-क्षेत्रों की बजाय गाँव ही अनुदान में दिए जाते थे। विचाराधीन काल के पाल शासकों में से तृतीय विग्रहपाल ने आधुनिक सहरसा जिले में किसी स्थान पर आधा गाँव एक ब्राह्मण को दान में दिया।[4] इसी प्रकार मदनपाल (1140-55) ने उत्तर बंगाल में चंपाहिट्टि के किसी ब्राह्मण को एक गाँव दिया।[5] पालों के अधीनस्थ छोटे-छोटे राजाओं ने भी इस तरह के अनुदान दिए। ईश्वरघोष ने, जो

शायद तृतीय विग्रहपाल का सामत था, दक्षिण बंगाल में चंदवार के किसी ब्राह्मण को एक गाँव दिया।[6] एक अन्य पाल सामंत भोजवर्मन ने पूर्वी बंगाल में 11वीं सदी के अंत में अथवा 12वीं सदी के प्रारंभ में किसी समय मध्यदेश के एक पुरोहित को एक भू-क्षेत्र अनुदान-स्वरूप दिया।[7]

चंद्रों ने भी, जो कदाचित पूर्वी बंगाल में पालों के सामंत थे, कई अनुदान दिए। श्रीचंद्र ने एक अनुदानपत्र में धार्मिक प्रयोजनों से कई भू-क्षेत्र दान किए। ये सब पुण्ड्रवर्धनभुक्ति के पाँच गाँवों में बिखरे हुए थे।[8] श्रीचंद्र इस भुक्ति में एक ही स्थान पर कोई बड़ा क्षेत्र शायद इसलिए दान नहीं कर पाया कि वहाँ गुप्त-काल से ही जमीन की बहुत कमी हो चली थी। उसके पौत्र लाडहचंद्र ने 11 पाटक और कई द्रोण भूमि के साथ दो गाँव भी लाडहमाधव देवता को अनुदान में दिए, और फिर तेरहवीं शताब्दी में वीरधरदेव ने इस देवता को, शायद सिलहट जिले में, किन्हीं दो स्थानों में 17 पाटक भूमि दी।[9] बंगाल के सेन शासक भी धार्मिक प्रयोजनों से ग्राम-दान करते रहे। अंतर केवल इतना था कि कभी-कभी नकद अथवा जिंसों के रूप में गाँव की वार्षिक उपज का भी उल्लेख कर दिया जाता था। एक अनुदानपत्र में लक्ष्मणसेन ने उत्तर बंगाल में एक गाँव दान किया और साथ ही चार गाँवों में जमीन के कुछ टुकड़े भी।[10] विश्वरूपसेन के शासन-काल में 6 गाँवों में बिखरे भूखंड, जिनके कुल क्षेत्रफल का योग 3361 उन्मान था और जिनसे सालाना 500 पुराण की आमदनी होती थी, ब्राह्मणों को दान किए गए।[11] 11वीं और 12वीं सदियों के भूमि-अनुदानों को देखने से ऐसा लगता है कि बंगाल में भूमि-अनुदान मुख्यतः उसी क्षेत्र तक सीमित था जिसे आज पूर्वी बंगाल कहा जाता है। मगर वहाँ शायद जमीन की कमी के कारण बड़े पैमाने पर अनुदान देना मुश्किल था।

बिहार में पुरोहितों और मंदिरों को पहले की ही तरह खूब ग्राम-अनुदान मिलते रहे, यद्यपि अभी तक मिथिला के कर्णाटों का कोई ताम्रपत्र प्राप्त नहीं हो पाया है। फिर भी संग्रामगुप्त नामक शासक ने 12वीं अथवा 13वीं शताब्दी में दक्षिण मुंगेर में एक गाँव अनुदान में दिया। 13वीं सदी के प्रारंभ में जपला के खयरवाल शासक ने पलामू में कुछ गाँव दान किए और साथ ही ब्राह्मणों को यह चेतावनी भी दी कि कोई भी ब्राह्मण जाली अनुदानपत्रों के बल पर किसी गाँव का उपभोग न करे।[12] कुछ समय तक बिहार का पश्चिमी क्षेत्र खयरवालों के प्रभु गाहडवालों के हाथों में भी रहा था, और तभी एक गाहडवाल शासक ने 1134 में मनेर में एक ब्राह्मण को दान में एक गाँव दिया था।[13]

गाहडवालों ने अपने प्रभुत्व के केंद्र उत्तर प्रदेश में सबसे अधिक अनुदान दिए। जैसा कि हम पहले देख चुके हैं, एक ही ब्राह्मण परिवार को राज्य के कुल साठ पत्तलाओं में से अट्ठारह पत्तलाओं में मुख्यतः सांसारिक सेवाओं के पुरस्कार-स्वरूप अट्ठारह गाँव अनुदान में दिए गए।[14] इसी प्रकार एक क्षत्रिय राउत को छः जागीरें दी गईं और एक अन्य राउत को तीन गाँव।[15]

धर्मेतर अनुदानों के अतिरिक्त गाहडवाल राजाओं ने बहुत-से धार्मिक अनुदान भी दिए। इस तरह के सबसे अधिक अनुदान चंद्रदेव ने दिए। 1093 में तो उसने 500 ब्राह्मणों को एक पूरी पत्तला दे डाली।[16] पत्तला का क्षेत्र कितना बड़ा था, इसका तो हमें कोई ठीक अंदाजा नहीं है, लेकिन इसमें शायद कम-से-कम 100 गाँव तो होते ही थे। 1100 में इन्हीं 500 ब्राह्मणों को उसने 32 और गाँव दिए। जब उसने 1093 में पूरी पत्तला प्रदान की थी, उस समय दो गाँव अपने पास ही रख लिए थे। अब जो 32 गाँव दान किए गए उनमें दो तो यही गाँव थे, और शेष 30 एक अन्य पत्तला में पड़ते थे। पूरी पत्तला दान करने का उद्देश्य क्या हो सकता था, यह पत्तला की अवस्थिति से कुछ पता चलता है। यह कठेहली पत्तला बनारस के निकट पड़ती थी, और इसके तीन ओर गोमती, भागीरथी तथा बरुणा, ये तीन नदियाँ बहती थीं।[17] वास्तव में यह क्षेत्र गाहडवालों की सत्ता के दो प्रमुख केंद्रों में से एक था; दूसरा केंद्र कन्नौज था। इसलिए ऐसा मानना समीचीन नहीं जान पड़ता कि यह क्षेत्र 500 ब्राह्मणों को इसलिए दान किया गया कि वे वहाँ बसें और उसे आबाद करें, क्योंकि आबाद तो वह पहले से ही रहा होगा। यह अनुदान शायद पुरोहितों को संतुष्ट करने की नीति का परिणाम था, क्योंकि गाहडवालों के अधीन उत्तर प्रदेश की समाज-व्यवस्था में पुरोहितों का स्थान बड़ा महत्त्वपूर्ण था। जो भी हो, इतना तो स्पष्ट है कि 500 ब्राह्मणों को 130 गाँव दान में दिए गए। आगे भी पुरोहितों और ब्राह्मणों को ग्रामसमूह दान करना जारी रहा। गोविंदचंद्र ने कुछ ग्रहीताओं को 6 गाँव दिए[18] और जयच्चंद्र ने दो।[19] इसके अतिरिक्त गाहडवाल परिवार के राजकुमारों अथवा रानियों ने भी राजा की अनुमति से दो या तीन गाँव दान किए।[20] उपलब्ध प्रमाणों से प्रकट होता है कि गाहडवाल राजाओं ने सांसारिक प्रयोजनों की अपेक्षा धार्मिक प्रयोजनों से बहुत अधिक गाँव दान किए। किंतु हमारे अध्ययन की दृष्टि से ज्यादा महत्त्वपूर्ण तथ्य यह है कि यद्यपि गाहडवालों के राज्य में पूरा आधुनिक उत्तर प्रदेश भी शामिल नहीं था और दक्षिण में उसकी सीमा शायद यमुना से आगे भी नहीं पहुँचती थी, फिर भी उस राज्य का एक पूरी पत्तला, जिसमें कम-से-कम 100 गाँव रहे होंगे, तथा 110 अन्य गाँव[21] गृहस्थ एवं धार्मिक ग्रहीताओं के हाथों में थे। ये अनुदानभोगी केंद्रीय सत्ता को किसी प्रकार का कर नहीं देते थे, और प्रजा तथा राजा के बीच महत्त्वपूर्ण वर्ग का काम करते थे।

अब हम गाहडवालों के पड़ोसी राजवंश चंदेलों को लें। चंदेलों का राज्य यमुना से दक्षिण बुंदेलखंड में था। यहाँ भी स्थिति गाहडवालों के राज्य से बहुत भिन्न नहीं थी। बुंदेलखंड में अधिकांश अनुदानों में एक-एक गाँव ही दान किया गया, और चंदेल राजाओं ने गृहस्थ तथा धार्मिक ग्रहीताओं को अलग-अलग कुल मिलाकर 15 गाँव दिए।[22] केवल इन्हीं अनुदानों के आधार पर विचार करने से प्रतीत होगा कि मुख्यतः सैनिक सेवाओं के पुरस्कार-स्वरूप अनुदान पानेवाले

ग्रहीता भी उतने ही महत्त्वपूर्ण थे जितने कि धार्मिक ग्रहीता। लेकिन ऐसा निष्कर्ष तभी निकाला जा सकता है जब परमर्दिन के एक अभिलेख को छोड़ दिया जाए। उसके 1167 के सेमरा ताम्रपत्रों में 309 ब्राह्मणों को चार विषयों में बिखरे कई गाँव दान किए गए हैं।[23] इन ताम्रपत्रों में केवल 11 स्थानों के ही नाम दिए गए हैं, इसलिए ऐसा लगना स्वाभाविक ही है कि केवल इतने ही गाँव दान किए गए। लेकिन अगर हम इन नामों पर ध्यान से विचार करें तो देखेंगे कि इनमें से कुछ से ग्राम-समूहों का बोध होता है। इस प्रकार पीलिखिनी-पंचेल, इटाव-पंचेल और इसरहार-पंचेल तीन अलग-अलग गाँव नहीं, बल्कि पाँच-पाँच गाँवों के तीन समूह थे। इसी तरह खटौड-द्वादशक और टांटद्वादशक से बारह-बारह गाँवों के दो समूहों का बोध होता है और हाटाष्टादशक एक नहीं, बल्कि अट्ठारह गाँवों का सूचक है। शेष पाँच नामों से एक-एक गाँव का बोध होता है। इस प्रकार परमर्दिन के इस अभिलेख में 62 गाँव दान किए गए। यह देखते हुए कि ग्रहीताओं की संख्या 309 थी, अनुदत्त गाँवों की यह संख्या अधिक नहीं मानी जानी चाहिए। लेकिन इस अनुदान में मदनपुर शहर और दो गाँव तथा शहर से संयुक्त4 हल जमीन शामिल नहीं की गई है। इससे भी हमारी इस मान्यता की पुष्टि होती है कि स्थानों के अधिकांश नाम एक-एक गाँव के बजाय ग्राम-समूहों के सूचक हैं। इसके अलावा पुरोहितों तथा अन्य लोगों को जमीन के और भी बहुत-से टुकड़े देने के प्रमाण मिलते हैं। हमारे अध्ययन की दृष्टि से जो तथ्य अधिक महत्त्वपूर्ण हैं वे ये कि इसमें तथा अन्य अभिलेखों में भी भट्टाग्रहारों का उल्लेख हुआ है। ये अग्रहार धार्मिक तथा शैक्षणिक प्रयोजनों से अनुदान में दिए ऐसे गाँव थे जहाँ से उखड़कर ब्राह्मण लोग अन्य क्षेत्रों में जाकर बसते थे। यदि हम ऐसे गाँवों का विचार न करें तब भी चंदेलों द्वारा दान किए गए गाँवों की संख्या लगभग 80 तक पहुँच जाती है। बुंदेलखंड की कृषि-योग्य भूमि के क्षेत्रफल (8000 वर्गमील) को ध्यान में रखते हुए यह कोई छोटी संख्या नहीं थी।

गुजरात के चौलुक्यों ने भी बहुत-से अनुदान दिए। पुरोहितों तथा जैन और हिंदू मंदिरों आदि धार्मिक ग्रहीताओं को ताम्रपत्रों द्वारा जो अनुदान दिए गए उनमें से अधिकांश में एक-एक गाँव का ही दान शामिल है, यद्यपि कुल मिलाकर ऐसे गाँवों की संख्या दर्जन-भर से कम नहीं है।[24] लेकिन **प्रबंधचिंतामणि** में, जो एक अर्ध-ऐतिहासिक साहित्यिक कृति है, बताया गया है कि वालाकदेश में सिद्धराज ने ब्राह्मणों के लिए सिहपुर नामक एक अग्रहार स्थापित किया, जिसमें 106 गाँव शामिल थे। चौलुक्यों ने बहुत-से मंदिर बनवाए, जिनमें से अनेक के खर्च के लिए ग्राम-अनुदान दिए गए होंगे। कुमारपाल ने 1440 जैन मंदिर बनवाए—शायद प्रत्येक गाँव में एक-एक।[25] हमें यह जानकारी तो नहीं है कि इन मंदिरों के निर्वाह के लिए कितने गाँव दिए गए, लेकिन मुसलमान इतिहासकार ने सोमनाथ मंदिर के अधीनस्थ गाँवों की जो संख्या बताई है उसे देखकर आश्चर्य होता है। कहा गया है

कि 10,000 ऐसे गाँव, जिनमें भली-भाँति खेती-बाड़ी होती थी, इस मंदिर के प्रत्यक्ष नियंत्रण में थे ।[26] यह संख्या भले ही अतिरंजित हो, लेकिन इस कथन की सचाई में संदेह करने का कारण नहीं दिखाई देता कि "हिंदुस्तान के विभिन्न राजाओं ने इसे कुल मिलाकर दो हजार गाँव दान किए ।" जो भी हो, इतना तो निश्चित ही है कि अन्य किसी भी धार्मिक संस्था के अधीन इतने अधिक गाँव नहीं थे । यहाँ तक कि नालंदा के पास भी केवल 200 गाँव ही थे ।

ऐसा लगता है कि चौलुक्यों ने जिस उदारता से धार्मिक ग्रहीताओं को ग्राम-अनुदान दिए, उसी उदारता से सामंतों और राज्याधिकारियों को भी दिए । शायद 126 गाँवों की एक इकाई राज-परिवार के सदस्य के रूप में राजा के उपभोगार्थ भी दिया गया था ।[27] सामंतों तथा राज्याधिकारियों को जागीरों के रूप में बड़े-बड़े क्षेत्र दिए गए । 1209 में तो एक उच्च अधिकारी को, जिसे भीमदेव ने जागीर के रूप में शायद सारा सौराष्ट्र मंडल दे दिया था, एक संपूर्ण पत्तला दान किए जाने का भी उल्लेख मिलता है ।[28] **प्रबंधचिंतामणि** से ज्ञात होता है कि कुमारपाल ने आलिग नामक एक कुंभकार को चित्रकूट नाम की पट्टिका अनुदान में दे दी, जिसमें 700 गाँव शामिल थे ।[29] संभव है कि यह संख्या अतिरंजित हो । इसी प्रकार **रासमाला** में वर्णित यह अनुश्रुति भी अतिरंजित हो सकती है कि मूलराज ने बहुत सारे औदीच्य ब्राह्मणों को गुजरात बुलाकर उन्हें अनेक गाँव दान में दिए । अभी तक इसकी पुष्टि किसी अभिलेख से नहीं हो सकी है ।[30] लेकिन यह अनुश्रुति कि मूलराज ने ब्राह्मणों को सिंहपुर का सुंदर और समृद्ध नगर दान में दिया और साथ ही सिद्धपुर और सिहोर के निकट बहुत-से ब्राह्मणों को अनेक छोटे-छोटे गाँव भी दिए,[31] सर्वथा अविश्वसनीय नहीं मानी जा सकती । ब्राह्मण लोग मुख्यतः कन्नौज और उज्जैन से गुजरात में बुलाए गए थे, और गुजरात आकर वे मठों के संस्थापक या प्रधान बन गए ।[32] गुजरात में ब्राह्मणों की अपेक्षा मंदिरों को अधिक गाँव दिए गए, और वहाँ ब्राह्मण इन मंदिरों के पुरोहित अथवा न्यासी बन गए ।[33] भूमि-अनुदानों के ये सारे पुरालेखीय तथा साहित्यिक प्रमाण इस बात की साक्षी भरते हैं कि गुजरात के चौलुक्यों के अधीन धार्मिक और विशेषकर गृहस्थ ग्रहीताओं के हाथों में बहुत बड़ा क्षेत्र था ।

इस काल में बघेलखंड में अनुदत्त क्षेत्र का भी एक मोटा अंदाजा हम ले सकते हैं । यह क्षेत्र 10वीं से 12वीं सदी तक कलचुरि राजवंश की विभिन्न शाखाओं के शासन में था । यहाँ गाँव मुख्यतः ब्राह्मणों को ही दान किए गए, जिनके सहयोग और समर्थन से कलचुरि शासक पिछड़े इलाकों पर अपना नियंत्रण रख सकते थे । अधिकांश अनुदानों में एक-एक गाँव ही दान किया गया ।[34] उदाहरण के लिए कर्ण (1041-73) ने वैशाली के एक ग्रहीता को एक गाँव दान किया ।[35] लेकिन एक अनुदानपत्र से ज्ञात होता है कि राजा और राजपरिवार के सदस्यों ने शायद उस नगर के विष्णु-मंदिर से संबद्ध 8 ब्राह्मणों को 5 गाँव दिए ।[36] द्वितीय युवराजदेव के

एक अभिलेख से पता चलता है कि उसकी प्रिय पत्नी नोहाला ने किसी शैव संत को 2 और शिव-मंदिर को 7 गाँव अनुदान में दिए।[37] उसने एक अन्य अनुदान में शायद 23, और 23 नहीं तो कम-से-कम 16 गाँव तो दिए ही।[38] कलचुरियों की गोरखपुर की सरयूपार शाखा ने भी भूमि-अनुदान दिए। सोढदेव (1135) द्वारा 14 ब्राह्मणों को दिए एक अनुदान से ज्ञात होता है कि दान किया गया 20 नातु क्षेत्र छः गाँवों में बिखरा हुआ था।[39] त्रिपुरी तथा रतनपुर के कलचुरियों और उनके सामंतों के अनुदान-पत्रों से ज्ञात होता है कि उन्होंने धार्मिक प्रयोजनों से कुल मिलाकर 65 गाँव अनुदान में दिए। यह संख्या उतनी बड़ी नहीं है जितनी बड़ी संख्या में चंदेलों ने ग्राम-दान दिए। लेकिन यदि हम एक अभिलेख में अंकित एक अनुश्रुति का विश्वास करें तो मानना होगा कि त्रिपुरी राज्य का एक बहुत बड़ा हिस्सा किसी मठ को अनुदान में दे दिया गया। इस अभिलेख के अनुसार गोलकी मठ के प्रधान सद्भाव शंभु को कलचुरी राजा प्रथम युवराज से तीन लाख गाँवों का अनुदान प्राप्त हुआ। अनुश्रुति के अनुसार प्रथम युवराज के राज्य के केंद्रीय प्रदेश डाहल में नौ लाख गाँव शामिल थे।[40] इस प्रकार उसने अपने कुल राजस्व का एक-तिहाई उक्त मठ को अनुदान में दे दिया। स्पष्टतः, यह अनुश्रुति अक्षरशः सत्य नहीं थी, क्योंकि उसके राज्य में नौ लाख गाँव कहाँ से आ सकते थे? परंतु इसमें कोई संदेह नहीं कि कलचुरि राजाओं ने मठों को मुक्तहस्त होकर दान दिए।[41] इनके दान-दाक्षिण्य का लाभ विशेषकर शैव मठों को प्राप्त हुआ, और जिस प्रकार हर्ष तथा पाल राजाओं के शासन-काल में बौद्ध-मठ एक महत्त्वपूर्ण भूमिधर मध्यवर्ती वर्ग बन गए थे, उसी प्रकार कलचुरियों के राज्य में शैव मठों का उदय हुआ।

मध्य भारत का पश्चिमी हिस्सा मालवा 11वीं और 12वीं सदियों में परमारों के अधीन था। यहाँ हमें कुछ अलग ढंग की तसवीर देखने को मिलती है। यहाँ राज-परिवार के लोगों, सामंतों तथा राज्याधिकारियों के हाथों में शायद ज्यादा जमीन थी, और कुल मिलाकर ऐसा जान पड़ता है कि अनुदत्त भूमि के एक बहुत बड़े हिस्से की व्यवस्था पुरोहितों तथा मंदिरों के बजाय इन लोगों के हाथों में थी। परमार राज्य के सीमावर्ती क्षेत्रों में एक सामंत के हाथों में शायद 1,500 गाँव थे, जो उसे राज्य की सेवाओं के पुरस्कार-स्वरूप प्राप्त हुए थे। मालवा तथा उसके आसपास के क्षेत्रों के इस तरह अनेक जागीरों में बँट जाने का मुख्य कारण शायद यह था कि वहाँ का शासक परिवार सारी संपत्ति अपने सदस्यों के बीच बराबर-बराबर बाँट लेने की परंपरा में विश्वास रखता था। उन्होंने इस राजवंश की अलग-अलग लगभग आधा दर्जन शाखाओं की स्थापना की थी। परमार राज्य का अधिकांश हिस्सा शायद जागीरों में बँटा हुआ था। धार्मिक प्रयोजनों से दान किए गाँव की संख्या बहुत कम जान पड़ती है, और इस तरह के जो अनुदान दिए गए उनमें मुख्यतः एक-एक गाँव ही शामिल था।[42] इनके अलावा धार्मिक उद्देश्यों से जमीन के छोटे-छोटे टुकड़े भी दान दिए जाते थे।[43]

राज-परिवार के सदस्यों के बीच गाँवों के बाँट दिए जाने के अधिक उदाहरण चाहमान अभिलेखों में मिलते हैं। चाहमान राज्य का जो इलाका राजस्थान में पड़ता था, उसमें तो ऐसे गाँवों की संख्या कम ही जान पड़ती है जिनके स्वामी मंदिर[44] और ब्राह्मण थे। इतना तो निश्चित है कि वहाँ जितने गाँव राज-परिवार के कुटुंबियों, अन्य सामंतों तथा राज्याधिकारियों के हाथों में थे उतने मंदिरों और ब्राह्मणों के हाथों में नहीं थे। कहने की जरूरत नहीं कि राज-परिवार के उक्त कुटुंबी, अन्य सामंत तथा राज्याधिकारी स्वयं भी धार्मिक प्रयोजनों से यदा-कदा ग्राम-दान किया करते थे।

10वीं सदी के उत्तरार्ध में और 11वीं सदी में चंबा के पहाड़ी राज्य में भी धार्मिक उद्देश्यों से भूमि-अनुदान दिए गए, और कभी-कभी ये अनुदान अग्रहारों के रूप में भी दिए गए।[45] लेकिन यहाँ ग्राम-अनुदान दिए जाने का कोई प्रमाण नहीं मिलता। शायद खेती के लायक जमीन की कमी के कारण जमीन के छोटे-छोटे टुकड़े ही अनुदान में दिए जाते थे। गृहस्थों को भी भूमि-अनुदान दिए जाते थे,[46] यद्यपि इस बात का कोई मोटा अंदाजा लगाना भी कठिन है कि विभिन्न प्रकार के ग्रहीताओं के हाथों में उपहारों या जागीरों के रूप में कुल मिलाकर कितनी जमीन थी।

8वीं से लेकर 10वीं सदी तक, जब उत्तर भारत में पालों और प्रतीहारों का शासन था, इस क्षेत्र में दिए गए ग्राम-अनुदानों के जितने अभिलेख मिलते हैं उनसे बहुत अधिक दिल्ली सल्तनत की स्थापना से पहले की तीन सदियों में मिलते हैं। उत्तर प्रदेश और मध्य भारत में प्रतीहारों के समय में इतने अधिक गाँव अनुदान में कभी नहीं दिए गए थे। वास्तव में 11वीं और 12वीं सदियों में भूमि-अनुदान देने का चलन उत्तर भारत में सर्वत्र फैल गया। मालवा, गुजरात और राजस्थान के अभिलेखों से ऐसा जान पड़ता है कि इन क्षेत्रों में जमीन का अधिकांश हिस्सा जागीरों के रूप में राज-परिवार के कुटुंबियों, सामंतों तथा राज्याधिकारियों के हाथों में ही था, और ऐसा लगता है कि इन क्षेत्रों में इन गृहस्थ ग्रहीताओं को पुरोहितों तथा मंदिरों की अपेक्षा अधिक ग्राम-अनुदान दिए गए। लेकिन उत्तर प्रदेश और मध्य भारत में पुरोहितों के हाथों में गृहस्थ ग्रहीताओं की अपेक्षा अधिक भूमि थी। बिहार, बंगाल और असम में इस विषय में तथ्यों और आँकड़ों का बड़ा अभाव है। इसलिए जो थोड़ी-सी जानकारी हमें मिलती है, उसके आधार पर कोई सामान्य निष्कर्ष निकालना निरापद नहीं होगा। हाँ, हम इतना अवश्य कह सकते हैं कि इन क्षेत्रों में नालंदा-जैसे मठ और विहार मुसलमान विजेताओं के आगमन के समय तक फूलते-फलते रहे और अनेकानेक गाँवों का उपभोग करते रहे।

धार्मिक अनुदानों अथवा धर्मेतर जागीरों के रूप में भोगियों के हाथों में जो गाँव थे उनकी संख्या और अनुपात के विषय में कुछ कह सकना असंभव है। ऐसा कोई अध्ययन अभी तक यूरोप के संबंध में भी नहीं हुआ है, यद्यपि यूरोपीय देशों में इस

विषय में काफी साक्ष्य-प्रमाण उपलब्ध हैं। उत्तर भारत में यदि हम अभिलेखों में उल्लिखित सभी अनुदत्त गाँवों का योग निकाल भी लें तो कुल गाँवों की तुलना में अनुपात क्या था, यह कहना असंभव होगा, क्योंकि हमें कुल गाँवों की संख्या मालूम नहीं है। फिर भी, इस काल के भूमि-अनुदानपत्र इस बात के निर्विवाद प्रमाण हैं कि धार्मिक तथा धर्मेतर अनुदान के रूप में गाँव देने का चलन बहुत व्यापक हो चला था, और इस कार्य के निमित्त उत्तर भारत के राज्य महासांधिविग्रहिक, महाक्षपटलिक और धर्मलेखी-जैसे कई तरह के अधिकारी विशेष रूप से रखते थे। इस सबका मतलब यह था कि विभिन्न स्तरों के भूमिधर मध्यवर्ती लोगों की संख्या काफी बढ़ गई थी—जो इस काल की अर्थव्यवस्था की विशेषता थी।

पालों तथा प्रतीहारों के राज्यों में सामान्यतया अनुदत्त गाँवों की सीमाएँ स्पष्ट रूप से निर्धारित नहीं की जाती थीं।[47] इससे एक ओर जहाँ अनुदानभोगियों को अपने-अपने निजी क्षेत्रों की सीमा में वृद्धि करने की सुविधा प्राप्त हुई वहाँ दूसरी ओर इसका एक लाभ यह हुआ कि कृषि योग्य भूमि के क्षेत्र में विस्तार हुआ, क्योंकि सीमा निर्धारित न होने के कारण अनुदानभोगी अनुदत्त गाँवों के आसपास के जंगलों और परती जमीन को कोड़-कमाकर खेती के लायक बनवा लेते थे। जहाँ तक पूर्वी बिहार और बंगाल का संबंध है, ऐसा जान पड़ता है कि 11वीं और 12वीं सदियों में प्रथम महीपाल (988-1038),[48] तृतीय विग्रहपाल[49] और मदनपाल (1140-50)[50] के शासन-काल में अनुदत्त गाँवों की सीमा अनिर्धारित छोड़ देने का चलन कायम रहा। इन राजाओं के अनुदानपत्रों में जो गाँव दान किए गए हैं उनकी सीमाओं के रूप में सिर्फ चारों ओर की गोचर भूमि और झाड़-जंगलों का ही उल्लेख किया गया है।[51] सीमा न निर्धारित करने के चलन का अनुसरण पूर्वी बंगाल के वर्मनों[52] और पाल राजाओं के कुछ सामंतों[53] ने भी किया। बहुत आगे चलकर भी गया के पास पीठी के सेन राजाओं[54] और संग्रामगुप्त ने, जो 12वीं सदी के अंतिम वर्षों में अथवा 13वीं सदी के प्रारंभ में दक्षिण मुंगेर में शासन करता था,[55] इस चलन को कायम रखा। यद्यपि संग्रामगुप्त के अनुदानपत्र में चतुःसीमावच्छिनः[56] का प्रयोग हुआ है, लेकिन वास्तव में सीमा निर्धारित नहीं की गई है।

लेकिन सेन राजा, जिन्होंने 12वीं सदी में और 13वीं सदी के प्रारंभ में पूर्वी बंगाल में धीरे-धीरे वर्मनों के प्रभुत्व को समाप्त कर दिया और पाल राज्य के एक बहुत बड़े हिस्से पर कब्जा कर लिया, अनुदत्त गाँवों और जमीन के टुकड़ों की सीमाएँ बराबर निर्धारित कर दिया करते थे।[57] चंद्रों ने भी, जो पूर्वी बंगाल में शायद सेनों के समकालीन शासक थे, इस चलन का अनुसरण किया। लाडहचंद्र के मैनामती ताम्रपत्रों में अनुदत्त गाँवों की सीमाएँ साफ-साफ बता दी गई हैं।[58] बाद में चलकर इस प्रकार अनुदत्त क्षेत्रों की सीमाएँ, क्षेत्रफल तथा आय के निर्धारित किए जाने से ऐसा प्रतीत होता है कि अनुदानों के परिणामस्वरूप उत्तरोत्तर अधिकाधिक जमीन के खेती लायक बनाए जाने की संभावना अब

समाप्त हो गई थी। इस काल में असम पर यह बात लागू नहीं हो सकती थी, यद्यपि यहाँ के अभिलेखों में अनुदत्त जमीन के टुकड़ों की सीमाएँ और उनसे होनेवाली उपज स्पष्ट शब्दों में बता दी गई है।[59] असम में सीमा निर्धारित करने का कारण शायद यह था कि वहाँ गाँवों की बजाय जमीन के टुकड़े ही दान किए जाते थे। परंतु आमतौर पर ऐसा लगता है कि अनुदत्त क्षेत्रों की सीमाएँ निर्धारित होने के कारण अनुदानभोगी अब अपना क्षेत्र-विस्तार नहीं कर पाते होंगे।

पूर्वी बंगाल के विपरीत, उत्तर प्रदेश में गाहडवालों तथा उनके सामंतों द्वारा अनुदान में दिए गए गाँवों की सीमाएँ आमतौर पर नहीं बताई गई हैं।[60] इस संबंध में सामान्यतया 'सीमापर्यंत ग्रामः' शब्दावली का प्रयोग किया गया है, पर सीमा क्या है, इसके लिए 'चतुराघाटविशुद्धः'[61] शब्द का व्यवहार हुआ है, जिसका अर्थ है प्रतिस्पर्शी सीमाएँ। स्पष्ट है कि प्रतिस्पर्शी सीमाएँ कहने से किसी निश्चित सीमा का बोध नहीं होता है। वास्तव में केवल एक ही गाहडवाल अनुदानपत्र में अनुदत्त गाँव की चारों सीमाएँ स्पष्ट रूप से बताई गई हैं। वह है गोविंदचंद्र का बसाही अनुदानपत्र।[62] गाहडवालों ने अधिकांश भूमि-अनुदान विकसित क्षेत्रों में ही दिए। इसलिए सीमा न निर्धारित करने का कारण समझ में नहीं आता। शायद ऐसा मान लिया जाता होगा कि अनुदत्त क्षेत्र की सीमाएँ तो सबको ज्ञात हैं ही, इसलिए उनका उल्लेख क्यों किया जाए? लेकिन अगर ऐसा मान कर ही सीमाएँ निर्धारित नहीं की जाती थीं तो भी ऐसी संभावना दिखाई देती है कि भोगी इस स्थिति का लाभ अपने निजी क्षेत्र के विस्तार के लिए उठाने से बाज नहीं आए होंगे।

बघेलखंड के कलचुरि राज्य में भी अनुदत्त गाँव की सीमा नहीं बताई जाती थी। त्रिपुरा तथा रतनपुरा के कलचुरियों और उनके सामंतों द्वारा जिन 65 गाँवों के अनुदान में दिए जाने के अभिलेखीय प्रमाण मिलते हैं,[63] उनमें से एक की भी सीमा निर्धारित नहीं की गई है। बहुत-से अनुदत्त गाँवों का तो केवल उल्लेख-मात्र कर दिया गया है और उनके संबंध में कहीं कोई तफसील नहीं दी गई है। विशेषकर कलचुरियों के सामंतों द्वारा अनुदत्त गाँवों पर यह बात लागू होती है। इस सबका एक कारण समझ में आता है। वह यह है कि बाहर से[64]—विशेषकर उत्तर प्रदेश मे—ब्राह्मण लोग आ-आकर मध्य भारत में बसते थे। इससे खेतीबाड़ी के नए-नए तरीकों का इस क्षेत्र में चलन हुआ होगा और फलतः यहाँ की कृषि के विकास में मदद मिली होगी। लेकिन साथ ही इसका एक नतीजा यह भी हुआ होगा कि अनुदत्त गाँवों में भूमि पर किसानों का स्वामित्व स्थापित नहीं हो पाता होगा।

जो स्थिति मध्य भारत के पूर्वी हिस्से की थी, वही मालवा के पश्चिमी हिस्से की भी थी। यहाँ भी परमार राजाओं के अनदानपत्रों में अनुदत्त गाँवों की सीमाएँ निर्धारित नहीं की गई हैं। एक अनुदान में यह कहा गया है कि इस गाँव का विस्तार एक कोस[65] है, लेकिन अन्य अनदानपत्रों में इतना भी नहीं कहा गया है।[66] फिर भी इनमें उस शब्दावली का प्रयोग हुआ है जो पाल अनुदानपत्रों तथा ऐसे ही अन्य

दस्तावेजों में अक्सर मिलती है। तात्पर्य 'स्वसीमातृणयूति गोचरपर्यंत' से है। ऐसा जान पड़ता है कि मालवा में अब भी परती जमीन को आबाद करने की गुंजाइश थी, क्योंकि बाहर के बहुत-से स्थानों के ब्राह्मणों को मालवा में बसने के लिए निमंत्रित किया गया।[67] लेकिन यह भी संभव है कि इनमें से बहुतों को परती जमीन आबाद कराने के बजाय इस उद्देश्य से बुलाया गया हो कि वे परमार राजाओं को समर्थन दें।

बहुत-से चंदेल अनुदानपत्रों में भी अनुदत्त गाँवों की सीमाएँ निर्धारित नहीं की गई हैं। यह बात खासकर बारहवीं सदी से पहले दिए गए अनुदानों पर लागू होती है,[68] यद्यपि बाद के कुछ अनुदानपत्रों में भी ऐसा देखने को मिलता है।[69] चंदेल अनुदानपत्रों में इस संदर्भ में उसी शब्दावली का प्रयोग हुआ है जिसका प्रयोग गाहडवाल अनुदानपत्रों में हुआ है। सीमा का संकेत देते हुए बस इतना कहा गया है : ''चारों प्रतिस्पर्शी सीमाओं तक फैला हुआ (गाँव)'', पर ये सीमाएँ नहीं बतलाई गई हैं। परमर्दिन के एक अनुदानपत्र (1167) में शायद 62, या इतना नहीं तो कम-से-कम 11 गाँवों के अनुदान का उल्लेख तो मिलता ही है, लेकिन इनमें से किसी भी गाँव की सीमाएँ नहीं बताई गई हैं।[70] मगर 1134 में मदनवर्मन् द्वारा दान किए जमीन के एक टुकड़े की सीमाओं और उपज का उल्लेख हुआ है।[71] परमर्दिन के महोबा प्लेट (1173) में भी अनुदत्त भूमि की सीमाएँ और क्षेत्रफल बताया गया है। इससे ऐसा जान पड़ता है कि चंदेल राजा यदि जमीन के टुकड़े दान करते थे तब तो वे उनकी सीमाएँ निर्धारित कर देते थे, लेकिन ग्राम-अनुदानों के संबंध में ऐसा नहीं करते थ। कुल मिलाकर यह कहा जा सकता है कि चंदेल अनुदानों से अनुदानभोगियों को इस बात की काफी सुविधा मिली कि वे प्राप्त गाँवों के इर्द-गिर्द अपने क्षेत्र का विस्तार करें।

गुजरात में, जहाँ चौलुक्यों का शासन था, स्थिति इससे बिलकुल भिन्न जान पड़ती है। अनुदत्त गाँव की सीमाएँ अनिर्धारित छोड़ देने की रीति का पालन शायद 10वीं सदी के अंतिम चरण में मूलराज के शासन-काल में किया गया।[72] अजयपाल के एक चाहमान सामंत द्वारा 50 ब्राह्मणों के भरण-पोषण के लिए 1175 में दान किए गए एक गाँव की सीमाएँ निर्धारित नहीं की गईं।[73] लेकिन प्रथम भीमदेव द्वारा दान किए गए एक गाँव,[74] और द्वितीय भीमदेव[75] तथा उसके किसी अधीनस्थ राजपुरुष[76] द्वारा दान किए जमीन के कुछ टुकड़ों की सीमाएँ साफ-साफ बताई गई हैं। लेकिन इनमें से अधिकांश अनुदान 13वीं सदी के हैं। इस प्रकार कुल मिलाकर ऐसा जान पड़ता है कि गुजरात में 12वीं तथा 13वीं सदियों में अनुदत्त गाँवों की सीमाएँ निर्धारित कर दी जाती थीं, जो उस क्षेत्र के विकसित आर्थिक ढाँचे के उपयुक्त ही था। लेकिन 11वीं और 12वीं सदियों में आमतौर पर ऐसे गाँवों की सीमाएँ नहीं बताई जाती थीं और इस अनिश्चितता का लाभ उठाकर ग्रहीता लोग अपने अधीनस्थ क्षेत्रों का विस्तार किया करते थे।

11वीं और 12वीं सदियों के भूमि-अनुदानों से ग्रहीताओं को जमीन और उसकी अन्य संपदाएँ स्वायत्त करने में और भी सहायता मिली। कतिपय प्रारंभिक पाल अनुदानपत्रों में अनुदान देते हुए सामंतों, राज्याधिकारियों तथा ग्राम्य समाज की औपचारिक अनुमति माँगी गई है। किंतु, परवर्ती पाल अनुदानपत्रों में तो इस औपचारिकता को भी तिलांजलि दे दी गई है। अब उनसे अनुमति माँगने के बजाय उन्हें केवल अनुदानों की सूचना-भर दे दी जाती थी,[77] यद्यपि पूर्वी बंगाल के चंद्रों के ताम्रपत्रों[78] और दक्षिण मुंगेर में प्राप्त 13वीं सदी के ताम्रपत्रों में पुरानी औपचारिकता का निर्वाह किया गया है।[79] किंतु उत्तर प्रदेश, मध्यभारत और गुजरात के नृपति ग्रामीण लोगों की इच्छाओं को कोई महत्त्व नहीं देते थे। वे ग्राम-प्रधानों, प्रमुख ग्रामवासियों तथा यदा-कदा किसानों को अनुदान की जानकारी तो दे देते थे, लेकिन उनसे विधिवत् इसके लिए अनुमति नहीं माँगते थे। इससे इस बात का कुछ संकेत मिलता है कि गाँव के साधनों और संपदाओं पर ग्रामवासियों के अधिकार क्षीण होते चले जा रहे थे।

भूमि-विषयक अधिकार अनुदानभोगियों के नाम हस्तांतरित करने की दृष्टि से इस काल के अनुदानपत्रों में भी उसी पद्धति का अनुसरण किया गया है जो पालों और प्रतीहारों ने अपनाई थी; किंतु इनमें ग्रहीताओं को दिए गए अधिकारों और रियायतों की सीमाएँ बहुत बढ़ गई हैं और अब गाँव के प्रायः सारे साधन-संपदा पर उनको अधिकार दिया गया। गोचर भूमि, उससे परे घास-पातवाली जमीन, आम और महुआ के पेड़, जलाशय, झाड़ी-झुरमुट, वनप्रदेश, परती जमीन, खाई-खड्ड में पड़नेवाली जमीन, उपजाऊ जमीन, यदा-कदा बाढ़ में डूब जानेवाली जमीन आदि तो भोगी को पूर्ववत् सौंप ही दी जाती थी, लेकिन अब इनमें कुछ और भी चीजें जुड़ गई थीं। उदाहरण के लिए, पूर्वी बंगाल के भूमि-अनुदानों में सुपारी और नारियल के पेड़ लगभग निरपवाद रूप से ग्रहीताओं को दे दिए जाते थे।[80] पहले के अनुदानपत्रों में इनका उल्लेख शायद ही हुआ हो। जाहिर है कि अब पेड़, जो उन्हें रोपते-उगाते थे, उनकी नकदी आय के प्रमुख साधन बन गए होंगे। इसके अतिरिक्त अब कभी-कभी अनुदत्त गाँव की नमक की क्यारियाँ भी ग्रहीताओं को दी जाती थीं।[81] बिहार,[82] उत्तर प्रदेश[83] और बघेलखंड के कुछ अनुदानपत्रों में 'सलोहलवणकर' का प्रयोग हुआ है।

बंगाल के अनुदानपत्रों में मछली मारने का अधिकार ग्रहीताओं के नाम हस्तांतरित नहीं किया गया है, यद्यपि तालाबों और अन्य जलाशयों पर उनके सामान्य अधिकार की तो बात है। हो सकता है कि उस प्रदेश के निवासियों के मत्स्यप्रेमी होने के कारण यह अधिकार ग्रहीता को नहीं दिया जाता था। किंतु गाहडवाल अनुदानपत्रों में मछली मारने का राजकीय अधिकार बड़े स्पष्ट शब्दों (मत्स्याकरः)[84] में ग्रहीताओं को सौंप दिया गया है। नमक की क्यारियों और लोहे की खानों के हस्तांतरण से[85] तो ग्रामवासियों के अधिकारों पर उतना अधिक

प्रतिकूल प्रभाव नहीं पड़ता होगा, क्योंकि ये चीजें सभी गाँवों में नहीं मिलती होंगी; किंतु स्पष्ट है कि मत्स्याखेट के अधिकार का हरण ग्रामीणों की जीविका पर बड़ा आघात था, क्योंकि मछलीगाह लगभग सभी गाँवों में होते होंगे और ग्रहीता को बिना कुछ दिए ग्रामवासी मछली नहीं मार पाते होंगे।

चंदेल अनुदानपत्रों में हमें दान किए गाँवों और उनकी उपज आदि की सबसे विस्तृत सूची देखने को मिलती है। अनेक प्रकार के पेड़ों और खानों के अतिरिक्त इनमें कुसुम (केशर बनानेवाले फूल), ईख, रुई और सण के पौधे भी ग्रहीता को हस्तांतरित किए गए हैं।[86] कुछ में तो हिरणों, पक्षी-परिंदों और जलचरों का भी उल्लेख हुआ है।[87] स्वभावतः इससे ग्रामवासियों से उनका शिकार करने और मछली पकड़ने का अधिकार छिन जाता होगा। इसी प्रकार, कुछ सेन अनुदानपत्रों में और प्रायः सभी चंदेल अनुदानपत्रों में[88] ग्रहीताओं को अनुदत्त गाँवों में पड़नेवाले मंदिर भी दे दिए गए हैं। बहुत संभव है कि ये मंदिर गाँववाले मिल-जुलकर बनवाते हों और इनका उपयोग सामुदायिक प्रयोजनों के लिए किया जाता हो, लेकिन अनुदानभोगियों के नाम इनके हस्तांतरण के बाद गाँववालों द्वारा इनका निर्बाध उपयोग कठिन ही हो जाता होगा। विशेष रूप से ब्राह्मण ग्रहीता तो मंदिर को अर्पित पान-प्रसाद और संपत्ति को स्वायत्त करने का लोभ संवरण नहीं ही कर पाते होंगे।

ग्रहीताओं को हस्तांतरित किए जानेवाले विभिन्न प्रकार के साधनों में खनिज और भूगर्भ संपदा भी शामिल थी। स्पष्ट है कि इन पर राजा अपने स्वामित्व का दावा तो रखता होगा, किंतु अपने अमलों के बल पर उसके लिए इस अधिकार का उपभोग करना मुश्किल पड़ता होगा और वास्तव में इन चीजों का लाभ मुख्यतः ग्राम्य समाज ही उठाता होगा। लेकिन ग्रहीता तो खुद ही जगह पर मौजूद रहते थे, और इसलिए वे अपने अधिकारों पर गाँववालों को हाथ नहीं डालने देते होंगे। अतः, अनुदानों के परिणामस्वरूप गाँववालों के सामुदायिक अधिकार क्षीणतर होते चले गए। पहाड़ियों, नदियों और जंगलों के हस्तांतरण का मतलब भूमि से संबंधित सारे साधन-संपदाओं पर अनुदानभोगियों का व्यक्तिगत स्वामित्व स्थापित कर देना था। चंदेलों के राज्य में नकदी फसलों पर कर लगाया जाता था, और परमार राज्य में गाँव के साथ 'वापी-कूप-तड़ाग' के हस्तांतरण से ऐसा प्रतीत होता है कि जनता को दी गई सिंचाई-संबंधी सुविधाओं से भी राज्य को आमदनी होती होगी। सिंचाई-कर तो कौटिल्य के समय से ही चला आ रहा था। अब शायद इसका लाभ उठाने का अधिकार भी ग्रहीताओं को दे दिया जाता था। संभव है कि बहुत-से अनुदानपत्रों में पहाड़ियों तथा नमक और लोहे की खानों के हस्तांतरण का उल्लेख केवल औपचारिक रूप से कर दिया जाता रहा हो, क्योंकि सभी अनुदत्त गाँवों और जमीन के टुकड़ों में पहाड़ियों और लोहे तथा नमक की खानें तो हो नहीं सकती थीं। लेकिन जहाँ ये चीजें पाई जाती होंगी, वहाँ ग्रहीताओं के तद्विषयक

अधिकारों के कारगर होने की पूरी संभावना है। इसका मतलब यह हुआ कि अब जो लोग पहाड़ियों से पत्थर काटते होंगे या घर बनाने के लिए सामुदायिक जमीन से मिट्टी लेते होंगे, उन्हें अनुदानभोगियों को कुछ देना भी पड़ता होगा। इन संपदाओं के हस्तांतरण के उल्लेख का और प्रयोजन भी क्या हो सकता था ?

अनुदानभोगी अपने आर्थिक अधिकारों और सुविधाओं का अतिक्रमण न करें, इसकी देख-रेख के लिए कोई भी शासक किसी प्रकार की व्यवस्था नहीं करता था। किसान लोग पूर्ण रूप से ग्रहीताओं की—चाहे वे धार्मिक वृत्तिभोगी हों या गृहस्थ—दया पर निर्भर करते थे। शायद गृहस्थ वृत्तिभोगियों के अधीन उनकी अवस्था अधिक बुरी रहती होगी, क्योंकि ऐसे भोक्ताओं को तो अनुदत्त गाँवों में से राज्य को भी कुछ देना पड़ता था। लेकिन कुल मिलाकर उनकी स्थिति सुखी-स्वतंत्र स्वामी-कृषक की न होकर, ग्रहीताओं की खातिर मेहनत-मशक्कत करनेवाले कृषि-दासों के ही समान थी।

जैसा कि हम ऊपर देख चुके हैं, दानपत्र में अनुदत्त गाँवों के साधनों का जो विशद विवरण दिया गया है उसका यह मतलब नहीं है कि ग्रहीता को केवल उन सबके उपभोग का ही अधिकार प्राप्त होता था; वास्तव में उन पर उसका स्वामित्व भी स्थापित हो जाता था। एक विद्वान के मतानुसार कलचुरि अनुदानपत्रों में ग्रहीताओं को स्वामित्व का अधिकार नहीं दिया जाता था, बल्कि केवल लगान तथा अन्य कर-महसूल वसूल करने का राजकीय विशेषाधिकार ही दिया जाता था।[89] जिन अनुदानपत्रों में केवल गाँव के नामों और लगान का ही उल्लेख है, उनके संबंध में यह बात लागू हो सकती है, लेकिन जिनमें गाँवों के तमाम साधन-संपदाओं का विस्तृत विवरण प्रस्तुत किया गया है, उनके संबंध में यह विचार ठीक नहीं जान पड़ता। परमार अनुदानपत्रों में ग्रामीण साधन-संपदा की अपेक्षाकृत छोटी सूची मिलती है।[90] इनमें आमतौर पर केवल गोचर भूमि और उससे परे घास-फूस से भरी जमीन का ही उल्लेख हुआ है। इसी प्रकार चौलुक्य अनुदानपत्रों में केवल वृक्ष-पंक्तियों का ही उल्लेख हुआ है।[91] सबसे छोटी सूची चाहमान अनुदानपत्रों में दी गई है। इनमें केवल अनुदत्त गाँवों का नाम-भर लिखकर छोड़ दिया गया है।[92] इस प्रकार, राजस्थान, मालवा और गुजरात में अनुदानभोगियों को भूमि-विषयक पूरे अधिकार नहीं दिए जाते थे। लेकिन हम आमतौर पर गाहडवाल अनुदानपत्रों और खासतौर पर चंदेल अनुदानपत्रों के बारे में ऐसा नहीं कह सकते।

फिर, यह भी कहा गया है कि गाँव के साधन संपदाओं के हस्तांतरण से ग्रामवासियों के अधिकारों को धक्का नहीं लगता था। अनुदत्त गाँवों में भी वे जलाशयों, तालाबों, सामुदायिक गोचर भूमि आदि का उपभोग पूर्ववत् करते रहते थे।[93] लेकिन एक बार जब ये अधिकार ग्रहीताओं को दे दिए जाते थे तब वे गाँववालों के परंपरागत अधिकारों का सम्मान कहाँ तक करते होंगे, यह कहना

कठिन है। जैसा कि पहले बताया जा चुका है, सरकारी अमलों के यदा-कदा दौरे पर आने से इन सामुदायिक अधिकारों पर उतना प्रतिकूल प्रभाव नहीं पड़ता होगा, लेकिन अनुदान पाने के बाद ग्रहीता तो बराबर अनुदत्त गाँवों में ही मौजूद रहते थे और इसलिए ये सामुदायिक अधिकार भी दिन-दिन छीजते चले गए होंगे।

अनुदत्त भूमि में से पुनः अनुदान[94] देने की प्रवृत्ति इस काल में खूब बढ़ी। हम अन्यत्र देख चुके हैं कि राजवंश के सदस्य, सामंत और राज्याधिकारी कभी-कभी राजा की अनुमति लेकर और कभी उसकी अनुमति लिए बिना ही अपनी-अपनी जागीरों में से पुरोहितों और मंदिरों को अनुदान दिया करते थे,[95] और यदा-कदा तो वे अपने प्रभु को अपने बनवाए मंदिरों को ग्राम-अनुदान देने को भी बाध्य कर देते थे। कभी-कभी वे अपनी शक्ति और प्रतिष्ठा के बल पर स्थानीय व्यापारियों को भी अपने बनवाए मंदिरों को अनुदान देने को मजबूर कर देते थे। यह सच है कि धार्मिक अनुदानभोगी का दाता के प्रति कोई आर्थिक दायित्व नहीं होता था और दाता को उससे केवल शुभेच्छाओं और नैतिक समर्थन की ही अपेक्षा थी, किंतु इन अनुदानों के कारण भूमिभोगियों की कई श्रेणियाँ कायम हो गईं। मूल ग्रहीता अनुदान के लिए राजकृपा का आभारी था, धार्मिक ग्रहीता उस मूल ग्रहीता का कृतज्ञ था, और किसान इन दोनों का मुखापेक्षी था। यह सही है कि धार्मिक भाक्ताओं को बराबर भूमि पर ऐसे विस्तृत अधिकार नहीं दिए जाते थे, जैसा कि कलचुरियों के राज्य में होता था। लेकिन इतने से ही उपसामंतीकरण की गुंजाइश खत्म नहीं हो जाती थी। जिन मठों या ब्राह्मण समुदायों के हाथों में 23-23 गाँव थे, वे उनकी व्यवस्था खुद तो कर नहीं सकते थे। उन्हें इसके लिए और लोगों को नियुक्त करना पड़ता था, जिन्हें वेतन के रूप में भूमि दी जाती थी अथवा राजस्व एकत्र करने का अधिकार प्रदान किया जाता था।

अब हम राजकीय सेवाओं के बदले में दिए गए अनुदानों की बात लें। इस प्रथा के अनुसार छोटी-मोटी सेवाओं के प्रतिदान-स्वरूप जमीन दी जाती थी। इसका चलन हमें कौटिल्य के समय से ही देखने को मिलता है। 'अर्थशास्त्र' में कहा गया है कि नए जनपद में गाँव की शासन-व्यवस्था के लिए जिम्मेदार विभिन्न कर्मचारियों को भूमि-अनुदान देना चाहिए। सामंतवादी यूरोप में तो इस प्रथा का खूब चलन था ही, ऐसा लगता है कि प्रारंभिक मध्यकाल में उत्तरी भारत के भी कुछ हिस्सों में वृत्ति देने की यह विधि चल रही थी। उदाहरण के लिए, गंगों के अधीन उड़ीसा में ताम्रकार, ठठेरे और तंबोली अनुदान के अंग के रूप में मंदिर से संयुक्त कर दिए जाते थे, जिनमें से कम-से-कम कुछ को तो निर्वाह के लिए जमीन के छोटे-छोटे टुकड़े भी अवश्य दिए जाते थे।[96] बंगाल, बिहार, उत्तर प्रदेश और मध्य भारत में इसका कोई अभिलेखीय प्रमाण नहीं मिलता, लेकिन जान पड़ता है कि चंबा में यह प्रथा भली-भाँति प्रतिष्ठित हो चुकी थी। इस पहाड़ी राज्य के 11वीं सदी के एक अनुदानपत्र से ज्ञात होता है कि एक मंदिर को जमीन के ऐसे कई टुकड़े

अनुदान-स्वरूप दिए गए जो पहले पाचकों, गोष्ठिकों, चौकीदारों (अष्टप्रहारिकाः) तथा कुछ अन्य छोटे-छोटे कर्मचारियों को, स्पष्टतः उनकी सेवाओं के एवज में मिले हुए थे।[97] इस जमीन का एक हिस्सा विशेष रूप से उस मंदिर के अष्टप्रहारिक की वृत्ति के लिए अलग कर दिया गया।[98] जमीन के ऐसे टुकड़े मंदिर की सेवा करनेवाले लोगों के परिवारों के निर्वाह के लिए दिए जाते थे। यदि मंदिरों के सेवकों को वृत्ति देने के लिए यह पद्धति प्रचलित थी तो राजा तथा छोटे-छोटे सामंतों (रणकिलों) की सेवा करनेवाले छोटे-मोटे कर्मचारियों को भी वृत्ति देने की कोई दूसरी पद्धति शायद नहीं ही रही होगी।

इस पद्धति के चलन के कुछ उदाहरण राजस्थान में भी मिलते हैं। सबसे पहला प्रमाण तो हमें उदयपुर में दो मंदिरों को दिए गए एक अनुदान के रूप में मिलता है।[99] इसमें कायस्थ परिवारोत्पन्न वैद्य गीयक द्वारा कुछ खेत अनुदान किए जाने की चर्चा है। अभिलेख से ऐसा जान पड़ता है कि इस परिवार के सदस्य किसी गुहिलोत सरदार के यहाँ लिपिकों और वैद्यों के रूप में काम करते थे, और शायद इसी सेवा के प्रतिदानस्वरूप उन्हें कुछ जमीन मिली हुई थी।[100] यह प्रथा नडोल के चाहमानों के राज्य में भी प्रचलित थी। इस निष्कर्ष का आधार 1141 का एक अभिलेख है।[101] इसके अनुसार घालेप नगर आठ हलकों में बाँटा हुआ था, जिनमें से प्रत्येक की शांति-सुरक्षा का दायित्व दो-दो ब्राह्मणों पर था।[102] यदि वे चोर का पता न लगाते और फिर भी राज्य से अपनी आजीविका की माँग करते तो दंड के भागी बनते।[103] स्पष्ट है कि इन सोलह ब्राह्मणों का निर्वाह भूमि-अनुदानों से होता था जिनके बदले में ये अपनी धर्मेतर सेवाएँ प्रदान किया करते थे।

गुजरात के एक चौलुक्य अभिलेख से भी सांसारिक सेवाओं के प्रतिदानस्वरूप भूमि-अनुदान देने का संकेत मिलता है। द्वितीय भीमदेव के शासन-काल में किसी अवर राज्याधिकारी ने, जो शायद जाति से बनिया था, एक सिंचाई-कूप और नाला बनवाया और उनकी देख-रेख के लिए प्रागवत गोत्र के किसी व्यक्ति को, जो कदाचित् व्यापारी था, कुछ जमीन अनुदान-स्वरूप दी।[104] संभवतः गुजरात में इस प्रकार के और भी अनुदान दिए गए जिनसे किसानों की स्थिति बिगड़ती गई।

पूर्ववर्ती काल के अभिलेखों में अनुदत्त गाँव अथवा भूखंड के साथ किसानों और शिल्पियों के हस्तांतरण के कुछ उदाहरण मिलते हैं। लेकिन ऐसा जान पड़ता है कि अग्नि-पुराण का संकलन पूरा होते-होते—अर्थात् 11वीं सदी का प्रारंभ होते-होते[105]—यह प्रथा भली-भाँति प्रतिष्ठित हो गई। इस पुराण में किसानों (खेटकों) के समेत ग्राम-अनुदान देने की सिफारिश की गई है।[106] यह भी कहा गया है कि मंदिरों और मठों को भूमि और दास देने चाहिए,[107] और साथ ही उन्हें नृत्य और संगीत की भी सुविधाएँ मिलनी चाहिए। नृत्य और संगीत की सुविधाओं का मतलब नर्तक-नर्तकी और गायक-गायिका भेंट करना लगाया जा सकता है। इस काल के अभिलेखों में तो इस प्रकार के अनुदान के अनेक उदाहरण मिलते हैं।

असम के भूमि-अनुदानों मे घर हस्तांतरित कर दिए[108] जाते थे जिसका मतलब है कि जमीन के साथ उस पर बने घर में रहनेवाला कृषक-परिवार ग्रहीता के सेवार्थ उसे सौंप दिया जाता था। इसका एक सबसे द्रष्टव्य उदाहरण सिलहट जिले में प्राप्त 11वीं सदी के मध्य का एक अनुदानपत्र है। इसके अनुसार भगवान् शिव के मंदिर को राजा गोविंदकेशवदेव से 375 हल जमीन के साथ अलग-अलग गाँवों में बिखरे 296 घर प्राप्त हुए।[109] भगवान् शिव के सेवार्थ सौंपे गए इन गृहस्थों में केवल किसान ही नहीं, बल्कि चरवाहे और शिल्पी लोग भी शामिल थे। साथ ही इस देवता को जो जमीन दी गई उस पर रहनेवाले घंटकार (घंटा बनानेवाले लोग), धोबी, नाविक, दुकानदार आदि बहुत-से सेवक भी उसके अधीन कर दिए गए।[110]

बंगाल के अभिलेखों से 12वीं शताब्दी तक तो वहाँ किसानों के हस्तांतरण के चलन का संकेत नहीं मिलता, लेकिन बाद में इस प्रथा का चलन इस प्रदेश में भी हो गया। सेन अनुदानपत्रों में धार्मिक उद्देश्यों से अनुदत्त भूमि के कृषकों के नाम बताए गए हैं। टिपड़ा जिले में प्राप्त लगभग1234 ईस्वी के ताम्रपटों में 20 ब्राह्मणों को दान किए गए एक गाँव में स्थित 12 घरों के हस्तांतरण का उल्लेख हुआ है।[111] इस संबंध में प्रयुक्त 'गृहटि' शब्द के अलग-अलग अर्थ लगाए गए हैं।[112] हमारे विचार से 'टि' से 'टिला' का बोध होता है। बंगाल और बिहार में घर बनाने के लिए चुने हुए ऊँचे स्थान को अथवा इस प्रयोजन से मिट्टी भरकर ऊँची की गई सतह को अब भी टिला कहते हैं। यह अनुदान पूर्वी बंगाल में दिया गया। वहाँ कैवर्त्त तथा अन्य कृषक जातियाँ आज भी ऊँची की गई सतहों पर घर बनाकर रहती हैं, ताकि उनके घरों में पानी न घुस पाए। इसलिए 12 गृहों के हस्तांतरण से यही मतलब निकलता है कि अनुदत्त भूमि पर काम करनेवाले काश्तकारों या खेतिहर मजदूरों को भी उस भूमि के साथ गृहीता को सौंप दिया गया। उड़ीसा में इससे पहले के काल में ऐसे कई उदाहरण मिलते हैं। नवीं शताब्दी के मध्य से लेकर लगभग अगली एक सदी तक अनुदानभोगियों को जमीन के साथ-साथ बुनकर, कल्लाल तथा अन्य ग्रामवासी भी दिए जाते रहे। इन सबके लिए 'प्रकृति' शब्द का प्रयोग हुआ है।[113] विचाराधीन काल में बुंदेलखंड के चंदेलों के राज्य में यह प्रथा व्यापक रूप से प्रचलित जान पड़ती है। यहाँ के अनुदानपत्रों में गाँवों के साथ किसानों, शिल्पियों और व्यापारियों के हस्तांतरण के स्पष्ट उल्लेख मिलते हैं।[114] चाहमानों के राज्य में भी इस प्रथा का काफी चलन था, यद्यपि वहाँ इसका स्वरूप कुछ अलग था। नडोल के कुमार साहणपालदेव के 1135 के अनुदानपत्र के अनुसार नंदान ग्रामवासी सोहिय और असार नामक दो व्यक्ति अपने पुत्रों, पौत्रों आदि के साथ-साथ भगवान् त्रिपुरुषदेव की सेवा में सदा के लिए सौंप दिए गए।[115] 1148 में अल्हणदेव ने इसी देवता को इसी गाँव के उमपोनणाल और महषसीह नामक दो कृषक प्रदान किए।[116] यह स्पष्ट नहीं है कि इन दो अनुदानों में संबंधित

गाँव भी दान किए गए या नहीं। लेकिन जिन लोगों को भगवान् शिव की सेवा में भेंट किया वे तो निश्चित रूप से किसान (कुटुंबिक) ही थे।[117] और जिस उद्देश्य से वे देवता को समर्पित किए गए वह कृषि के अतिरिक्त और कुछ नहीं हो सकता था। इसलिए उनकी तुलना रूसी कृषि-दासों या कम्मियों से की गई है।[118] 1207 के एक चौलुक्य अनुदानपत्र से ज्ञात होता है कि चौलुक्यों के सामंत मेहर-राज जगमल्ल ने तलाझा नामक विशाल नगर में अपने स्थापित किए दो शिव-लिंगों को पास के दो गाँवों में जमीन के दो टुकड़े दान किए, और यह व्यवस्था भी कर दी कि अमुक तीन किसान उनमें खेती करेंगे।[119] इस प्रकार की कृषि-दासत्व की प्रथा का प्रमाण केवल चंबा में मिलता है, जहाँ जमीन के टुकड़ों के साथ ग्रहीताओं को दिए गए किसानों के नाम भी बताए गए हैं।[120]

यद्यपि इस विवरण में दक्षिण भारत को शामिल नहीं किया गया है, किंतु ऐसा लगता है कि महाराष्ट्र में यह प्रथा प्रचलित थी। 1279 के एक यादव अनुदानपत्र से ज्ञात होता है कि एक अग्रहार शिल्पियों आदि के साथ दान किया गया।[121] इस अनुदानपत्र में प्रयुक्त 'कारुकादि'[122] शब्द में स्पष्टतः किसान भी आ जाते हैं। कोंकण में भी अनुदान में शिल्पी लोग दिए जाते थे। 1008 में जारी किए गए मांडलिक रट्टराज के खारेपाटन ताम्रपत्रों में मत्तमयूर गोत्र के गुरुओं को तीन गाँवों के साथ-साथ परिचारिकाओं के कई परिवार, एक तेली-परिवार, एक माली-परिवार, एक कुम्हार-परिवार और एक धोबी-परिवार, भी प्रदान किया गया।[123] स्पष्ट है कि इन साधकों और इनसे संबंधित लोगों की सेवा के लिए सेवक-सेविकाएँ तथा शिल्पी आदि देना आवश्यक समझा गया। यद्यपि यहाँ ग्रहीताओं के सेवार्थ सौंपे गए लोगों में केवल शिल्पी-सेवक ही थे, किंतु यह कृषि दासत्व की प्रथा का स्पष्ट प्रमाण है।

उड़ीसा के परवर्ती अनुदानपत्रों से प्रकट होता है कि यह प्रथा गाँवों से फैलती-फैलती शहरों में भी पहुँच गई थी। 1230 में जारी किए गए तृतीय अनंगभीम के नगरी ताम्रपत्रों से मालूम होता है कि एक ब्राह्मण को एक शहर उसके निवासियों के साथ-साथ (पुरजन समेत) दान किया गया।[124] इस शहर में राजप्रासाद के समान चार भवन थे, लेकिन अधिक महत्त्व की बात यह है कि इसमें दुकानदारों, अत्तारों, शंख-विक्रेताओं, आराकशों, सोनारों, ठठेरों आदि के भी घर शामिल थे और इन सबके नाम भी बताए गए हैं।[125] इनके अतिरिक्त तंबोली, मालाकार, गुड़-विक्रेता, ग्वाले, बुनकर, तेली, कुंभकार और कैवर्त्त भी उक्त ब्राह्मण के सेवार्थ समर्पित किए गए, और इस अनुदानपत्र में इन सबके भी नाम बताए गए हैं।[126] फिर, एक नाई, कुछ दस्तकार और धोबी भी ग्रहीता को सौंप दिए गए।[127] इस प्रकार यह अनुदानपत्र शहरों में गतिहीन ग्रामीण अर्थव्यवस्था के प्रवेश का सटीक उदाहरण प्रस्तुत करता है। इससे प्रकट होता है कि किस प्रकार व्यापारियों और शिल्पियों के सामने शहर की बंद और गतिहीन अर्थव्यवस्था से

बँधे रहने के अलावा और कोई चारा नहीं रह गया था और शहर का स्वामी चाहे कोई हो, उनकी स्थिति में कोई अंतर नहीं पड़ता था। शहरों में रहकर भी वे अपने पेशे और स्थान नहीं बदल सकते थे और उनको उन्हीं परिस्थितियों में जीना पड़ता था जिन परिस्थितियों में अनुदत्त गाँवों के किसान जीते थे।

मध्यकालीन अर्थव्यवस्था का स्वरूप ही ऐसा था कि उसमें शिल्पिया की गतिशीलता के लिए बहुत कम गुंजाइश रह जाती थी और किसानों की स्थिति तो और भी बुरी थी। जिन गाँवों के किसान और शिल्पी साफ शब्दों में अनुदानभोगियों के अधीन नहीं कर दिए जाते थे उन गाँवों में भी ग्रामवासियों पर उनका नियंत्रण कम नहीं रहता था। ग्रामवासियों को स्पष्ट निर्देश रहता था कि वे ग्रहीताओं के आदेशों का पालन करें और उन्हें सभी प्रकार के कर दें, जिसका मतलब था कि अनुदत्त गाँवों के निवासी एक प्रकार से उनके हाथों में सौंप दिए जाते थे। लेकिन यदि स्थिति यह थी तो फिर कुछ अनुदानपत्रों में शिल्पियों और किसानों के हस्तांतरण का विशेष उल्लेख क्यों किया गया है? असम, उड़ीसा और चंबा में तो इसका कारण यह जान पड़ता है कि इन पिछड़े क्षेत्रों के आर्थिक जीवन को चलाते रहने के लिए कुछ अतिरिक्त सावधानी और सख्ती बरतना आवश्यक था, क्योंकि यहाँ बाहरी लोग आकर नहीं बसना चाहते होंगे और इसलिए श्रम-शक्ति की कमी पड़ जाने का खतरा बराबर बना रहता होगा। बुंदेलखंड के पिछड़े इलाकों में भी इस नीति का अनुसरण करना आवश्यक था। इस नीति के द्वारा शिल्पियों, किसानों और व्यापारियों की भी सेवाएँ सुलभ की जाती थीं, क्योंकि यहाँ श्रमशक्ति का अभाव था और आबाद करने के लिए जमीन बहुत अधिक थी। लेकिन इस सबका परिणाम यह हुआ कि यहाँ कृषि-दासत्व की प्रथा कायम हो गई।

ऊपर हम जो कुछ देख आए हैं उससे स्पष्ट होगा कि उपसामंतीकरण और सेवानुदान-जैसी कुछ सामंती प्रथाएँ अनुदत्त गाँवों में मौजूद थीं, और परिणाम-स्वरूप ऐसे गाँवों में किसानों की दशा बिगड़ती चली जा रही थी। जो क्षेत्र सीधे राजा के नियंत्रण में थे उनमें भी उनकी स्थिति इससे बहुत अच्छी नहीं थी। गाहडवाल अनुदानपत्रों में करों की जो सूची दी गई है,[128] उससे प्रकट होता है कि उनके शासनकाल में उत्तर प्रदेश में किसानों को जितने कर देने पड़ते थे उतने पहले कभी नहीं देने पड़े थे। गाहडवाल अभिलेखों में किसानों पर लगाए ।। करों का उल्लेख हुआ है। अगर उनसे ये सारे कर लिए जाते थे तो समझ में नहीं आता कि उनके परिवारों के भरण-पोषण के लिए उनके पास उपज का कितना हिस्सा बच रहता होगा। त्रिपुरी के कलचुरियों के ।।67 के एक अभिलेख में ।। करों का उल्लेख है। इनके अलावा परंपरा से चले आ रहे और भविष्य में लगाए जानेवाले ऐसे बहुत-से अन्य कर भी थे जिनका स्पष्ट उल्लेख नहीं किया गया है।[129] ।।80-8। के अन्य कलचुरि अनुदानपत्र में भी इतने ही प्रकार के करों का जिक्र

हुआ है।[130] इनमें भाग और भोग तो निश्चित रूप से शामिल थे, क्योंकि इस अभिलेख में 'प्रवणि' शब्द से पहले आनेवाले छः शब्दपद बिलकुल मिट गए हैं।[131] इस प्रकार इन करों की संख्या 13 हो जाती है। यद्यपि कलचुरि अनुदानपत्रों में स्पष्ट शब्दों में सामान्यतया केवल तीन या चार (भागभोगहिरण्यादिराज प्रत्याद्यः)[132] करों का ही उल्लेख मिलता है, लेकिन अंत में 'राजप्रत्याद्यः' के प्रयोग से जान पड़ता है कि लोगों से अन्य कर भी लिए जाते थे, जिनका जिक्र साफ शब्दों में नहीं किया गया है। अधिक-से-अधिक हम यही कह सकते हैं कि ये सारे कर शायद एक ही आदमी से नहीं लिए जाते होंगे, क्योंकि व्यापारी, शिल्पी, किसान अलग-अलग ढंग से कर दिया करते थे। मगर संभावना यही है कि उपर्युक्त करों में से अधिकांश किसानों से ही लिए जाते होंगे। यह साफ-साफ पता नहीं चलता है कि अनुदानभोगी अपने अधीनस्थ गाँव में खुद कर लगा सकता था या नहीं, यद्यपि कभी-कभी उसे भविष्य में कर लगाने का अधिकार (करिष्यमाण) भी दे दिया जाता था। ऐसे गाँवों में किसानों को इस बात का खतरा बराबर बना रहता था कि उनके करों में वृद्धि हो सकती है, क्योंकि अनुदानभोगी पर यह पाबंदी नहीं थी कि वह प्रचलित रीति-परंपरा का पालन करे।

इस काल में पूर्वी भारत में किसानों की स्थिति एक और भी कारण से बहुत बिगड़ गई। वह यह था कि अब यहाँ अलग-अलग खेतों से राज्य को कर-स्वरूप कितनी उपज दी जाए, यह निर्धारित होने लगा। पूर्ववर्ती लगान-पद्धति बटायदारी के सिद्धांत पर आधारित थी, जिसके द्वारा किसान की उपज के अनुसार उसका एक हिस्सा सरकार को मिलता था। सामंतवाद का विकास होने पर खेती की उपज में कई पक्षों का हिस्सा कायम हुआ—जैसे राज्य का, काश्तकार का और नायब काश्तकार का; और इस उपज के हिस्सेदारों की ऊपर से नीचे तक कई श्रेणियाँ बन गईं। जब जमीन की पैमाइश की पद्धति का व्यापक प्रसार हुआ और उपज सावधानी के साथ निर्धारित की जाने लगी, किसानों के हितों को आघात पहुँचा। कारण, जमीन की पैमाइश करने और उसकी उपज निर्धारित करने में प्राकृतिक आपदाओं का खयाल नहीं किया जाता था, और उन दिनों मनुष्य के पास इन आपदाओं का सामना करने का साधन तो लगभग नहीं ही था। इस प्रकार नई लगान-पद्धति से किसानों के बजाय राज्य को ही अधिक बचत होने की संभावना थी, क्योंकि पैदा न होने पर भी राज्य और सामंत किसानों से अपने हिस्से की माँग कर सकते थे। शायद असाधारण परिस्थितियों में राज्य लगान माफ कर दिया करता था, लेकिन यह कहना मुश्किल है कि जागीरदार लोग भी ऐसी उदारता बरतते होंगे या नहीं।

कलचुरियों, चंदेलों और चाहमानों के राज्यों में किसानों की अवस्था निश्चय ही बहुत खराब हो गई होगी, क्योंकि वहाँ उन्हें सभी श्रेणियों के सरकारी अमलों के खर्च का बोझ उठाना पड़ता था। कलचुरियों के अधीन किसी काल में विषेणिम्

(इस अधिकारी के कार्य और दायित्व का ठीक पता नहीं लग पाया है), पट्टकिल, दःसाध्य और वैषयिक, इन चार अधिकारियों को अपना निर्वाह-व्यय किसानों से वसूल करने का अधिकार मिला हुआ था।[133] चंदेल अभिलेखों में ऐसे अधिकारियों की संख्या अधिक प्रतीत होती है। इनमें वन-अधिकारियों (आटविकों), अनियमित सैनिकों (चाटों)[134] तथा सामान्यतया सभी राज्याधिकारियों को अपना-अपना दातव्य (स्वं-स्वामाभाव्यम्)[135] वसूल करने की सत्ता दी गई है। लेकिन चाहमानों के अधीन यह अधिकार केवल प्रतीहारों और बलाधियों को ही दिया गया था। यह स्पष्ट नहीं है कि आदाय और आभाव्य नाम से ज्ञात कर राज्याधिकारियों को वेतन के ऊपर से भत्ते के तौर पर मिलते थे या यही उनकी आय के एकमात्र साधन थे। पूर्ववर्ती काल में ऐसे कर केवल राज-परिवार के भरण-पोषण के लिए ही वसूल किए जाते थे। इसकी साक्षी हर्ष तथा प्रारंभिक पाल राजाओं के अनुदानपत्रों में मिलती है। यह कर विचाराधीन काल में भी 'राजकुलाभाव्य'[136] नाम से प्रचलित रहा। पहले शायद ऐसे कर राज-परिवारों द्वारा नियुक्त अधिकारी वसूल किया करते थे। अब ऐसे करों की संख्या ही बढ़ नहीं गई, बल्कि उन्हें वसूल करने का हक संभवतः उन्हीं अधिकारियों को मिला जिनके निमित्त ये लगाए जाते थे। यह पद्धति भारतीय सामंतवाद की एक विशेषता बन गई, और इसके अंतर्गत किसानों का शोषण लाजिमी था।

इस काल में शिल्प और व्यापार का सामंतीकरण राजस्थान, मालवा और गुजरात में बढ़ता गया, क्योंकि इन साधनों से होनेवाली राजकीय आय मंदिरों को सौंपी जाने लगी। चाहमान अभिलेखों में इसके कई प्रमाण मिलते हैं। अल्हणदेव के 1161 के एक अभिलेख में एक जैन मंदिर को नड्डूल शहर के किसी क्षेत्र में स्थित एक चुंगी-कर की आय में से प्रति मास 5 द्रम्म का अनुदान दिया गया है।[137] चुंगी-घर की आय के अंश के अनुदान का दूसरा उदाहरण भी हमें नड्डूल में ही मिलता है। 1114 के इस अनुदानपत्र में भगवान् त्रिपुरुष को चुंगी-घर से होनेवाली आय में से 6 द्रम्म (मासिक अथवा वार्षिक, यह स्पष्ट नहीं है) अनुदान-स्वरूप दिए गए हैं।[138] इसी अभिलेख से पता चलता है कि अल्हण ने रानी शंकरदेवी द्वारा स्थापित गौरी की प्रतिमा के दैनिक पान-प्रसाद का खर्च चलाने के लिए उसे एक चुंगी-घर की आय में 4 द्रम्म का मासिक अनुदान सदा के लिए अर्पित किया।[139] 1156 के एक ताम्रपत्र से ज्ञात होता है कि कुमारपाल के किसी सामंत ने कुछ जैन मंदिरों को एक मंडपिका (चुंगी-घर) से होनेवाली आय में से प्रतिदिन एक रूपक के हिसाब से एक अनुदान दिया।[140] 973 के एक अभिलेख के अनुसार शाकंभरी के किसी उच्च पदाधिकारी ने प्रति कूटक नमक पर एक विंशोपक के हिसाब से एक अनुदान दिया और एक दूसरे पदाधिकारी ने उसी देवता को प्रत्येक घोड़े की बिक्री पर एक द्रम्म के हिसाब से अनुदान दिया।[141] उन उदाहरणों से स्पष्ट हो जाता है कि विभिन्न वस्तुओं की बिक्री पर सरकारी महसूल

से होनेवाली नकदी आय के अंश जैन और ब्राह्मण मंदिरों को धार्मिक प्रयोजनों से अनुदान के रूप में दिए गए। इसके अतिरिक्त चाहमानों के राज्य में शिल्प-उद्योग पर लगाए जानेवाले सरकारी महसूल भी धार्मिक उद्देश्य से अनुदान में दिए जाते थे। 1132 के एक अभिलेख से ज्ञात होता है कि दो राजकुमारों और उनकी माता ने प्रत्येक घाणक (कोल्हू) से राज-परिवार को होनेवाली आय में से दो-दो पल्लिका नादुलडागिका (नादलाइ) में तथा उसके बाहर रहनेवाले साधुओं को दे देने का आदेश जारी किया।[142] ऐसे महसूलों से राज्य को होनेवाली नकदी आय के हिस्से ब्राह्मणों को भी अनुदान में दिए गए हों तो आश्चर्य नहीं। इस तरह के अभिलेख कतिपय छोटे राज्यों में भी मिले हैं। भूतपूर्व भरतपुर राज्य में स्थित बयाना नामक स्थान से प्राप्त 955 के एक अभिलेख से मालूम होता है कि एक देवता के निमित्त एक मंडपिका में तीन द्रम्म वसूल किया गया, और इतनी ही राशि एक अन्य मंडपिका में भी उगाही गई।[143] इसी प्रकार बैजनाथ की प्रशस्तियों के अनुसार, एक स्थानीय सरदार ने मंडपिका से होनेवाली अपनी आय में से प्रतिदिन दो द्रम्म के हिसाब से एक अनुदान के रूप में दिया।[144]

उद्योग-व्यापार का सामंतीकरण परमारों के राज्य में भी तेजी से चलता रहा। नासिक जिले में परमारों के एक सामंत यशोवर्मन ने 11वीं सदी के दूसरे चरण में एक जैन मंदिर को दिए गए जमीन के कई टुकड़ों और साथ ही दो घाणकों, 14 दुकानों तथा नकद 14 द्रम्म के अनुदान की पुष्टि की।[145] चामुंडराज के 1080 के एक अभिलेख में अधिक विस्तृत विवरण मिलता है। यह अभिलेख राजस्थान प्रदेश के बाँसवारा शहर से 28 मील दूर अर्थूणा नामक स्थान में मिला है, जिसे परमारों की दो राजधानियों में से एक माना गया है। इस अभिलेख में नकद अनुदानों की भी सूचना दी गई है, और जिन्सी अनुदानों की भी। इसी प्रकार इसमें अनुदानों की पेशावार जानकारी भी दी गई है और वस्तुगत जानकारी भी। स्थानीय बाजार के व्यापारियों के प्रत्येक घर को चैत्रोत्सव के अवसर पर एक-एक द्रम्म देने को कहा गया है। ठठेरों की दुकानों पर (शायद प्रति दुकान) प्रति मास एक द्रम्म का महसूल लगाया गया है, और सुराकारों को 4 रूपक देने का आदेश दिया गया है।[146] वस्तुगत अनुदानों की दृष्टि से देखें तो प्रत्येक भरक बढ़िया शक्कर और ताल-गुड़ पर एक वर्णिका, प्रत्येक भरक बंगाल मजीठ, सूत और रुई पर एक रूपक, एक कोटक कपड़े पर डेढ़ रूपक, और एक मुटक नमक पर एक मानक महसूल लगाया गया है।[147] बाजार में अलग-अलग चीजें बेचनेवालों से नकद वसूल किए जानेवाले इन महसूलों के अलावा जिन्स में भी कई तरह के शुल्क लगाए गए हैं। इस प्रकार एक भरक नारियल पर एक नारियल, एक हजार सुपारी पर एक सुपारी, एक घड़ा मक्खन या तिल के तेल पर एक पलिका मक्खन या तिल का तेल, और फूलों के एक गट्ठर पर फूलों का एक गुच्छा शुल्क के रूप में देने को कहा गया है।[148] तेल, अन्न (विशेष रूप से जौ), नींबू और चारे पर नगद और

जिन्स में लगे अन्य महसूल भी भगवान् मंडलेश को सौंप दिए गए हैं।[149] इस प्रकार अर्थूणा में, जो उद्योग-व्यापार का एक बहुत बड़ा केंद्र था (और इसकी आर्थिक महत्ता की पुष्टि पुरावशेषों से भी होती है), महसूलों का बहुत बड़ा हिस्सा एक स्थानीय मंदिर के खर्च के लिए अनुदान-स्वरूप दे दिया गया।

चौलुक्यों के राज्य में ऐसे उदाहरणों की बहुलता की अपेक्षा करना स्वाभाविक ही है; क्योंकि गुजरात के तटीय क्षेत्रों में उद्योग-व्यापार की अधिक सुविधाएँ थीं। शुल्क-मंडपिका शब्द का उल्लेख बहुत-से चौलुक्य अभिलेखों में हुआ है,[150] और इससे ऐसा लगता है कि अनुदान-स्वरूप राज्य की आय का एक अंश देने का वहाँ आम चलन था। 1156 के एक अनुदानपत्र से ज्ञात होता है कि कुमारपाल ने एक मंदिर को नडोल की मंडपिका से होनेवाली आय का एक अंश—प्रतिदिन एक द्रम्म के हिसाब से—अनुदान स्वरूप दे दिया।[151] एक अन्य अभिलेख से प्रतीत होता है कि द्वितीय भीमदेव ने 1230 में कुछ चीजों की बिक्री पर लगे नकद शुल्कों से होनेवाली आय दो मंदिरों के पान-प्रसाद और ब्राह्मणों को खिलाने का खर्च चलाने के लिए उन मंदिरों के नाम हस्तांतरित कर दी।[152] जान पड़ता है, सलखणपुरी के कुछ व्यापारियों ने कुछ चीजों की बिक्री से होनेवाली नकद आय अनुदानों के रूप में मंदिरों को सौंप दी, और स्पष्टतः उन्होंने वैसा राजकीय आदेश पर ही किया।[153]

व्यापार से होनेवाली राजकीय आय को धार्मिक प्रयोजनों से अनुदान में देने की प्रक्रिया का प्रभाव विदेशी व्यापार पर भी पड़ा। इसका एक उदाहरण हमें कोंकण में मिलता है। वहाँ बाहर से आनेवाले जहाजों से स्वर्ण मुद्राओं के रूप में वसूल किए जानेवाले शुल्क अनुदानस्वरूप एक धार्मिक संप्रदाय के सदस्यों को सौंप दिए गए।[154] आश्चर्य नहीं कि गृहस्थों को भी ऐसे अनुदान दिए गए हों।

पश्चिमी भारत में मिलनेवाले ये सारे प्रमाण शिल्प और व्यापार के सामंतीकरण की साक्षी भरते हैं। बिक्री-शुल्क और चुंगी से होनेवाली नकद आय को इस प्रकार अनुदान में मंदिरों को दे देने की प्रथा की तुलना मध्यकालीन यूरोप में दी गई नकदी जागीरों से की जा सकती है। हमें यह ज्ञात नहीं है कि भारत में गृहस्थ ग्रहीताओं को ऐसी जागीरें दी गईं अथवा नहीं, हालाँकि संभव है कि कलचुरि, चंदेल और चाहमान राज्यों में सरकारी अमलों के निमित्त निर्धारित किए गए कुछ करों की वसूली नकद रकम में होती हो और इसलिए इसे हम एक प्रकार की नकदी जागीर मान सकते हैं। लेकिन यह अनुमान निश्चित तथ्यों पर आधारित नहीं है, और इसलिए यूरोप के साथ की गई इस तुलना पर बहुत जोर नहीं दिया जा सकता।

11वीं और 12वीं सदियों में उत्तर भारत में प्रचलित सामंती रीति-नीतियों पर विचार करने से ऐसा लगता है कि इस काल में सामंती अर्थव्यवस्था इस क्षेत्र में कुछ दृष्टियों से अपनी चरमसीमा पर पहुँच गई थी। धार्मिक तथा गृहस्थ भोक्ताओं को इतना अधिक भूमि-अनुदान इससे पहले कभी नहीं दिया गया था। इसी प्रकार भूमि-अनुदानों के परिणामस्वरूप सामुदायिक तथा भूमि-विषयक अधिकारों का

इतना अधिक ह्रास पहले कभी नहीं हुआ था, और न इससे पूर्व किसी भी काल में किसानों पर इतने करों का बोझ पड़ा था और न वे उपसामंतीकरण से ही इतने अधिक प्रभावित हुए थे। फिर, इस काल में हमें सरकार की सेवाओं के पुरस्कार और प्रतिदान-स्वरूप अनुदान प्राप्त करने के भी सबसे अधिक उदाहरण मिलते हैं। और अंत में, उद्योग-व्यापार पर लगे शुल्कों से होनेवाली सरकारी आय के अनुदानस्वरूप दे दिए जाने के भी इतने सारे उदाहरण हमें इसी काल में मिलते हैं। लेकिन साथ ही इसी काल में सामंतवादी आर्थिक ढाँचे में दरारें भी पड़ने लग गई थीं—विशेषकर पश्चिमी भारत में। आगे हम इसी विषय पर विचार करेंगे। जिसे इतिहास में हिंदू शासन-काल कहा जाता है, उस काल के अंतिम दिनों में उत्तर भारत में कतिपय नई आर्थिक शक्तियों का उदय हुआ और उसके परिणामस्वरूप आत्मनिर्भर अर्थव्यवस्था, मुद्रा के चलन के अभाव और किसानों के शोषण की नींव पर आधारित पुरातन सामंतवाद की जड़ें हिलने लगीं।

इस काल का अंत होते-होते बंगाल, बिहार, उत्तर प्रदेश, मालवा और गुजरात में परती जमीन को आबाद कराने की दृष्टि से भूमि-अनुदानों की महत्ता समाप्तप्राय हो चुकी थी। बंगाल के अनुदानपत्रों में अनुदत्त भूमि की उपज का अनुमान नकद राशि में बताया जाने लगा था, और साथ ही ऐसे क्षेत्रों की सीमाएँ भी स्पष्ट शब्दों में निर्धारित कर दी जाती थीं,[155] जिससे प्रकट होता है कि अब ग्रहीताओं के लिए नए-नए परती-वीरान क्षेत्रों को आबाद करने की गुंजाइश बहुत कम हो गई थी। मालवा और गुजरात के अनुदानपत्रों में भी अनुदत्त गाँवों की सीमाएँ साफ-साफ बताई गई हैं, जिससे प्रकट होता है कि अब दाता को इस बात की फिक्र होने लगी थी कि ग्रहीता को अनुदानपत्र में जो अधिकार और सुविधाएँ दी गई हैं, उन्हीं के उपभोग तक वह सीमित रहे और उनका अनुचित लाभ न उठा पाए। फलतः अब ग्रहीताओं को नए क्षेत्र आबाद करने की सुविधा नहीं मिल पाती थी।

यही स्थिति हम बेगार या विष्टि के संबंध में भी देखते हैं। यह सामंतवादी अर्थव्यवस्था की एक प्रमुख विशेषता थी, और वलभी के मैत्रकों, राष्ट्रकूटों तथा गुर्जर-प्रतीहारों के अधीन पश्चिमी भारत में इसे उत्पादन का एक साधन माना जाता था।[156] लेकिन परमारों, चैलुक्यों और चाहमानों के अभिलेखों में इसका कोई उल्लेख ही नहीं मिलता। स्पष्ट है कि इन राज्यों में यह प्रथा समाप्त हो गई थी। इसी प्रकार गाहडवाल और चंदेल अभिलेखों में विष्टि का उल्लेख नहीं मिलता। लेकिन पाल और सेन अनुदानपत्रों में 'सर्वपीड़ा' तथा कलचुरि अभिलेखों में 'विष्टि' का जिक्र हुआ है। किंतु कुल मिलाकर बेगार की प्रथा घट रही थी। इसे पुरातन सामंती व्यवस्था के आर्थिक बंधनों के शिथिल पड़ने का एक लक्षण माना जा सकता है। शायद बेगार के बदले अब नकद कर ही लिया जाने लगा हो। लेकिन, इस अनुमान के समर्थन में हमें कोई विशेष प्रमाण नहीं मिलते। इसके कुछ

प्रमाण मिलते भी हैं तो कश्मीर में, जिसे हमने इस विवरण में शामिल नहीं किया है। फिर भी, यहाँ कश्मीरी साक्ष्य का उल्लेख कर देना अनुचित नहीं होगा। **राजतरंगिणी** में कहा गया है कि बेगार के रूप में श्रमिक बोझा ढोते थे (रूढ़-भारोढि)। बोझ-ढोलाई के तेरह प्रकार थे, लेकिन उनका वर्णन पुस्तक में नहीं किया गया है। एक ऐसा उदाहरण मिलता है कि कुछ ग्रामवासियों ने एक साल तक बोझा ढोने का काम नहीं किया, और फलतः उन सब पर जुर्माना ठोंककर उन्हें दंडित किया गया। उन्होंने जितना बोझा नहीं ढोया था उतने की कीमत के बराबर उनसे जुर्माना वसूल किया गया, और पास-पड़ोस के क्षेत्रों में उन वस्तुओं की जो प्रचलित कीमत थी उससे अधिक कीमत आँकी गई।[157] संभावना यही दीखती है कि ये जुर्माने नकद वसूल किए गए। यदि यह अनुमान ठीक हो तो निष्कर्ष यही होगा कि बेगार के बदले नकद राशि भी ली जा सकती थी। कभी-कभी बेगार के बदले नकद और जिन्स दोनों रूपों में अदायगी ली जाती थी। जब हर्ष के शासन-काल (1089-1101) में एक मंदिर को लूटा गया तो उसके पुजारियों ने प्रार्थना की कि उनसे नकदी और जिन्सी अदायगी के बदले उन्हें बेगार से बरी कर दिया जाए।[158] लेकिन किसानों के बारे में ऐसा उदाहरण न तो कश्मीर और न उत्तर भारत के किसी भी अन्य हिस्से में मिलता है। फिर भी इस काल में मुद्रा के बढ़ते हुए प्रचलन को देखते हुए ऐसा संभव जान पड़ता है कि किसान नकद रकम चुकाकर बेठ-बेगार से छुटकारा पा लेते होंगे। इसके अतिरिक्त पूर्वी बंगाल के कैवर्त्त-विद्रोह-जैसे किसान-विद्रोहों के परिणामस्वरूप भी राजाओं को इस प्रथा की कठोरता को कम करने के लिए मजबूर होना पड़ा होगा। पश्चिमी भारत में नगरों की बहुलता का संबंध शायद विष्टि की प्रथा के लोप से था, क्योंकि इस प्रथा के समाप्त हो जाने से किसान और कारीगर गाँवों को छोड़कर शहरों में बस सकते थे और वहाँ शिल्प-कारीगरी का धंधा कर सकते थे।

इस काल में मध्य भारत और पश्चिमी भारत में कुछ और भी ऐसी बातें हुईं जिनसे ग्रामीण क्षेत्रों की आत्मनिर्भर अर्थव्यवस्था कमजोर होने लगी। अनुदानों के परिणामस्वरूप अक्सर ऐसा होता था कि जो गाँव दीर्घ-काल से एक खास आर्थिक क्षेत्र के अभिन्न अंग बने हुए थे उन्हें उनसे अलग करके नए क्षेत्र में मिला दिया जाता था। मंदिरों को दान किए गए बहुत सारे गाँव बराबर इनके पास पहले से मौजूद क्षेत्रों के निकट ही नहीं पड़ते थे। फलस्वरूप मंदिरों के साथ इन गाँवों को नया आर्थिक संबंध स्थापित करना पड़ता था, और कई दृष्टियों से उन्हें आस-पास के उस ग्रामीण क्षेत्र से अपना संबंध तोड़ लेना पड़ता था जिसकी आत्मनिर्भरता में उनका इतना अधिक योगदान होता था। उदाहरण के लिए, सोमनाथ के मंदिर के अधीन 2000 गाँव थे और ये सभी किसी एक ही क्षेत्र में नहीं पड़ते थे। इस मंदिर को विभिन्न राजाओं से दान में जो गाँव मिलते रहते थे वे स्पष्टतः एक-दूसरे से अलग-अलग हुआ करते थे। उत्तर प्रदेश में जागु शर्मा के प्रभावशाली

पुरोहित-परिवार को दिए गए विभिन्न ग्राम-अनुदान इसके उदाहरण हैं। इस परिवार की भूसंपत्ति गाहडवाल राज्य के 18 पत्तलाओं में फैली हुई थी, और इसलिए यह कई आर्थिक एकांशों की आत्मनिर्भरता के लिए बाधक थी। अट्ठारह पत्तलाओं में फैले इन गाँवों की पैदावार में अनुदानभोगी अपनी सुविधानुसार हेर-फेर कर सकता था। आत्मनिर्भर आर्थिक जीवन की आवश्यकताओं की परवाह न कर वह इस बात पर आग्रह रख सकता था कि वह वही फसल उगायेगा जो अमुक गाँव की मिट्टी के लिए अथवा उसकी अपनी जरूरतों के लिए ज्यादा ठीक है।

इस काल में गतिहीन ग्रामीण अर्थ-व्यवस्था के कमजोर होते जाने का एक और भी लक्षण सामने आता है। राजा तथा अनुदानभोगी शिल्पियों और व्यापारियों की सेवाओं का प्रत्यक्ष उपयोग करते नहीं दिखाई पड़ते हैं। इसके बजाय, उन्हें इन लोगों से जितना लेने का अधिकार था उतना वे जिन्स के रूप में अथवा नकद ही लिया करते थे। लगता है कि इस दिशा में पहला कदम पश्चिमी भारत में उठाया गया। अब वहाँ व्यापारियों और शिल्पियों को—इन दोनों में कोई खास फर्क नहीं था—राज्य का दातव्य जिन्स के रूप में चुकाना पड़ता था। कालक्रम से उनसे नकद अदायगी की अपेक्षा की जाने लगी। खासतौर से जब वे अपना माल बेचते थे तब तो उनसे नकद महसूल ही लिया जाता था। अब कारीगरों और सौदागरों को मंदिरों को दान किए गाँव से बँधे रहने को नहीं कहा जाता था। इसके बदले उनसे नकद कर लिया जाता था, और मंदिर के व्यवस्थापक जरूरत की चीजें या जरूरी सेवाएँ उसी राशि के बल पर प्राप्त किया करते थे। उदाहरण के लिए, मालवा, राजस्थान और गुजरात में मंदिरों को शिल्पियों और व्यापारियों की सेवाएँ सुलभ कराकर इन्हें आत्मनिर्भर आर्थिक इकाइयों का रूप दे देना आवश्यक नहीं समझा जाता था।

यद्यपि यह बात मुख्यतः शहरों तक ही सीमित थी, किंतु शहरों की भी संख्या कुछ कम नहीं थी। विभिन्न सामग्रियों के आधार पर दशरथ शर्मा ने चाहमान राज्य में 131 स्थानों के नामों की एक सूची तैयार की है,[159] जिनमें से अधिकांश शायद शहर ही थे। डी. सी. गांगुली ने परमार राज्य में—मुख्यतः मालवा में—स्थित 20 शहरों के नाम बताए हैं।[160] इसमें हम उनकी दूसरी राजधानी प्रसिद्ध नगरी अर्थूणा को जोड़ सकते हैं। पुष्पा नियोगी ने गुजरात में चौलुक्यों के राज्य में स्थित 8 शहरों के नामों की सूची दी है।[161] इसमें बंदरगाहों में बसे वे तटीय नगर शामिल नहीं हैं जिनसे गुजरात का सारा समुद्र-तट भरा पड़ा था। अरबों के लिखे विवरणों में सिंध और पश्चिमी भारत के अनेक शहरों के नामों का उल्लेख हुआ है।[162] अलबरूनी के यात्रा-विवरण और सुलतान महमूद के भारत-विजय- अभियान के वृत्तांत के आधार पर पुष्पा नियोगी ने उत्तर भारत के 25 नगरों की एक सूची तैयार की है।[163] इस सूची को पर्याप्त नहीं माना जा

सकता। इन 25 नगरों के अलावा भी बहुत-से नगर इस क्षेत्र में थे। लेकिन पूर्वी भारत में नगरों की संख्या अधिक नहीं जान पड़ती, यद्यपि पालों के नौ-के-नौ विजय-स्कंधावार शायद नगर ही थे। इनमें हम उत्तरी और पूर्वी बंगाल में सेनों की राजधानियों को जोड़ सकते हैं।[164] कुल मिलाकर जो प्रमाण मिलते हैं उनसे यही लगता है कि पश्चिमी भारत में नगरों की संख्या अच्छी-खासी थी और इनमें से कई काफी बड़े-बड़े थे।

पश्चिमी भारत में इतने सारे नगरों का अस्तित्व देखते हुए ऐसा मानना अनुचित न होगा कि ग्रामीण क्षेत्रों में जो चीजें उपजाई-बनाई जाती थीं उनमें से बहुत कुछ ग्रामवासियों के उपयोग के बाद बच जाता था; क्योंकि यदि ऐसा न होता तो इन शहरों की आबादी की जरूरतें कैसे पूरी हो पातीं? कुछ शहरों की आबादी बहुत घनी थी। अनहिलपाटक में तो 48 मंडियाँ थीं।[165] इन शहरों की जरूरतों के कारण शहरों तथा गाँवों के बीच निश्चय ही अच्छे-खासे पैमाने पर आंतरिक व्यापार चलता होगा, जिससे गाँवों की गतिहीन अर्थव्यवस्था का रूप बदलता होगा।

घोड़े, तेल और नमक का व्यापार राजस्थान में पहले भी होता था। अब इन वस्तुओं का व्यापार वहाँ और भी बढ़ गया। चाहमान अभिलेखों से यह बात बिलकुल स्पष्ट है कि अश्व-विक्रेताओं, महाजनों, सेठों और घाणकस्वामियों का व्यापार बहुत अच्छा चल रहा था।[166] विशेष रूप से घोड़े और सांभर झील से प्राप्त नमक के व्यापार से राज्य को खूब चुंगी-महसूल मिलता था। लेकिन महत्त्व की बात यह है कि 11वीं सदी से बहुत-सी ऐसी वस्तुओं का भी आंतरिक व्यापार होने लगा जिनका उपयोग आम लोग अपनी दैनिक आवश्यकताओं की पूर्ति के लिए किया करते थे। चाहमान अभिलेखों से ज्ञात होता है कि राजस्थान में गेहूँ, मुद्ग, धूना, तेल, पान, मसाला, दाल आदि का व्यापार खूब होता था।[167] इसी प्रकार हमें जस्ते और कपड़े के व्यापारियों तथा आसवकों और बुनकरों का भी उल्लेख देखने को मिलता है।[168] सच तो यह है कि चाहमान अभिलेखों में हमें मारवाड़ के उन सौदागरों की व्यापारिक प्रवृत्तियों के उद्गम की झाँकी मिलती है जो बाद में मारवाड़ी व्यापारियों के रूप में प्रसिद्ध हुए।

परमार अभिलेखों से भी ऐसा संकेत मिलता है कि उस राज्य में आंतरिक व्यापार अच्छे-खासे पैमाने पर होता था। राजस्थान में प्रसिद्ध अर्थूणा नगर में व्यापार की स्थिति बहुत अच्छी थी। यहाँ दैनिक उपयोग की वस्तुओं का व्यापार होता था—जैसे अन्न (विशेषकर जौ), सूत, रुई, कपड़ा, नमक, शक्कर[169] और तेल। ऐसा जान पड़ता है कि बंगाल से मजीठ लाकर अर्थूणा में बेचा जाता था।[170] नासिक के एक परमार सामंत के अभिलेख से पता चलता है कि वहाँ बहुत-सी दुकानें और घाणक थे।[171]

ऐसा प्रतीत होता है कि गुजरात के व्यापारी, जो वणिक् कहे जाते थे, काफी

समृद्धिशाली थे। वस्तुपाल, तेजपाल और जगडु ये तीन लक्षपति व्यापारी तो प्रसिद्ध ही हैं।[172] इन्हें आंतरिक और बाह्य दोनों तरह के व्यापारों से धन मिलता था, और कहने की जरूरत नहीं कि इन्हें उन साधारण सौदागरों से भी मदद मिलती थी जिनकी आर्थिक प्रवृत्तियों का संबंध आम जनता के आर्थिक जीवन से था। पेदइओ नाम से ज्ञात एक व्यापारिक समुदाय अन्न बेचता था (कणादि-विक्रेता-वणिक्)।[173] एक साधारण व्यापारी का उल्लेख भी मिलता है, जो केवल चना बेचता था (चणकविक्रयकार)।[174] इससे ऐसा निष्कर्ष निकाला जा सकता है कि ग्रामीण क्षेत्रों में भी कुछ लोग खाद्यान्न खरीद कर ही खाते थे।

उत्तर प्रदेश में आंतरिक व्यापार का बहुत कम संकेत मिलता है, यद्यपि गाहडवाल अभिलेखों में प्रयुक्त 'प्रविणकर' शब्द का मतलब फुटकर विक्रेताओं पर लगाया गया शुल्क है। इसी प्रकार ऐसी संभावना दिखाई देती है कि बुंदेलखंड में भी आंतरिक व्यापार अच्छे पैमाने पर शुरू हो गया होगा, क्योंकि वहाँ के लोग नील, कपास और ईख-जैसी नकदी आयवाली फसलें उगाते थे। एक श्रेष्ठि-परिवार द्वारा उपहारस्वरूप दी गई वस्तुओं से ऐसा जान पड़ता है कि चंदेलों के राज्य का व्यापारी-वर्ग काफी श्रीसंपन्न था।[175] लगता है, कलचुरियों के अधीन बुंदेलखंड में व्यापार का अधिक अच्छा विकास हुआ। प्रत्येक शहर और गाँव में एक-एक मंडपिका थी। शहरों और गाँवों के बाजारों में जो चीजें बेची जाती थीं उनमें खाद्यान्न, नमक, मिर्च, शराब, तेल, कपास और सब्जियाँ शामिल थीं।[176]

पूर्वी भारत में इससे पहले के काल में आंतरिक व्यापार बिलकुल समाप्त हो गया हो, ऐसी बात नहीं थी। इसकी साक्षी पाल अनुदानपत्र भरते हैं। उनमें तरिक (नौवहन-शुल्क-अधिकारी) और शौल्किक इन दो अधिकारियों का उल्लेख मिलता है। यदि व्यापार नहीं होता था तो फिर इन अधिकारियों को रखने का क्या उद्देश्य हो सकता था? इस काल में हम एक नए अधिकारी का भी उल्लेख देखते हैं।[177] वह है हट्टपति, अर्थात् बाजारों की देख-रेख करनेवाला अधिकारी।

कुल मिलाकर यह मानना होगा कि जहाँ गुप्त-साम्राज्य के पतन के बाद की चार सदियों में भारत में उद्योग-व्यापार का ह्रास हुआ था, वहाँ इस काल में विशेषतया पश्चिमी भारत में उसका काफी विकास हुआ। आंतरिक व्यापार की सतत वृद्धि का एक कारण विदेशी व्यापार का नवोत्कर्ष था, जिस पर हम आगे विचार करने जा रहे हैं।

ऐसा मानना गलत होगा कि 750 और 1000 के बीच विदेशी व्यापार बिलकुल ठप पड़ गया था, लेकिन 600 से लेकर 900 तक विदेशी व्यापार के बहुत कम संकेत मिलते हैं। इस काल में हमें विदेशी व्यापार के जो प्रमाण मिलते हैं, वे सातवाहन और कुषाणकाल में रोम साम्राज्य के साथ और गुप्त-काल में बैजनतानी साम्राज्य के साथ भारत के व्यापार की तुलना में कुछ नहीं हैं। फिर भी अरब सागर के माध्यम से भारत तथा फारस की खाड़ी और अरब के बीच समुद्री व्यापार

अच्छे-खासे पैमाने पर चलता रहा। सातवीं सदी के अरब विवरणों में भारत के पश्चिमी तट पर स्थित कुछ बंदरगाहों का उल्लेख हुआ है।[178] लेकिन भारत के विदेशी व्यापार के विषय में अरबों के अधिकांश विवरण का संबंध 9वीं और विशेष रूप से 10वीं सदी से है। इस काल से संबंधित विवरण में अनेक भारतीय बंदरगाहों का जिक्र है।[179] यह दसवीं सदी से पश्चिमी तट पर व्यापारिक गतिविधियों के फिर से तीव्र हो उठने का संकेत देता है। इस व्यापारिक पुनरुत्थान का संबंध चोलों द्वारा 10वीं सदी के अंतिम वर्षों से जहाजरानी और समुद्री व्यापार के क्षेत्र में प्रारंभ किए गए उपक्रमों से भी रहा होगा। इस दिशा में रुचि रखनेवाले एक के बाद एक कई शक्तिशाली चोल राजाओं ने दक्षिण-पूर्व एशिया के साथ भारत के व्यापार के विकास में बड़ा योगदान दिया।

1008 के एक अभिलेख से ज्ञात होता है कि कोंकण का क्षेत्र केवल तटीय इलाकों के साथ ही नहीं, बल्कि सुदूर विदेशों (द्वीपांतर) के साथ भी खूब व्यापार करता था।[180] और इस व्यापार के परिणामस्वरूप वहाँ के शासक मांडलिक रट्टराज को काफी नकद आय भी होती थी। विदेशों से आनेवाले प्रत्येक जहाज से वह एक गांदियाण स्वर्ण और तटीय क्षेत्र में कंडलमूलीय नामक स्थान से आनेवाले प्रत्येक जहाज से एक घरण सोना वसूल करता था।[181] संभव है कि तटीय व्यापार स्थानीय नौकाओं में किया जाता रहा हो। ये सारी बातें कोंकणतट पर बढ़ती हुई व्यापारिक गतिविधियों की साक्षी भरती हैं। व्यापार का इतना विकास हुआ कि वहाँ मणिग्राम नामक व्यापारियों का एक शहर ही बस गया।[182]

इसी प्रकार चीन के साथ भारत का व्यापारिक संबंध था। पहले इस व्यापार पर मुख्यतः अरबों का एकाधिकार था और बाद में चीनियों का हो गया। ये दोनों देश अपने ही जहाजों में व्यापार करते थे। 10वीं सदी से पूर्व भारतीय सौदागरों के विदेशों में जाकर व्यापार करने का कोई संकेत नहीं मिलता।[183] लेकिन 12वीं सदी की एक कृति **मानसोल्लास** में यह सलाह दी गई है कि राजा के बंदरगाहों में ठहरे भारतीय जहाजों को जितने मूल्य का माल उनमें लदा हो, उसका दसवाँ हिस्सा शुल्क के रूप में उसे देना चाहिए।[184] 13वीं सदी में जगडु नामक एक भारतीय व्यापारी था। फारस के साथ वह नियमित रूप से व्यापार करता था और माल को अपने ही जहाज़ में ढोता था।[185] इसके अलावा यत्र-तत्र पश्चिमी तट पर भारतीय समुद्री लुटेरों की गतिविधियों का भी उल्लेख मिलता है। उदाहरण के लिए, 13वीं सदी में मार्कोपोलो ने इन लुटेरों की शिकायत की।[186] इससे भी सिद्ध होता है कि भारत में उन दिनों जहाजरानी का चलन था।

इतना तो निश्चित है कि 13वीं सदी में भारत में जहाज बनाने का काम काफी बड़े पैमाने पर चलता था। मार्कोपोलो ने कई भारतीय जहाजों का उल्लेख किया है, जो बहुत सारे सौदागरों को तरह-तरह के माल लेकर फूचो (चीन का बंदरगाह) जाया करते थे।[187] इसके अलावा पश्चिमी तट पर स्थित कई व्यस्त बंदरगाहों की

भी चर्चा है, जहाँ अरब और चीनी व्यापारी आया करते थे। अरब लेखकों ने 10वीं सदी में जितने बंदरगाहों का जिक्र किया है उनकी तादाद 7वीं सदी के अरब लेखकों द्वारा बताई गई संख्या से बहुत अधिक है।[188] इस सबसे प्रकट होता है कि भारत के पश्चिमी तट पर 10वीं से लेकर 13वीं सदी तक विदेशी व्यापार फिर काफी जोर-शोर से होने लगा था। इस बात की पुष्टि समकालीन अनुदानपत्रों से भी होती है। इनमें हमें नकद चुंगी और विक्रयकर का अधिकाधिक उल्लेख देखने को मिलता है।

विदेशी व्यापार का स्वरूप भी अब बदल गया था। ईस्वी सन् की प्रारंभिक सदियों में भारत मुख्यतः विलासिता की सामग्री, मसाले, रेशमी वस्त्र और मलमल दूसरे देशों को भेजा करता था। लेकिन अब वह कमाया हुआ चमड़ा, चमड़े का सामान, मोटा-खुरदरा कपड़ा और अन्य प्रकार के कपड़े भी निर्यात करने लगा था।[189] संभव है, मोटा कपड़ा सण या पटुए से ही बनाया जाता रहा हो, लेकिन चीनी विवरण में बढ़िया किस्म के पटुए के निर्यात का भी उल्लेख हुआ है।[190] चीनी और अरब विवरणों के अनुसार इस काल में मालवा और गुजरात से ईख तथा अदरख भी बाहर भेजा जाता था। मोटे कपड़े, रुई से तैयार की गई चीजों, पटुए और शक्कर का निर्यात बड़े पैमाने पर होता होगा, क्योंकि ये ऐसी वस्तुएँ थीं जिनका उपयोग अरब और चीन के उच्च वर्गीय लोगों तक ही सीमित नहीं रहा होगा। ईस्वी सन् की प्रारंभिक सदियों में बढ़िया किस्म के कपड़ों का निर्यात तो होता था, किंतु पटुए और शक्कर का नहीं।[191] इस प्रकार लगता है कि विदेशी व्यापार में ये माल नए-नए ही दाखिल किए गए थे। इन दोनों वस्तुओं के व्यापार का परिमाण क्या था, इसका हमें कोई अंदाजा नहीं है, लेकिन इसमें तो कोई संदेह नहीं कि ये विलासिता की सामग्री नहीं थी और इसलिए इनके निर्यात का असर इनके उत्पादकों पर भी पड़ा होगा, क्योंकि उन्हें अपनी कपास, पटुए और ईख के लिए नकद दाम दिए जाते होंगे। जहाँ तक चीन का संबंध है, जिस प्रकार पहली सदी में भारतीय मसालों के आयात के परिणामस्वरूप रोम को अपना बहुत सारा सोना गँवाना पड़ता था, उसी प्रकार 10वीं-12वीं सदियों में भारत की उपर्युक्त वस्तुओं और विलासिता की सामग्री के आयात के कारण चीन का काफी सोना-चाँदी भारत चला आता था। अतः, रोम की ही तरह चीन को भी 12वीं सदी में मलाबार तथा क्विलोन के साथ अपने व्यापार पर प्रतिबंध लगाना पड़ा।[192]

तुर्कों की भारत-विजय से पहले की दो सदियों के व्यापारिक पुनरुत्थान का क्या कारण था, यह कहना मुश्किल है। पूर्वी भारत में व्यापारिक गतिविधियों को उत्तेजन मिलने का एक कारण यह प्रतीत होता है कि वहाँ दो महत्त्वपूर्ण व्यापारिक वस्तुओं, सुपारी और नारियल का उत्तरोत्तर अधिकाधिक उत्पादन किया जाने लगा था। बंगाल के सेनों के अनुदानपत्रों में जो अक्सर सिक्कों का उल्लेख मिलता है, उसका श्रेय भी शायद इन्हीं दो तिजारती चीजों के उत्पादन को था। जहाँ 11वीं

और 12वीं सदियों में उत्तरी तथा पूर्वी बंगाल में अनुदान में दी गई वस्तुओं के रूप में इन दोनों का जिक्र बार-बार हुआ है, वहाँ न तो गुप्त-काल के अनुदानपत्रों में और न उत्तरी बंगाल के पाल-अनुदानपत्रों में ही इनका कोई उल्लेख हुआ है। पूर्वी-बंगाल में सबसे पहले 7वीं-8वीं सदी के एक अनुदानपत्र में सुपारी का जिक्र आता है।[193] लेकिन लगता है कि अनुदानों में नारियल को दो सदी बाद स्थान मिला। चंद्र और वर्मन् अनुदानपत्रों में अनुदत्त भूमि के उत्पादनों के रूप में सुपारी और नारियल का उल्लेख तो हुआ है, लेकिन इन उत्पादनों का मुद्रा के रूप में मूल्य नहीं बताया गया है। किंतु दूसरी ओर अधिकांश सेन अनुदानपत्रों में मुद्रा के रूप में आय का अनुमान वहीं दिया गया है जहाँ इन दो पैदावारों का स्पष्ट उल्लेख हुआ है। इन दोनों फलों के पेड़ स्पष्टतः दक्षिण भारत से बंगाल में लाए गए, और वहाँ 11वीं सदी से इन्हें आमदनी का जरिया माना जाने लगा। वहाँ के किसान शायद इन फसलों के लिए राजा को कर देते थे, और राजा जब धार्मिक अनुदान देता था तब यह कराधिकार ग्रहीता को सौंप देता था। हम निश्चयपूर्वक यह नहीं कह सकते कि नारियल के जो तरह-तरह के उपयोग होते हैं वे सब बंगाल के लोगों को मालूम थे, लेकिन इसमें कोई संदेह नहीं कि सुपारी और नारियल किसानों की नकद आमदनी के मुख्य साधन थे।

मध्य और पश्चिमी भारत में व्यापार के पुनरुत्थान का महत्त्वपूण कारण यह प्रतीत होता है कि यहाँ ईख, रुई और सण, इन तीन व्यापारिक और नकद आय देनेवाली फसलों की खेती खूब होती थी। 11वीं-12वीं सदियों के चंदेल अनुदानपत्रों से प्रकट होता है कि मध्य भारत में इन तीनों फसलों की खेती काफी बड़े पैमाने पर होती थी। स्पष्ट ही इन उपजों से जो चीजें तैयार की जाती थीं उन्हें खरीदकर देहाती सौदागर निर्यात के लिए बंदरगाहों को भेज देते थे। यही कारण है कि मध्यप्रदेश के किसान 13वीं सदी में नकद लगान दिया करते थे।[194] जहाँ तक ईख का संबंध है, इसका उत्पादन चंदेल राज्य में ही नहीं, मालवा में भी होता था, और गुजरात के समुद्र-तट से शक्कर का निर्यात किया जाता था। इस काल में ईख पेरने के यंत्र, इक्षुनिपीडनयंत्रम्, का काफी प्रयोग होता था, जिसका उल्लेख हमें हेमचंद्र की कृति **देसीनाममाला** में मिलता है।[195] यह तथ्य बड़े महत्त्व का है, क्योंकि इससे पहले हमें ईख पेरने के यंत्र के लिए कोई संस्कृत शब्द नहीं मिलता।[196] इस यंत्र के प्रयोग के प्रसार से शक्कर-उद्योग को बड़ा उत्तेजन मिला। हमें यह तो मालूम नहीं है कि कपास से सूत-कपड़ा आदि बनाने की प्रणाली में कोई प्रगति हुई या नहीं, लेकिन इसमें कोई संदेह नहीं कि 7वीं सदी में रुहमी (विद्वानों ने इसे बंगाल के लिए प्रयुक्त एक नाम माना है) से सूती कपड़े का निर्यात होता था, और मालवा तथा गुजरात में कपास की खेती काफी बड़े पैमाने पर होती थी। भारतीय कपास की श्रेष्ठता की साक्षी मार्कोपोलो भी भरता है। उसके अनुसार गुजरात में कपास के बड़े-बड़े पौधों से, जो 20 साल पुराने होने पर छः-छः

गज ऊँचे हो जाते थे, काफी रुई पैदा होती थी ।[197]

ईख की खेती न केवल मध्य भारत में होती थी, बल्कि राजस्थान के सूखे इलाके में भी इसके उपजाए जाने के प्रमाण मिलते हैं । इसका मतलब यह हुआ कि सिंचाई के कृत्रिम साधनों का भी उपयोग किया जाता था । यहाँ अरहट्टों या अरघट्टों का उल्लेख किया जा सकता है । अरहट्ट या अरघट्ट पानी निकालने का एक चक्र था, जिसमें कई बाल्टियाँ लगी होती थीं और बैलों की सहायता से उसके जरिए कुएँ से पानी निकाला जाता था । यह आजकल के रहट के जैसा था । इस यंत्र का उल्लेख पहले-पहल 9वीं शताब्दी के अभिलेखों में मिलता है, और इसका उपयोग भारत ने शायद फारस से सीखा था । यहाँ इसका प्रचार होने में काफी समय लगा, क्योंकि यहाँ के लगभग गतिहीन कृषक-समाज के लोग नई चीजों को जल्दी स्वीकार नहीं करते थे । लेकिन अगली तीन सदियों में यह यंत्र काफी लोकप्रिय हो गया, क्योंकि दक्षिण और दक्षिण-पूर्व मारवाड़ में प्राप्त 12वीं और 13वीं सदियों के चाहमान अभिलेखों से सिद्ध होता है कि ऐसे कुओं का उपयोग काफी बड़े पैमाने पर होता था जिनसे उपर्युक्त ढंग के चक्र द्वारा पानी निकाला जाता था । इससे ईख, कपास और सण-जैसी नकद आय देनेवाली व्यापारिक फसलों की खेती को खूब उत्तेजन मिला होगा ।

लगता है कि 12वीं और 13वीं सदियों में कमाए हुए चमड़े और चमड़े के सामान का निर्यात मध्य-पूर्व और चीन को काफी बड़े पैमाने पर किया जाने लगा । देश में इस उद्योग की प्रगतिशील स्थिति से निर्यात को बल मिला, और यहाँ इस उद्योग के विकास की साक्षी देशी और विदेशी दोनों सूत्र भरते हैं । **राजतरंगिणी** में कश्मीर के चर्मकारों का उल्लेख हुआ है,[198] और लक्ष्मीधर ने चर्मकारों के संघों का जिक्र किया है ।[199] हेमचंद्र ने कई तरह के जूतों और जूते बनानेवालों का उल्लेख किया है ।[200] मार्कोपोलो कहता है कि गुजरात में बहुत ज्यादा चमड़ा कमाया जाता था, और वहाँ लाल और नीले चमड़े की बहुत सुंदर चटाइयाँ बनाई जाती थीं ।[201]

उद्योग-व्यवसाय का नौका-निमाण के कौशल के विकास से भी सहायता मिली । परमार भोज द्वारा 11वीं सदी में लिखी **युक्तिकल्पतरु** में कई तरह के जलयानों का उल्लेख मिलता है और उसमें बताया गया है कि तख्तों को लोहे की कीलों से नहीं, बल्कि रस्सी से जोड़ना चाहिए, क्योंकि कील होने से नौका को चुंबकीय चट्टानें अपनी ओर खींच ले सकती हैं ।[202] यद्यपि यह लेखक का अंधविश्वास ही प्रतीत होता है, फिर भी इसमें एक खूबी तो थी ही कि कीलों से जोड़े गए तख्तों की अपेक्षा रस्सी से बाँधे तख्तों में आँधी-तूफान के थपेड़े झेलने की अधिक क्षमता होती ।

11वीं-12वीं सदियों के व्यापार-व्यवसाय को किसी बाहरी परिस्थिति से सहायता मिली या नहीं, यह कहना कठिन है । संभव है, क्रूसेडों (धर्मयुद्धों) के

कारण यूरोप के साथ अरब के व्यापार में बाधा पड़ने के कारण अरबों का ध्यान भारतीय व्यापार की ओर गया हो। इधर यूरोप की भौतिक समृद्धि खूब बढ़ी थी, और उसके रहन-सहन का स्तर काफी ऊँचा हो गया था। इसलिए विलासिता की सामग्री की माँग भी बढ़ी ही होगी। महमूद और मसूद के शासन-काल में सिक्के बहुत बड़े पैमाने पर जारी किए गए, और उनका स्तर भी बहुत अच्छा था। इससे 11वीं सदी में भारत तथा पूर्वी इस्लामी दुनिया के बीच व्यापार को बड़ा उत्तेजन मिला, यद्यपि विद्वानों का ऐसा विचार है कि इस व्यापार का संतुलन भारत के ही पक्ष में था।[203] वाणिज्य-व्यापार के पनुरुत्थान का ठीक-ठीक कारण चाहे जो रहा हो, इसमें संदेह नहीं कि इस काल में इस क्षेत्र में काफी प्रगति हुई, और इस तथ्य को भी अस्वीकार नहीं किया जा सकता कि वाणिज्य-व्यापार की प्रगति के फलस्वरूप पश्चिमी भारत में भूमि पर आधारित सामंतवादी अर्थव्यवस्था की जड़ें कमजोर होने लगी थीं।

जान पड़ता है, आंतरिक व्यापार को यातायात के साधनों में कुछ सुधार होने से उत्तेजन मिला। भूतपूर्व भरतपुर राज्य के बयाना नामक स्थान से प्राप्त 955 के एक अभिलेख से प्रतीत है कि शूरसेन शासक-वंश की किसी महिला ने विष्णु को एक गाँव अनुदान में दिया था, जिससे होकर गुजरनेवाले व्यापारिक माल से लदे प्रत्येक घोड़े पर चुंगी वसूल की जाती थी।[204] इससे यह निष्कर्ष निकलता है कि 10वीं सदी से यहाँ घोड़े का उपयोग माल ढोने के लिए किया जाने लगा था। एक अन्य अभिलेख में ऊँट पर लदे माल पर राज्य द्वारा चुंगी वसूल करने का उल्लेख मिलता है। भूतपूर्व जोधपुर राज्य में एक मंदिर को अनुदानस्वरूप यह अधिकार प्रदान किया गया है कि वह अपने क्षेत्र में आने-जानेवाले ऐसे प्रत्येक कारवाँ से, जिसमें दस से अधिक ऊँट और 20 से अधिक बैल हों, एक-एक पैसा वसूल करे।[205] यद्यपि ये अभिलेख 13वीं सदी के अंतिम वर्षों के हैं, लेकिन ऊँट का उपयोग शायद पहले ही शुरू हो गया होगा, क्योंकि उन अभिलेखों और **मानसोल्लास**[206] के अनुसार सैनिक अभियानों में यातायात के लिए भैंसों, ऊँटों और बैलों का उपयोग होता था। इस प्रकार अब बैलों के अलावा माल ढोने के लिए ऊँटों और घोड़ों का भी व्यापक उपयोग प्रारंभ हो गया था। यह सच है कि पूर्वी भारत में ऊँटों का उपयोग नहीं हो सकता होगा, लेकिन घोड़े अब वहाँ भार-वाहक पशु बन गए थे। अभिलेखों में घोड़ों की बिक्री का बार-बार जिक्र होने से लगता है कि अब वे सैनिक अभियानों के लिए ही नहीं, बल्कि व्यापारिक प्रयोजनों के लिए भी काफी महत्त्वपूर्ण हो गए थे। इसलिए हम ऐसा मान सकते हैं कि इन नए साधनों के प्रयोग से यातायात की सुविधा बढ़ी होगी, जिससे व्यापार को सहायता मिली होगी।

इस काल में मुद्रा की स्थिति पर विचार करने पर हम आंतरिक और विदेशी दोनों तरह की व्यापारिक प्रगति को ज्यादा अच्छी तरह समझ सकते हैं।

समकालीन अभिलेखों तथा साहित्य में अनेकानेक स्थलों पर मुद्रा का उल्लेख हुआ है, और इस काल के बहुत-से सिक्के हमें सुलभ भी हैं । 1000 ईस्वी के बाद हम उत्तर भारत में सिक्कों की ढलाई फिर से आरंभ होते देखते हैं, यद्यपि यह चीज अभी मुख्यतः उत्तर प्रदेश, मध्य भारत, मालवा, गुजरात और राजस्थान तक ही सीमित थी । बंगाल और बिहार में इसके बहुत क्षीण प्रमाण ही मिलते हैं । सच तो यह है कि कुछ विद्वानों द्वारा पेश किए गए इस मत को सहज ही अस्वीकार नहीं किया जा सकता कि इस काल में पूर्वी भारत में विनिमय का माध्यम कौड़ी थी । किंतु बंगाल में सेनों और उनके समकालीन शासकों के अधीन स्थिति निश्चय ही कुछ बदल गई । सेन भूमि-अनुदानपत्रों में अनुदत्त गाँवों या भूमि-खंडों के राजस्व का अनुमान कपर्द्दक-पुराणों में लगाया गया है । पालों के अधीन हमें इस विनिभय माध्यम कपर्द्दक-पुराण की कोई जानकारी नहीं मिलती । टिपड़ा जिले में प्राप्त 1234 के एक अभिलेख में दामोदरदेव द्वारा 20 ब्राह्मणों को दान किए गए प्रत्येक क्षेत्र की वार्षिक आय नकद राशि में कूती गई है, और इन ब्राह्मणों को इन सभी क्षेत्रों से होनेवाली कुल आय 100 पुराण बताई गई है,[207] हालाँकि हम निश्चयपूर्वक यह नहीं कह सकते कि ये ग्रहीता अपना अंश नकद राशि में ही वसूल करते थे । अब तक जो सिक्के मिले हैं उनमें से किसी को भी सेन अथवा पाल राजाओं या इस काल के बंगाल के किसी अन्य शासक का नहीं माना जा सकता, लेकिन अभिलेखों के हवालों से लगता है कि पालों के राज्य में तो मुद्रा का खास चलन नहीं था, किंतु सेनों के राज्य में उसका काफी चलन था ।

जैसे-जैसे हम पश्चिम की ओर बढ़ते हैं, हमें मुद्रा का अधिकाधिक चलन देखने को मिलता है । सिक्के जारी करनेवाला पहला गाहडवाल राजा मदनपाल (1102—11) था । द्रम्म नाम के बहुत-से सिक्के उसके पुत्र गोविंदचंद्र (1112—55) के माने जाते हैं । अभी भी उसके सिक्के जिस तेजी से मिल रहे हैं, उससे प्रकट होता है कि उनका व्यापक चलन था । अन्य शासकों के सिक्कों के बारे में हमें बहुत कम जानकारी है । उत्तर भारत के प्रमुख राजवंशों में सबसे पहले सोने के सिक्कों की ढलाई डाहल के कलचुरि राजवंश ने फिर से आरंभ की । इस राजवंश के कई शासकों के सिक्के प्राप्त हुए हैं । कलचुरि स्वर्ण-मुद्राएँ सबसे पहले गांगेयदेव (1015—40) ने जारी कीं । इसके बाद चंदेल शासकों ने मुद्रांकन आरंभ किया । इस राजवंश ने अपने शासन-काल के पहले सौ सालों में कोई सिक्का नहीं ढलवाया, लेकिन कीर्तिवर्मन् (1060—1100) ने यह काम शुरू किया, और उसके उत्तराधिकारियों ने उसका अनुसरण किया । इन शासकों ने तीन प्रकार के द्रम्म जारी किए । चंदेलों के राज्य में मुद्रा के बढ़ते हुए चलन का संकेत 1212 के एक अभिलेख से मिलता है ।[208] इसमें एक वित्तबंध, अर्थात् जमीन रेहन रखकर मुद्रा लेने का जिक्र है, यद्यपि यह राशि कितनी थी, यह बात यहाँ नहीं बताई गई है ।

ऐसे सिक्के बहुत बड़ी संख्या में मिले हैं जो प्रतीहार साम्राज्य के ध्वंसावशेष पर

उदित होनेवाले तथाकथित संबद्ध राजपूत राजवंशों के माने गए हैं। उदाहरण के लिए, चाहमानों को बहुत-से सिक्के जारी करने का श्रेय दिया जाता है और ऐसे सिक्के एक खासी तादाद में प्राप्त भी हुए हैं। बहुत-से ऐसे संकेत मिलते हैं जिनसे पता चलता है कि उनके राज्य में वाणिज्य-व्यापार खूब फूल-फल रहा था। इसलिए वहाँ मुद्रांकन आवश्यक था। दुकानों और वस्तु-विक्रय से प्राप्त होनेवाले राजस्व का अनुमान नकद राशि में लगाकर मंदिरों को अनुदान में दिया जाता था। और जहाँ तक गुहिलों का संबंध है, 'श्री गुहिल' मुद्रा-चिह्न से अंकित लगभग 2000 रजत-मुद्राएँ 1869 में आगरा में प्राप्त हुईं[209] लेकिन आजकल वे कहाँ किसके पास हैं, यह पता नहीं है। हजारों की तादाद में प्राप्त गधैया सिक्कों में से बहुतों को गुहिलों और चाहमानों का माना जाता है। जो गधैया सिक्के अक्षरांकित हैं उन्हें 11वीं सदी से पहले का नहीं माना जा सकता है। इसी प्रकार 10वीं सदी के अंतिम चरण से लेकर 12वीं सदी के प्रथम चरण तक के बहुत-से सिक्कों को कनिंघम ने अजमेर और दिल्ली के तोमर राजवंश का माना है। यहाँ 13वीं सदी में ग्वालियर के नारवार शासकों द्वारा जारी किए गए ताँबे के सिक्कों का भी उल्लेख किया जा सकता है। दो स्थानों में प्राप्त क्रमश: 791[210] और 926[211] ताम्र-मुद्राओं को भी इन्हीं का माना गया है।

जहाँ तक मालवा के परमारों का संबंध है, उनके अभिलेखों (बाँसवारा में प्राप्त अर्थूणा अभिलेखों) में हमें सिक्कों का उल्लेख देखने को मिलता है। परमार राजाओं में स्वर्ण-मुद्राएँ जारी करने का श्रेय केवल उदयादित्य को प्राप्त है, जो 1060 और 1087 के बीच मध्य और उत्तरी भारत के कुछ हिस्सों पर राज्य करता था।[212]

मध्य भारत, उत्तर प्रदेश, राजस्थान, मालवा और गुजरात में जो हम सिक्के का चलन फिर से आरंभ होते देखते हैं उसका संबंध—विशेषकर पश्चिमी भारत में—वाणिज्य-व्यापार की प्रगति से जोड़ा जा सकता है। अभिलेखों में मंडपिकाओं तथा दुकानों से प्राप्त नकद राजस्व के अनुदान में दिए जाने का उल्लेख बार-बार मिलता है। उनसे यह भी ज्ञात होता है कि पश्चिमी भारत के तटीय क्षेत्रों में देशी और विदेशी व्यापारियों से आयात-निर्यात-कर नकद लिया जाता था। कोंकण में विदेशी व्यापारियों को गद्याण नामक स्वर्णमुद्राएँ देनी पड़ती थीं, और देशी व्यापारियों को धरण नामक स्वर्ण-मुद्राओं में सीमा-शुल्क चुकाना पड़ता था। **लेखपद्धति** में ऐसे दस्तावेजों के मसौदे दिए गए हैं जिनसे प्रकट होता है कि वाणिज्य-व्यापार और वस्तुओं की खरीद-बिक्री खूब चलती थी। इस पुस्तक में हमें व्यापार और टकसाल की देख-रेख करनेवाले विभागों की जो व्यवस्था मिलती है उसकी पुष्टि चौलुक्य राज्य के अभिलेखीय प्रमाणों से भी होती है।

मुद्रांकन और व्यापार की दृष्टि से पूर्वी भारत तथा उत्तरी और पश्चिमी भारत इन दोनों के बीच बड़ा अंतर था। पूर्वी भारत में विनिमय का मुख्य माध्यम कौड़ी

थी, यद्यपि उड़ीसा के कुछ भागों में सोने के बहुत छोटे-छोटे सिक्के मिलते हैं। अभिलेखों से ऐसा कुछ नहीं लगता कि इस क्षेत्र में कोई खास व्यापार होता था या ज्यादा शहर थे। स्पष्ट है कि आत्मनिर्भर सामंतवादी अर्थव्यवस्था पश्चिम की अपेक्षा पूर्व में अधिक सशक्त-सुपुष्ट थी। लेकिन विचित्र बात यह है कि अगर हम उड़ीसा को छोड़ दें तो सेवावृत्ति-स्वरूप सामंतों और राज्याधिकारियों को दिए गए भूमि-अनुदानों की संख्या हमें पूर्व की अपेक्षा पश्चिम में ही अधिक देखने को मिलती है। हो सकता है कि वास्तव में स्थिति ऐसी नहीं रही हो, किंतु पूर्वी भारत में, जहाँ प्रायः बाढ़ आती रहती थी और अन्य क्षेत्रों के राजा आक्रमण करते रहते थे, ऐसे अनुदानों के अभिलेखीय प्रमाण नष्ट हो गए हों।

लेकिन हम मध्य भारत में एक महत्त्वपूर्ण अभिलेख उपलब्ध हुआ है, जिससे एक बहुत बड़े परिवर्तन का संकेत मिलता है। पूर्ववर्ती काल में देश के विभिन्न हिस्सों में राजस्व जिंसों के रूप में निर्धारित किया जाता था, किंतु इस अभिलेख से पता चलता है कि अब यहाँ राजस्व नकद राशि के रूप में निर्धारित किया जाता था। 13वीं सदी के प्रारंभ (1213) के इस अभिलेख से ज्ञात होता है कि कदाचित् रतनपुर के कलचुरियों के सामंत महामांडलिक पंपराज द्वारा जारी किए गए एक दस्तावेज में जयपरा गाँव का राजस्व पहले से किए गए निर्णय के अनुसार 130 सराहगडामाच्छ और 140 विजयराजटंक निर्धारित किया गया।[213] इसमें यह भी बताया गया है कि एक दूसरे गाँव का राजस्व 150 विजयराजटंक निर्धारित किया गया।[214] यद्यपि यह गैता लक्ष्मीधर के नाम जारी किया गया अनुदानपत्र है, फिर भी इससे नकद राशि के रूप में राजस्व निर्धारित करने के चलन का स्पष्ट संकेत मिलता है। इसे मुस्लिम प्रभाव का परिणाम मानने का प्रश्न नहीं उठता, क्योंकि 1206 में स्थापित दिल्ली सल्तनत में तो यह इलाका शामिल भी नहीं था। इसके विपरीत दिल्ली सल्तनत में राजस्व के नकद राशि के रूप में निर्धारित किए जाने के चलन को उस प्रक्रिया की चरम परिणति मानना चाहिए जो उत्तर भारत में 11वीं और 12वीं सदियों में प्रारंभ हुई थी।

10वीं सदी के उत्तरार्ध में पंजाब तथा पश्चिमोत्तर क्षेत्रों में मुद्रा के व्यापक चलन के संकेत मिलते हैं। एक हद तक इसका कारण अरबों की सिंध-विजय था। सिंध में उनकी मौजूदगी के कारण पश्चिमी भारत के साथ अरब संसार के व्यापारिक संबंध मजबूत हुए। इसके और कारण चाहे जो रहे हैं, इतना तो निश्चित है कि 11वीं सदी के प्रारंभ में मुद्रा का खूब चलन था। जब 1005-6 में महमूद ने मुलतान को जीता तो कहते हैं कि वहाँ के नागरिकों को चेतावनी दी गई कि यदि वे नगर को तहस-नहस कर दिए जाने से बचाना चाहते हों तो उसे दंडस्वरूप दो करोड़ दिरहम (द्रम्म) दें।[215] कहते हैं कि 1008-9 में ऊपरी सिंधु घाटी में स्थित नगरकोट दुर्ग में बने मंदिर से महमूद ढले हुए सिक्कों के रूप में सात करोड़ दिरहम, 70,000 मन सोने और चाँदी के डले, कीमती जड़ाऊ कपड़े, चाँदी

की एक घर की आकृति तथा कीमती पत्थरों से जड़ा हुआ एक सिंहासन ले गया।[216] और ऐसा बताया जाता है कि सोमनाथ मंदिर से वह दो करोड़ दिनार मूल्य का लूट का माल ले गया। जब राय को बंदी बना लिया गया तब महमूद की सेना अपने साथ 500,000 दिनार मूल्य के आभषण, ढले सिक्कों के रूप में 260,000 दिनार, 30,000 दिनार से अधिक मूल्य के सोने-चाँदी के बर्तन, 20,000 दिनार मूल्य के कपड़े, तथा जिन दर्शनशास्त्र की कृतियों को नष्ट कर दिया उनको छोड़कर 50 जानवरों पर लदी पुस्तकें ले गया।[217] लूट की अन्य वस्तुओं से तो हमारे अध्ययन का कोई संबंध नहीं है, लेकिन ढले हुए सिक्कों की इतनी बड़ी राशि इस बात की साक्षी भरती है कि गुजरात में मुद्रा का व्यापक चलन था। जहाँ मुस्लिम विवरणों में उल्लिखित सिक्कों की संख्याएँ इनके वास्तविक चलन का आभास देती हैं, वहाँ इस तथ्य से कि सोने और चाँदी के डले इतनी अधिक मात्रा में मौजूद थे, इन धातुओं के सिक्कों के रूप में ढाले जाने की संभावना का संकेत मिलता है। सच तो यह है कि सुल्तान इस मंदिर से जो सोने-चाँदी के डले और बहुमूल्य पत्थर लूटकर ले गया, उनमें से कुछ को गजनी के कुशल जौहरियों ने ढालकर और काट-तराश कर सुदर आकृतियाँ प्रदान कीं।[218] यह सच है कि महमूद के आक्रमणों के परिणामस्वरूप पश्चिमी भारत को अपने बहुत सारे सिक्कों से वंचित होना पड़ा, लेकिन पंजाब में गजनवियों ने अपने सिक्के जारी किए, और वहाँ चाँदी तथा ताँबे के मिश्रण से बने हिंदू ढंग के सिक्कों का चलन कायम रहा।[219] ताँबे और चाँदी के मिश्रण से तैयार किए गए इन सिक्कों के जारी किए जाने से लगता है कि वहाँ आम लोगों में भी इनका चलन था।

उस काल की मुद्रा-प्रणाली की विशेषता यह है कि अब धीरे-धीरे सोने के स्थान पर मुलम्मा चढ़ी चाँदी, शुद्ध चाँदी, चाँदी और काँसे का मिश्रण और अंततः ताँबे के सिक्के ढाले जाने लगे थे। चंदेलों और कलचुरियों की मुद्रा-प्रणालियाँ इसकी साक्षी भरती हैं। वैसे तो सोने के स्थान पर निम्नतर धातुओं के मुद्रांकन को कभी-कभी आर्थिक अवनति की निशानी भी माना जाता है, लेकिन वास्तव में यह परिवर्तन-प्रक्रिया एक गहनतर अर्थ भी रखती है। स्वर्ण-मुद्राओं का उपयोग तो बड़े-बड़े सौदों में ही संभव था। इसका मतलब यह हुआ कि उनका प्रयोग केवल धनी-मानी लोग ही कर सकते थे। लेकिन चाँदी, चाँदी-काँसे तथा ताँबे के सिक्कों का प्रयोग सर्वसाधारण के लिए भी संभव था, और इसलिए इन सिक्कों का अस्तित्व मुद्रा के व्यापकतर चलन का संकेत देता है। इसलिए जो चीज आर्थिक अवनति की निशानी-जैसी दिखाई देती है, वह वास्तव में एक ऐसी युक्ति थी जिससे आम लोगों की दिन-प्रतिदिन की विनिमय-माध्यम की आवश्यकता की पूर्ति होती थी। जनसाधारण के बीच ताँबे के सिक्कों का चलन स्वभावतः अधिक होगा। ऊष्णकटिबंध के जलवायु में दीर्घकाल तक रहने के कारण धीरे-धीरे उनका क्षय होना स्वाभाविक था, फिर भी मध्य और पश्चिमी भारत में ।।वीं और

12वीं सदियों के ताँबे के जितने सिक्के मिले हैं वे कुछ कम नहीं हैं, और ये छोटे-मोटे सामान्य सौदों में भी उनके प्रयोग का पर्याप्त प्रमाण पेश करते हैं। गाहडवाल राजाओं में से हमें गोविंदचंद्र की ताम्र-मुद्राओं की जानकारी है। 11वीं सदी में डाहल के कलचुरि राजा गांगेयदेव ने, जिसको स्वर्ण-मुद्राओं की ढलाई का पुनरारंभ करने का श्रेय प्राप्त है, ताँबे के सिक्के भी जारी किए। लेकिन ज्यादातर ताँबे के सिक्के 12वीं और 13वीं सदियों के रतनपुर के कलचुरि राजाओं के माने जा सकते हैं,[220] यद्यपि विलासपुर में प्राप्त ताम्र मुद्राओं की एक राशि को 11वीं सदी के प्रारंभ का माना जा सकता है।[221] रतनपुर के कलचुरि शासक प्रतापमल्ल (1200-26) के तो अब तक केवल ताँबे के सिक्के ही मिल पाए हैं।[222] कलचुरियों ने हनुमान की आकृतिवाले ताँबे के सिक्कों का चलन आरंभ किया, और चंदेलों ने इस ढंग के सिक्कों को खूब लोकप्रिय बना दिया।[223] ऐसा जान पड़ता है कि ये हनुमानी सिक्के, जिन्हें कभी-कभी द्रम्म भी माना जाता है, 12वीं और 13वीं सदियों के कलचुरि शासकों के अधीन विनिमय के सर्वसामान्य माध्यम थे।[224] मगर इसका मतलब यह नहीं कि इन शासकों ने ताँबे के और सिक्के जारी किए ही नहीं। ताँबे के सिक्के चौहान राजाओं ने भी जारी किए।[225] इनके राज्य में ग्रामीण स्तर के व्यापार के काफी संकेत मिलते हैं। जान पड़ता है कि चाहमान[226] और तोमर शासकों ने बिलन के सिक्के प्रचुर मात्रा में जारी किए। पंजाब में गजनवी शासक पुराने हिंदू सिक्कों के ही ढंग के ताँबे और चाँदी के मिलावटी सिक्के ढलवाते रहे।[227]भविष्य में शायद बिलन और ताँबे के सिक्कों की और भी राशियाँ प्राप्त हों, लेकिन जितने सिक्के अब तक मिले हैं उनसे यह पता चलता है कि उत्तरी भारत और पश्चिमी भारत के एक बहुत बड़े हिस्से में जनसाधारण के बीच भी सिक्कों का चलन प्रारंभ हो चुका था।

विनिमय के दो और भी साधनों का चलन था। एक तो था लोहे का सिक्का और दूसरा कौड़ी। जहाँ लोहे के सिक्के पश्चिमी भारत में चलते थे, कौड़ियाँ बंगाल और उड़ीसा में चलती थीं। ऐसा प्रतीत होता है कि सेनों के अधीन किसान लगान वगैरह कौड़ियों में चुकाते थे।

चाँदी, बिलन, चाँदी-काँसे, और विशेषकर ताँबे के सिक्कों और शायद कौड़ियों के भी उपयोग के परिणामस्वरूप जिंसों और श्रम के रूप में लगान-महसूल अदा करने की प्रथा का ढीला पड़ना अवश्यंभावी था। ऐसा कोई प्रमाण उपलब्ध नहीं है जिसके आधार पर हम निश्चयपूर्वक यह कह सकें कि जो लगान-महसूल पहले जिंसों के रूप में दिए जाते थे वे अब नकद दिए जाने लगे। लेकिन सेनों और बाद के कलचुरियों के कतिपय भूमि-अनुदानपत्रों से यह बात बिलकुल साफ हो जाती है कि लगान नकद राशियों में निर्धारित किया जाता था। दिल्ली सल्तनत में सर्वत्र लगान की नकद अदायगी का नियम लागू किया जाना इसी प्रक्रिया की चरम परिणति माना जा सकता है। हमारे पास इस निष्कर्ष के लिए भी

कोई स्पष्ट प्रमाण नहीं है कि राज्य जो सेवाएँ श्रम के रूप में लेता था उसके स्थान पर अब वह नकद राशि लेकर रैयतों को फुर्सत दे देता था। लेकिन यह सोचना पड़ेगा कि बेठ-बेगार की जो रीति मध्य और पश्चिमी भारत में दूसरी सदी से आरंभ हुई वह दसवीं सदी में आकर बंद क्यों हो गई? उत्तर है, ताँबे के सिक्कों का व्यापक चलन। हम ऐसा मान सकते हैं कि ताल-कूप, सड़क, किले आदि के निर्माण में किसानों से जो शारीरिक श्रम देने की अपेक्षा की जाती थी उसके बदले अब वे कुछ नकद रकम दे देते थे और राज्य उन रकमों से अपने ये काम पूरे करता था। इस प्रकार जिंसों और शारीरिक श्रम के रूप में राजस्व की अदायगी के आधार पर खड़ी परंपरागत सामंती अर्थव्यवस्था की जड़ें मुद्रा के चलन के कारण खोखली पड़ गईं।

हमारे इस अध्ययन से जो चित्र सामने आता है वह दो विषम वास्तविकताओं के रंग में रँगा हुआ है। एक ओर हम देखते हैं कि खैरख्वाह पंडित-पुरोहितों और गृहस्थों को अधिकाधिक भूमि-अनुदान दिए जा रहे हैं, उपसामंतीकरण की प्रवृत्ति जोर पकड़ती जा रही है, व्यापार तथा शिल्पोद्योग से प्राप्त राजस्व को पंडित-पुरोहितों की जिरात बनाया जा रहा है, तरह-तरह के करों के बोझ से किसान तबाह हो रहे हैं और सामुदायिक अधिकारों को राज्य तथा व्यक्तियों द्वारा स्वायत्त किया जा रहा है। दूसरी ओर हम यह पाते हैं कि अनुदत्त भूमि की सीमाएँ ठीक-ठीक निर्धारित कर दी जाती हैं, उनकी उपज का अनुमान नकद और जिन्सों के रूप में पेश किया जाता है, विष्टि का लोप हो चुका है, आंतरिक तथा विदेशी व्यापार फिर होने लगा है। एक बहुत बड़े क्षेत्र में विनिमय-साधन के रूप में मुद्रा का चलन पुनः आरंभ हो गया है। यद्यपि दूसरी अवस्था मुख्यतः पश्चिमी भारत में पाई जाती है, ऐसा कहना अनुचित न होगा कि भारत में पुरातन सामंतवादी अर्थव्यवस्था ने तुर्कों की भारत-विजय से पहले की दो सदियों में अपना चरमोत्कर्ष भी देखा और क्रमिक ह्रास भी।

---

1. ज. ए. सो. बं., 66, भाग 1, 291-2।
2. वही, 67, भाग 1, 120।
3. वही, 66, भाग 1, 130-1, पंक्तियाँ 6-9।
4. ए. इं., 29, नं. 7, पंक्तियाँ 24-42।
5. ज. ए. सो. बं., 69, भाग 1,66 से आगे, पंक्तियाँ 27-49।
6. इं. बं., 3, नं. 16, पंक्तियाँ 21-29।
7. वही, पृष्ठ 23-24, पंक्तियाँ 24-51।
8. वही, पृष्ठ 165-6।
9. वीरधरदेव का मैनामती ताम्रपत्र। यह पहले डॉ. ए. एच. दानी के पास था, किंतु अब पाकिस्तान के पुरातत्त्व सर्वेक्षण विभाग के कब्जे में है।
10. ए. इं., 26, नं. 1, पृष्ठ 57-9।
11. इं. बं., 3, नं. 15, पंक्तियाँ 42-68।

संदर्भ

1. ज. ए. सो. बं., 66, भाग 1, 291-92
2. वही, 67, भाग 1 120
3. वही, 66, भाग 1, 130-31. पंक्तियाँ 6-9
4. ए. इं., 29, नं. 7, पंक्तियाँ 24-42
5. ज. ए. सो. बं., 69, भाग 1, 66 से आगे, पंक्तियाँ 27-49
6. इं. बं., 3, नं. 16, पंक्तियाँ 21-29
7. वही, पृष्ठ 23-24, पंक्तियाँ 24-51
8. वही, पृष्ठ 165-66
9. वीरधरदेव का मैनामती ताम्रपत्र। यह पहले डॉ. ए. एच. दानी के पास था, किंतु अब पाकिस्तान के पुरातत्त्व सर्वेक्षण विभाग के कब्जे में है।
10. ए. इं., 26, नं. 1, पृष्ठ 57-59
11. इं. बं., 3, नं. 15, पंक्तियाँ 42-68
12. हाल में इस तरह का एक जाली अनुदानपत्र प्राप्त हुआ है, जो श्री एस. वी. सोहिनी, आई.सी.एस., के पास सुरक्षित है।
13. ज. बि. ओ. रि. सो., 2, 443-44, पंक्तियाँ 8-19
14. काल-निर्धारण रमा नियोगी-कृत *हिस्ट्री ऑफ द चंदेल डाइनेस्टी,* परिशिष्ट 'बी', नं. 10-13, 15-16, 21, 23, 26, 37, 50, 52, 56, 58 के आधार पर किया गया है।
15. उपर्युक्त पुस्तक, पृष्ठ 173-74
16. ए. इं., 14, नं. 15
17. रमा नियोगी, सं. प्र. पु., पृष्ठ 187
18. ए. इं., 11, नं. 3, पंक्ति 12
19. इं. एं., 18, पृष्ठ 131, पंक्ति 20
20. पी. नियोगी, *दि इकनॉमिक हिस्ट्री ऑफ नॉर्दर्न इंडिया,* पृष्ठ 51-52
21. रमा नियोगी की सं. प्र. पु. के परिशिष्ट 'बी' के वर्ग 'ए', खंड 2, में दिए गए भूमिदानपत्रों के आधार पर अनुमानित।
22. एस. के. मित्र-कृत *दि अर्ली रूलर्स ऑफ खजुराहो,* परिशिष्ट I के आधार पर अनुमानित। लेकिन इनमें से 15वाँ गाँव त्रैलोक्यवर्मन के टिहरी फलकों के आधार पर जोडा गया है।
23. ए इं., 4, नं. 20
24. इं. एं., 6, पृष्ठ 191, 193, 199; 18, पृष्ठ 108; 11, पृष्ठ 337 आदि।
25. ए. के. मजुमदार, *चौलुक्याज ऑफ गुजरात,* पृष्ठ 318-19। सिद्धराज ने सिहपुर अग्रहार में अनेक गाँव दान किए। वही, पृष्ठ 211
26. इलियट व डावसन, 4, 18
27. ए. इं., 1, नं. 36, पंक्तियाँ 3-4। यहाँ प्रयुक्त 'स्वभुज्यमान' शब्द का अर्थ प्रत्यक्ष रूप से राजा द्वारा भुक्त क्षेत्र हो सकता है।
28. इं. ए., 18, 113, पंक्तियाँ 19-23
29. मेरुतुंगाचार्य-कृत *प्रबंधचिंतामणि,* सं. जिन-विजय मुनि, पृष्ठ 80

30. एच. डी. सँकलिया, *आर्कियॉलॉजी ऑफ गुजरात,* पृष्ठ 208
31. फॉर्ब्स, *रासमाला,* पृष्ठ 64-65; लक्ष्मीशंकर व्यास-कृत *चौलुक्य कुमारपाल* (हिंदी कृति), पृष्ठ 177 पर उद्धृत।
32. सँकलिया, सं. प्र. पु., पृष्ठ 206
33. वही।
34. कॉ. इं. इं., 4, नं. 63, पंक्तियाँ 19-25, श्लोक 29-30
35. वही, नं. 248, पंक्तियाँ 32-41
36. वही, नं. 42, श्लोक 30-42
37. वही, नं. 45, श्लोक 43-45
38. वही, नं. 46, श्लोक 36-42
39. वही, नं. 74, श्लोक 30, पंक्तियाँ 32-59। हाल में एक विद्वान ने यह मत प्रकट किया है कि इस अभिलेख में उल्लिखित छः स्थान-नामों को एक ही गाँव के छः पुरवे माना जा सकता है (पी. नियोगी, सं. प्र. पु., पृष्ठ 16), लेकिन लगता है, असल में तात्पर्य छः गाँवों से ही है।
40. मीराशी, कॉ. इं. इं., 4, प्रारंभिक पृष्ठ 158
41. वही।
42. ए. इं., 19, नं. 39, अनुदान 'ए'; इं. एं., 6, पृष्ठ 52-53, पंक्तियाँ 7-24; ए. इं., 8, नं. 21, पृष्ठ 206; 9, नं. 13, 'बी'।
43. ए. इं., 11, नं. 18, पंक्तियाँ 7-18
44. "ए कॉपर-प्लेट ग्रांट ऑफ अल्हण्स रेन वी. 1205" दशरथ शर्मा, *अर्ली चौहान डाइनेस्टीज,* पृष्ठ 181-82, पंक्तियाँ 13-14
45. आ. स. इं., 1902-3, पृष्ठ 252-53, पंक्तियाँ 11-25; पृष्ठ 260-61, पंक्तियाँ 15-32
46. वही।
47. लेकिन कतिपय पाल और राष्ट्रकूट अनुदानपत्रों में अनुदत्त गाँवों के परिवेशों का उल्लेख करके सीमा का स्पष्ट निर्धारण कर दिया गया है।
48. ए. इं., 29, नं. 1, 'बी', पंक्ति 41। लेकिन बेलवा ताम्रपत्र के नाम से ज्ञात यह अनुदानपत्र 993 ई. के आस-पास जारी किया गया।
49. वही, नं. 7, पंक्ति 32
50. ज. ए. सो. बं., 69, भाग 1, 66 से आगे, पंक्ति 39
51. कहीं-कहीं 'यूति' शब्द के बदले 'पूति' का प्रयोग हुआ है।
52. इं. बं., 3, पृष्ठ 23-24, पंक्तियाँ 37-41
53. ज. बि. ओ. रि. सो., 4, 280, श्लोक 2-3
54. वही, पृष्ठ 156-57, पंक्तियाँ 21-32
55. वही, 5, 593-94, पंक्ति 10
56. वही।
57. इं. बं., 3, पृष्ठ 78, पंक्तियाँ 37-54; पृष्ठ 114-15, पंक्तियाँ 39-51; पृष्ठ 129-31, पंक्तियाँ 46-50
58. ताम्रपत्र 1, पंक्तियाँ 6-11; ताम्रपत्र 2, पंक्तियाँ 8-11। ये ताम्रपत्र अब पाकिस्तान पुरातत्त्व सर्वेक्षण विभाग में सुरक्षित हैं।
59. ज. ए. सो. बं., 66, भाग 1, पृष्ठ 295-97; वही, 67, भाग 1, पृष्ठ 120; वही, 66, भाग 1, पृष्ठ 130-31
60. इं. एं., 18, 11, 16, 131, 136, 137, 139, 140, 141, 143
61. वही।

62. इं. एं., 14, 103
63. कॉ. इं. इं., 4, नं. 42, श्लोक 30-42; नं. 45, श्लोक 43-45; नं. 46, श्लोक 35-42; नं. 48, पंक्तियाँ 36-40; नं. 50, पंक्तियाँ 38-48; नं. 56, पंक्ति 28; नं. 60, श्लोक 29-30; नं. 63, पंक्ति 27; नं. 65, पंक्तियाँ 11-12; नं. 68, पंक्तियाँ 7-10; नं. 70, पंक्ति 13; नं. 75, पंक्तियाँ 8-11; नं. 77, श्लोक 33; नं. 82, पंक्तियाँ 18-20; नं. 83, श्लोक 20; नं. 86, श्लोक 16; नं. 88, श्लोक 23; नं. 89, श्लोक 16; नं. 91, श्लोक 15-16; नं. 94, श्लोक 15; नं. 96, श्लोक 39; नं. 97, श्लोक 13; नं. 98, श्लोक 42; नं. 99, श्लोक 18; नं. 101, श्लोक 29; नं. 102, श्लोक 19; नं. 117, पंक्तियाँ 8-10; नं. 123, श्लोक 15; कॉ. इं. इं.. 4 652
64. मीराशी, कॉ. इं. इ., 4, प्रारंभिक पृष्ठ 166
65. इं. एं., 9, पृष्ठ 52-53, पंक्तियाँ 7-74
66. वही, 14, पृष्ठ 160, पंक्तियाँ 9-17 : *प्रोसिडिंग्स ऑफ (लेटर ऑल इंडिया) ऑरिएंटल कांफ्रेंस, 1*, 325-26
67. डी. सी. गांगुली, *हिस्ट्री ऑफ दि परमार डाइनेस्टी,* पृष्ठ 240
68. इं. एं., 16, 204, पंक्तियाँ 6-11; वही, 206-7 पंक्तियाँ 6-15
69. ए. इं., 16, नं. 20, पंक्ति 7-14; इं. एं., 16, पृ. 209-10, पंक्तियाँ 5-7, 15-17; ए. इं, 32, 119-20; 31, नं. 11, पंक्तियाँ 12-18
70. ए. इं., 4, नं. 20, पंक्तियाँ 6-11
71. इं. एं., 16, पृष्ठ 209-10, पंक्तियाँ 5-7
72. इं. एं., 6, पृष्ठ 192-93, प्लेट 1, पंक्तियाँ 6-11
73. वही, 8, पृष्ठ 83, पंक्तियाँ 18-21
74. प्रथम भीमदेव का भद्रेश्वर अभिलेख, पंक्तियाँ 3-5। इसकी एक प्रतिलिपि को पढ़ने का श्रेय स्कूल ऑफ ऑरिएंटल एंड आफ्रिकन स्टडीज, लंदन, के डॉ. जे.डी. कासपेरि को है और उन्होंने ही इस प्रतिलिपि को पढ़कर यह अभिलेख मुझको देने की कृपा की।
75. इं. एं., 18, पृष्ठ 110, पंक्तियाँ 7-12
76. वही, पृष्ठ 113, पंक्तियाँ 26-42
77. अब 'मतमस्तु' शब्द के स्थान पर 'विदितमस्तु' शब्द का प्रयोग होने लगा था। ए. इं., 29, नं. 7, पंक्तियाँ 31; ज. ए. सो. बं., 69, भाग 1, प्रारंभिक पृ. 69 से आगे, पंक्ति 39
78. लाडहचंद्रदेव के दो मैनावती ताम्रपत्र, जो पहले डॉ. ए. एच. दानी के पास थे, किंतु अब पाकिस्तान पुरातत्त्व सर्वेक्षण विभाग के अधिकार में हैं।
79. ज. बि. ओ. रि. सो., 5, 593-94; पंक्ति 9
80. इं. बं., 3, पृष्ठ 23-24, पंक्तियाँ 37-41; पृष्ठ 114-15, पंक्तियाँ 39-51; पृष्ठ 129-31, पंक्तियाँ 50-53
81. वही, 3. पृ. 23-24, पंक्तियाँ 37-41
82. ज. बि. ओ. रि. सो., 5, 593-94, पंक्तियाँ 10-11
83. ए. इं., 9, नं. 47, पंक्तियाँ 7-14
84. ज. बि. ओ. रि. सो., 2,443-49, पंक्ति 14
85. वही।
86. ए. इं., 20, नं. 14, पंक्तियाँ 17-20
87. वही, 16, नं. 2, पंक्ति 26
88. वही, पंक्ति 25 (यहाँ 'समंदिर प्रकार' शब्द-समुच्चय का प्रयोग हुआ है।)
89. मीराशी, कॉ. इं. इं., 4, प्रारंभिक पृष्ठ 171

90. इ.एं., 14, पृष्ठ 160, पंक्ति 13
91. वही, 18, पृष्ठ 83, पंक्ति 19
92. ए. इं., 2, नं. 8, श्लोक 48-9; दशरथ शर्मा-कृत *अर्ली चौहान डाइनेस्टीज,* पृष्ठ 182 पर "ए कॉपर प्लेट ग्रांट ऑफ अलहणूस रेन" शीर्षक लेख।
93. मीराशी, कॉ. इं. इं., 4, प्रारंभिक पृष्ठ 171-72
94. ए. इ., 2, नं. 8, श्लोक 49
95. वही। सामंतों, महासामंतों तथा ऐसे ही अन्य राजपुरुषों द्वारा अनुदान देने के कुछ उदाहरण पी. नियोगी ने एकत्र किए हैं; सं. प्र. पु., पृष्ठ 54-56
96. ज. ए. सो. बं., 65, भाग 1, पृष्ठ 254-56, पंक्तियाँ 1-21
97. आ. स. रि., 1902-3, पृष्ठ 262-64, पंक्तियाँ 11-32
98. वही, पंक्तियाँ 28-31
99. ए. इं., 20, पृष्ठ 123
100. वही।
101. वही, 11, नं. 4, 9
102. वही।
103. वही, पृ. 38-39
104. इं. एं., 18, पृष्ठ 113, पंक्तियाँ 25-45
105. इस ग्रंथ का काल-निर्धारण बी. बी. मिश्र ने *पॉलिटी इन दि अग्निपुराण में* किया है।
106. 211, 34; 213, 9
107. 211, 72; 222, 13-14
108. ज. ए. सो., बं, 66, भाग 1, पृष्ठ 295-96; मिलाइए ज. ए. सो. बं., 9 (1840), 766 से आगे, श्लोक 24
109. ए. इं., 14, नं. 49, पंक्तियाँ 29-51
110. वही।
111. वही, 30, नं. 10 (*दामोदरदेव के मेहार ताम्रपत्र*), पंक्तियाँ 17-32, और पृष्ठ 57-58
112. वही, 27, 188, पा. टि. 6; 30, 56
113. देखिए, परिशिष्ट 1
114. "सकारु-कर्षक-वणिग्वास्तव्यम्।" ए. इं., 20, नं. 14, 'बी' प्लेट, पंक्ति 19। इस अभिलेख के संपादक हीरालाल ने 'कर्षक' को 'कपंक' पढ़ा है और इसीलिए इनके अनुवाद में भी त्रुटि रह गई है; वही, 131, पा. टि 1; ए. इं., 32 नं. 14, अनुदान 1, पंक्ति 31 भी देखिए।
115. दशरथ शर्मा-कृत *अर्ली चौहान डाइनेस्टीज,* परिशिष्ट 'जी', 3, पंक्तियाँ 20-21
116. वही, पंक्तियाँ 22-23
117. वही, पंक्तियाँ 20-22
118. वही, पृष्ठ 299
119. इ. ए., 11, 337-40
120. आ. स. रि., 1902-3, पृष्ठ 252-53, पंक्तियाँ 16-25
121. सं. एम. जी. दीक्षित, *सिलक्टड इंस्क्रिप्शंस फ्राम महाराष्ट्र,* पृष्ठ 99
122. वही।
123. ए. इं., 3, नं. 40, पंक्तियां 58-59
124. वही, 18, नं. 40, पंक्तियाँ 127-29

125. वही, पंक्तियाँ 127-31
126. वही, पंक्तियाँ 132-34
127. ए. इं., 28, नं. 40, पंक्ति 134
128. रमा नियोगी-कृत *हिस्ट्री ऑफ द गाहडवालाज* (पृष्ठ 167-90) में इन तमाम करों की सूची दी गई है, लेकिन विभिन्न प्रकार के करों के लिए प्रयुक्त कुछ एक शब्दों के अर्थ अब भी स्पष्ट नहीं हो पाए हैं।
129. कॉ. इं. इं., 4, नं. 63, पंक्तियाँ 29-30। कुछ शब्द तो अस्पष्ट हैं, किंत करों की सूची बहुत बड़ी है : ''भागकरप्रवणिवाडचरीरसवतीकामतविषेणिमादायपट्टकिलादायदुस्साध्यादास (वै) षयिकादायादिकृत-करिष्यमाणादायैः सह।''
130. वही, परिशिष्ट, नं. 4
131. वही, 649, पा. टि. 14
132. वही, 4, नं. 50, पंक्तियाँ 43-44
133. वही, नं. 63, पंक्तियाँ 29-30
134. ए. इं., 32 नं. 14, अनुदान 1, पंक्ति 33
135. वही, 32, नं. 14, अनुदान 2, पंक्ति 16
136. इं. बं., 3, 156-57, पंक्तियाँ 31-32
137. ए. इं., 9, पृष्ठ 63 और इसी पृष्ठ का पा. टि. 8 भी।
138. दशरथ शर्मा, सं. प्र. पु., परिशिष्ट *'जी'*, 3, पंक्तियाँ 18-19। कुछ शब्दों के मिट जाने के कारण अर्थ स्पष्ट नहीं है, लेकिन इसमें कोई संदेह नहीं कि राजा ने धार्मिक प्रयोजनों से चुंगी-घरों की आय का कुछ अंश अनुदान में दिया।
139. स. प्र. पु., 4, प्लेट 2, पंक्तियाँ 15-17
140. ए. इ., 41, पृष्ठ 203
141. वही, 2, 8, श्लोक 48-49
142. वही, नं. 4, पंक्तियाँ 1-9
143. वही, 22, पृष्ठ 120
144. वही, 1, पृष्ठ 97
145. ए. इं., 19, नं. 10, पंक्तियाँ 17-31
146. वही, 14, नं. 21, श्लोक 73-74
147. वही, श्लोक 69-72
148. वही, श्लोक 71-72। पा. टि. सहित बारनेट का अनुवाद, ए. इं., 14, पृष्ठ 309-10 के अनुसार।
149. वही, श्लोक 76-81
150. इ. ए., 6, 202, पंक्ति 9
151. ए. बी., आ. आर. आई., 23 316-18
152. पुष्पा नियोगी, स. प्र. पु., पृष्ठ 201
153. इं. एं., 6, 202, पंक्ति 8-26; पृष्ठ 203 की सार-सूची।
154. ए. इं., 3, नं. 40, पंक्तियाँ 56-57
155. इ. ब., 3, न. 7, पंक्तियाँ 37-54; नं. 11, पंक्तियाँ 39-51
156. इनके अभिलेखों में 'उत्पाद्यमानविष्टि' शब्द का प्रयोग अक्सर हुआ है।
157. अनु. एम. ए. स्टीन, खंड 1, श्लोक 172-74, देखिए, पृष्ठ 192-74 पर पा. टि. भी।
158. *राजतरंगिणि,* अनु. एम. ए. स्टीन, खंड 1, 1081-88
159. सं. प्र. पु., परिशिष्ट 50

160. *हिस्ट्री ऑफ द परमार डाइनेस्टी,* पृष्ठ 239
161. पुष्पा नियोगी, सं. प्र. पु., पृष्ठ 120-21
162. वही, पृष्ठ 119-21
163. स. प्र. पु., पृष्ठ 121
164. वही, पृष्ठ 118-19 (लखनौती, नदिया, विजयपुर, विक्रमपुर)।
165. पुष्पा नियोगी की सं. प्र. पु. के पृष्ठ 120 पर *कुमारपालचरित* से उद्धृत।
166. सं. डी. आर. भंडारकर, ए. इं., 11, नं. 4
167. दशरथ शर्मा, सं. प्र. पु., पृष्ठ 298
168. वही, पृष्ठ 299
169. ए. इं., 14, नं. 21, 69-79
170. वही, श्लोक 69
171. वही, 19, नं. 10, पंक्तियाँ 17-31
172. ए. के. मजुमदार, *दि चौलुक्याज ऑफ़ गुजरात,* पृष्ठ 267, 284-85
173. हेमचंद्र का *देसीनाममाल,* 6 59
174. मेरुतुंग-कृत *प्रबंधचिंतामणि,* सं. जिन-विजय मुनि, पृष्ठ 70
175. एस. के. मित्र, *दि अर्ली रूलर्स ऑफ खजुराहो,* पृष्ठ 181-82
176. मीराशी, *कॉ. इं. इं., 4,* प्रारंभिक पृष्ठ 170
177. इं. बं., 3, नं. 16, पंक्ति 16
178. नदवी, *अरब-भारत के संबंध,* पृष्ठ 49
179. वही।
180. ए. इं., 3, 296-97
181. वही, 3, नं. 40, पंक्तियाँ 56-57
182. वही, पंक्ति 44
183. ए. के. मजुमदार, *दि चौलुक्याज ऑफ गुजरात,* पृष्ठ 267
184. गा. ओ. सि., 28, परिच्छेद 4, श्लोक 374-76
185. ए. के. मजुमदार, सं. प्र. पु., पृष्ठ 267। *जगडुचरित* नामक कृति, जिसका नायक एक सौदागर है, 14वीं सदी में किसी समय लिखी गई। (वही, पृष्ठ 420) 1211 में एक हिंदू व्यापारी गजनी में व्यापार करता था (वही, पृष्ठ 267)।
186. ए. के. मजुमदार, सं. प्र. पु., पृष्ठ 268
187. *मार्कोपोलो,* 2, 231
188. नदवी, *अरब-भारत के संबंध,* पृष्ठ 46
189. वही, पृष्ठ 265-66
190. पुष्पा नियोगी, *द इकनॉमिक हिस्ट्री ऑफ़ नॉर्दर्न इंडिया,* पृष्ठ 139
191. *पेरिप्लस* में एक स्थल पर भारत से निर्यात की जानेवाली वस्तुओं में शक्कर का उल्लेख है, लेकिन यह निर्यात इतना महत्त्वपूर्ण नहीं था कि उस पुस्तक में निर्यात की जानेवाली वस्तुओं की जो एकीकृत सूची दी गई है, उसमें स्थान प्राप्त कर सकता।
192. *चाउ जू-कुआ,* पृष्ठ 18; पुष्पा नियोगी की सं. प्र. पु. के पृष्ठ 147 पर उद्धृत। अब तक भारत के पश्चिमी तट पर कोई चीनी सिक्का नहीं मिला है, लेकिन चीनी सिक्के यहाँ हो सकते हैं, इस संभावना को अस्वीकार नहीं किया जा सकता। शायद चीनी लोग भारत को सोने और चाँदी के डले भेजते थे, जिन्हें ग़लाकर यहाँ सिक्के या आभूषण बनाए जाते थे। लेकिन तंजौर में बहुत-से चीनी सिक्के मिले हैं, जो दक्षिण भारत के

साथ चीन के व्यापारिक संबंधों की साक्षी करते हैं।

193. *मेमॉयर्स ऑफ एशियाटिक सोसाइटी ऑफ़ बंगाल* में प्रकाशित 'द अशरफपुर कॉपर-प्लेट्स ऑफ़ देवखड्ग' शीर्षक निबंध, 1, नं. 6, पृष्ठ 90, प्लेट 'बी', पंक्ति 8
194. कॉ. इं. इं., 4, नं. 116, पंक्तियाँ 1-11
195. 2, 65; 6, 51; 4, 45
196. जोगेशचंद्र राय-कृत *एंशिएंट इंडियन लाइफ,* पृष्ठ 851, ए. के. मजुमदार की सं. प्र. पु., के पृष्ठ 478-79 पर उद्धृत।
197. ए. के. मजुमदार, सं. प्र. पु., पृष्ठ 259
198. पुष्पा नियोगी, सं. प्र. पु., पृष्ठ 247
199. बी. पी. मजुमदार, *सोशियो-इकनॉमिक हिस्ट्री ऑफ़ नॉर्दर्न इंडिया,* पृष्ठ 204
200. ए. के. मजुमदार, सं. प्र. पु., पृष्ठ 261
201. वही, पृष्ठ 260-61
202. पुष्पा नियोगी, सं. प्र. पु., पृष्ठ 170
203. सी. इ. बॉसवर्थ, *दि गजनवाइड्स,* पृष्ठ 79
204. यहाँ ''प्रति घोटकं च दाने द्रम्मो देवस्य भोगवतो विहितः'' शब्दों का प्रयोग हुआ है। (ए. इं., 22, नं. 20, श्लोक 41) दो गाँवों तथा श्रीपथा और वुसावट की मंडपिकाओं से होनेवाली आय में से प्रतिदिन तीन-तीन द्रम्म के अनुदान (वही, श्लोक 239-40) के संबंध में आर. डी. बनर्जी का यह विचार कि महसूल प्रत्येक अश्व-भार माल पर लगाया जाता था, सही जान पड़ता है, हालाँकि वे यह भी कहते हैं कि जब घोड़ा बेचा जाता था तभी महसूल लगाया जाता था (वही, 121)।
205. ए. इं., 11, नं. 4; 22 पंक्तियाँ 4-7
206. अध्याय 20, श्लोक.1068
207. ए. इं., 30, 57-58
208. ए. इं., 25, नं. 1, पंक्तियाँ 10-14
209. ए. एस. आई. की 1871-72 की रिपोर्ट (9, 95) में इसकी सूचना ए. सी. एल. कार्लाइल ने दी है।
210. सी. आर. सिंघल, *बिब्लियोग्राफी ऑफ इंडियन क्वायन्स,* भाग 1, पृष्ठ 95
211. वही, पृष्ठ 102
212. वही, पृष्ठ 95
213. कॉ. इं. इं. 4, नं. 116 पंक्तियाँ 1-11
214. वही, पंक्तियाँ 7-8
215. सी. ई. बॉसवर्थ, *द गजनवीड्स,* पृष्ठ 76
216. वही, पृष्ठ 78
217. वही।
218. सी. ई. बॉसवर्थ, *द गजनवीड्स,* पृ. 76
219. वही, पृ. 79
220. मीराशी, कॉ इं. इं., 4, पृष्ठ 185-87
221. ज. न्यू. सो. इं., 18, 112
222. मीराशी, सं. प्र. पु., पृ. 137
223. वही, पृष्ठ 188
224. एस. के. मित्र, *द अर्ली ऑफ़ खजुराहो,* पृष्ठ 183
225. दशरथ शर्मा, *अर्ली रूलर्स चौहान डाइनेस्टीज़,* पृष्ठ 303
226. वही, पृष्ठ 305
227. सी. ई. बॉसवर्थ, सं. प्र. पु., पृष्ठ 79

परिच्छेद 7.

निष्कर्ष

राजनीतिक सामंतवाद के उद्‌भव और विकास का इतिहास ईस्वी सन्‌ की पहली शताब्दी से ब्राह्मणों को दिए जानेवाले भूमि-अनुदानों से जुड़ा हुआ है। गुप्त-काल में ऐसे अनुदानों की संख्या काफी हो जाती है और तब से बराबर बढ़ती ही चली जाती है। हर्ष के शासन-काल में नालंदा मठ के पास 200 गाँव थे। मंदिरों तथा पंडित-पुरोहितों को पालों और प्रतीहारों से बहुत-से गाँव मिले, लेकिन राष्ट्रकूटों से प्राप्त गाँवों की संख्या की तुलना में ये कम ही हैं। राष्ट्रकूट राज्य के एक अनुदानपत्र में 1400 और एक दूसरे में 400 गाँव देने का उल्लेख है। स्पष्ट है कि ब्राह्मणों और मंदिरों को भू-राजस्व इहलौकिक सेवाओं के प्रतिदान-स्वरूप नहीं, बल्कि दाता का परलोक सुधारने के लिए दिया जाता था। जो क्षेत्र उनको दान किए जाते थे उनमें उन्हें राजस्व-विषयक व्यापक अधिकार दिए जाते थे और साथ ही शांति-सुव्यवस्था कायम रखने और अपराधियों से जुर्माना वसूल करने-जैसे प्रशासनिक अधिकार भी। ह्वेंत्सांग का कहना है कि राज्य के बड़े-बड़े अधिकारियों को वृत्तिस्वरूप भूमि-अनुदान दिए जाते थे। किंतु समकालीन अभिलेखों से उसके इस कथन की पुष्टि नहीं होती। लेकिन यदि ब्राह्मणों को राजस्व-अनुदान के रूप में वृत्ति मिलती थी तो औरों के लिए किसी अन्य पद्धति का प्रयोग क्यों किया जाता होगा ? इसका कोई विशेष प्रमाण नहीं है कि अधिकारियों तथा राजसेवकों को सामान्यतः नकद वेतन दिया जाता था। यदि इहलौकिक सेवाओं का प्रतिदान नकद राशियों में दिया जाता रहा हो तो फिर धार्मिक सेवाओं का प्रतिदान अन्य प्रकार से क्यों दिया जाता था ? सच तो यह है कि धर्म तत्कालीन जीवन के सभी क्षेत्रों को प्रभावित करता था और इसलिए यदि पंडित-पुरोहितों को धर्मकार्य के लिए वृत्ति देने की पद्धति अन्य सेवाओं को पुरस्कृत करने के लिए अपनाई गई हो तो इसमें कोई आश्चर्य नहीं है। वृत्ति के रूप में भूमि-अनुदान देना व्यावहारिक ही नहीं था; इसे शुभ और पुण्य-कार्य भी माना जाता था। अभिलेखों से वृत्ति-स्वरूप भूमि-अनुदान देने के चलन की पुष्टि मुख्यतः 1000 ईस्वी से होती है। शासक सरदार अपने कुटुंबियों तथा सामंतों और राज्याधिकारियों को भी भूमि-अनुदान देते थे। 1000 ईस्वी से पहले के काल में बंगाल, बिहार और उत्तर

प्रदेश की अपेक्षा उड़ीसा तथा दक्षिण भारत में ऐसे अनुदानों के अधिक उदाहरण मिलते हैं। किंतु 11वीं और 12वीं सदियों में उत्तर भारत में—विशेष रूप से गाहड़वालों, चंदेलों, कलचुरियों, चौलुक्यों तथा परमारों के राज्यों में—हमें गृहस्थ भोक्ताओं की एक खासी बड़ी संख्या देखने को मिलती है।

सामंतों के लिए कई संज्ञाओं का प्रयोग होता था। वे इस प्रकार हैं—भूपाल, भोक्ता, भोगी, भौगिक, भोगिजन, भोगपतिक, भोगिरूप, महाभोगी, बृहद्भोगी, बृहद्भोगिक, राजा, राज्ञ, राजराजनक, राजन्यक, राणक, राजपुत्र, राजवल्लभ, ठक्कुर, सामंत, महासामंत, महासामंताधिपति, महासामंत-राणक, सामंतक राजा, मांडलिक और महामंडलेश्वर। अभिलेखों में महासामंतों, राणकों, राजपुत्रों, मांडलिकों तथा कुछ अन्य सामंतों को भूमि-अनुदान दिए जाने का उल्लेख मिलता है। लेकिन जान पड़ता है कि दूसरे सामंतों को भी ऐसे अनुदान दिए जाते थे। इनमें से बड़े-बड़े सामंतों को पंचमहावाद्यों के प्रयोग का अधिकार भी दिया जाता था।

प्रारंभिक भारतीय सामंतवाद की एक विशेषता यह थी कि राजस्व की दृष्टि से राज्य को अनेक इकाइयों में विभक्त कर दिया जाता था। ये इकाइयाँ दशमिक, द्वादशमिक अथवा षष्ठदशमिक प्रणाली पर गठित होती थीं। दशमिक प्रणाली पर गठित इकाई में आनेवाले गाँवों की संख्या 10 अथवा ऐसी कोई भी संख्या होती थी जो 10 से विभाज्य हो। यही बात द्वादशमिक तथा षष्ठदशमिक प्रणाली पर गठित इकाइयों पर भी लागू होती थी। **मनु-स्मृति** में, जो पहली या दूसरी सदी में किसी समय लिखी गई, कहा गया है कि दस गाँवों की इकाइया अथवा दशमिक प्रणाली पर गठित बड़ी इकाइयों में राजस्व एकत्र करनेवाले अधिकारियों को वृत्ति-स्वरूप भूमि अनुदान देने चाहिए। ऐसी इकाइयाँ राष्ट्रकूटों और किसी हद तक पालों के राज्यों में भी कायम रहीं। लेकिन गुर्जर-प्रतीहारों तथा उनके सामंतों और उत्तराधिकारियों—चाहमानों, परमारों और चौलुक्यों—के राज्यों में द्वादशमिक या षष्ठदशमिक इकाइयों का चलन था। ऐसी कुछ इकाइयाँ शासक-परिवार के लोगों को निजी जागीरों के तौर पर दी गईं, लेकिन शेष शायद राजस्व एकत्र करने के लिए गठित की गई थीं और ये ऐसे राज्याधिकारियों के हाथों में रहती थीं जिन्हें वृत्तिस्वरूप भूमि-अनुदान दिए जाते थे। स्पष्ट है कि राजपूतों ने अपने विजित क्षेत्रों को इस तरह की इकाइयों में बाँट दिया था। यह तो अनुमान का ही विषय है कि ऐसी इकाइयों के गठन के पीछे मध्य एशिया में प्रचलित व्यवस्था की कोई प्रेरणा थी अथवा नहीं, और जिस प्रकार जर्मनों के आक्रमण के परिणामस्वरूप यूरोप में सामंतवाद को उत्तेजन मिला था उसी प्रकार हूणों तथा गुर्जरों के भारत-आगमन से यहाँ भी सामंती व्यवस्था के विकास को बढ़ावा मिला या नहीं।

एक चीज से भारतीय सामंतवाद के आर्थिक पहलू का बड़ा गहरा संबंध था। वह यह थी कि गुप्त-काल से शूद्र लोग, जिन्हें ऊपर के तीन वर्णों का सेवक और

दास माना जाता था, किसान बनते जा रहे थे और पुराने किसान अर्ध-दासत्व की अवस्था में पहुँच गए थे। पहली प्रक्रिया का संकेत हमें ह्वेंत्सांग के विवरण में मिलता है। उसने शूद्रों को किसान कहा है। उसके इस कथन की पुष्टि चार सदी बाद अलबरूनी के विवरण से भी होती है। गुप्तोत्तर काल की कई कृतियों में शूद्रों को किसान बतलाया गया है।

जहाँ तक प्रारंभिक मध्य-काल में भारतीय किसानों की अवदशा का संबंध है, उसके पीछे बहुत-से कारण काम कर रहे थे। इनमें से सबसे महत्त्वपूर्ण यह था कि ग्रामवासियों के सिर पर करों का बोझ बहुत बढ़ गया था। गाहडवाल अनुदानपत्रों में गाँवों पर आरोपित ग्यारह करों का उल्लेख हुआ है। यदि राज्य सचमुच ये सारे कर वसूल करता था तो किसानों के पास किसी प्रकार अपना जीवन-यापन करने को भी कुछ बच रहता होगा, इसमें संदेह ही है। ग्रहीताओं को ये कर वसूल करने का अधिकार तो दे ही दिया जाता था; कभी-कभी उन्हें इनके अतिरिक्त निश्चित-अनिश्चित, उचित-अनुचित कर लगाने और वसूल करने का भी अधिकार मिल जाता था। बहुत-से अनुदानपत्रों में—उदाहरणार्थ पाल-अनुदानपत्रों में—करों की पूरी सूची नहीं दी जाती थी और ग्रहीताओं को ऐसे अनेक कर भी वसूल करने का अधिकार दे दिया जाता था जो 'आदि' शब्द, 'सर्वाय-समेत' अथवा 'समस्त प्रत्याय' शब्द-समुच्चय के अंतर्गत आते थे। इस सब का मतलब यह है कि वे नए कर भी लगा सकते थे। किसान लोग सरकार को राजस्व के रूप में जो-कुछ देते थे, अनुदान दिए जाने के बाद उन्हें वह सब ग्रहीताओं को लगान के तौर पर देना पड़ता था, और इन अनुदानभोगियों में से अधिकांश को दाताओं को कोई कर नहीं देना पड़ता था।

किसानों की अवदशा का दूसरा कारण बेठ-बेगार की प्रथा थी। मौर्य-काल में बेगार दासों और कर्मकरों से कराया जाता था। लेकिन ईस्वी सन् की दूसरी सदी से इस तरह का श्रम शायद सभी प्रजाजनों से लिया जाने लगा। मध्य और पश्चिमी भारत में प्रारंभ से लेकर 10वीं सदी तक दिए गए अनुदानों से विष्टि के चलन का पर्याप्त संकेत मिलता है। बंगाल और बिहार में 'सर्वपीड़ा' को झेलना किसानों की सामान्य नियति थी। जब राज्य कोई क्षेत्र अनुदान में दे देता था तो अपना यह अधिकार भी छोड़ देता था, जो स्वभावतः ग्रहीता के हाथों चला जाता था। शासक सरदार तो ग्रामवासियों से यदा-कदा ही बेगार लेते थे, किंतु ग्रहीताओं के साथ ऐसी बात नहीं थी। गाँव की जमीन तथा अन्य प्राकृतिक साधनों से अधिक से अधिक लाभ उठाना उनका उद्देश्य होता था, और इसलिए वे लोगों से बेगार भी कसकर लेते थे।

किसानों की अधोगति इसलिए भी हुई कि अनुदानभोगी अनुदत्त भूमि को फिर से किसी को अनुदान में अथवा खेती करने के लिए देता था। ग्रहीता को यह अधिकार दिया जाता था कि वह अनुदत्त भूमि का स्वयं उपभोग कर सकता है

अथवा तदर्थ किसी और को दे सकता है, उसमें खुद खेती कर सकता है अथवा किसी अन्य से करवा सकता है। मध्य-काल के प्रारंभ के कतिपय धर्मशास्त्रों से ज्ञात होता है कि राजा के नीचे और असली जोतदार के ऊपर जमीन के एक ही टुकड़े पर किसी-न-किसी प्रकार का हक रखने वाले लोगों की चार-चार श्रेणियाँ हुआ करती थीं। इस बात की पुष्टि अभिलेखों से भी होती है। खुद खेती करने अथवा दूसरों से करवाने के अधिकार में किसानों को बेदखल करने का हक भी शामिल हो जाता है। मालवा, गुजरात, राजस्थान और महाराष्ट्र में 5वीं सदी से लेकर 12वीं सदी तक यह प्रथा खूब प्रचलित थी। परिणामतः काश्तकारों के स्थाई अधिकार कमजोर हो गए। वे अब जमींदार की इच्छानुसार जमीन जोतते थे या उसकी मर्जी पर जमीन से हटा दिए जा सकते थे, जिससे वे खेतिहर-मजदूर के समान बनते जा रहे थे। यह स्पष्ट नहीं है कि उत्तर भारत के अन्य क्षेत्रों में भी भूस्वामियों को ऐसे अधिकार प्राप्त थे अथवा नहीं, लेकिन लगता है कि जो क्षेत्र भली-भाँति आबाद हो गए थे और जिनमें आबादी काफी होने के कारण काश्तकारों की कोई कमी नहीं थी उनमें यह प्रथा विशेष रूप से प्रचलित थी। जनजातियों से आबाद पिछड़े इलाकों में किसान लोग खेती का काम छोड़कर किसी दूसरे गाँव में जाकर नहीं बस सकते थे। मध्यभारत के कुछ हिस्सों में और खासकर काँगड़ा तथा उड़ीसा में ऐसे अनेक ग्राम-अनुदान दिए गए जिनमें अनुदत्त क्षेत्रों में रहनेवाले शिल्पी, चरवाहे और किसान मध्य-कालीन यूरोप के कृषि-दासों की ही तरह ग्रहीताओं को सौंप दिए गए। मजदूरों की कमी होने के कारण ग्रामीण अर्थव्यवस्था को कायम रखने के लिए यह प्रथा शायद जरूरी हो गई थी।

अनुदत्त क्षेत्रों में किसानों को घाटा इससे भी हुआ कि ग्रामवासियों के सामुदायिक अधिकार अनुदानभोगियों को दिए जाने लगे। बहुत-से अनुदत्त गाँवों की सीमाएँ निर्धारित नहीं की जाती थीं, जिससे लाभ उठाकर अनुदानभोगी अपनी निजी जायदाद बड़े मजे में बढ़ा सकते थे। फिर, परती ज़मीन, जंगल-झाड़, चारागाहों, पेड़-पौधों, जलाशयों आदि पर उन्हें जो अधिकार दे दिए जाते थे, इसके कारण बिना कर दिए किसान इन साधनों का उपयोग नहीं कर सकते थे। स्पष्ट है कि गाँवों के सामुदायिक साधन इस सिद्धांत पर अनुदान में दिए जाते थे कि सारी जमीन राजा की है, लेकिन एक बार जब जमीन अनुदानभोगी के हाथ में चली आती थी तो उस पर उसका व्यक्तिगत अधिकार हो जाता था और ग्रामवासियों के परंपरागत अधिकार उनसे छिन जाते थे। और इसमें तो संदेह की गुंजाइश ही नहीं है कि गाँव की जमीन पर गाँववालों को ऐसे परंपरागत अधिकार प्राप्त थे। गुप्त-काल में हमें इस बात के स्पष्ट प्रमाण मिलते हैं। उन दिनों बंगाल में ग्रामीण समाज की सहमति के बिना जमीन नहीं बेची जा सकती थी। आगे चलकर पाल राजा भी गाँव का अनुदान करने में ग्रामवासियों से विधिवत सहमति लिया करते थे। इस प्रकार गाँव के जिन साधनों का उपभोग ग्रामीण समाज करता था, उनके

ग्रहीताओं के नाम हस्तांतरित किए जाने से किसानों की बहुत-सी सुविधाओं और अधिकारों का अंत हो गया।

ऊपर जो तरीके बतलाए गए हैं उनके द्वारा राजा अथवा धार्मिक या गृहस्थ अनुदानभोगी अपने लाभ के लिए किसानों से तरह-तरह की सेवाएँ प्राप्त करते थे। इस सबके परिणामस्वरूप किसान आर्थिक दृष्टि से पराधीन हो गए और इस स्थिति से छुटकारा पाने का उनके सामने कोई रास्ता नहीं था।

स्वभावतः यह सवाल उठता है कि रक्त-दोहन के प्रति किसानों में कैसी प्रतिक्रिया हुई। भूमि-अनुदानपत्रों से इस प्रश्न पर कोई प्रकाश नहीं पड़ता और न साहित्यिक कृतियों से ही, क्योंकि उस काल का साहित्य मुख्यतः दरबारी है। लेकिन कुछ कृतियों से ऐसा जान पड़ता है कि किसानों की प्रतिक्रिया दो रूपों में प्रकट होती थी। एक रूप तो यह था कि वे गाँव छोड़ दिया करते थे। यह बात बहुत पुराने जमाने से चली आ रही थी, क्योंकि इसका उल्लेख हमें जातकों में भी मिलता है। **सुभाषितरत्न-कोष** में छठी शताब्दी के ज्योतिषी वराहमिहिर का एक अनुच्छेद उद्धृत किया गया है। उसमें एक ऐसे उजाड़ गाँव की दशा का वर्णन किया गया है जिसमें केवल ढही-गिरी दीवारें ही रह गई हैं, क्योंकि वहाँ के भोगपति के अत्याचारों से पीड़ित होकर किसानों ने उस गाँव का त्याग कर दिया है।[1] भोगपति के अत्याचारों का उल्लेख बाण-कृत **हर्षचरित** में भी हुआ है। इसी प्रकार **वृहन्नारदीय पुराण** में बताया गया है कि अकाल तथा भारी करों से परेशान होकर लोग एक स्थान को छोड़कर किसी दूसरे अधिक समृद्ध स्थान में चले जाते हैं।[2] लेकिन किसान उन गाँवों को छोड़कर नहीं जा सकते थे जो आबादी के साथ-साथ दान किए जाते थे, क्योंकि अनुदानभोगियों को किसानों को जमीन से बाँधे रखने का कानूनी अधिकार होता था। शोषण के खिलाफ किसानों की दूसरी प्रतिक्रिया यह हो सकती थी कि वे विद्रोह कर दें। इसका एकमात्र उदाहरण पूर्वी बंगाल में कैवर्त्तों का विद्रोह है, जिसका वर्णन संध्याकरनंदी ने **रामचरित** में किया है। आज तक इस घटना को या तो अत्याचारी शासक के खिलाफ अपने अधिकारों को जतलानेवाला जनविद्रोह माना गया है या जनता की इच्छा से सिंहासन पर बैठाए गए विधिसम्मत शासकों के खिलाफ उपद्रव बताया गया है। लेकिन अगर हम इस बात की ओर ध्यान दें कि कैवर्त्तों को सेवा-वृत्तियों के रूप में जो जमीन मिली हुई थी वह उनसे छीन ली गई थी[3] और उन पर करों का बहुत भारी बोझ डाल दिया गया था[4] तो इस घटना का महत्त्व हम ज्यादा अच्छी तरह समझ सकते हैं। इस विद्रोह के वर्णन में बतलाया गया है कि निर्वसन और नग्न सिपाही भैंसों पर चढ़कर तीर-धनुष से लड़े,[5] जिससे प्रकट होता है कि ये विद्रोही योद्धा साधारण किसान थे। रामपाल के खिलाफ विफल विद्रोह का नेतृत्व करनेवाले भीम की सेना में रथ बिलकुल नहीं थे।[6] फिर भी यह विद्रोह इतना जबरदस्त था और विद्रोही इतने दुर्धर्ष थे कि इसे दबाने के लिए रामपाल की अपनी सेना और शक्ति-साधन पर्याप्त

नहीं सिद्ध हुए, और उसने अपने सामंतों के साधन का सहारा लिया। शायद यह पालों के खिलाफ एक किसान-विद्रोह था, और पाल शासक अपने सामंतों की सहायता से कैवर्त्तों के खिलाफ लड़े। लेकिन, इस तरह का और उदाहरण हमें नहीं मिलता है, और इसलिए इसके आधार पर हम कोई सामान्य निष्कर्ष नहीं निकाल सकते। संभव यही लगता है कि कठिन परिस्थितियों से तंग आकर किसान लोग आमतौर पर अपने पहले गाँव-घर छोड़कर कहीं अन्यत्र जा बसते होंगे। लेकिन पूर्व मध्य-काल की आत्मनिर्भर अर्थव्यवस्था में यह उपाय भी बहुत कारगर नहीं हो सकता होगा, क्योंकि किसान तो जमीन से बँधे होते थे। अन्यत्र भी तो वैसी ही आर्थिक परिस्थितियाँ और राजनीतिक संगठन होते थे। इसलिए किसानों के कहीं और जा बसने का मतलब उनका छुटकारा नहीं था।

सामंती व्यवस्था देश के विभिन्न हिस्सों में मौजूद आत्मनिर्भर आर्थिक इकाइयों पर आधारित थी। मुद्रा का अभाव, माप-तौल के स्थानीय मानकों का चलन, और राजाओं तथा सामंत सरदारों द्वारा उद्योग-व्यापार से होनेवाली नकदी तथा जिन्सी आय का मंदिरों के नाम हस्तांतरण—ये तमाम बातें ऐसे एकांशों के अस्तित्व की साक्षी भरती हैं। पालों ने लगभग चार सौ वर्षों तक राज्य किया, किंतु उनका शायद ही कोई सिक्का आज प्राप्य हो। हम निश्चयपूर्वक गुर्जर-प्रतीहारों के सिक्कों का भी हवाला नहीं दे सकते हैं; और राष्ट्रकूटों के सिक्कों का नितांत अभाव है। उड़ीसा और दक्षिण भारत में भी सातवीं से दसवीं सदी तक सिक्कों का अभाव रहा है। चाहमानों और सेनों के अभिलेखों में सिक्कों का उल्लेख तो हुआ है, लेकिन इनके सिक्के अभी तक मिल नहीं पाए हैं। प्रारंभिक मध्यकाल में मुद्रा का कितना चलन था और तत्कालीन समाज पर उसका क्या असर पड़ा, इसका अध्ययन अभी तक नहीं हुआ है। हमें जितना-कुछ मालूम है उसके आधार पर कहा जा सकता है कि ग्यारहवीं सदी से पश्चिमी और मध्य भारत में मुद्रा का चलन फिर से काफी बड़े पैमाने पर प्रारंभ हो गया। इसका संबंध इस काल में उद्योग-व्यापार के पुनरुद्धार और बेठ-बेगार प्रथा की समाप्ति से था। लेकिन अगर हम इस क्षेत्र और काल की बात अलग रखें तो लगता यही है कि प्रत्येक स्थान की आवश्यकताओं की पूर्ति वहीं पैदा किए माल से की जाती थी, और इस प्रयोजन से किसानों और कारीगरों को गाँवों से बाँधकर रखा जाता था। कभी-कभी अनुदानपत्रों में यह व्यवस्था भी होती थी कि करद किसानों और कारीगरों को किसी अन्य स्थान से हटाकर अनुदत्त गाँव में दाखिल नहीं किया जा सकता। इसका प्रयोजन यही हो सकता था कि अनुदत्त गाँव के आत्मनिर्भर आर्थिक जीवन में अनुदान के परिणामस्वरूप कोई व्यवधान न उपस्थित हो पाये। मठ और मन्दिर भी आर्थिक इकाइयों का काम करते थे, लेकिन ये इकाइयाँ काफी विस्तृत होती थीं। कभी-कभी तो ऐसी इकाइयों में सौ से भी अधिक गाँव हुआ करते थे। स्पष्टतः ऐसी इकाइयों में कुछ गाँव अन्न जुटाते थे, कुछ कपड़े और कुछ इमारतों

की मरम्मत के लिए श्रमिक आदि। या ऐसा भी रहा हो कि प्रत्येक गाँव थोड़ी-थोड़ी मात्रा में इनमें से हर चीज मुहैया करता हो।

प्रारंभिक भारतीय सामंतवाद की ऐतिहासिक भूमिका कई दृष्टियों से बड़ी महत्त्वपूर्ण रही। पहली बात तो यह है कि मध्य भारत, उड़ीसा और पूर्वी बंगाल में भूमि-अनुदान परती जमीन के आबाद किए जाने में बहुत सहायक सिद्ध हुए। उद्यमी और साहसी ब्राह्मणों ने पिछड़े और जन-जातियों से आबाद क्षेत्रों में बहुत उपयोगी काम किए। वे ऐसे इलाकों में कृषि के नए तरीके लाए। पुरोहितों द्वारा प्रतिपादित कतिपय मध्यकालीन विश्वास और विधि-विधान जनजातियों की आर्थिक समृद्धि में सहायक सिद्ध हुए। उदाहरण के लिए, गो-हत्या को नर-हत्या के ही समान जघन्य कृत्य बताया गया, जिससे गोधन के परिरक्षण में सहायता मिली। खेती के लिए गोधन कितना उपयोगी है, यह तो स्पष्ट ही है। ब्राह्मणों और पुरोहितों ने आदिवासियों को हल तथा खाद का उपयोग करना तो सिखाया ही, साथ ही उन्हें नक्षत्रों और ऋतुओं, विशेषकर वर्षा के आगमन की जानकारी देकर भी कृषि की उन्नति में योग दिया। इस विषय की बहुत-सी जानकारी **कृषि पराशर** में,[7] जो इसी काल की कृति जान पड़ती है, संकलित है। जो इलाके बसे-बसाए थे, उनमें धार्मिक भोक्ताओं को ऐसी जमीन दान की जाती थी जिसमें पहले से ही खेती-बाड़ी होती थी। ऐसे क्षेत्रों में उनकी उपयोगिता इस बात में निहित थी कि वे लोगों में प्रतिष्ठित सामाजिक व्यवस्था के प्रति सम्मान का भाव पैदा करते थे। दूसरे, भूमि-अनुदानों के परिणामस्वरूप अनुदत्त क्षेत्रों में शांति-सुव्यवस्था कायम रखने में सहायता मिलती थी, क्योंकि इन क्षेत्रों में कानून की सत्ता और शांति बनाए रखने का दायित्व ग्रहीताओं को दिया जाता था। दाताओं की इस कृपा का प्रतिदान भी ब्राह्मणों ने किसी-न-किसी रूप में अवश्य दिया। उन्होंने पूर्व मध्य-काल के राजाओं के लिए जाली वंश-वृक्ष तैयार किए, और उन्हें सूर्यवंशी अथवा चंद्रवंशी साबित करके लोगों में भ्रम फैलाया कि वे अपने दैवी अधिकार के बल पर शासन कर रहे हैं। दूसरी ओर गृहस्थ सामंतगण अपनी-अपनी जागीरों का शासन चलाकर और युद्ध-काल में सेना जुटाकर अपने-अपने प्रभुओं की सहायता किया करते थे। तीसरी बात यह है कि भूमि-अनुदानों के परिणामस्वरूप जन-जातियों के बीच ब्राह्मण संस्कृति का प्रसार हुआ, और अपने आदिम रहन-सहन को छोड़कर वे सभ्य-सुसंस्कृत बने। ब्राह्मणों ने उन्हें लिपि, कला तथा साहित्य का ज्ञान कराया और उच्चतर भौतिक जीवन से परिचित कराया। इस अर्थ में सामंतवाद देश के एकीकरण में सहायक सिद्ध हुआ। ये ब्राह्मण मूलतः मध्यदेश और तीरभुक्ति के निवासी थे। भूमि-अनुदानों का उपभोग करने के लिए उन्हें वहाँ से बंगाल, उड़ीसा और मध्य भारत बुलाया गया। इस प्रकार ये सारे क्षेत्र एक संस्कृति की परिधि में आए, और फलतः इनकी पारस्परिक एकता बढ़ती गई। वर्णसंकर और अन्य जातियों की

संख्या बढ़ गई, और **ब्रह्मवैवर्त पुराण** में तो इनकी संख्या 100 तक पहुँच गई है। इसका एक मुख्य कारण यह था कि ब्राह्मणों को दिये गये भूमि-अनुदानों के परिणामस्वरूप बहुत-सी जनजातियाँ ब्राह्मणों के प्रत्यक्ष संपर्क में आईं, और ब्राह्मण-संस्कृति वाले समाज में उन्हें किसी-न-किसी जाति के रूप में स्थान दिया गया। इस प्रकार हम मान सकते हैं कि भूमि-अनुदान नए क्षेत्रों और नए लोगों को वर्ण-व्यवस्था के अंतर्गत लाने में सहायक सिद्ध हुए, और इससे सारे देश में किसी हद तक समान सामाजिक व्यवस्था कायम हुई। किंतु दूसरी ओर इन अनुदानों के फलस्वरूप निहित स्वार्थ का उदय हुआ, जिससे राजनीतिक सत्ता विभक्त होती चली गई। देश की विशालता और यातायात की असुविधा के कारण राजनीतिक एकता बनाए रखना राजा के लिए और भी कठिन हो गया। कालक्रम से ब्राह्मण और उनके संरक्षक दूरस्थ प्रदेशों से कटकर अपने-अपने क्षेत्रों से एकीभूत हो गए, जिससे स्थानीय संस्कृतियों का जन्म हुआ। फलतः देश में क्षेत्रीयतावाद का उदय हुआ, और लोग अपने-अपने क्षेत्र को ही अपना राष्ट्र मानने लगे।

भारतीय सामंतवाद की कुछ विशेषताएँ यूरोपीय सामंतवाद जैसी हैं। पुरोहितों को भूमि-अनुदान देने के चलन की तुलना मध्यकालीन यूरोप में चर्च को जागीर देने की प्रथा के साथ की जा सकती है। अंतर सिर्फ इतना था कि भारत के ब्राह्मण और मंदिर किसी संगठित संस्था के अंग नहीं थे। लेकिन, पूर्व मध्यकालीन भारत में धर्मेतर जागीरें देने का चलन उतना व्यापक नहीं था जितना कि मध्यकालीन यूरोप में था। यद्यपि राज्याधिकारियों को वृत्तिस्वरूप जमीन दी जाती थी, लेकिन यह जमीन, उनके जिम्मे प्रशासनार्थ जितना क्षेत्र होता था उसका छोटा-सा हिस्सा-भर हुआ करती थी। यह न तो यूरोपीय ढंग की जागीर थी और न ताल्लुका (मैनर) ही थी। इस कोटि में शायद ब्राह्मणों को दिए गाँवों को ही रखा जा सकता है। इसके अलावा, भारत में सामंतों को मुख्यतः अपने प्रभु की सैनिक सेवा ही करनी पड़ती थी। यहाँ वे यूरोप की तरह प्रशासनिक सेवा नहीं किया करते थे। लेकिन यूरोपीय सामंतवाद की प्रमुख विशेषताएँ यहाँ भी मौजूद थीं। यह देश भी आर्थिक दृष्टि से छोटी-छोटी आत्मनिर्भर इकाइयों में बँटा हुआ था, और इन इकाइयों के बनने और कायम रहने का कारण व्यापारिक आदान-प्रदान का अभाव था। यहाँ भी एक जबरदस्त भूमिधर मध्यवर्ती वर्ग का उदय हुआ, जिससे किसान निरंतर अधिकाधिक पराधीन होते चले गए।

यह सवाल उठाया गया है कि सामंतवाद समाज में एक ही बार प्रकट हुआ या बदले हुए कलेवरों में कई बार सामने आया।[8] भारत के संबंध में इसका उत्तर इस बात पर निर्भर है कि सामंतवाद से हमारा तात्पर्य क्या है। यदि हम राजनीतिक सत्ता के विघटन और प्रशासन के विकेंद्रीकरण को ही सामंतवाद मान लें तो यह स्वीकार करना पड़ेगा कि भारत में अंग्रेजी राज्य की स्थापना से पूर्व सामंतवाद कई बार आया। लेकिन यदि हम सामंतवाद को एक ऐसी सामाजिक व्यवस्था के रूप में

देखें जिसमें किसानों की जमीन और देह पर अपने उच्चतर अधिकारों के द्वारा श्रीमंत-वर्ग उपज का सारा अतिरिक्त हिस्सा हड़प लेता था और किसानों के पास उतना ही छोड़ता था जितना खा-पहनकर वे उस वर्ग के लाभ के लिए आगे भी मेहनत-मशक्कत करते रह सकें, तो कहा जा सकता है कि यह चीज भारत में गुप्त-काल से पूर्व कभी नहीं आई। ऋग्वैदिक काल में कबीलों के सरदार, जिन्हें पुरोहितों का समर्थन प्राप्त था, मुख्यत: युद्ध में प्राप्त लूट के माल पर जीवन-यापन करते थे। उत्तर वैदिक काल और वेदोत्तर काल में सरकार और पुरोहित किसानों से प्राप्त उपज के एक हिस्से और शूद्रों द्वारा की जानेवाली तरह-तरह की सेवाओं के बल पर फूलते-फलते रहे। मौर्य और मौर्योत्तर काल में ईस्वी सन् के प्रारंभ तक वे मुख्यत: नकद राजस्व पर निर्भर रहे, जो प्रजा से वसूल किया जाता था। राज्य ने बहुत बड़ी तादाद में सिक्के जारी किए थे, इसलिए नकद अदायगी और वसूली अब आसान हो गई थी। वे दासों और किराए के मजदूरों की सेवाओं का भी उपयोग करते थे। इन किराए के मजदूरों (कर्मकरों) की स्थिति भी प्राय: वैसी ही थी जैसी बेगार करनेवाले मजदूरों की होती थी, और ये उत्पादन के काम में लगाए जाते थे।[9] लेकिन गुप्त-काल से शासक-वर्ग के सदस्य प्रधानत: जमीन से प्राप्त होनेवाले राजस्व पर निर्भर रहने लगे, जो उन्हीं के लिए निर्धारित किया जाता था, और फिर 8वीं सदी से वे सीधे जमीन का ही उपभोग करने लगे। स्वभावत: गुप्त-साम्राज्य के पतन के बाद की पाँच सदियों में किसान और कारीगर जमीन से इस तरह बाँध दिए गए जैसा पहले कभी नहीं हुआ था, क्योंकि अब जमीन तो सीधे पुरोहितों, मंदिरों, सरदारों, सामंतों और राज्याधिकारियों के नियंत्रण में थी, और सर्वसत्ता-संपन्न स्वामि-वर्ग ने वैसी ही व्यवस्था कायम की जो उसकी स्वार्थ-सिद्धि के लिए सर्वाधिक उपयुक्त थी। भूमिधर मध्यवर्ती लोगों की राजनीतिक तथा आर्थिक शक्ति जितनी सुदृढ़ इस काल में हुई उतनी पहले किसी भी काल में नहीं हुई थी। मुस्लिम सल्तनत की स्थापना से पूर्व के मध्य-काल को हम पुरातन सामंतवाद का चरमोत्कर्ष-काल कह सकते हैं; क्योंकि मुसलमानों ने यहाँ फिर से नकद अदायगी का चलन बड़े पैमाने पर शुरू कर दिया,[10] जिससे किसानों पर भूमिधर मध्यवर्ती लोगों का प्रत्यक्ष नियंत्रण बहुत ढीला पड़ गया। पूर्व मध्यकाल की सामंती व्यवस्था में किसानों के पास गुजर-बसर के बाद जो-कुछ भी बच जाता था उसे श्रीमंत-वर्ग उनकी भूमि पर अपने उच्चतर अधिकारों के बल पर उनसे ले लेता था और यह वसूली मुख्यत: जिन्सों के रूप में की जाती थी। इसके अलावा उनके शरीरों पर भी ऐसे ही आधिपत्य रखने के कारण वह उनसे बेगार लिया करता था। यह सब हमें न तो ईस्वी सन् की प्रारंभिक सदियों से पूर्व और न तुर्कों की भारत-विजय के बाद किसी बड़े पैमाने पर देखने को मिलता है। इस काल का सारा राजनीतिक ढाँचा भूमि-अनुदानों के आधार पर खड़ा किया गया था, और धार्मिक तथा धर्मेतर दोनों तरह के भोक्ताओं का परम ध्येय यह बन गया

था कि चाहे जैसे हो, वे अपने प्रतिद्वंद्वियों तथा किसान-विद्रोहों का सामना करते हुए छोटे-छोटे सामंत राज्यों का अस्तित्व बनाए रखें, ताकि उनके हितों की रक्षा हो।

लेकिन भारतीय सामंतवाद भिन्न-भिन्न अवस्थाओं से गुजरा। गुप्तकाल तथा बाद की दो सदियों में मंदिरों और ब्राह्मणों को भूमि-अनुदान दिया जाना प्रारंभ हुआ, और पालों, प्रतीहारों तथा राष्ट्रकूटों के राज्यों में ऐसे अनुदानों की संख्या धीरे-धीरे बढ़ती गई और साथ ही उनके स्वरूप में भी बुनियादी परिवर्तन हुए। प्रारंभिक काल में अनुदानभोगियों को केवल उपभोगाधिकार ही दिए जाते थे, किंतु 8वीं सदी से उन्हें स्वामित्वाधिकार भी दिए जाने लगे। 11वीं और 12वीं सदियों में अनुदानों का यह सिलसिला अपनी चरम-सीमा पर पहुँच गया, और उत्तरी भारत अनेक छोटी-छोटी राजनीतिक इकाइयों में बँट गया। ये इकाइयाँ मुख्यतः धार्मिक तथा गृहस्थ अनुदानभोगियों के हाथों में थीं। जितनी सत्ता के साथ यूरोपीय सामंत अपने-अपने ताल्लुकों (मैनर) का उपभोग करते थे, उससे कुछ अधिक सत्ता के साथ ये अनुदानभोगी अनुदत्त गाँवों का उपभोग करते थे। किंतु पश्चिमी और मध्य भारत में वाणिज्य-व्यापार के पुनरुद्धार, मुद्रा के बढ़ते हुए चलन और विष्टि की प्रथा के विलय के परिणामस्वरूप वहाँ पुरातन सामंतवाद अपने चरम वैभव पर पहुँचकर ह्रासोन्मुख हो चला।

संदर्भ

1. सं. डी. डी. कोसंबी व वी. वी. गोखले, श्लोक 1175
2. सं. पी. एच. शास्त्री, 38
3. ए. इं., 29, 5
4. *रामचरित*, 2, 40
5. वही, 39-42
6. वही, 40
7. सं. व अनु. जी. पी. मजुमदार और एस. सी. बनर्जी, प्रारंभिक पृष्ठ 8
8. एस. सी. सरकार, *क्वार्टर्ली रिव्यू ऑफ हिस्टॉरिकल स्टडीज, 3*, (1962-63), 126
9. इनमें से कुछ-एक बातों का विशद विवेचन लेखक ने *शूद्राज इन एंशिएंट इंडिया* के 5वें और छठे परिच्छेदों में तथा इंक्वाइरी. नं. 4, में प्रकाशित "स्टेजेज इन एंशिएंट इंडियन इकनॉमी" शीर्षक निबंध में किया है।
10. मूरलैंड, *एग्रेरियन सिस्टम ऑफ मुस्लिम इंडिया*, पृष्ठ 204-5

परिशिष्ट 1

मध्यकालीन उड़ीसा में भूमि-व्यवस्था

(लगभग 750-1200 ईस्वी)

पूर्व मध्यकाल में उड़ीसा में पंद्रह या इससे भी अधिक राजवंशों का उत्थान-पतन हुआ। इनमें से कई तो एक ही काल में शासन करते थे। यातायात के अविकसित साधन और पर्वत पहाड़ियों से भरा पड़ा क्षेत्र—उड़ीसा छोटे-छोटे राज्यों के उदय के लिए सचमुच बड़ा उपयुक्त प्रदेश था। और इन राज्यों के अस्तित्व को स्थायित्व प्रदान करते थे वे आदिवासी कबीले जिन्हें स्वतंत्रता प्राणों से भी अधिक प्यारी थी और जो इस प्रदेश के मुख्य निवासी थे। जान पड़ता है, स्थानीय सरदारों ने यहाँ भंज और तुंग-जैसे अनेक राजवंशों की स्थापना की। होता यह था कि अपनी श्री-समृद्धि की वृद्धि के साथ-साथ ब्राहमण-संस्कृति के संपर्क में आने के कारण इन्हें क्षत्रियत्व का सम्मानित दर्जा प्राप्त हो जाता था, और ये नए राजवंशों के संस्थापक बन जाते थे। इस प्रथा का अवशेष उड़ीसा के पड़ोसी क्षेत्र छोटानागपुर में आज भी देखा जा सकता है। पहाड़ी इलाकों के ये शासक वैसे तो समुद्र-तट के क्षेत्रों के शासकों की अधीनता स्वीकार करते थे, लेकिन वास्तव में दोनों के पारस्परिक संबंध बहुत क्षीण थे, और सारा प्रदेश छोटे-छोटे अनेक शासकों के बीच बँटा हुआ था। ये शासक सामंतों, राज्याधिकारियों, मंदिरों और सबसे बढ़कर ब्राहमणों को भूमि-अनुदान दिया करते थे। फलतः उड़ीसा और भी छोटे-छोटे टुकड़ों में बँट गया। आप किसी भी काल को ले लीजिए, ताम्रपत्रों पर अंकित जितने भूमि-अनुदान आपको उड़ीसा में मिलेंगे उतने बंगाल और बिहार में नहीं मिलेंगे। इन अनुदानपत्रों से प्रकट होता है कि यहाँ धार्मिक तथा गृहस्थ अनुदानभोगियों का बहुत बड़ा वर्ग सामान्य किसानों के ऊपर थोप दिया गया।

गृहस्थ अनुदानभोगियों में सामंत भी थे और राज्याधिकारी भी। सामंतों के दिए गए भूमि-अनुदानों के प्रत्यक्ष प्रमाण बहुत कम मिलते हैं, लेकिन अनुदानपत्रों में उल्लिखित कोई दर्जन-भर शब्द भूमिधर सामंतों के पर्याय हैं। उदाहरण के लिए, भूपाल, जिसका शाब्दिक अर्थ भूमि का रक्षक है, बहुत बड़े-बड़े भूमिधर सामंत रहे होंगे। दसवीं सदी के अंतिम वर्षों में खिज्जिग के भंजों द्वारा जारी किए

गए अनुदानपत्रों में अनुदानों की सूचना केवल इन भूपालों को ही दी गई है, जो बात उनका महत्त्व दर्शाती है । प्रत्येक आदिवासी राज्य में शायद कई क्षेत्रीय इकाइयाँ हुआ करती थीं, और इनमें से हरएक इकाई किसी कबायली सरदार (जिसे संस्कृत का भूपाल विरुद प्राप्त था) के अधीन हुआ करती थी, और वही सरदार उस क्षेत्र के प्रशासन के लिए जिम्मेदार होता था । इस समय खिज्जिगों के भंजों के राज्य में शायद उन राज्याधिकारियों तथा अन्य राज्यपुरुषों के लिए कोई स्थान नहीं था, जिनका उल्लेख हम अन्य अनुदानपत्रों में पाते हैं । ऐसा जान पड़ता है कि भंजों के अधीन कुछ समय तक राज्य की राजनीति में भोगियों और सामंतों को बड़ा महत्त्वपूर्ण स्थान प्राप्त रहा, क्योंकि विद्याधर भंज के एक अनुदानपत्र में केवल इन्हीं दो श्रेणियों के राजपुरुषों का उल्लेख मिलता है ।[1] भौम-कर तथा भंज अनुदानपत्रों में भोगी शब्द बार-बार आया है । भोगी शब्द का अर्थ कभी-कभी ग्रामप्रधान भी लगाया जाता है, लेकिन ग्राम-प्रधान महत्तर कहलाता था, और वह महामहत्तर के अधीन हुआ करता था ।[2] किंतु भोगी शब्द के शाब्दिक अर्थ से लगता है कि उसे राज्य की ओर से जो जमीन मिली होती थी उसके बदले उसे कोई राजस्व नहीं देना पड़ता था । शायद प्रशासकीय सेवाओं के एवज में उसे जागीर दी जाती थी । विद्याधर भंज के अधीन भंज राज्य में ऐसी जागीरों की संख्या इतनी अधिक थी कि ग्रामीण प्रजा को दो वर्गों में विभक्त कर देना पड़ा । एक वर्ग में प्रत्यक्ष रूप से राज्य द्वारा शासित क्षेत्रों (विषयों) की प्रजा आती थी, और दूसरे में भोगियों को जागीरों के रूप में मिले इलाकों (भोगों) की प्रजा आती थी ।[3] सोमवंशी शासकों के अधीन भोगियों का एक विशिष्ट वर्ग ही था, जिसे भोगिजन कहा जाता था ।[4] इनके अलावा भोगिरूप भी हुआ करते थे ।[5] वैसे तो भोगिरूप का मतलब हुआ ऐसा व्यक्ति जो प्रायः भोगी के ही स्तर का हो, किंतु इन्हें भोगियों की तुलना में कुछ कम अधिकार प्राप्त थे। जान पड़ता है कि भोगियों का संबंध राजस्व-व्यवस्था से हुआ करता था, और भौम-करों के अधीन कुछ भोगी महाक्षपटलिक अर्थात् महालेखापाल का पद-भार भी सँभालते थे, और उनसे अनुदानपत्र तैयार करने का काम लिया जाता था ।[6] उच्चतर भोगी को महाभोगी कहा जाता था । इसका उल्लेख किसी ऐसे शासक परिवार के अभिलेख में हुआ है जिसका नाम-धाम उसमें नहीं बताया गया है ।[7] किंतु भौमकर अनुदानपत्रों में उच्चतर भोगी के अर्थ में बृहद्भोगी का उल्लेख बार-बार हुआ है ।[8] इस अधिकारी को ग्राम-प्रधान माना गया है,[9] लेकिन हमारे विचार से वह उच्चतर श्रेणी का भोगी ही था, जिसके हाथों में साधारण भोगियों की अपेक्षा बहुत अधिक गाँव थे । भौम-कर अनुदानपत्रों में भोगियों और बृहद्भोगियों दोनों की चर्चा बार-बार हुई है ।[10] इससे जान पड़ता है कि उड़ीसा में भूमिधर श्रीमंतों की श्रेणियाँ बनी हुई थीं ।

सामंत और महासामंत के बीच श्रेणीबद्ध संबंध होता था । इस संबंध का

आधार शायद भूमि-अनुदान और यह बात थी कि प्रभु को कौन कितनी सैनिक सहायता देता है। भौमकरों और उनके अधीनस्थ सरदारों के राज्यों में इन सामंतों और महासामंतों का अपना विशेष महत्त्व था। तुंगवंश के एक सरदार ने अपने अनुदानपत्र में केवल सामंतों को ही संबोधित किया है,[11] जिससे प्रकट होता है कि राज-काज में केवल उन्हीं की प्रधानता थी। नंदवंश के तृतीय देवानंद (नवीं सदी के अंतिम वर्ष) के लिए प्रयुक्त महासामंताधिपति विरुद इससे भी ऊँचा था। वह किसी की अनुमति लिए बिना अपनी इच्छा से भूमि-अनुदान भी दे सकता था।[12] यह ज्ञात नहीं है कि उसने महासामंतों और सामंतों को जागीरें दीं या नहीं। लेकिन इस बात के तो निश्चित प्रमाण हमें उपलब्ध हैं कि खिज्जिग के दो भंज शासकों ने महासामंत वट्ट को ग्रामअनुदान दिए।[13] वट्ट का पिता मुंडि मात्र एक सामंत था,[14] लेकिन स्पष्ट ही पुत्र ने उससे उच्चतर स्थान प्राप्त कर लिया था और अपने पिता की जागीर खूब बढ़ा ली थी। यद्यपि हमारे पास ऐसा कोई अभिलेखीय प्रमाण नहीं है जिसके आधार पर हम कह सकें कि सामंतों को भी भूमि-अनुदान दिए जाते थे, किंतु लगता यही है कि उन्हें भूमि-अनुदान दिए जाते थे; क्योंकि आगे चलकर वे उड़ीसा के प्रमुख भूमिधर वर्ग के रूप में सामने आते हैं, जो शायद पूर्व मध्यकाल में उनको दी गई जागीरों का ही परिणाम था।

भूस्वामियों का एक और वर्ग राणक कहलाता था। ये लोग शायद राजा की सैनिक सेवा-सहायता करनेवाले सामंत थे। इनमें और राजनकों में, जो मूलतः राजपरिवार के ही सदस्य थे और अपने-आप में एक वर्ग थे, कोई अंतर नहीं था।[15] उनके लिए ''उपजीविजन'' शब्द का भी प्रयोग हुआ है,[16] जिससे प्रकट होता है कि वे राजा के दान-दाक्षिण्य पर पलते थे। कालक्रम से ऐसे लोग भी राणकों की श्रेणी में आ गए जो राज-परिवार से संबद्ध नहीं थे और जिन्हें भूमि-अनुदान भी प्राप्त हुए। सोमवंशी राजा द्वितीय महाभवगुप्त (1000-15) ने एक ब्राह्मण राणक को, जिसका पितामह श्रावस्ती से आकर यहाँ बसा था, एक गाँव अनुदान में दिया।[17] कुछ राणकों को गाँव दिए जाते थे, जिसका संकेत हमें गंग शासक वज्रहस्त (1038-70) के अधीन एक राणक द्वारा दिए ग्राम-अनुदान से मिलता है।[18] उसने कोई गाँव तभी दान किया होगा जब उसके पास एकाधिक गाँव रहे होंगे। इस वर्ग के सामंतों को बड़े-बड़े प्रशासनिक पद मिले होते थे—विशेष रूप से सोमवंशियों के अधीन। ये लोग अनुदानपत्र-प्रवर्त्तक,[19] महाक्षपटलिक[20] और महासांधि-विग्रहिक[21] का काम करते थे। सोमवंशियों के राज्य के सामंती श्रेणि-विन्यास में इनका ऊँचा स्थान होता था—राज्ञी से नीचे और राजपुत्र से ऊपर।[22] राज्ञियों की अपनी निजी जागीरें होती थीं। यह बात विशेष रूप से भौमकरों पर लागू होती है, जिस वंश में छः महिला शासिकाएँ हुईं। इसी प्रकार शायद राजपुत्रों की भी निजी जागीरें होती थीं। उदाहरण के लिए किसी एक राजपुत्र को वज्रहस्त के किसी बड़े अमले ने यौतुक में एक कर-मुक्त गाँव दिया।[23] राजपुत्रों के बाद राजवल्लभों का

स्थान आता है ।[24] इन्हें भी राजकृपा प्राप्त थी, और ऐसा प्रतीत होता है कि इनको भी उस समय प्रचलित पद्धति के अनुसार ग्राम-अनुदान से ही पुरस्कृत किया जाता होगा ।[25]

उपर्युक्त विवरण के अनुसार हमें उड़ीसा में सामंत भूस्वामियों के जिन विभिन्न वर्गों की जानकारी मिलती है, वे इस प्रकार हैं : भूपाल, भोगी, भोगिरूप, महाभोगी, बृहद्भोगी, सामंत, महासामंत, महासामंताधिपति, राज्ञी, राजनक या राणक, राजपुत्र और राजवल्लभ । लगता है, इनमें से अधिकांश को कुछ-न-कुछ सैनिक दायित्वों का निर्वाह करना पड़ता था और इनकी जीविका का साधन राज्य की ओर से प्राप्त भूमि थी, जिसके राजस्व आदि पर इन्हीं का अधिकार होता था । इन विभिन्न भूमिधर वर्गों में परस्पर कौन ऊँचा था और कौन नीचा, इसकी जानकारी के लिए आवश्यक सामग्री उपलब्ध नहीं है, किंतु इसमें कोई संदेह नहीं कि पड़ोसी प्रदेशों की तुलना में उड़ीसा में भूमिधरों की संख्या भी बहुत अधिक थी और महत्त्व भी बहुत ज्यादा था ।

काफी-कुछ गाँव राज्याधिकारियों के हाथों में भी थे । ये राजसेवा के बदले इन गाँवों से राज्य को होनेवाली आय का उपभोग करते थे । सोमवंशी राजा प्रथम महाभवगुप्त (935-70) ने तीन भूमि-अनुदानपत्रों द्वारा अपने ब्राह्मण महामात्य साधारण को चार गाँव दिए ।[26] नंद-राज तृतीय देवानंद (899) ने अपने कायस्थ महासांधिविग्रहिक को कटक जिले में एक गाँव दिया ।[27] खिजलि के दो भंज शासकों (ये दोनों भाई थे) में से प्रत्येक ने 12वीं सदी के उत्तरार्द्ध में एक ज्योतिषी को एक-एक गाँव दिया ।[28] सेन और गाहडवाल राजपुरुषों की सूची में ज्योतिषियों का स्थान ऊँचा है, और संभव है कि खिज्जिग के भंजों के अधीन भी राजा के विभिन्न कार्यों के लिए शुभ मुहूर्त्त निर्धारित करने के बदले में उन्हें भूमि-अनुदान मिले हों । इससे कहीं अधिक स्पष्ट सांसारिक उद्देश्यों से गंग शासक अवंतिवर्मन् चोडगंग (1076-1138) का दिया एक अनुदान है । उसने अपने विश्वासी अधिकारी (आप्तक्रियाय) चोडगंग को कलिंग क्षेत्र में एक पुरवे के साथ एक गाँव दिया ।[29]

गंग अनुदानों के असली स्वरूप की झाँकी हमें सैनिक अधिकारियों को दिए अनुदानों में मिलती है । ये अधिकारी नायक[30] कहे जाते थे, और इनमें से कुछ वैश्य भी थे । गंग संवत् के 526 वें वर्ष में अनंतवर्मन् के पुत्र मधुकामार्णव द्वारा जारी किए गए एक अनुदानपत्र[31] के अनुसार तीन गाँवों का एक वैश्य-अग्रहार बनाकर वैश्य जातीय मंचि नायक के पुत्र एरप नायक को अनुदान में दे दिया गया ।[32] शिक्षण-संस्था को चलाने के निमित्त दिए गए अनुदान को अग्रहार कहा जाता था, किंतु सैनिक अधिकारी से शिक्षण-संस्था के संचालन की अपेक्षा नहीं की जा सकती है । वास्तविक स्थिति यही जान पड़ती है कि यह सैनिक सेवा के लिए दिया गया अनुदान था । अवंतिवर्मन चोडगंग के एक अभिलेख से भी एक नायक को अनुदान

दिए जाने का कुछ संकेत मिलता है। उसने अपने आश्रित माधव को एक कर-मुक्त गाँव अनुदान में दिया।[33] ऊपर जो उदाहरण दिए गए हैं उनकी संख्या अधिक नहीं है। फिर भी इस काल में हमें बिहार और बंगाल में इस प्रकार के जितने अनुदानों के उदाहरण मिलते हैं उनसे इनकी तादाद कहीं ज्यादा है। इससे यही निष्कर्ष निकलता है कि मध्यकालीन उड़ीसा में सैनिक तथा गैरसैनिक अधिकारियों को वृत्तिस्वरूप ग्राम-अनुदान दिए जाते थे, और साथ ही ऐसे अनुदान सैनिक सेवा करनेवाले सामंतों को भी मिलते थे।

बारह-तेरह श्रेणियों के सामंतों और राज्याधिकारियों की तुलना में हमें लगभग तीन सौ ब्राह्मणों को दिए अनुदानों के प्रमाण उपलब्ध हैं।[34] इनमें से अधिकांश ब्राह्मण शायद बाहर से बुलाए गए थे। कतिपय भंज अनुदानपत्रों में तो ब्राह्मणों को संबोधित किया गया है, किंतु भौमकरों, तुंगों, सोमवंशियों तथा गंगों के सारे अनुदानपत्रों में ब्राह्मणों को अनुदानों की सूचना नहीं दी गई है। इसका कारण यह हो सकता है कि जिन क्षेत्रों में ऐसे अनुदान दिए गए उनमें या तो ब्राह्मण लोग रहते नहीं थे या अगर रहते थे तो उनकी संख्या इतनी अधिक नहीं थी कि उनका विशेष रूप से उल्लेख किया जाता। ग्रहीताओं की सूची से प्रकट होता है कि वे मुख्यतः मध्यप्रदेश, तीरभुक्ति, राढ, वंग तथा वरेंद्र से बुलाए गए थे।[35] एक मत यह है कि उड़ीसा के भूमि-अनुदानपत्रों में उल्लिखित मध्यप्रदेश बंगाल और उड़ीसा के बीच में पड़ता था। जो भी हो, ऐसा कोई प्रमाण तो नहीं मिलता जिससे माना जा सके कि यह क्षेत्र उड़ीसा का अंग था। कुछ अनुदानपत्रों से यह संकेत मिलता है कि यद्यपि ब्राह्मण लोग बाहर से ही आए थे, किंतु बीच में वे ओड़ में ठहरे थे,[36] जहाँ से उन्हें उड़ीसा के दूसरे हिस्सों में बसाया गया।

आमतौर पर तो एक अनुदान एक ही ब्राह्मण को दिया जाता था, लेकिन कभी-कभी एक ही अनुदान के ग्रहीता दो से लेकर दो सौ ब्राह्मण भी होते थे। भौमकर राजा प्रथम शुभाकरदेव ने, जो आठवीं सदी के मध्य में शासन करता था, उत्तरी तोसली में दो गाँवों को मिलाकर वह पूरा क्षेत्र विभिन्न गोत्रों और वैदिक परंपराओं के 200 ब्राह्मणों को दान कर दिया।[37] इस पर से स्वभावतः हमें पूर्व बंगाल में लोकनाथ द्वारा सामूहिक रूप से एक सौ ब्राह्मणों को दिए एक भूमि-अनुदान का स्मरण हो आता है।[38] इस क्षेत्र में भूमि-अनुदानों के द्वारा आर्य संस्कृति का पहले ही आरंभ हो चुका था। उड़ीसा में यह काम विशेष रूप से कतिपय ब्राह्मण राजवंशों ने किया—जैसे तुंगों और गंगों ने। गयाडतुंग ने, जिसके पूर्वज शाहाबाद जिलांतर्गत रोहतास नामक स्थान से आकर उड़ीसा में बसे थे,[39] बाहर से आए ब्राह्मणों को तलचर क्षेत्र में बहुत जमीन दी। एक अनुदानपत्र में उसने अहिच्छत्रा से आए ग्यारह ब्राह्मणों को एक गाँव की उपजाऊ जमीन दान की।[40] एक अन्य अनुदानपत्र में उसने एक गाँव तीन ब्राह्मणों के बीच बाँट दिया। ये ब्राह्मण वरेंद्र से आए थे, और इनके पूर्वज मूलतः श्रावस्ती के निवासी थे।[41] इस

तरह इस ब्राह्मण राजवंश ने उड़ीसा में अनेक ब्राह्मणों को भूस्वामियों के रूप में प्रतिष्ठित कर दिया। इसी प्रकार शायद गंगों ने भी अपने राज्य के तेलुगु-भाषी क्षेत्र में बहुत-से ब्राह्मणों को जमीन दी।

ब्राह्मणों को दिए भूमि-अनुदानों का महत्त्व सहज ही समझा जा सकता है। ये लोग इस क्षेत्र में नई जानकारी, नए ज्ञान लेकर आए थे जिससे प्रदेश की खेती-बाड़ी के तौर-तरीकों में सुधार हुआ। इसके अलावा, इन्होंने यहाँ के आदिवासियों के मन में ब्राह्मणवादी व्यवस्था के प्रति सम्मान का भाव जगाया, जिससे हिंदू राजाओं का काम आसान हो गया, और अब वे कानून और व्यवस्था की रक्षा करने के लिए रखे गए अतिरिक्त अमलों की सेवाओं के बिना भी काम चला सकते थे। इन सेवाओं के प्रतिदानस्वरूप ब्राह्मण ग्रहीताओं को भूमि के राजस्व-विषयक सारे अधिकार प्राप्त हुए और वे एक तरह से भूमि के असली स्वामी बन गए।

वे राजस्व-विषयक अधिकार, जो पहले राजाओं के हाथों में थे किंतु अनुदान के बाद ग्रहीताओं के हाथों में चले जाते थे, सभी जगह एक-जैसे नहीं थे। पिछड़े इलाकों में इनका स्वरूप कुछ और था, तथा विकसित क्षेत्रों में कुछ और। भंजो, सोमवंशियों तथा गंगों के अधीन वन-प्रदेशों में भी भूमि-अनुदान दिए गए। खिजलि के यशोभंजदेव ने पेड़-पौधे, झाड़-झंखाड़ और जंगल के साथ-साथ पाटिकोम्याण (स्पष्टतः यह कोई आर्येतर बस्ती थी) नामक एक गाँव दान किया, और उसने ग्रहीता को मछली और कछुआ पकड़ने का भी अधिकार दिया।[42] जाहिर है कि यह गाँव जंगलों से घिरा हुआ था। फिर हमें सोमवंशी राजा चतुर्थ महाभवगुप्त का एक अनुदानपत्र उपलब्ध है, जो ग्यारहवीं सदी के प्रारंभ में पश्चिमी उड़ीसा और दक्षिणी कोसल पर शासन करता था। उक्त अनुदानपत्र के द्वारा उसने अहिदंड तथा हस्तिदंड, अर्थात् साँप और हाथी मारने के अधिकार, के साथ-साथ दो गाँव दान किए।[43] शायद इस क्षेत्र में हाथी बहुत अधिक संख्या में पाए जाते थे, क्योंकि जिस इलाके में ये दोनों गाँव थे उसे ऐरावट्टमंडल कहा जाता था।[44] इस क्षेत्र में हाथी तथा साँप-संबंधी ज्ञान के लिए विख्यात शवर (अब सओर) लोग रहते थे।[45] जागीर (उपभोग) के रूप में दो भाइयों को दिए इस अनुदान में भविष्य में लगाए जानेवाले कर (भविष्यत्-कर)-संबंधी अधिकार भी शामिल थे।[46] यह स्पष्ट नहीं है कि भविष्यत्-कर का मतलब भविष्य में राजा द्वारा लगाया जानेवाला कर था अथवा ग्रहीताओं द्वारा लगाया जानेवाला कर। यदि इसका दूसरा मतलब रहा हो तब तो मानना पड़ेगा कि यहाँ राजा ने उन्हें एक असाधारण अधिकार प्रदान किया था, जिसके बल पर वे ग्रामवासियों को बिलकुल कृषि-दासत्व की अवस्था में पहुँचा सकते थे। अंतिम सोमवंशी राजा सोमेश्वरदेव के एक अनुदानपत्र में वन-प्रदेश के अनुरूप कुछ नए राजस्विक अधिकारों का भी परिचय मिलता है। उसने दो गाँवों से जमीन के कुछ टुकड़े (खंड-क्षेत्र) अनुदान में

दिए, जिसमें जमीन के साथ-साथ हस्तिदंत, व्याघ्र-चर्म और नाना वनचरों के उपभोग का अधिकार भी शामिल था। इसके अलावा इमली, पंखिया खजूर आदि पेड़ों तथा जंगलों के उपभोग का अधिकार भी हस्तांतरित कर दिया गया था।[47] उक्त तीनों अनुदानपत्रों में अनुदत्त क्षेत्रों की सीमाएँ नहीं बताई गई हैं, जिससे ग्रहीताओं के लिए आसपास के जंगलों को अपने अधिकार-क्षेत्र में लाने का पूरा अवकाश रह गया था। लेकिन गंग-राज अनंतवर्मन् के एक अनुदानपत्र में अनुदत्त गाँव की सीमाएँ जंगल, पेड़-पौधे और चट्टानें बताई गई हैं,[48] जिससे प्रकट है कि यह गाँव किसी वन-प्रदेश में पड़ता था। इस अनुदान की शर्तें तो नहीं बताई गई हैं, लेकिन अन्य अनुदानों की शर्तों से इस बात का स्पष्ट संकेत मिलता है कि पिछड़े इलाकों में पेड़-पौधे, जंगल, चमड़ा, मछलियाँ आदि भूमि-राजस्व के मुख्य साधन थे।

विकसित और आबाद इलाकों की भूमि-राजस्व-व्यवस्था की एक खास विशेषता यह थी कि दाता विभिन्न प्रकार के करों के साथ न केवल गाँव दान किया करते थे बल्कि उनके साथ ही गाँवों में रहनेवाले बुनकर, कलाल, चरवाहे और अन्य प्रजाजन (प्रकृतः) भी ग्रहीताओं को सौंप देते थे। भौमकर राजाओं ने 9वीं सदी के मध्य से लेकर लगभग सौ वर्षों तक अनुदान की इस परिपाटी का अनुसरण किया।[49] उनके सामंत भंजों[50] और तुंगों[51] ने भी इसी तरह के अनुदान दिए। ग्रहीता को सौंपे गए प्रजाजनों में बुनकरों और आसवकों के उल्लेख से ऐसा जान पड़ता है कि कपड़ा और शराब बनाना, ये दोनों ग्रामीण क्षेत्रों के अनिवार्य धंधे थे। इसके अलावा, चरवाहों के हस्तांतरण से प्रकट होता है कि देश के उस हिस्से के आर्थिक जीवन में पशु-पालन का कितना महत्त्व था। ग्रहीता को सौंपे अन्य शिल्पी और किसान शायद 'प्रकृति' शब्द के अंतर्गत आ जाते हैं, क्योंकि इस शब्द का प्रयोग सामान्य रूप से सभी ग्रामवासियों के लिए हुआ है। कारीगरों और किसानों के स्पष्ट शब्दों में ग्रहीता के हाथों सौंप दिए जाने से प्रकट होता है कि वे जमीन से बँधे हुए थे,[52] और ग्रहीता के अत्याचार करने पर भी वे न तो किसी दूसरे गाँव में शरण ले सकते थे और न परती जमीन को ही आबाद कर सकते थे, हालाँकि वहाँ ऐसी जमीन की कोई कमी नहीं थी। 12वीं सदी के एक चंदेल अभिलेख में भी, जिसमें ग्रहीताओं की सेवा के लिए कारीगर, किसान और व्यापारी सभी उन्हें दिए गए हैं, कुछ इसी प्रकार की व्यवस्था देखने को मिलती है।[53] लेकिन उड़ीसा में यह प्रथा व्यापक बन गई थी, और यह दीर्घ काल तक चलती रही। संभव है कि श्रमिकों की कमी के कारण ग्रामीण अर्थतंत्र को चलाने के लिए यहाँ ऐसी व्यवस्था करना आवश्यक पाया गया हो। लेकिन ऐसे अनुदानों का परिणाम यही हुआ होगा कि किसान लगभग कृषि-दासों की स्थिति में पहुँच गए होंगे, और उनकी सारी मेहनत मशक्कत का लाभ ब्राह्मण ग्रहीताओं को मिलता होगा। इन ग्रहीताओं में से बहुतों को 'सगुल्मक' का अधिकार भी दिया गया। इसे विद्वानों ने शिकार करने

का अधिकार माना है,[54] लेकिन 'मनुस्मृति'[55] में इस शब्द के प्रयोग से पता चलता है कि गुल्म गाँवों में राजा द्वारा स्थापित सैनिक चौकियाँ थीं, जो उसने ग्रहीताओं को सौंप दी थीं। अवज्ञाकारियों को दंड देने के स्थानीय साधनों के हाथ में आ जाने से ग्रहीता अपने राजस्विक अधिकारों को अधिक कारगर बना सकते थे और आत्म-निर्भर ग्रामीण अर्थव्यवस्था को बलपूर्वक कायम रख सकते थे।

हमें भूमि पर पारस्परिक सामूहिक अधिकारों के धीरे-धीरे क्षीण होते जाने के भी प्रमाण मिलते हैं। दाता ग्रहीताओं को पेड़-पौधे, जंगल-झाड़, नदियाँ आदि भी दान कर देते थे।[56] बाद के काल में ग्रामीणों द्वारा इन संपदाओं के उपयोग के जो-कुछ अवशेष मिलते हैं उनसे प्रकट होता है कि पहले उन्हें इन तमाम स्थानीय संपदाओं के उपयोग का निर्बाध अधिकार प्राप्त था, यद्यपि उनको इन पर अपने सामूहिक स्वामित्व का कोई स्पष्ट बोध नहीं था। लेकिन एक बार इन सबके ग्रहीताओं के नाम हस्तांतरित कर दिए जाने के बाद वे स्वभावतः गाँववालों को बिना कुछ कीमत लिए उनका उपयोग नहीं करने देते होंगे। उत्तर प्रदेश में यह प्रथा जैसे-तैसे खिचती हुई 19वीं सदी तक चली आई थी। वहाँ स्थानीय मुखिया-प्रधान पेड़ काटने पर कर लिया करते थे।[57] इसके अलावा ग्रामीण लोग अब जंगली क्षेत्रों को आसानी से आबाद नहीं कर सकते थे। दूसरी ओर ज्यों-ज्यों ग्रहीताओं के परिवारों की सदस्य-संख्या में वृद्धि होती, वे अधिकाधिक परती जमीन पर कब्जा करके उसका निजी उपयोग करने लगते होंगे।[58] इस प्रकार किसान लोग वीरान इलाकों में खेती करने के अपने प्रकृत अधिकार से वंचित हो गए होंगे। परिणामतः गाँवों में भूमि का असमान वितरण अवश्यंभावी था—अर्थात् उसका अधिकांश भाग ग्रहीताओं और उनके वंशजों के हाथों में चला जाता होगा। इसके अतिरिक्त उनके पक्ष में एक बात यह भी थी कि उन्हें भूमि-राजस्व-विषयक बहुत से अधिकार मिले होते थे, जिनके बल पर कालक्रम से वे जमीन के स्वामी ही बन जाते थे। लेकिन ऐसी स्थिति केवल उड़ीसा में ही रही हो, सो बात नहीं है। यह तो उत्तर भारत के मध्यकालीन भूमि-अनुदानों की एक सामान्य विशेषता थी कि जिन अधिकारों का उपभोग पहले ग्रामीण लोग करते थे वे ग्रहीताओं को दे दिए जाते थे।

ऐसे भूमि-राजस्व के साधनों की सूची काफी लंबी है जो पहले तो राजा को दिया जाता था और अनुदान के बाद ग्रहीताओं को दिया जाने लगता था। लेकिन उपज का कितना हिस्सा राजस्व-स्वरूप माँगा जाता था और जो माँगा जाता था वह किस हिसाब से तय किया जाता था, यह हमें ज्ञात नहीं है। दो भूमि-अनुदानों से प्रकट होता है कि लगान नकद राशि में निर्धारित किया जाता था। एक अनुदानपत्र में एक ब्राह्मण को दिए गए पूरे गाँव का राजस्व 44 रूपक तय किया गया है।[59] दूसरे अनुदानपत्र में यह राशि 42 रूपक है।[60] बंगाल में नकद राशि में लगान तय करने के उदाहरण सबसे पहले 11वीं सदी में सेनों के अधीन मिलते हैं। लेकिन यह

बात संदिग्ध ही है कि प्रारंभिक मध्यकाल में बंगाल अथवा उड़ीसा में लगान की वसूली भी नकद रकमों में ही की जाती थी, क्योंकि सातवीं से दसवीं सदी तक यहाँ सिक्के नहीं के बराबर मिले हैं। ऐसा नहीं लगता कि उन दिनों मुद्रा पर आधारित अर्थतंत्र फिर से इतना प्रतिष्ठित हो गया था कि लगान वगैरह की अदायगी नकद रकमों में की जा सकती।

भूमि-अनुदानों का कुल नतीजा यही निकला कि अन्य प्रदेशों की तरह यहाँ भी सामंतवादी परिस्थितियाँ उत्पन्न हुईं—साधारण किसानों के सिर भूस्वामी लोग बैठा दिए गए, जो मुख्यतः उड़ीसा से बाहर से बुलाए ब्राह्मण थे। उन्होंने अपने संरक्षकों को सत्ता कायम रखने में तो मदद दी ही, साथ ही ब्राह्मण संस्कृति के प्रसार में योगदान किया, जिससे आदिवासी जन-समुद्र में हिंदू राजाओं को पैर टिकाए रहने के लिए नैतिक और वैचारिक आधार प्राप्त हुआ। कालक्रम से कुछ आदिवासी सरदार भी इनके सामंत बन गए। माठर सरदार पुंज को समधिगत पंचमहाशब्द और मांडलिक राणक की उपाधियाँ दी गईं।[61] उसे पंद्रह पल्लिकाओं का अधिपति कहा जाता था,[62] जिससे प्रकट होता है कि उसके अधीन जितना क्षेत्र था उस सबका वह स्वामी माना जाता था। यद्यपि ऐसे सरदारों को भूमि-अनुदान देने का अधिकार नहीं होता था, पर आदिवासी सरदार पुलिंदराज इतना प्रभावशाली था कि उसने भौमकर राजा शुभाकरदेव (9वीं सदी) से एक शैव मंदिर के खर्च और शैव संतों के भरण-पोषण के लिए एक गाँव दान करवाया।[63] भूमिधर लोगों का एक तीसरा वर्ग भी था, जिसे अपनी सेवाओं की वृत्ति के रूप में उन्हीं शर्तों पर जमीन मिली हुई थी जिन पर ब्राह्मणों को मिली हुई थी।

किंतु ब्राह्मण अनुदानभोगियों की संख्या गृहस्थ अनुदानभोगियों से बहुत अधिक थी। इन्हें भूमि से होनेवाली वह सारी आय तो सौंप ही दी जाती थी जिस पर अनुदान से पूर्व राजा का हक होता था; साथ ही इनको यह अधिकार भी दिया जाता था कि इनकी इच्छा हो तो श्रमिकों को अनुदत्त भूमि से बाँधकर रखें। एक ओर उन्हें ये अधिकार प्राप्त थे, और दूसरी ओर उन्हें गाँव की उन सारी संपदाओं पर भी हाथ डालने की खुली छूट थी जिनका उपभोग अब तक ग्रामीण समुदाय करता आया था। दोनों का नतीजा यह हुआ कि किसान और कारीगर कृषि-दासों की स्थिति में पहुँच गए। मध्यकालीन उड़ीसा में इन तमाम बातों ने सामंतवादी भूमि-व्यवस्था के कुछ विशिष्ट लक्षणों को जन्म दिया। किंतु उड़ीसा में इस भूमि-व्यवस्था का उदय उत्तर भारत की तरह किसी संगठित साम्राज्य के ध्वंसावशेष पर नहीं हुआ था। यहाँ यह व्यवस्था आदिवासी जनजातियों की रीति-परंपराओं की पृष्ठभूमि में विकसित हुई थी। विभिन्न राजवंशों ने ब्राह्मण भूस्वामियों को इन लोगों के बीच बसा कर इन्हें हिंदू जीवन-पद्धति में समाहित कर लिया।

संदर्भ

1. ए. इं., 9, नं. 37, पंक्ति 17
2. ए. इं., 95, नं. 1, पंक्तियाँ 1-10; मिलाइए डी. सी. सरकार, वही, 29, 85-86 से
3. भोग्यादिविषयजनपदम्, *ए. इं., 9,* नं. 37, पंक्तियाँ 16-17
4. इं. हि. क्वा., 35, नं. 2, बलिझारी (नरसिंहपुर) ताम्रपत्र, पंक्ति 36
5. ए. इं., 28, 323
6. विनायक मिश्र, *मेडिएवल डाइनेस्टीज ऑफ ओडिसा,* पृष्ठ 102-3; एं. इं., 15, नं. 1, पं. 33-34; ज. बि. ओ. रि. सो., 2, (426-7) पं. 40-2
7. मिश्र, सं. प्र. पु., पृष्ठ 24-25, अभिलेख नं. 1
8. इं. हि. क्वा., 21, 221, पंक्तियाँ 27-40
9. वही, 217
10. ए. इं., 29, 85-6
11. जे. ए. एस. बी., न्यू. सि., *12* (1916), 291
12. ए. इं., 26, 77
13. जे. ए. एस. बी., 40, नं. 3, 166-8
14. वही, 168
15. ''स्ववंशसमुद्भवाशेषराजन्य (व) वर्ग'', ए. इं., 18, नं. 29, पंक्तियाँ 17-8
16. वही।
17. ए. इं., 3, नं. 47, प्लेट एफ., पंक्तियाँ 28-42
18. वही, नं. 31, पृष्ठ 222
19. मिश्र, *मेडिएवल डाइनेस्टीज ऑफ़ ओडिसा,* पृष्ठ 102-3; अभिलेख नं. 12
20. वही, पृष्ठ 17, अभिलेख नं. 10
21. वही, पृष्ठ 66-7
22. ए. इं., 3, नं. 47, प्लेट एफ. पंक्तियाँ 33-34
23. वही, नं. 31, पंक्तियाँ 9-15
24. वही, नं. 47, प्लेट एफ., पंक्तियाँ 33-34
25. मिश्र, *मेडिएवल डाइनेस्टीज ऑफ़ ओडिसा,* पृष्ठ 277
26. ए. इं., 3, नं. 47, बी. पंक्तियाँ 4-5, सी, पंक्तियाँ 4-5, फ्लीट, वही, 345
27. वही, 26, नं. 26, पंक्तियाँ 19-38
28. ए. इं., 18, नं. 29, पंक्तियाँ 19-29; 19, 43, पा. टि. 1
29. वही, 3, पृष्ठ 174, पंक्तियाँ 30-34
30. *मद्रास रिपोर्ट ऑन एपिग्राफी,* 1918-19, परिशिष्ट ए., नं. 3
31. वही, नं. 5
32. वही।
33. इं. एं., 18, 171-2, पंक्तियाँ 109-13
34. यह संख्या मिश्र की सं. प्र. पु. में दी गई अभिलेखों की सूची पर आधारित है। 1934 में इस पुस्तक के प्रकाशन के बाद से उड़ीसा में और भी भूमि-अनुदानपत्र प्राप्त हुए हैं। लेकिन उनसे धार्मिक तथा गृहस्थ ग्रहीताओं के अनुपात में किसी अंतर का संकेत शायद नहीं मिलता।

35. मिश्र, सं. प्रं. पु., सांकेतिक, पृ. 1
36. वही।
37. ए. इं. 15, नं. 1, पंक्तियाँ 1-30
38. वही, नं. 19, पंक्तियाँ 35-50
39. जे. ए. एस. बी., न्यू सिरीज, 12, 292
40. वही, 5, 347, पंक्तियाँ 22-3, 33-4
41. वही, 12, 293-4, पंक्तियाँ 22-32
42. ए. इं., 18, नं. 29, पंक्तियाँ 16-22
43. ज. बि. ओ. रि. सो., 17, 1, पंक्तियाँ 29-49
44. वही, पंक्तियाँ 37-49
45. वही, पंक्तियाँ 18-21
46. वही, पंक्तियाँ 37-49
    केवल एक ही गाँव के अनुदान से संबंधित शर्तें बताई गई हैं। लेकिन संभव है कि दूसरे गाँव के अनुदान के साथ भी वही शर्तें लागू रही हों।
47. ए. इं., नं. 50, पंक्तियाँ 3-8
48. वही, 3, नं. 3, पंक्तियाँ 18-22
49. एच. पी. शास्त्री, "सेवन कॉपर-प्लेट रेकर्ड्स ऑफ़ लैंड ग्रांट्स फ्रॉम ढेंकानल : जी ग्रांट ऑफ़ त्रिभुवन महादेवी," ज. बि. ओ. रि. सो., 2, 426-7, पंक्तियाँ 24-32
50. "सतंतुवायगोकुल शौंढि (डि.) कादि प्रकृति···" वही, ज. बि. ओ. रि. सो, 16, 81-3, पंक्तियाँ 18-24; *ए. इं., 29, 85-86; इं. हि. क्वा., 21,* 221, पंक्तियाँ 28-38
51. ए. इं., 25, नं. 14, पंक्तियाँ 12-20
52. ज. बि. ओ. रि. सो., 6, 239, 115-6
53. "सकारुकर्षकवणिग्वास्तव्यम्।" ए. इं., 20, नं. 14, बी प्लेट, पंक्ति 19
    यहाँ मैंने *भारती* के एक हाल के अंक में डॉ. वी. एस. पाठक, द्वारा प्रकाशित मदनवर्मन के एक अभिलेख के आधार पर उक्त शब्द-समुच्चय को शुद्ध कर के दिया है।
54. एच. पी. शास्त्री, वही, 2, 426-7
55. 7, 114
56. ए. इं., 18, नं. 29, पंक्तियाँ 19-22
57. बेडेन पॉवेल, *लैंड सिस्टम इन ब्रिटिश इंडिया,* 1, 128-9
58. वही, 1, 173
59. जे. ए. एस. बी., न्यू सिरीज, 12 (1916), पृष्ठ 295, पंक्तियाँ, 22-36
60. इ., 29, 85-86; इ. हि. क्वा., 21, 221, पंक्तियाँ 28-38
61. डी. सी. सरकार, हि. क. इं. पी., 5, 209
62. वही।
63. ज. बि. ओ. रि. सो., 16, 81-2, पंक्तियाँ 18-24

परिशिष्ट 2.

पाल तथा चंदेल राज्यों की दुर्ग-रक्षित बस्तियाँ

पूर्व मध्य-काल में देश में बहुत-से छोटे-छोटे सामंत-राज्य कायम हो गए। ये बराबर एक-दूसरे के क्षेत्र को हड़प लेने की ताक में रहते थे। फलतः इस काल में गाँवों की सुरक्षा की समस्या बहुत महत्त्वपूर्ण हो गई। गाँव बसाने के निर्देश हमें सबसे पहले कौटिल्य-कृत 'अर्थशास्त्र' में देखने को मिलते हैं, और शायद यही एक कृति है जिसमें इस विषय की विस्तृत चर्चा की गई है। कौटिल्य ने गाँव की रूपरेखा की योजना काफी विस्तार से बताई है और कहा है कि उसकी सुरक्षा का दायित्व वागुरिकों, पुलिंदों आदि आदिवासी जनजातियों को सौंप देना चाहिए। लेकिन इस कृति में गाँव की किलेबंदी का उल्लेख कहीं नहीं हुआ है। बाणभट्ट की रचनाओं में भी कुछ गाँवों का वर्णन किया गया है, किंतु ये दुर्ग-रक्षित गाँव नहीं हैं। ऐसे गाँवों की जानकारी हमें बहुत आगे चलकर **मानसार** में मिलती है। इसमें आठ प्रकार के गाँवों का वर्णन किया गया है और आदर्श गाँव उसे बतलाया गया है जो चारों ओर से ईंट या पत्थर से बनी दीवारों से घिरा होता हो और जिसकी दीवारों से परे शत्रु के आक्रमण को रोकने के लिए चारों ओर चौड़ी और गहरी खाई हो।[1] आगे बताया गया है कि गाँव के चारों ओर खड़ी की गई दीवार में चार प्रवेश-द्वार होने चाहिए।[2] **मयमत** में भी कहा गया है कि गाँव खाइयों और मिट्टी के कोटों से घिरे होने चाहिए।[3] **मानसार** में किलों की जैसी विशद चर्चा की गई है उससे प्रकट होता है कि उन दिनों सुरक्षा की दृष्टि से सर्वत्र उनका महत्त्व था। एक स्थल पर इसमें आठ प्रकार के किलों का उल्लेख है, एक अन्य स्थल पर सात प्रकार के किलों का, और फिर तीसरे स्थल पर तीन प्रकार के पर्वत-दुर्गों का उल्लेख हुआ है। इस प्रकार इस कृति से हमें कुल अट्ठारह प्रकार के किलों की जानकारी प्राप्त होती है।[4] यदि इन तमाम प्रमाणों को ध्यान में रखकर सोचें तो मानना होगा कि **मानसार** का रचनाकाल किलों और कोटों का काल था। हमें यह मालूम नहीं है कि इन कृतियों में दिए गए निर्देशों का पालन कहाँ तक किया जाता था। भूमि-अनुदानपत्रों में गाँवों की सीमाओं का वर्णन करते हुए दुर्ग-प्राचीरों का उल्लेख कहीं नहीं किया गया है।

स्पष्ट है कि **मानसार** में एक विशिष्ट प्रकार के गाँवों का ही वर्णन किया गया है । ये गाँव या तो राजा द्वारा नियुक्त किए स्थानीय अधिकारियों के सत्ता-केंद्र थे या फिर स्थानीय सरदारों और सामंतों के शक्ति-केंद्र थे । संभव है, इनमें से कुछ गाँव कालक्रम से सुदृढ़ दुर्ग बन गए हों । सदियाँ बीत गईं । इस बीच पूर्व मध्य-काल में खड़े किए उन दुर्गों को न जाने प्रकृति और मनुष्य के कितने प्रहारों को झेलना पड़ा । किंतु आज भी सारे उत्तर भारत में उनमें से बहुतों के अवशेष देखे जा सकते हैं । यहाँ हम पालों तथा चंदेलों के राज्यों के दुर्ग-रक्षित स्थलों का एक मोटा विवरण प्रस्तुत करेंगे ।[5] जहाँ तक पुरावशेषों के रूप में उपलब्ध प्रमाणों का संबंध है, पाल कोटों और किलों के बारे में हमें कुछ ज्यादा जानकारी है । मुंगेर तथा उससे लगे भागलपुर पटना और गया के हिस्सों में पाल-युग के बहुत-से दुर्ग-रक्षित स्थल मिलते हैं । गंगा से दक्षिण मुद्गगिरि (मुंगेर) का प्रसिद्ध किला था, जो काफी महत्त्वपूर्ण था । यह पालों के विजय स्कंधावारों में से एक था और शायद उनकी राजधानी भी । उसके पड़ोस के इलाकों में अनेक अन्य किले थे । मुंगेर सदर सबडिवीजन में रामपुर और पोखरामा नाम के गाँव पाल-युग की दुर्ग-रक्षित बस्तियाँ थे । उसी क्षेत्र में लखीसराय के निकट जयनगर का किला भी है, जहाँ शायद पाल राजा इंद्रद्युम्न की राजधानी थी ।[6] उससे कुछ ही दूर हटकर सूरजगढ़ा का दुर्ग था । यों तो यह स्थल गंगा में बह गया है, लेकिन इसके उपांत क्षेत्रों में अब भी बहुत-से पाल-युगीन पुरावशेष देखने को मिलते हैं ।[7] जमुई सबडिवीजन में इंदपे का किला है । इसकी दीवारें और दीवारों के चारों ओर की खाई आज भी ज्यों-की-त्यों कायम है । अनुश्रुतियों के अनुसार इस किले का भी संबंध इंद्रद्युम्न से ही था ।[8] गंगा से उत्तर बेगूसराय जिले में नौलागढ़, जयमंगलागढ़ और अलौलीगढ़ के किले थे ।

पाल-युग के बहुत-से दुर्ग भागलपुर जिले में भी मिलते हैं । इस जिले में सबसे पश्चिम में पड़नेवाला किला सुल्तानगंज में है । यहाँ पाल-युग की बहुत-सी बौद्ध प्रतिमाएँ प्राप्त हुई हैं । सबसे पूर्व में पड़नेवाला किला कहलगाँव के निकट अंतीचक में स्थित था । वटेसरथान से डेढ़ मील दूर अंतीचक में हाल में हुई खुदाई में वटपर्वतक की तीन मुहरें मिली हैं । पाल अनुदानपत्रों में वटपर्वतक को एक विजय-स्कंधावार कहा गया है, और विद्वानों का विचार है कि आज का वटेसरथान ही तब वटपर्वतक कहा जाता था । अंतीचक का दुर्गप्राचीर लगभग ढाई मील की दूरी तक देखा जा सकता है, जिससे लगता है कि वटपर्वतक का स्कंधावार दुर्ग-रक्षित स्थल था और अंतीचक का पूरा क्षेत्र इसमें शामिल था । इसके अतिरिक्त यहाँ एक राणक की (राणक श्री देवस्य) मुहर भी मिली है ।[9] इससे लगता है कि दुर्ग किसी सामंत की देख-रेख में था । जान पड़ता है, पथरघटा का पहाड़ी दुर्ग भी, जिसका संबंध अनेक पाल-पुरावशेषों से है, इसी स्थान के आस-पास पड़ता था ।[10] पहाड़ी के ऊपर बना शाहकुंड का किला भी इसी तरह का

पहाड़ी दुर्ग था, और लगता है कि इसका संबंध भी पालों से ही था। भागलपुर नगर के उपांत क्षेत्र में चंपानगर का किला था। बुकानन कहता है कि यहाँ उसने एक वर्गाकार कोट देखा, जो चारों ओर से खाई मे घिरा हुआ था। उसके अनुसार यह कोट शायद पाल-युग का ही था।[11]

गया जिले में कम से कम पाँच पाल किलों के ध्वसावशेष देखने को मिलते हैं। उदाहरण के लिए, दाउदनगर के निकट अमौना में, जहाँ छठी शताब्दी के मध्य का एक अभिलेख भी मिला है,[12] मिट्टी का एक किला है, और यह शायद पाल-युग का ही है। फिर, कुकीहार में भी ईंटों से बने एक किले का ध्वंसावशेष मिला है और साथ ही बहुत-से पाल पुरावशेष भी[13]— विशेषकर काँसे के वे टुकड़े जो पटना संग्रहालय में रखे हुए हैं। स्पष्ट ही, यह पाल-युग का एक महत्त्वपूर्ण दुर्ग था। इनके अलावा तीन अन्य दुर्गों का भी उल्लेख किया जा सकता है। एक तो है धरवत, जहाँ बहुत-सी बौद्ध प्रतिमाएँ मिली हैं।[14] दूसरा है किउर, और तीसरा अफसद, जहाँ आदित्यसेन के शिलालेख भी मिले हैं।[15]

पालों के अन्य किलों के अवशेष पटना जिले में मिले हैं। खुद पाटलिपुत्र नगर पालों का एक विजय-स्कंधावार था। ऐसा जान पड़ता है कि पालों के अधीन पटना दुर्ग-रक्षित स्थल था, और वैसे तो यह मुस्लिम-काल तक दीवारों से घिरे नगर के रूप में कायम रहा।[16]

जहाँ हमें पालों के केवल नौ विजय-स्कंधावारों के नाम मिलते हैं, वहाँ चंदेलों के इक्कीस स्कंधावारों और राज-शिविरों की जानकारी उपलब्ध है।[17] ऐसा मानना असंगत न होगा कि ये सब-के-सब किले रहे होंगे। कम से कम सात शिविरों के संबंध में तो यह बात निश्चयपूर्वक कही जा सकती है। ये सात शिविर थे—खजूरवाहक, वारिदुर्ग, जयपुर या नंदिपुर (अजयगढ़), कीर्त्तिगिरि दुर्ग (देवगढ़), गोपगिरि (ग्वालियर), कालंजर और सौंधि, (सिउंध दुर्ग, अब कन्हरगढ़)।[18] इसके अलावा, अनुश्रुतियों में आठ और दुर्ग भी चंदेलों के बताए जाते हैं, लेकिन इन आठ में उक्त सात दुर्गों में से दो-तीन शामिल हैं।[19] अतएव, कुल मिलाकर चंदेल दुर्गों की संख्या लगभग दो दर्जन मानी जा सकती है। उनके सबसे ज्यादा किले स्वभावतः बुंदेलखंड में थे, क्योंकि चंदेलों के राज्य का अधिकांश भाग बुंदेलखंड में ही पड़ता था। चंदेलों का राज्य आजकल के डिवीजन से बड़ा नहीं था। सच तो यह है कि उनका मूल नाम ही जेजाभुक्ति था, और भुक्ति क्षेत्रफल में डिवीजन के बराबर ही होती थी। उनके राज्य में केवल सोलह विषय या पत्तला थे।[20] इतने छोटे राज्य में दुर्गों की यह संख्या कोई कम नहीं मानी जाएगी।

जाहिर है कि ये चंदेल दुर्ग स्थानीय सरदारों के अधीन स्वशासित सामंती किले नहीं थे। ये वास्तव में सैनिक केंद्र थे, जहाँ से स्थानीय किसानों से राजस्व वसूल किया जाता था और उन पर सत्ता का रोब रखा जाता था। ऐसा लगता है कि प्रत्येक

दुर्ग एक-एक दुर्गाधिप[21] के हाथों में रहता था और उसके पद को दुर्गाधिकार[22] कहा जाता था। कालंजर तथा अजयगढ़-जैसे दुर्गों के सेनानायकों को विशिष कहा जाता था, और उनमें से प्रत्येक को कम से कम एक गाँव सेवावृत्ति के रूप में दिया जाता था।[23] शायद चंदेल-शासन के अंतिम दिनों में उन्होंने स्वतंत्र सामंतों का पूरा दर्जा पा लिया था। 12वीं सदी में इंग्लैंड के राजकीय दुर्गों की गढ़-सेनाओं को दो-चार जमींदारियों के समूह वृत्ति-स्वरूप दे दिए जाते थे।[24] चंदेलों के अधीन राजकीय दुर्ग के प्रधान को वृत्तिस्वरूप भूमि-अनुदान तो दिया जाता था, लेकिन दुर्ग-रक्षक सैनिक भरती और मुहैया करना उसका काम नहीं होता था। यहाँ इन सैनिकों का भरण-पोषण आदि राज्य के खर्चे पर होता था। जो भी हो, चंदेल राज्य में किलों की इस बहुलता को राज्य के सामंती गठन का लक्षण माना जा सकता है।

पाल और चंदेल राज्यों के दुर्गों के इस छिट-पुट अध्ययन के आधार पर कोई सामान्य निष्कर्ष नहीं निकाला जा सकता। यदि हम मुस्लिम शासन की स्थापना से पूर्व के इन मध्य-कालीन शक्ति-केंद्रों की भूमिका के महत्त्व को ठीक-ठीक समझना चाहें तो यह आवश्यक है कि विभिन्न राजवंशों से संबंधित दुर्गों का इलाकावार अध्ययन किया जाए। फिर भी राजनीतिक तथा आर्थिक संगठन की दृष्टि से दुर्गों की उपयोगिता में कोई संदेह नहीं किया जा सकता। मध्यकालीन किला बहुद्देश्यीय संगठन था। ये किले आस-पास के ग्रामीण क्षेत्रों की आवश्यकताओं की पूर्ति करते थे, और इस दृष्टि से ये आज के शहरों की ही तरह थे। जिन्सों के रूप में वसूल किए कर को यहाँ एकत्र किया जा सकता था, दुर्ग-रक्षक सैनिकों को रखा जा सकता था, तथा युद्ध, बाढ़ (विशेषकर पूर्वी प्रदेशों में) और अकाल के समय आस-पास के लोगों को आश्रय मिल सकता था। और सबसे बड़ी बात तो यह है कि दुर्ग वह अंतिम अस्त्र था जिसका प्रयोग राजा या सरदार किसानों पर अपनी सत्ता कायम रखने के लिए कर सकते थे।

संदर्भ

1. पी. के. आचार्य, *मानसार सीरीज*, 6, 102
2. वही, 102-3
3. 9, 60
4. *मानसार सीरीज*, 6, 104
5. यद्यपि पूर्व मध्य-काल के लगभग पत्येक राजवंश पर शोध-प्रबंध लिखकर शोधकर्त्ताओं ने डाक्टरेट की उपाधियाँ ली हैं, लेकिन किसी भी प्रबंध में शोध के लिए चुने राजवंश से संबंधित दुर्ग-रक्षित बस्तियों का विवरण नहीं दिया गया है।
6. ए. रि. बि., न. 210
7. वही, नं. 427

8. वही, नं. 190
9. इस सारी जानकारी के लिए मैं पटना विश्वविद्यालय के प्राचीन भारतीय इतिहास और पुरातत्व विभाग के फील्ड डायरेक्टर डॉ. आर. सी. पी. सिंह का आभारी हूँ।
10. ए. रि. बि., नं. 303
11. वही, नं. 100
12. वही, नं. 12
13. वही, नं. 262
14. वही, नं. 140
15. कॉ इं. इं., 3, 200-1
16. ए. रि. बि., नं. 305 (3)
17. एस. के. मित्र, *द अर्ली रूलर्स ऑफ़ खजुराहो*, पृष्ठ 163-4
18. वही।
19. वही, पृष्ठ 6-8
20. एस. के. मिश्र ने सं. प्र. पु. (पृष्ठ 161-3) में विषय को पत्तला का पर्याय मानकर चंदेल अभिलेखों के आधार पर सोलह विषयों के नाम गिनाए हैं।
21. वही, पृष्ठ 160
22. वही।
23. वही, पृष्ठ 158-9
24. फ्रैंक स्टेंटन, *इंग्लिश फ्यूडेलिज्म*, 1066-1166, पृष्ठ 212-3

BIBLIOGRAPHY

DHARMAŚĀSTRA AND ALLIED LITERATURE

Aitareya Brāhmna, Ed. & Tr. Martin Haug, 2 volumes, London, 1863.

Āpastamba Dharmasūtra, Ed. G. Buhler. Bombay. 1932.

Arthaśāstra of Kauṭilya, Ed. R. Shamasastry, 3rd edn., Mysore, 1924 (unless otherwise stated reterences in this work refer to this text.) Tr. R. Shamasastry, 3rd edn., Mysore, 1929. Edn. with comm. by T. Ganapati Śāstrī, 3 vols., Trivandrum, 1924-25. Ed. J. Jolly and R Schmidt, vol. i, Lahore, 1924.

Commentaries on the *Arthaśāstra*

(i) *Jayamaṅgalā* (runs up to the end of the Bk. I of the AS with gaps), Ed. G. Harihara Śāstri. *JOR,* xx-xxiii.

(ii) *Pratipada-pañcikā* by Bhattasvāmin (on Bk. II from sec. 8), Ed. K. P. Jayaswal and A. Banerji-Sastri, *JBORS,* xi-xii.

(iii) *Naya Candrikā* by Mādhava Yajva (on Bks. vii-xii), Ed. Udayavīra Śāstri, Lahore, 1924.

(iv) A Fragment of the Kautalya's *Arthaśāstra* alias *Rāja-siddhānta* with the fragment of the commentary named *Nītinirṇīti* of Acharya Yogghama alias Mugdhavilāsa, Ed. Muni Jina Vijaya, Bombay 1959.

Bārhaspatya-sūtram (Arthaśāstra), Ed. F. W. Thomas, Punjab Sanskrit Series, Lahore, 1922.

Baudhāyana Dharmasūtra, Ed. E. Hultzsch. Leipzig, 1884.

Bṛhaspati Smṛti, Ed. K. V. Rangaswami Aiyangar (this text has been followed in Ch. I. In other chapters Jolly's edn. has been followed), GOS, lxxxv, Baroda, 1941.

Bṛhat-Parāśara Samhitā; Bombay, 1911.

Gautama Dharmasūtra, Ed. A. S. Stenzler, London, 1876, with the comm. of Maskarin, Ed. L. Srinivasácharya, Mysore, 1917.

Kāmandakīya Nītisāra. Ed. R. L. Mitra, Bl. Calcutta, 1884, Tr. M. N. Dutt, Calcutta, 1896.

Kāmandaka Nītisāra, Trivandrum Sanskrit Series, Trivandrum, 1912.

Kātyayāna Smṛti on *Vyavahāra* (Law and Procedure), Ed. with reconstituted text, Tr., Notes and introduction by P. V. Kane, Bombay, 1933.

Kṛtyakalpataru of Lakṣmīdhara, Ed. K. V. Rangaswami Aiyangar, GOS, Baroda, 1943.

Lekhapaddhati, Ed. C. D. Dalal and G. K. Shrigondekar, GOS, xix, 1925.

Manu Smṛti or Mānava Dharmaśāstra, Ed. V. N. Mandlik, Bombay, 1886. Tr. G. Buhler, *SBE,* xxv, Oxford, 1886.

Nārada Smṛti with extracts from the comm. of Asahāya, Ed. J. Jolly, Calcutta, 1885, Tr. J. Jolly, *SBE,* xxxiii, Oxford 1889.

Parāśara Smṛti with the comm. *Manohara,* Banaras Sanskrit Series, 1907.

Śukranītisāra. Ed. *Jīvānanda Vidyāsāgara,* Calcutta, 1890, Tr. B. K. Sarkar, Allahabad, 1914.

Tirukkural, Tr. V. R. R. Dikshitar, The Adyar Library, 1949.

Vasistha Dharmaśāstra, Ed. A. A. Fuhrer, Bombay, 1916.

Viṣṇu Smṛti or *Vaiṣṇava Dharmaśāstra,* (with extracts from the comm. of Nanda Pandita), Ed. J. Jolly, Bl, Calcutta, 1881. Tr. J. Jolly, *SBE,* vii, Oxford, 1880.

Vyavahāramayūkha of Bhaṭṭa Nīlakaṇṭha, Ed. P. V. Kane, Poona, 1926.

Yājñavalkya with *Vīramitrodaya* and *Mitākṣarā,* Chowkhamba Sanskrit Series, Banaras, 1930.

Trs. of the *Dharmasutras* of *Āpastamba, Gautama, Vasistha and Baudhāyana* by G. Buhler in *SBE,* ii and xiv, Oxford, 1879-82.

EPCIS, PURANAS AND ALLIED WORKS

Agni Purāṇa, Bl, Calcutta, 1882, Tr. M. N. Dutt, 2 volumes, Calcutta, 1903-4.

Bṛhannāradīya Purāṇa, Ed. P. H. Sastri, Calcutta, 1891.

Krsnajanmakhanda of the *Brahmavaivarta Purāṇa,* Allahabad, 1920.

Mahābhārata, Calcutta Edn., Ed. N. Siromani and others, Bl, Calcutta, 1834-9, Tr. K. M. Ganguly, Published by P. C. Roy, Calcutta, 1884-96; Kumbakonam Edn., Ed. T. R. Krishnacharya and T. R. Vyasacharya, Bombay, 1905-10; *Śāntiparvan* (Rājadharma, 2 Parts), Critical Edn., Ed. S. K. Belvalkar, Poona, 1949-50; *Śānti Parva,* Chitrashala Press, Poona, 1932.

Mārkaṇḍeya Purāṇa, Ed. Rev. K. M. Banerjee, Bl, Calcutta, 1862.

BUDDHIST TEXTS

Dīgha Nikāya, Ed. T. W. Rhys Davids and J. E. Carpenter, 3 volumes, PTS, London, 1890-1911. Tr. T. W. Rhys Davids, 3 volumes, *SBB,* London, 1899-21.

Jātaka with commentary, Ed. V. Fausboll, 7 volumes (vol. 7, index, by D. Anderson), London, 1877-07, Tr. Various hands 6 volumes, London, 1895-1997.

Milindapanho, Ed. V. Trenckner, London, 1928, Tr. T. W. Davids, *SBE,* Oxford, 1890-4.

HISTORICAL AND SEMI-HISTORICAL WORKS

SANSKRIT

Harsacharita of Bāṇabhaṭṭa with the commentary of Śankara, Ed. K. B. Parab, Bombay, 1937.

Harasa-carita of Bāṇa, Tr. E. B. Cowell & F. W. Thomas, London, 1897.

Kumārapālacharita by Hemachandra with a commentary by Purṇakalas Agani, Ed. S. P. Pandit, Bombay, 1900.

Prabandhacintāmaṇi of Merutunga, Ed. Jinavijaya Muni Santiniketan, 1933.

Rājatarangini of Kalhana, Tr. M. A. Stein, Westminster, 1900.

Rāmacarita of Sandhyakaranandi, Ed. R. C. Majumdar, R. G. Basak and N. G. Banerji, Rajshahi, 1939.

ARABIC & PERSIAN (Tr.)

The History of India as told by its own Historians, Ed. and compiled by H. M. Elliot & John Dowson, 8 Volumes. London, 1867-77.

TECHNICAL WORKS

Aparājitaprcchā of Bhuvanadeva, Ed. P. A. Mankad, GOS, Baroda, 1950.

Brhat Saṁhitā of Varahmihira, Tr. Durga Prasad, Lucknow, 1884; with the comm. of Bhattotpala, 2 parts, Ed. Sudhakar Dwivedi, Banaras, 1895-7.

Deśīnāmamālā of Hemacandra, Ed. Muralydhar Banerjee, Calcutta, 1931.

Kāmasūtra of Vātsyāyana with the comm. *Jayamaṅgalā* of Yasodhara, Ed. Gosvami Damodar Shastri, Banaras, 1929.

Karṇātakabhāṣābhūṣaṇa of Nāga Varmmā, Ed. L. Rice, Bangalore, 1884.

Kṛṣi-Parāśara, Ed. & tr., G. P. Majumdar & S. C. Banerji, BI, Calcutta, 1960.

Mānasāra on Architecture and Sculpture (Sanskrit Text with critical Notes), Ed. P. K. Acharya, Oxford, 1933.

Mānasollāsa (or *Abhilaṣitārthacintāmaṇi*), Ed. G. K. Shrigondekar, GOS, xxviii & lxxxiv, Baroda, 1925-39.

Mayamata, Ed. T. Ganapati Sastri, Trivandrum Sanskrit Series, 1919.

Samarāṅgaṇasūtradhāra of King Bhojadeva, Ed. T. G. Sastri, Baroda, 1925.

MISCELLANEOUS LITERARY TEXTS

Subhāṣitaratnakoṣa, Ed. D. D. Kosambi and V. V. Gokhale, Harvard Oriental Series, 1957.

(The) *Tilaka-Mañjarī* of Dhanapāla, Ed. Bhavadatta Śāstrī & K. B. Parab, Nirnayasagāra Press, Bombay, 1903.

Kādambari of Bāna with the commentary by M. R. Kale, Bombay, 1928.

COINS AND INSCRIPTIONS

A. S. Altekar (ed.) and compiled by C. R. Singhal, *Bibliography of Indian Coins,* Part I.

C. J. Brown, *Coins of India,* Calcutta, 1922.

A. Cunningham, *Coins of Mediaeval India from the 7th century down o the Muhammadan conquests,* London, 1894.

M. G. Dikshit, *Selected Inscriptions from Maharashtra* (5th to 12th century A. D.), Poona, 1947.

M. G. Dikshit, *Sources of the Mediaeval History of the Deccan* (Texts with comments in Marathi), iv, Poona, 1951.

J. F. Fleet, *Inscriptions of the Early Gupta Kings, CII,* iii, London, 1888.

Sten Konow, *Kharosthi Inscriptions, CII,* ii, Part i, Calcutta, 1929.

G. H. Khare, *Sources of the Mediaeval Histroy of the Dekkan. i,* Poona, 1930.

Luders' List of Inscriptions, *EI,* x.

N. G. Majumdar (ed.), *Inscriptions of Bengal,* iii, Rajshahi, 1929.

V. V. Mirashi, *Inscriptions of the Kalacuri-Cedi Era, CII,* iv, two parts, Ootacamund, 1955.

———, *Vākāṭak Rajvaṃś Kā itihās tathā Abhilekh,* Varanasi, 1964.

R. B. Pandey, *Historical And Literary Inscriptions,* Varanasi, 1962.

R. B. Patil, *Antiquarian Remains in Bihar,* Patna, 1963.

V. A. Smith, *Catalogue of the Coins in the Indian Museum,* Calcutta, Oxford. 1906.

D. C. Sircar, *Select Inscriptions Bearing on Indian History And Civilisation, i,* Calcutta, 1942.

FOREIGN SOURCES

(i) Greek.

J. W. McCrindle, *Ancient India as described by Megasthenes and Arrian,* Calcutta, 1926.

———, *Ancient India as described in Classical Literature,* Westminster, 1901.

(ii) Chinese

Samuel Beal, *Travels of Fah-hian and Sung Yun* (Tr.), London, 1869.

———, *The Life of Hiuen Tsiang,* London, 1888.

Ho Chang-Chun, "Fa-hsien's Pilgrimage to Buddhist Countries," *Chinese Literature,* 1956, No. 3.

H. A. Giles, *The Travels of Fa-Hsien or Record of Buddhistic Kingdoms* (Tr.), Cambridge, 1933.

James Legge, *A Record of Buddhistic Kingdoms* (being an account of the Chinese monk Fa-hien's Travels), Tr. Oxford, 1886.

T. Takakusu, *A Record of Buddhist Religion,* Oxford, 1896.

T. Watters, *On Yuan Chwang's Travels in India,* Ed. T. W. Rhys Davids and S. W. Bushell, 2 volumes, London, 1904-5.

(iii) Others

Henry Yule, tr. & ed., *The Book of Ser Marco Polo,* 2 volumes, London, 1926

REFERENCE BOOKS

Laxmanshastri Joshi, *Dharmakośa* (in three parts), Wâi, Dist. Satara, 1937-41.

Monier Monier-Williams, *A Sanskrit-English Dictionary,* Oxford, 1951.

T. W. Rhys Davids and W. Stede, *Pali-English Dictionary,* PTS, London, 1921.

SECONDARY WORKS ON EARLY INDIAN FEUDALISM, ECONOMIC HISTORY AND ALLIED SUBJECTS

P. K. Acharya, *Hindu Architecture in India and Abroad, Manasara Series,* Vol. VI, Oxford, 1946.

V. S. Agarwala, *Harshacharita-Ek Sānskritik Adhyayan,* Patna, 1953.

V. S. Agarwala, *Kādambri-Ek Sānskritik Adhyayan,* Varanasi, 1958.
A. S. Altekar, *The Rāshṭrakūṭas and Their Times,* Poona, 1934.
K. A. Antonova, "K. Voprosu O Razvitiii Feodalizma V Indii," *kratkie Soobschenia Instituta Vostokovedeniya,* iii (A. K. Nauk U.S.S.R., Moskva, 1952), 23-32.
B. H. Baden-Powell, *The Indian Village Community,* London, 1896.
———, *The Land Systems of British India,* 3 Volumes, London, 1892.
P. C. Bagchi, *India and Central Asia,* Calcutta, 1955.
P. N. Banerjee, *Public Administration in Ancient India,* Calcutta, 1916.
A. L. Basham, *Studies in Indian History and Culture,* Calcutta, 1964.
———, *The Wonder that was India,* London, 1954.
R. G. Basak, *The History of North-Eastern India,* Calcutta, 1934.
Marc Bloch, *Feudal Society,* London, 1961.
C. E. Bosworth, *The Ghaznavids* (994 : 1040), Edinburgh, 1963.
M. A. Buch, *Economic Life in Ancient India,* Volume II, Baroda, 1924.
R. K. Choudhary, "Feudalism in Ancient India," *JIH,* xxxvii, 385 ff; xxxviii, 193 ff.
———, "Visti (Forced Labour) in Ancient India," *IHQ* March, 1962.
———, "Some Aspects of Feudalism in Cambodia", *JBRS,* xlvii, 246-68.
H. T. Colebrooke, *Miscellaneous Essays,* Ed. E. B. Cowell, London, 1873.
R. Coulbourn (ed.), *Feudalism in History,* Princeton, 1956.
V. R. R. Dikshitar, *The Gupta Polity,* Madras, 1952.
Charles Drekmeir, *Kingship and Community in Early India,* Stanford, Stanford University, 1962.
B. N. Dutta, *Hindu Law of Inheritance,* Calcutta, 1957.
———, *Studies in Indian Social Polity,* Calcutta, 1944.
D. C. Ganguly, *History of the Paramāra Dynasty,* Dacca, 1933.
F. L. Ganshof, *Feudalism,* London, 1959.
U. N. Ghoshal, *The Beginnings of Indian Historiography and other Essays,* Calcutta, 1944.
———, *Contributions to the History of Hindu Revenue System,* Calcutta, 1929.
Marrion Gibbs, *Feudal Order,* London, 1949.
Krishna Kanti Gopal, "The Assembly of the Samantas in Early, Mediaeval India", *JIH,* xlii, 241-50.
———, "Feudal Composition of Army in Early Mediaeval India", *Journal of the Andhra Historical Research Society,* xxviii, 30-49.
Lallanji Gopal, *Economic Life of Northern India* (c A. D. 700-1200), Banaras, 1965.
———, "On Feudal Polity in Ancient India", *JIH,* xli, 405.13.
———, "Sāmanta—Its Varying Significance in Ancient India," *JRAS,* 1963.
———, "The *Śukranīti*—a nineteenth-century text," *BSOAS,* xxv, 524-526.
S. Gopal and R. Thapar (ed.), *Problems of Historical Writing in India,* New Delhi, 1963.
S. A. Q. Husaini, *The Economic History of India,* i, Calcutta, 1962.
K. P. Jaiswal, *Hindu Polity,* 2 Pts. Calcutta, 1924.

———, *Hindu Polity,* Bangalore, 1943 (Unless specified otherwise references correspond to this edition).

P. V. Kane, *History of Dharmaśāstra,* ii, Poona, 1941.

D. D. Kosambi, "On the Development of Feudalism in India," *ABORI,* xxxvi, 258-69.

———, "*The Culture and Civilisation of Ancient India in Historical Outline,* London, 1935.

———, "Indian Feudal Trade Charters," *JESHO,* ii, 281-93.

———, *An Introduction to the Study of Indian History,* Bombay, 1956.

———, "Origins of Feudalism in Kaśmīr", *The Sardhasatabdi Commemoration Volume,* 1804-1954, Asiatic Society of Bombay.

S. K. Maity, *The Economic Life of Northern India in Gupta Period (c.* A. D. 300-550) Calcutta, 1957.

A. K. Majumdar, *Chaulukyas of Gujarat,* Bombay, 1956.

R. C. Majumdar (ed.), *History of Bengal,* i, Dacca, 1943.

R. C. Majumdar & A. S. Altekar (ed.), *The Vakataka-Gupta Age,* Banaras, 1954.

R. C. Majumdar & A. D. Pusalker (ed.), *History and Culture of the Indian People,* ii, The Age of Imperial Unity, Bombay, 1951.

———, *History and Culture of the Indian People,* iii, *The Classical Age,* Bombay, 1953.

Karl Marx, *Pre-Capitalist Economic Formations,* tr. Jack Cohen & ed. E. J. Hobsbawm, London, 1964.

B. P. Mazumdar, *The Socio-Economic History of Northern India* (11th & 12th centuries), Calcutta, 1960.

———, "Date and Concordance of the *śukranītisāra,"* *JBRS,* xlvii, 214-33.

Y. M. Medvedev, "K Voprosu O Formakh Jemlevladeniya V Severnoi Indii T VI-VII Vekakh" *Problemi Vost okovideniya,* 1959, i, pp. 49-61.

———, "Origin and evolution of the form of the Indian grants (3rd-12th centuries)", *Istoriy i Kultura drevnei Indii,* ed. W. Ruben, V. Struve and G. Bongard-Levin, Moscow, 1963.

Binayak Misra, *Mediaeval Dynasties of Orissa,* Calcutta, 1934.

S. K. Mitra, *The Early Rulers of Khajurāho,* Calcutta, 1958.

W. H. Moreland, (*The*) *Agrarian System of Moslem India,* Allahabad, 1929.

Sultan Nadvi, *Arab-Bharat Ke Sambandha,* Allahabad, 1930.

Pran Nath, *Economic Conditions of Ancient India,* London, 1929.

Puspa Niyogi, *Contributions to the Economic History of Northern India,* Calcutta, 1962.

Roma Niyogi, *The History of the Gāhadavāla Dynasty,* Calcutta, 1959.

Richard Pankhurst, *An Introduction to the Economic History of Ethiopia,* London, 1961.

Henry Pirenne, *Economic and Social History of Mediaeval Europe,* London, 1961.

B. N. Puri, *The History of the Gurjara-Pratiharas,* Bombay, 1957.

E. J. Rapson (ed.), *The Cambridge History of India,* Volume I, Ancient India, First Indian Reprint, Delhi, 1955.

Niharranjan Ray, *Bāngālīr Itihās* (Ādi Parva). Calcutta, 1948.
J. H. Round, *Feudal England*, London, 1964 (first published 1895).
H. D. Sankalia, *Archaeology of Gujrāt*, Bombay, 1941.
B. C. Sen, *Some Historical Aspects of the Inscriptions of Bengal*, Calcutta, 1942.
Dasharatha Sharma, *Early Chauhān Dynasties*, Delhi, 1959.
R. S. Sharma, *Aspects of political Ideas and Institutions in Ancient India*, Delhi, 1959.
———, *Śūdras in Ancient India*, Delhi, 1958.
———, *Some Economic Aspects of the Caste System in Ancient India*, Patna, 1952.
———, "Stages in Ancient Indian Economy", *Enquiry*, No. 4.
R. B. Singh, *The History of the Chahamanas*, Varanasi, 1964.
V.A. Smith, *Early History of India*, Oxford, 1904.
Frank Stenton, *English Feudalism*, 1066-1166, Oxford, 1961.
Paul M. Sweezy and others, *The Transition from Feudalism to Capitalism* (A Symposium), Sanskriti Publication, Patna, 1957.
K. J. Virji. *Ancient History of Saurashtra*, Bombay, 1952.
Lakshmishankar Vyas, *Caulukya Kumārpāla* (in Hindi), 2nd edn. Varanasi, 1962.
G. Yazdani (ed.), *The Early History of the Deccan*, I-VI, Oxford, 1960.

अनुक्रमणिका